Lars-Broder Keil / Sven Felix Kellerhoff

Lob der Revolution

BERLINER MORGENPOST

Wöchentlich **30** Pfennig

Nr. 313 — Sonntag, 10. November 1918. — 21. Jahrg.

Der Sieg der Revolution in Deutschland

Abdankung des Kaisers. — Ebert Reichskanzler. — Verkündung der sozialen Republik.

Kanzler Ebert ans Volk.

Mahnung zur Ruhe und Ordnung.

Berlin, 9. November.

Der neue Reichskanzler Ebert erläßt folgende Kundgebung an die deutschen Bürger:

Mitbürger!

Der bisherige Reichskanzler Prinz Max von Baden hat mir unter Zustimmung der sämtlichen Staatssekretäre die Wahrnehmung der Geschäfte des Reichskanzlers übertragen. Ich bin im Begriff, die neue Regierung im Einvernehmen mit den Parteien zu bilden und werde über das Ergebnis der Öffentlichkeit in Kürze berichten.

Die neue Regierung wird eine Volksregierung sein. Ihr Bestreben wird sein müssen, dem deutschen Volke den schnellsten zu bringen und die Freiheit, die es errungen hat, zu befestigen.

Mitbürger! Ich bitte Euch alle um Eure Unterstützung bei der schweren Arbeit, die uns bevorsteht. Ihr wißt, wie schwer der Krieg die Ernährung des Volkes, die erste Voraussetzung des politischen Lebens, bedroht. Die politische Umwälzung darf die Ernährung der Bevölkerung nicht stören.

Es muß die erste Pflicht aller in Stadt und Land bleiben, daß Produktion von Nahrungsmitteln und ihre Verteilung in die Höhe nicht zu hindern, sondern zu fördern.

Nahrungsmittel bedeuten Plünderungen und Raub; mit Brot für alle. Die Verrohten würden am schwersten selben, die Industriearbeiter am schwersten getroffen werden.

Wer sich an Nahrungsmitteln oder sonstigen Bedarfsgegenständen oder an den für ihre Verteilung benötigten Beförderungsmitteln vergreift, versündigt sich aufs schwerste an der Gesamtheit.

Mitbürger! Ich bitte Euch alle dringend: Verlaßt die Straßen! Sorgt für Ruhe und Ordnung.

Berlin, 9. November 1918.
Der Reichskanzler: **Ebert.**

Jeder auf seinen Posten!

Der Reichskanzler Ebert veröffentlicht folgenden weiteren Aufruf:

Die neue Regierung hat die Führung der Geschäfte übernommen. Sie bittet das deutsche Volk um Unterstützung bei ihrer schweren Arbeit. Sie wird bestrebt sein, so schnell wie möglich Frieden zu schaffen und die Freiheit zu sichern.

Mitbürger! Ich bitte Euch alle dringend, an Eurem Posten zu bleiben. Jeder Mann soll in seinem Beruf und an seiner Stelle bleiben.

(Amtlich.) Berlin, 9. November.

Der Kaiser und König hat sich entschlossen, dem Throne zu entsagen.

Der Reichskanzler bleibt noch so lange im Amte, bis die mit der Abdankung des Kaisers, dem Thronverzicht des Kronprinzen des Deutschen Reiches und von Preußen und der Einsetzung der Regentschaft verbundenen Fragen geregelt sind.

Er beabsichtigt, dem Regenten die Ernennung des Abgeordneten Ebert zum Reichskanzler und die Vorlage eines Gesetzentwurfs wegen der sofortigen Ausschreibung allgemeiner Wahlen für eine verfassunggebende deutsche Nationalversammlung vorzuschlagen, der es obliegen würde, die künftige Staatsform des deutschen Volkes einschließlich derjenigen Volksteile, die ihren Eintritt in die Reichsgrenzen wünschen sollten, endgültig festzustellen.

Der Reichskanzler Max, Prinz von Baden.

Berlin ist in den Händen der Arbeiter- und Soldatenräte. Er hat die soziale Republik angerufen. Das Oberkommando und das Polizeipräsidium sind vom Arbeiter- und Soldatenrat besetzt, und über dem Königlichen Schloß sowie über dem Brandenburger Tor ist die rote Flagge aufgezogen. Der größte Teil der Garnison hat sich dem Arbeiter- und Soldatenrat zur Verfügung gestellt.

Der Führer der sozialdemokratischen Reichstagsfraktion, Abg. Ebert, ist mit der Bildung der Reichskanzlerei beauftragt worden.

Sor! für Nahrungsmittel!

Es sind genug viele Nahrungsmittel vorhanden. Ich mache die neue Regierung darauf aufmerksam.

Der Reichskanzler **Ebert.**

Fochs Bedingungen noch nicht eingetroffen.

Der Kurier verunglückt

(Funkspruch.) Berlin, 9. November.

Des Kaisers Abschied.

Lars-Broder Keil / Sven Felix Kellerhoff

Lob der Revolution

Die Geburt der Demokratie in Deutschland

Abbildungsnachweis:
akg-images: S. 6, 7, 8, 11, 44, 127, 148, 162 (o. und u.), 163 (o.), 191, 222; Bpk Berlin:
S. 2, 225, 235; Bundesarchiv Bild 102-00540A / wikipedia: Bernd Schwabe in
Hannover: S. 122; Peter Palm (Karte): S. 244/45; Stadtarchiv Braunschweig:
S. 163 (unten); Sven Felix Kellerhoff (Archiv des Autors): S. 121, 123 (o. und u.);
wbg-Archiv: S. 61, 214.

Die Deutsche Nationalbibliothek verzeichnet diese Publikation
in der Deutschen Nationalbibliografie;
detaillierte bibliografische Daten sind im Internet über
http://dnb.dnb.de abrufbar.

wbg Theiss ist ein Imprint der wbg
© 2018 by wbg (Wissenschaftliche Buchgesellschaft), Darmstadt
Die Herausgabe des Werkes wurde durch die Vereinsmitglieder der wbg
ermöglicht.
Lektorat: Kristine Althöhn, Mainz
Satz: TypoGraphik Anette Bernbeck, Gelnhausen
Umschlagabbildung: Dezember 1918: Friedrich Ebert begrüßt heimkehrende
Truppen beim Einzug durch das Brandenburger Tor. Foto: akg-images.
Umschlaggestaltung: Harald Braun, Helmstedt
Gedruckt auf säurefreiem und alterungsbeständigem Papier
Printed in Germany

Besuchen Sie uns im Internet: www.wbg-wissenverbindet.de

ISBN 978-3-8062-3805-1

Elektronisch sind folgende Ausgaben erhältlich:
eBook (PDF): 978-3-8062-3806-8
eBook (epub): 978-3-8062-3807-5

Inhaltsverzeichnis

Matrosen und Zivilisten ziehen am 9. November 1918 gemeinsam über den Pariser Platz.

Dezember 1918: Der Vorsitzende des Rats der Volksbeauftragten Friedrich Ebert
begrüßt heimkehrende Truppen.

Ein Posten der Regierungstruppen sichert während des Spartakusaufstands die Lage am Brandenburger Tor.

Waffenstillstand

Jeder spricht von Frieden und Waffenstillstand. Alle warten.
[...] Gibt es keinen Frieden, dann gibt es eine Revolution.

Erich Maria Remarque[1]

Im Westen nichts Neues. Am 28. September 1918 vermeldet der tägliche
Rapport aus dem Großen Hauptquartier des Deutschen Kaiserreichs im
belgischen Kurort Spa kaum anderes als in den Tagen und Wochen zuvor –
nämlich »fortgesetzte schwere Angriffe« der gegnerischen Truppen auf die
eigenen Stellungen in Belgien und im Nordosten Frankreichs. Allerdings
haben sie offiziell, abgesehen von Hunderten toten und Tausenden verwundeten Soldaten, keine nennenswerten Auswirkungen: »Nach Abschluss
der Kämpfe war der Feind überall in seine Ausgangsstellungen zurückgeworfen.«[2] So jedenfalls steht es im Telegramm, das die Nachrichtenagentur
Wolffs Bureau an diesem Samstag wie seit viereinhalb Jahren jeden Nachmittag verbreitet, damit Deutschlands Zeitungen den amtlichen Heeresbe-
richt in ihre Morgenausgaben aufnehmen können. Tatsächlich verstärken
viele Blätter in der Heimat damit die Ansicht, dass sich die Lage gegenüber
den vorangegangenen Monaten kaum verändert habe: Man könne weiter
auf einen Sieg hoffen oder zumindest auf ehrenhafte Verhandlungen unter
Gleichen, um den Krieg zu beenden.

In Wirklichkeit gibt es am frühen Abend des 28. September 1918 viel
Neues – zumindest im Kurhotel Britannique in Spa, dem Sitz des Großen
Hauptquartiers. Hier laufen die Meldungen von allen deutschen Einheiten
zusammen. Das Bild, das sich daraus ergibt, ist eindeutig: Nach Wochen
kleinerer Attacken und ständigen Drucks haben französische und amerikanische Streitkräfte am frühen Morgen des 26. September einen Großangriff
begonnen. Nordwestlich von Verdun entlang der Maas werfen sie die deutschen Verteidiger trotz Gegenwehr binnen Stunden um Hunderte Meter
zurück – weiter, als es in den Jahren zuvor auf diesem enorm hart umkämpf-
ten Schlachtfeld je in so kurzer Zeit gelungen ist. Am Freitag, dem 27. September, folgt eine Offensive britischer Tanks bei Cambrai, und am Sams-

tagmorgen ein weiterer Großangriff, diesmal vor allem belgischer und französischer Truppen südlich der Stadt Ypern. Angesichts dieser Rückschläge an drei wichtigen Frontabschnitten und der Nachricht, dass sich mit Bulgarien der erste Verbündete des Kaiserreichs um einen Separatfrieden bemühe, sucht am Nachmittag General Erich Ludendorff mit düsterer Miene seinen Vorgesetzten auf, Generalfeldmarschall Paul von Hindenburg. Es ist ein schwerer Gang für den Ersten Generalquartiermeister der Obersten Heeresleitung, formal den zweithöchsten Soldaten des deutschen Heeres. Ludendorff schlägt vor, in Verhandlungen um einen Waffenstillstand einzutreten. Zwar sei die Lage auf keinen Fall so, dass sie »eine Kapitulation vor unserem Volke und vor unseren Kindern« rechtfertige; auf jeden Fall aber müsse, wenn es irgend möglich sei, »der Weg zum Frieden beschritten werden«, notiert der 53-Jährige später.[3] Hindenburg sieht das ganz ähnlich; jedenfalls behauptet er in seinen Memoiren: »Mit dem gereiften Entschluss trifft mich mein Erster Generalquartiermeister am späten Nachmittag des 28. September. Ich sehe ihm an, was ihn zu mir führt. Wie so oft [...] finden sich unsere Gedanken auch heute, bevor sie zu Worten geworden sind. Unser schwerster Entschluss wird auf gleicher Grundlage gefasst.«[4]

So offen haben der Feldmarschall und sein wichtigster General wohl noch nie gesprochen. Dabei wissen beide, dass die Situation der deutschen Truppen in Belgien und Nordostfrankreich dramatisch schlecht ist. Viele Kompanien verfügen schon seit Monaten nur noch über ein Viertel ihrer nominellen Stärke, doch Hindenburg und Ludendorff haben angeordnet, die »Feldstärke« der deutschen Truppen zu melden statt die »Grabenstärke«; auch erschöpfte, kranke und leicht verletzte Soldaten in der Etappe werden also mitgezählt. Mit derlei Selbsttäuschung ist nun Schluss. Ludendorff, faktisch der eigentliche Machthaber in Deutschland, hat den tatkräftigsten Minister des Reiches nach Spa bestellt. Paul von Hintze, der 54-jährige Chef des Auswärtigen Amtes, gilt als intrigant, aber durchsetzungsstark – kein Vergleich zu Reichskanzler Georg von Hertling. Denn der Regierungschef ist mit seinen 75 Jahren ein Greis: Er schläft selbst während wichtiger Konferenzen häufig ein und braucht seiner schwachen Augen wegen für die Aktenarbeit oft einen Vorleser. Ludendorff setzt auf Hintze, doch der selbstbewusste Diplomat verfolgt eigene Pläne.

Kurz nach Ankunft seines Sonderzugs in Spa kommt es am Sonntag, dem 29. September 1918, morgens um zehn Uhr zur entscheidenden Bespre-

... im Westen nichts Neues: Waldstück in Frankreich nach Artilleriebeschuss 1918.

chung. Der Außenminister skizziert drei Möglichkeiten für die weitere Entwicklung Deutschlands: eine Militärdiktatur, um die absehbaren inneren Unruhen bei einer Fortsetzung des Krieges zu unterdrücken; eine Revolution von unten, die jedoch die Hohenzollern-Dynastie wegfegen werde und das Reich »wehrlos dem Feinde« preisgebe – beides indiskutabel. Als dritten Weg beschreibt Hintze eine Revolution von oben, die den »unvermeidlich beim Übergang von Siegeszuversicht zur Niederlage eintretenden Schock von Reich, Monarchie, Dynastie« ablenke. Dazu sollen gemäßigte Sozialdemokraten und Liberale in die Regierung geholt werden. Erst dieses neue Kabinett könne mit Aussicht auf Erfolg Kontakt zu den Feindstaaten aufnehmen. Ludendorff willigt ein. Gemeinsam fährt man zur Residenz Wilhelms II. in Spa, einer herrschaftlichen Villa am Rande des Kurortes. Zunächst kann Hintze den Kaiser für seinen Vorschlag gewinnen. Doch als Reichskanzler Hertling eine Bedenkzeit von 14 Tagen vor der Kontaktaufnahme mit dem Feind vorschlägt, schwankt Wilhelm wieder. Schon will er die Audienz beenden, da tut Hintze Unerhörtes: Er insistiert, dass eine neue Regierung das Gebot der Stunde sei und nicht hinausgeschoben werden dürfe.[5] Daraufhin unterzeichnet der Kaiser tatsächlich die vorbereitete Weisung.

Hintze hat sie in gönnerhaftem Ton formuliert: »Ich will, dass in dieser Schicksalsstunde Deutschlands das deutsche Volk mehr als bisher an der Bestimmung der Geschicke des Vaterlandes mitwirkt. Es ist daher mein Wille, dass in weiterem Umfang die Männer, die vom Vertrauen des Volkes getragen sind, teilnehmen an den Pflichten und der Verantwortung der Regierung.«[6] Kanzler Hertling ist damit gar nicht einverstanden. Dabei hat ihm sein Vize, Friedrich von Payer, geraten, sich nicht gegen die Parlamentarisierung zu stemmen. Payer weiß um die Stimmung in den Reichstagsfraktionen. Sein Parteifreund Conrad Haußmann hat ihm schon vor Wochen mitgeteilt, dass der Kanzler als unhaltbar gilt. Ein »fühlbarer demokratischer Rutsch« sei nötig.[7] Payer hat versucht, Hertling zu überzeugen, dass die Regierung sich vielleicht auf die Mehrheitsparteien werde stützen müssen. Doch der Kanzler bleibt stur.

Um 19.25 Uhr geht dennoch der Erlass des Kaisers ans Auswärtige Amt ab, mit der Weisung, gleich am folgenden Tag veröffentlicht zu werden.[8] Doch die Beamten finden die Order schlecht formuliert – zu düster und zu selbstgefällig. Sie streichen »in dieser Schicksalsstunde« und ersetzen »Verantwortung« durch »Rechte«. Außerdem fügen sie ein, der Kaiser habe Hertlings Rücktritt angenommen.[9] Damit steht fest: Unter Beteiligung von Liberalen und Sozialdemokraten soll eine neue Regierung gebildet werden; die Aufgabe dieses parlamentarisch gestützten Kabinetts wird sein, den Gegner um Waffenstillstand zu bitten und Friedensverhandlungen zu beginnen. Die *Vossische Zeitung* titelt: »Der Kaiser für eine Volksregierung«, das *Berliner Tageblatt* verkündet zurückhaltender: »Der Kaiser für eine Beteiligung des Volkes an der Regierung.«[10]

Ludendorff sieht sofort die Gelegenheit, die Verantwortung für die katastrophale Lage abzuschieben. Noch bevor Hertlings Rücktritt und Wilhelms Aufforderung an die Opposition im Reichstag bekannt werden, eröffnet der Generalquartiermeister am Vormittag des 30. September den Vertretern der deutschen Fürsten im Großen Hauptquartier die neue Lage; Sachsens Verbindungsoffizier fällt die Ruhe Ludendorffs auf, er »war bestimmt und klar«.[11] Doch offenbar hat der General die Wirkung unterschätzt, die diese Mitteilung macht; jedenfalls gibt er sich keine 24 Stunden später völlig anders, als er am Morgen des 1. Oktober 1918 die Mitarbeiter der Obersten Heeresleitung informiert. Sein Stabschef Albrecht von Thaer beschreibt Ludendorffs Gesicht als »von tiefstem Kummer erfüllt, bleich, aber mit hocherhobenem Haupt«. Thaer fühlt sich an die Sagenfigur Siegfried erinnert, doch heldenhaft ist es nicht, was sein direkter Vorgesetzter verkündet: »Ich habe Seine Majestät gebeten, jetzt auch diejenigen Kreise an die Regierung zu bringen, denen wir es in der Hauptsache zu verdanken haben, dass wir so weit gekommen sind. Wir werden also diese Herren jetzt in die Ministerien einziehen sehen. Die sollen nun den Frieden schließen, der jetzt geschlossen werden muss. Sie sollen die Suppe jetzt essen, die sie uns eingebrockt haben.«[12] Während der Generalquartiermeister spricht, hört Thaer leises Stöhnen und Schluchzen und sieht, dass erfahrenen Offizieren Tränen über die Wangen laufen.

Die meisten Mitarbeiter der OHL, obwohl allesamt hoch qualifizierte Generalstäbler, haben verdrängt, was sie mit einem Blick auf die Lagekarte hätten erkennen müssen. Der Verbindungsoffizier zum Kaiser etwa hat noch am 27. September notiert, die Kämpfe nähmen einen durchaus befriedigenden Verlauf.[13] Nur wenige Militärs sehen die katastrophale Lage so klar wie der Admiralstabsoffizier Ernst von Weizsäcker, der in seinem Tagebuch den 26. und 27. September 1918 die »schwärzesten Tage im Hauptquartier seit meiner Anwesenheit« nennt.[14]

Das Eingeständnis der Niederlage schreckt auch bislang kaisertreue Regierungsbeamte auf. Ludendorff habe »völlig die Nerven und die Größe« verloren, die »ein echter Feldherr und Mann im Unglück zeigen« müsse, notiert Oberstleutnant Ernst van den Bergh in sein Tagebuch. Der 45-jährige Abteilungsleiter im preußischen Kriegsministerium fährt fort, mit dem übereilten Waffenstillstandsangebot habe der Generalquartiermeister die weiße Fahne gezogen. Damit sei »Deutschland besiegt, obgleich es tatsächlich auch heute noch nicht materiell besiegt ist. Besiegt ist, wer sich besiegt fühlt!«[15] Vizekanzler Payer fällt es ebenfalls schwer, die Nachricht zu verdauen. Weil er die Männer an der Spitze der OHL schätzt, glaubt er an einen »vorübergehenden Nervenkollaps«, was ihm angesichts der Belastungen Hindenburgs und Ludendorffs möglich scheint.[16] Außerhalb seiner Vorstellungskraft liegt, dass Deutschland sich auf so demütigende Weise an die Sieger wenden soll.

An der Spitze des Reiches mag man sich nicht eingestehen, dass Deutschland militärisch am Ende ist – die meisten Untertanen sind da weiter. »Die Zeiten werden betrüblich interessant«, hat der Münchner Gymnasiallehrer Josef Hofmiller schon am 19. August 1918 in sein Tagebuch geschrieben.

»Keiner glaubt mehr, dass wir den Krieg gewinnen. Alle wissen, dass wir ihn verloren haben, und doch rückt keiner mit der Sprache heraus. Wir sind gereizt, sogar, wenn der andere dieselbe Meinung äußert, die wir im Stillen selbst hegen; als wären wir abergläubisch, dass sie nicht ausgesprochen werden dürfe.«[17] Auch den Behörden ist die angespannte Stimmung bekannt; die Berliner Polizei warnt beispielsweise, im Spätherbst und Winter 1918 müsse mit »Arbeitseinstellungen und Unruhen für einen Frieden um jeden Preis gerechnet« werden.[18] Ähnlich ist die Gefühlslage vielerorts in Deutschland. In Weimar hört der Diplomat und Kulturbürger Harry Graf von Kessler deprimierende Einzelheiten: Seit einem Vierteljahr schon sei die Volksstimmung »unheimlich«, berichtet ihm ein Mitarbeiter. Die kleinen Leute seien ganz still, gedrückt, sprächen nur noch wenig. Sie verstünden nicht, warum noch Krieg sei: »Das Volk glaube, wir könnten jeden Tag Frieden haben, wenn die Regierung nur wolle.«[19] In Baden sei die Stimmung der Bevölkerung »niedergeschlagen« und »oftmals stumpf bis zur Gleichgültigkeit«, berichtet das zuständige Generalkommando in Karlsruhe.[20] Aus Nürnberg erfährt das bayerische Kabinett in München, dass die Gewerkschaften das Vertrauen der Arbeiterschaft verlören, wenn sie weiter zu einer Regierung hielten, die »ihre Versprechungen auf Besserung der Lage nicht einzulösen vermocht und stattdessen immer nur neue Opfer und Entbehrungen verlangt« habe.[21]

Doch noch fehlt ein Anstoß, um der Einsicht in die hoffnungslose Lage zum Durchbruch zu verhelfen. Alle seien »seelisch erschüttert«, befindet Josef Hofmiller Mitte September 1918 – die Soldaten, die Arbeiter, die Bauern, die Frauen, die Angestellten, die Beamten, sogar die Presse. Obwohl noch Krieg herrscht, habe die innere Demobilisierung bereits begonnen: »Das ist schlimm, sehr schlimm. Die Stimmung ist früher da als die Ereignisse. Keine Hemmungen, keine Dämme, die Stimmung im Land ist furchtbar.« Vertrauen in die Regierung und vor allem in die Oberste Heeresleitung gebe es nicht mehr: »Man hat damit Raubbau getrieben.« Niemand in Deutschland glaube noch an »einen guten Ausgang des Krieges«.[22] Die Berliner Polizei warnt: »Bei der Unberechenbarkeit der Masse und dem leichten Umschlag ihrer Stimmungen muss deshalb nach wie vor mit der Möglichkeit von Unruhen gerechnet werden, insbesondere für den Fall, dass etwa die Wahlrechtsfrage oder eine weitere Verschärfung der Lebensmittelnöte oder endlich Kleider- und Kohlennot im Winter den Funken ins Pulverfass wirft.«[23]

Es dauert nicht bis zum Winter, denn Paul von Hintzes Plan für eine Revolution von oben erweist sich als der gefürchtete Zündfunke. Die Veröffentlichung der dem Kaiser aufgedrängten Order, eine parlamentarische Regierung zu bilden und Friedensverhandlungen aufzunehmen, entflammt die Lunte. Auf einmal tosen Gefühlsstürme durch Deutschland wie seit Ende Juli 1914 nicht mehr. Der erfahrene Diplomat Kurt Riezler verliert schlagartig die letzte Hoffnung; das Reich sei nun in einer Lage, dass es jedes »Diktat akzeptieren« müsse: »Ich stiere immerzu ins Dunkle. Dass man nicht heulen kann wie ein Schlosshund.«[24] Der Schriftsteller Gerhart Hauptmann hält fest: »Welch Wendung! Vielleicht habe ich nur noch den Untergang meines Landes zu schreiben, vielleicht nur noch Trauergesänge anzustimmen.«[25] Die Frauenrechtlerin Gertrud Bäumer staunt: »Man steht, wie wenn man mit hohlen Händen einen stürzenden Strom auffangen sollte.«[26] Die Bildhauerin Käthe Kollwitz, eine erklärte Kriegsgegnerin, verzweifelt an der Lage: »Deutschland steht vor dem Ende. Widersprechendste Gefühle. Deutschland verliert den Krieg. Was kommt nun? Wird das patriotische Gefühl noch einmal so aufflammen, dass eine Verteidigung bis zum Letzten einsetzt?« Diese Aussicht macht ihr Angst: »Nicht einen Tag weiter Krieg, wenn man erkennt, dass er verloren ist. Freilich, bis sich das wirklich entschieden hat, Kampf. Damit, wenn möglich, ein erträglicher Friede zustande kommt.«[27] In einem Lazarett in Duisburg wälzt der 20-jährige Erich Maria Remarque trübe Gedanken; in sein Tagebuch schreibt der Verwundete: »Es gibt jetzt Frieden! Eine große Freude herrscht darüber gerade nicht. Man hat sich wohl schon an den Krieg gewöhnt. Er war eine Todesursache wie alle anderen Krankheiten auch. Etwas schlimmer als Lungentuberkulose.« Freuen kann sich auch Remarque nicht – »warum, weiß ich nicht«. Er hat sich schon an den Gedanken gewöhnt, nach seiner Genesung zurück an die Front zu kommen. Nun notiert er: »Einsam und zerrissen. Alles grau und trübe.«[28]

Allgemein ist die Stimmung ähnlich. Auf einmal gibt es kaum ein anderes Gesprächsthema mehr als die Frage, ob das Reich sofort kapitulieren müsse oder doch die Chance auf einen ehrenvollen Waffenstillstand haben werde? Aus Karlsruhe berichtet das Generalkommando, »auch sonst ruhig denkende Elemente« hielten »militärisch alles für verloren«.[29] Diese Einsicht dringt sogar bis ins tiefste Ostpreußen vor; die Haushaltshilfe Henriette Schneider aus Mrossen, 200 Kilometer südöstlich von Königsberg, hat schon Mitte September 1918 notiert: »Am politischen Horizont sieht es sehr trübe aus.« Bald darauf fügt sie hinzu: »Von der Front hört man: Das Heer ist demoralisiert, vier Kriegsjahre sind daran schuld.«[30]

Das ist ganz im Sinne des Bremer Linksradikalen Johann Knief und seiner Lebensgefährtin Lotte Kornfeld. Beide sitzen seit dem Frühjahr 1918 wegen illegaler Tätigkeit in Haft und tauschen sich in Briefen über Karl Marx, griechische Mythologie und Literatur aus. Vor allem aber träumen beide von einer Revolution nach russischem Vorbild. Am 30. September schildert Knief der Freundin seinen Tagesbeginn: »Wie seltsam rau ist es heute: So herbstlich; es fegt der Sturm die Felder rein. Alles Welke wird von ihm erfasst, unbarmherzig wirbelt es zur Erde, der Vernichtung entgegen. Es ist wundervoll, dies Schauspiel der Vernichtung, die den Keim zu neuem Leben legt.« Dann kommt er auf Ferdinand Lassalle zu sprechen. Knief kritisiert, dass dieser erste Vordenker der deutschen Sozialdemokratie nie an das Handeln an sich appelliere, sondern sich im Gegenteil dagegen verwahre. Die Erfindung der Dampfmaschine habe er für revolutionär gehalten, aber nicht die Bauernkriege: »Revolution ist ihm das Ergebnis objektiver Notwendigkeiten, nicht aber das Ergebnis gesellschaftlicher Gegensätze und Klassenkämpfe. Die Entwicklung ist ihm friedlich, nicht aber gewaltsam.« Knief denkt entschieden anders.[31]

Einen Tag später schreibt der Vorsitzende der USPD, Hugo Haase, seinem Sohn Ernst einen langen Brief an die Front: »Von der Stimmung hier im Lande kannst Du Dir schwer eine Vorstellung machen. Gestern hat das Zentrum bei der Regierung angefragt, wie groß die Entschädigung sei, die wir eventuell an Belgien zu zahlen hätten.« Nicht lange zuvor ist Haase noch als Landesverräter gescholten worden, als er von Deutschlands Pflicht zur Entschädigung Belgiens gesprochen hat. Nun registriert er überrascht: »In Zirkeln, die monarchisch bis auf die Knochen sind, wird offen davon gesprochen, dass die Hohenzollern weichen müssten, wenn anders der Frieden nicht zu erlangen sei. In den Eisenbahnwagen hört man öfters Äußerungen wie: Lassen wir doch die Franzosen Elsass-Lothringen nehmen, wenn wir nur den Frieden erhalten.« Wilhelms II. Einverständnis, ein quasi-parlamentarisches Kabinett zu bilden, zeige, dass die Angst auf allen Seiten groß sei: »Schwindet sie, so kommt wieder ein Rückfall in alte Zustände, wenn nicht das Volk inzwischen eine gründliche Systemänderung vollzogen hat.«[32] Der Schriftsteller Gustav Landauer formuliert im Brief an die Frau eines Freundes: »Möge die Dornenkrone, die unser Reich sich nun verdient hat, uns und der Menschheit auch himmlische Blüten tragen!«[33]

Am gleichen Tag trifft Prinz Max von Baden in Berlin ein. Den Thronfolger des südwestdeutschen Großherzogtums haben die Nachrichten von der Obersten Heeresleitung ebenso überrascht wie alle anderen. Er hält das Eingeständnis militärischer Schwäche für verhängnisvoll. Am folgenden Morgen hat Vizekanzler Payer die wenig erfreuliche Aufgabe, die Vorsitzenden der Reichstagsfraktionen über die Lage zu unterrichten. Payer hat für einen Augenblick überlegt, kleinere Parteien wie die USPD auszuschließen, die von Hugo Haase vertreten wird, rückt davon aber wieder ab. Auch die Parlamentarier reagieren entsetzt – weniger über die Details als vielmehr über die ausweglose Gesamtlage, die mit all den früheren Berichten der OHL so gar nicht zusammenpasst. Payer kann ihre Gefühle verstehen: Es ist ihm zwei Tage zuvor ähnlich gegangen.

Am 3. Oktober 1918 ernennt Wilhelm II. Prinz Max zum neuen Reichskanzler. Er scheint der richtige Mann für Verhandlungen mit den USA zu sein, weil er sich 1917 öffentlich gegen den uneingeschränkten U-Boot-Krieg ausgesprochen hat, der schließlich zum Kriegseintritt der Vereinigten Staaten führt. Seit Monaten schon deutet der Thronfolger allen möglichen Bekannten und Freunden gegenüber an, die Leitung der Regierung übernehmen zu wollen. Allerdings kann man sich um den Posten des Reichskanzlers nicht bewerben; vielmehr muss die Initiative vom Kaiser kommen. Gemessen an seinem fürstlichen Stand ist Max von Baden erstaunlich liberal; der Prinz pflegt sogar Kontakte zur SPD und ihrem Vorsitzenden Friedrich Ebert. Gleichzeitig jedoch bleibt er ein Mann der Monarchie, der die »Mobherrschaft der westlichen Demokratien« ablehnt.[34]

Umgehend fordert der neue Kanzler die stärkste Partei des Reichstages auf, zwei Vertreter in sein Kabinett zu entsenden. Doch die von der SPD geforderte formale Abhängigkeit der Regierung von der Zustimmung des Parlaments lehnt der Prinz ab. Selbstverständlich beruhe seine Amtsführung auf dem Vertrauen der Mehrheit der Abgeordneten, sagt er; verfassungsrechtlich fixieren will er das allerdings nicht. Die Sozialdemokraten machen sich die Entscheidung nicht leicht, trotz dieser Absage in das Kabinett einzutreten. Fraktionschef Philipp Scheidemann spricht sich vehement dagegen aus, weil er es für »unangebracht« hält, »im Augenblick der schlimmsten Zuspitzung unserer Verhältnisse eine Verantwortung zu übernehmen, die zu tragen wir kaum in der Lage« seien.[35] Auch Friedrich Stampfer, der Chefredakteur der Parteizeitung *Vorwärts*, und Otto Braun lehnen in der Fraktionssitzung eine Regierungsbeteiligung ab, während SPD-

Pragmatiker wie Eduard David, Gustav Noske und Hermann Müller dafür eintreten.

Als entscheidend erweist sich das Votum des Parteivorsitzenden Friedrich Ebert. Zunächst schüttelt den 47-Jährigen vor den Augen seiner Genossen ein Weinkrampf, weil ihm ein Abgesandter des Großen Hauptquartiers die Lage an der Front überaus eindringlich dargelegt hat. Dann aber hält der Vorsitzende eine »glänzende Schlussrede«.[36] Zwar glaubt auch Ebert nicht, dass die SPD eine faktische Kapitulation des Reiches noch vermeiden könne. Trotzdem sieht er seine Partei in der Verantwortung: »Falls nun alles zusammenbricht, außen und innen, wird man uns dann später nicht den Vorwurf machen, dass wir in einem Augenblick unsere Mitwirkung versagt hätten, in dem man uns dringend von allen Seiten darum gebeten hätte?«[37] Die Fraktion entscheidet bei nur sieben Gegenstimmen, den neuen Reichskanzler zu stützen und auf weitere Reformen in Richtung auf eine Demokratisierung zu dringen – mit Hintzes Revolution von oben will man sich nicht zufriedengeben. Die SPD-Fraktion entsendet zwei prominente Abgeordnete in die Regierung, die damit die ersten sozialdemokratischen Minister überhaupt werden. Der erfahrene Haushaltspolitiker Gustav Bauer übernimmt das Ressort Arbeit. Überraschend ist hingegen die zweite Ernennung: Ausgerechnet der unwillige Scheidemann tritt dem Kabinett bei, allerdings ohne für einen Geschäftsbereich zuständig zu sein.

Reibungslos verläuft die Zusammenarbeit zwischen altem Regierungsapparat und den neuen Kräften anfangs nicht. Vizekanzler Payer betrachtet die SPD-Vertreter leicht abschätzig. Es sei überflüssig zu fragen, warum man nicht mehr für den Frieden getan habe, wo die Wahlrechtsreform bleibe und weshalb die Reichsregierung keine stärkere Stellung gegenüber der OHL habe. Die Sozialdemokraten würden sich schon noch daran gewöhnen, sich »der Regierung und anderen Parteien gegenüber zu disziplinieren«, notiert Payer.[38] Ihrem Wunsch nach regelmäßigen Kabinettssitzungen kommt er nach.

Auch der Ministerialbeamte van den Bergh wird nur schwer mit den neuen Mitstreitern warm. Zwar empfindet er Scheidemann und Ebert als »vornehm und vaterlandsliebend«, schreibt aber auch, sie seien wenig engherzige »Gegner«. Distanz ist unverkennbar. Aber die Neuen wüssten, »dass die Massen und damit die Zukunft hinter ihnen« stünden. Der Oberstleutnant beschließt, das Beste aus der Lage zu machen, »in die sie der übertriebene Allmachts- und Unfehlbarkeitswahn, der übertriebene

Kleinmut und Zusammenbruch Ludendorffs gebracht« habe.[39] Zwischen
dem Vizekanzler und dem Oberstleutnant kommt es zu einer Auseinandersetzung, in der van den Bergh, wie Payer trocken notiert, »die in solchen Verhältnissen erforderliche Selbstbeherrschung wirklich vermissen«
lässt.[40] Ernst van den Bergh will seine Kenntnisse und seine Kraft einsetzen, um zu einer Stabilisierung der Lage beizutragen. Die alte Führung hat
in seinen Augen versagt: »Die wertvollste Munition verschossen und nie
Volltreffer, immer nur Blindgänger! Kümmerlich!« Ebenso eindeutig ist
sein Urteil über die Konservativen: »Hängen und Würgen!«[41]

Zunächst geht es darum, so schnell wie möglich einen akzeptablen Waffenstillstand zu erreichen. Als erste Amtshandlung hat sich Prinz Max am
Abend des 3. Oktober 1918 vom Kaiser eine Botschaft an US-Präsident
Woodrow Wilson genehmigen lassen, in der die neue Reichsregierung bittet, »den sofortigen Abschluss eines Waffenstillstandes zu Lande, zu Wasser und in der Luft herbeizuführen«, um »weiteres Blutvergießen zu vermeiden«.[42] Veröffentlicht wird die Note freilich erst 36 Stunden später, als
ihr Eingang im Weißen Haus bestätigt ist. Max von Baden gibt am 5. Oktober eine Regierungserklärung im Reichstag ab: »Was ich will, ist ein ehrlicher, dauernder Friede für die ganze Menschheit, und ich glaube daran,
dass ein solcher Friede zugleich auch der festeste Schutzwall für die künftige Wohlfahrt unseres eigenen Vaterlandes wäre.«[43] Zugleich appelliert
der Reichskanzler an die Bevölkerung, seine Regierung zu unterstützen.
Im Kabinett seien »Vertrauensmänner der Arbeiterschaft zu den höchsten
Ämtern im Reiche gelangt«. Das sei »die sicherste Bürgschaft«, dass das
Volk Vertrauen fassen könne.[44] Inspiriert hat die Rede Conrad Haußmann,
dessen Credo lautet: Die Volksvertreter sollten »entscheidenden Anteil an
der Leitung ihres Geschicks« erhalten, auch wenn das Neue in »organi-
scher Fortentwicklung mit dem Bestehenden gestaltet werden« müsse.[45]
Verschiedene Zeitungen loben am nächsten Tag, dass der neue Kanzler in
Zivil aufgetreten ist. Ursprünglich hat er, wie gewohnt, seine Uniform tragen wollen, doch das haben ihm seine Berater gerade noch ausgeredet.

Unter dem Eindruck der Veränderungen befindet der liberale Historiker
Friedrich Meinecke: »Uns wird gar nichts anderes übrigbleiben, als demokratisch zu werden, um das Reich und die nationale Einheit aufrecht zu erhalten. Und wenn es uns gelingt, ohne revolutionäre Erschütterungen, unter
steter Erhaltung staatlicher Autorität, uns demokratisch umzubauen, so
wollen wir zufrieden sein.« Seiner Frau schreibt er: »Aber wir müssen kolos-

sal viel konservativen Gedankenballast über Bord jetzt werfen und den Mut haben, mit uns und unseren Fehlern streng ins Gericht zu gehen. Das konservative Preußen ist unwiederbringlich dahin! Und die Mehrheitssozialisten, die unter keinen Umständen den Bolschewismus bei uns aufkommen lassen wollen, müssen uns jetzt die Massen in Ordnung halten helfen.«[46]

Sogar Gustav Landauer kann der Entwicklung etwas abgewinnen. An eine befreundete Schauspielerin schreibt er:»Mit der Wendung in der Politik bin ich sehr zufrieden; aber es ist nur erst ein Anfang, auch nur ein Anfang zum Frieden. Die Leute, die aus der Verzweiflung zum Volksstaat als Mittel gegriffen haben, und die, die aus demselben Grunde mitmachen oder die Faust in der Tasche ballen – all das muss weg! Im Volk und in der gesamten Verwaltung muss erst nachwachsen, woraus diese Wandlung als Frucht hätte kommen müssen: Den Deutschen kommt alles von oben und wirkt darum von außen als Schein und List – was es zum Teil auch ist.«[47]

Um die USA für die Verhandlungen milde zu stimmen, bringt Max von Baden gleich mehrere Gesetzentwürfe auf den Weg, die Forderungen Wilsons aufgreifen und so Entgegenkommen signalisieren. Außerdem werden in den folgenden Wochen mehrere Dutzend politischer Gefangener entlassen. In München etwa kommt der USPD-Politiker Kurt Eisner frei, der seit Ende Januar in Untersuchungshaft gesessen hat. Der formale Grund ist, dass er für eine für Mitte November 1918 geplante Reichstagsnachwahl als Kandidat aufgestellt worden ist und daher Gelegenheit bekommen müsse, um Stimmen zu werben. Karl Liebknecht hingegen, der Kopf der radikalen Linken in Berlin und im Gegensatz zu Eisner bereits rechtskräftig verurteilt, profitiert erst Mitte Oktober von einer Amnestie.

Hindenburg und Ludendorff dringen weiter darauf, einen Waffenstillstand zu erreichen. Hindenburg selbst teilt der Regierung bei seinem Antrittsbesuch in Berlin am 7. Oktober 1918 mit:»Die Lage kann für uns nicht mehr besser werden, daher ist jede Verzögerung des Friedensschlusses militärisch gesprochen zu unserem Nachteil.« Das ist eine klare Empfehlung des obersten Soldaten an seine neuen, zivilen Vorgesetzten, die er zutiefst verachtet. Ganz offen schmäht der Generalfeldmarschall im Casino des Großen Hauptquartiers in Spa den Reichskanzler als »Bade-Maxe«, wie Korvettenkapitän Ernst von Weizsäcker mitbekommt.[48] Die Abneigung beruht auf Gegenseitigkeit. Payer missfällt der Zeitdruck: Die Militärs sollen der Regierung nicht auch noch den Termin für das Waffenstillstandsangebot vorschreiben.

Prinz Max hat zwar erwartet, dass Wilsons Reaktion auf seine Note »weder in einer glatten Annahme noch in einer glatten Ablehnung bestehen« werde.[49] Mit der Antwort, die dann am 8. Oktober 1918 tatsächlich kommt, rechnet er jedoch nicht. Denn der US-Präsident lässt seinen Außenminister zunächst nachfragen, was denn »der genaue Sinn der Note des Reichskanzlers« sei. Das überrascht, denn das Auswärtige Amt hat die Note unmissverständlich formuliert. Tatsächlich handelt es sich um ein rhetorisches Manöver Wilsons, um Druck aufzubauen, denn direkt folgt die erste harte Bedingung: Jedes Gespräch sei sinnlos, solange deutsche Truppen auf dem Boden der Verbündeten der USA stünden. Ferner verlangt Wilson zu wissen, »ob der Kanzler nur für diejenigen Gewalten des Reiches spricht, die den bisherigen Krieg geführt haben«. Die Antwort auf diese Frage sei »von jedem Standpunkt aus [...] außerordentlich wichtig«. Darauf muss Prinz Max reagieren, und er tut es mit einer Note, die versichert: »Die jetzige deutsche Regierung, die die Verantwortung für den Friedensschritt trägt, ist gebildet durch Verhandlungen und in Übereinstimmung mit der großen Mehrheit des Reichstages.« Der Kanzler spreche im Namen des deutschen Volkes.[50]

Schon dieser erste Notenwechsel zeigt: Sowohl Paul von Hintzes Plan einer Revolution von oben ist gescheitert als auch die modifizierte Variante, auf die Max von Baden hofft: Die USA zeigen keine Bereitschaft, einer von ihm geleiteten Regierung entgegenzukommen. Vielmehr stellen sie harte Forderungen, bevor überhaupt über einen Waffenstillstand gesprochen werden soll.

Die harsche Reaktion aus Washington lässt die Stimmung in Deutschland weiter sinken; der Umschwung ist nun unübersehbar. Am 15. Oktober 1918, als Namenstag von Bayerns Königin Maria Theresia ein Feiertag, ist die Lage in München zwar ruhig. Aber es ist nirgends geflaggt wie in früheren Jahren, nicht einmal an den Staatsgebäuden. »Ist das der Anfang vom Ende?«, fragt sich Josef Hofmiller. »Man kann hundertmal sagen, in dieser Zeit ist es nicht angebracht, an einen Fürstennamenstag zu erinnern – bedeutet es nicht dennoch ein feiges Sichselbstaufgeben?«[51] Am selben Tag trifft Wilsons nächste Antwort in Berlin ein und wird sofort veröffentlicht. Der US-Präsident teilt mit, dass weder seine Regierung noch die Verbündeten einen Waffenstillstand erwägen könnten, solange deutsche Truppen auf dem Rückzug aus den besetzten Gebieten »mutwillige Zerstörungen« begehen und deutsche U-Boote weiterhin Passagierschiffe angreifen.[52] Das ist faktisch die Aufforderung, einseitig die Kämpfe einzustellen: Deutschland soll bedingungslos kapitulieren. Der Chefredakteur des *Berliner Tageblatts* Theodor Wolff, der auf ein einvernehmliches Ende des Krieges gehofft hat, kommentiert entsetzt: »Durch die neue Note Wilsons hat sich der Friedensgedanke nach rückwärts bewegt.«[53]

Hindenburg und Ludendorff wollen nun nichts mehr von Waffenstillstand wissen und verlangen, »eine Propaganda für die letzte Verteidigung zu entfachen«.[54] Oberstleutnant van den Bergh stößt die Selbstverständlichkeit auf, mit der Ludendorff und seine »unheilvollen« Ratgeber weiter Einfluss zu nehmen versuchen. »Er und sie hätten längst ersetzt werden müssen!«[55]

Das Militär ahnt, dass in der Heimat Gegenwehr bevorsteht: »Ohne starke Unruhen kommen wir nicht davon«, hält Weizsäcker die Stimmung im Großen Hauptquartier fest. »Viel erörtert wird die Frage, ob wir eine Revolution zu erwarten haben.«[56] Innenpolitisch stützen vor allem die kaisertreue evangelische Kirche und die Gegner der Parlamentsmehrheit die Forderung der Heeresleitung. Der Reichsvorstand der Deutschkonservativen Partei etwa verkündet: »Noch aber ist es nicht an der Zeit, einen Frieden ohne Widerstand anzunehmen.« Stattdessen müsse der Konflikt ausgefochten werden:»Jeder kampffähige Mann an die Front!«[57] Käthe Kollwitz notiert über Wilsons Antwort und deren Folgen in ihr Tagebuch: »Böse Enttäuschung. Die Stimmung für Verteidigungskrieg bis zum Ende wächst.«[58]

Von einem »dunklen Tag« spricht der Industrielle und Feingeist Walther Rathenau. In einem Aufruf in der *Vossischen Zeitung* nennt der 51-jährige Aufsichtsratschef der AEG die Note an Wilson übereilt. Man habe sich hinreißen lassen, »im unreifen Augenblick, im unreifen Entschluss«. Vor Verhandlungen müsse man zuerst die Fronten befestigen. Frieden ja, »doch nicht den Frieden der Unterwerfung«.[59] Doch sein Aufruf zündet nicht mehr, sondern löst offenen Widerspruch aus, was Rathenau überrascht. Er schreibt dem liberalen Politiker Willy Hellpach nach Heidelberg: »Der deutsche Geist ist derart dialektisiert und gleichzeitig atomarisiert, dass nicht zwei Menschen sich verstehen können. Jeder hört nur sich selbst und hat die stärksten Argumente, um alles andere zu widerlegen. Das ist einer der tiefsten Gründe unseres Niedergangs. Ich sehe die Menschen nicht, die man zusammenbringen könnte. Wahrscheinlich bedarf es gerade deshalb der schwersten Prüfungen, damit eine Einheitlichkeit des Denkens wenigstens in gewissem Umfange wieder möglich wird.«[60]

Lediglich der Dichter Richard Dehmel springt Rathenau mit seinem Artikel »Einzige Rettung« bei, den die SPD-Zeitung *Vorwärts* am 22. Oktober veröffentlicht – halbherzig auf der vorletzten Seite.[61] Dehmel, der lange der Sozialdemokratie nahegestanden hat und dessen Gedichte von Arbeitern gern gelesen werden, fordert ein Freiwilligenheer und den Verzicht der Offiziere auf ihre Vorrechte. Seinem Sohn schreibt der 54-Jährige: »Als ich die unverschämte amerikanische Antwort auf unsere zweite Note las, ballte sich mir unwillkürlich die Faust. Ich hoffe zwar immer noch, dass unsere Volksvertretung die arge Demütigung von der Hand weisen wird, und bin entschlossen, mich dann wieder an der Front zu melden; aber viel Vertrauen setze ich nicht in die Brüder.« Tatsächlich bittet er, obwohl kriegsbeschädigt, »meine Versetzung an die Front zu erwirken, für den Fall, dass die Verhandlungen zwischen unserer Regierung und der Entente nicht zum Waffenstillstand führen«. Es sei eine Frage des Ehrgefühls, unabhängig vom körperlichen Zustand, mit gutem Beispiel voranzugehen. Die Haltung seines Sohnes, der das Ende des Krieges herbeisehnt, entschuldigt Dehmel mit dessen Alter. Jünglinge seien immer bereit, »sich auf die Morgenröte einer neuen Zeit zu freuen«. Aber: »Mir scheint die rosige Menschheitszukunft, die Du aus unserem Kniefall vor Wilson erwartest, schauderhaft nebelgrau unverändert; man wird uns Deutsche jetzt ein Menschenalter lang als eine Nation von begossenen Pudeln behandeln.«[62]

Dehmels Reaktion ist typisch. Sein Glaube an die nationale Einheit und die Rechtmäßigkeit der Monarchie bröckelt. »Ich habe geglaubt, gegen den Krämergeist zu Felde zu ziehen – nun sehe ich, dass ich für die heimischen Krämer kämpfe«, notiert er. Ebenso typisch ist nach dem Schock der Drang weiterzukämpfen, für ein neues Nationalgefühl, »dann wird auch hinter der Front der Missmut verschwinden, der nur zu begründet ist«.[63] Doch wie Rathenau bleibt Dehmel eine Einzelstimme. Beiden gibt Käthe Kollwitz eine treffende Antwort. »Es ist genug gestorben, keiner darf mehr fallen«, schreibt die Künstlerin am 28. Oktober 1918 im *Vorwärts*. »Saatfrüchte sollen nicht vermahlen werden.«[64]

In Kiel, dem wichtigsten Hafen der Kaiserlichen Flotte in der Ostsee, fordern Arbeiter ein sofortiges Ende des Krieges. Die örtliche Kommandantur informiert das Marineamt in Berlin: »Nach Mitteilung eines Vertrauensmannes wird im Betriebe der Germaniawerft von Mund zu Mund für einen Demonstrationsstreik zu Gunsten der Annahme der Wilson'schen Forderungen agitiert. Dieser Demonstrationsstreik sei die nächsten Tage zu erwarten.«[65] Genau solche unkoordinierten Aktionen fürchtet die SPD-Führung. Schon der Ausstand der Munitionsarbeiter im Januar 1918 hat ihre Bemühungen um politischen Einfluss weit zurückgeworfen – Ähnliches soll sich nicht wiederholen.

Sozialdemokraten und Gewerkschafter versuchen, in Kiel wie überall im Reich, ihre Anhänger zu beruhigen. Auf keinen Fall dürfen größere Unruhen der neuen Regierung in den Rücken fallen, die ja tatsächlich von der Mehrheit der Parteien im Reichstag gestützt wird, neben der SPD auch vom katholischen Zentrum und den Liberalen. Das Kabinett um Prinz Max bietet ihrer Meinung nach die einzige Chance, gleichzeitig den Krieg zu beenden, politische Reformen durchzusetzen und die Ordnung im Inneren zu bewahren. Im Falle eines Kampfes bis zum Ende gegen den äußeren Feind jedoch werde es, so die Furcht vieler Sozialdemokraten, zum Bürgerkrieg der alten konservativen Eliten gegen die radikale Linke kommen. Verhältnisse wie in Russland nach der bolschewistischen Machtübernahme drohen. Die Angst vor dem Bolschewismus grassiert seit der Oktoberrevolution 1917 auch in Deutschland. Geheimrat Walter Simons, erst kurze Zeit Chef der Reichskanzlei, bittet Hugo Haase um ein Gespräch. Der USPD-Vorsitzende sagt zu, besteht aber auf einem Treffen auf neutralem Boden. Simons will erkunden, wie Haase über die Lage im Reich denkt. Der Parteichef wiederum gewinnt den Eindruck, dass die Regierung nicht allzu großes Vertrauen in ihre eigene Zukunft habe. Haase spürt, dass sie mit einem starken Linksruck rechnet und den Bolschewismus fürchtet.[66]

Tatsächlich bahnt sich etwas an: Am 12. und 13. Oktober 1918 treffen sich Vertreter der Spartakus-Gruppe aus dem gesamten Reichsgebiet heimlich mit anderen Linksradikalen in Berlin. Neben den Revolutionären Obleuten, die konspirativ in Betrieben wirken, sind die Spartakisten als linker Flügel der USPD jene Kraft der deutschen Arbeiterbewegung, die am entschiedensten auf einen Umsturz dringt. Die Einladung zu dem konspirativen Treffen bei der Rosta, der russischen Telegrafenagentur in der Friedrichstraße, ist als »Familienfest« getarnt. Unter den nicht einmal 30 Teilnehmern sind der linke Rechtsanwalt Paul Levi, ein früherer Redakteur der *Schwäbischen Tagwacht*, August Merges, Leiter der Spartakus-Gruppe in Braunschweig, weitere Vertreter der USPD und der Linksradikalen aus Hamburg, dem Ruhrgebiet und Württemberg sowie von der Spartakus-Führung Käthe Duncker und Ernst Meyer. Diskutiert werden die »revolutionäre Situation« und die Notwendigkeit, eine einheitliche Organisation zu gründen, also eine Kommunistische Partei. Das würde die Trennung der Spartakisten von der USPD voraussetzen, wozu die Spartakus-Führung aber noch nicht bereit ist.[67] So wird erst einmal ein sehr langer und diffuser Aufruf beschlossen, der die Freilassung aller politischen Gefangenen fordert, die Sozialisierung von Banken und Schwerindustrie sowie die Verkürzung der Arbeitszeit, Mindestlöhne und die Enteignung landwirtschaftlicher Groß- und Mittelbetriebe. Sie sollen künftig durch Delegierte der Landarbeiter und Kleinbauern geleitet werden.

Karl Liebknecht und Rosa Luxemburg sitzen beide noch hinter Gittern und fehlen deshalb in der Runde in Berlin. Ebenso Johann Knief aus Bremen, der am Abend des Treffens an seine Lebensgefährtin Lotte schreibt: »Es ist, als ob alle meine Kräfte sich zu sammeln begännen. Oft ist mir, als müsste ich bersten. Ich kann dann kaum Atem schöpfen.« Er ist sich des kommenden Erfolges sicher: »Oh, ich weiß, dass wir noch so viel, so endlos viel werden schaffen können.« Geradezu erregt hält er fest: »Unsere Zeit kommt jetzt!«[68]

Das Treffen findet nicht ohne Grund in der russischen Nachrichtenagentur statt. Verfasst hat den Revolutionsaufruf der russische Botschafter Adolph Joffe. Es sei ihm nur mit Mühe gelungen, die Zustimmung zu der Proklamation zu erlangen, »die ich geschrieben hatte und anbei mitschicke«, teilt er in der Nacht vom 13. auf den 14. Oktober Lenin mit.[69] Auch der vorgesehene Bruch der Spartakus-Gruppe mit der USPD geht auf russische Initiative zurück. Seit dem Rücktritt von Kanzler Hertling rechnet die Führung der Bolschewiki mit gravierenden Veränderungen in Deutschland. Lenin glaubt, dass eine Revolution wie in Russland bevorstehe. Die deutsche Bourgeoisie könne sich weder durch eine Koalition mit der SPD noch durch eine Militärdiktatur retten. Bis die Macht in den Händen des deutschen Proletariats liege, werde Russland die Neutralität wahren. Sein Berater Karl Radek formuliert: »Wir schauen auf Deutschland wie auf eine Mutter, die eine Revolution gebiert, und sollten uns die Deutschen nicht dazu zwingen, werden wir nicht die Waffen gegen sie erheben, ehe das Kind geboren ist.« Von nun an »existiert der Bolschewismus in Deutschland«, schwärmt Radek. »Er ist eine Kraft, die ideenmäßig alles übersteigt, was die Feinde in den Händen haben.«[70]

Doch davon ist Deutschland weit entfernt. Dass es nicht zum revolutionären Umsturz komme, sei nicht ein Problem des Geldes, das er reichlich verteile, meldet Botschafter Joffe an Lenin, sondern der Einstellung in weiten Kreisen der Sozialdemokratie und der Linken. »Man kann gar nichts machen, wenn alle Deutschen so hoffnungslos sind: Zur illegalen Arbeit in unserem Sinne sind sie einfach nicht fähig, weil sie zum größten Teil politische Spießer sind, die sich hier eingerichtet haben, um nicht zur Armee eingezogen zu werden, und sich daran festkrallen. Aber Revolution machen sie nur mit ihren Reden am Biertisch.«[71] Hinter dem harten Urteil steckt Unverständnis darüber, dass die deutsche Linke nicht über einen bewaffneten Aufstand nachdenke. Anscheinend reizt die Aussicht, einen Bürgerkrieg anzuzetteln, deutsche Arbeiter nicht.

Andererseits ist den Bolschewiki klar, wie schwach die Linksradikalen sind. Das sei ein Unglück, bemerkt Joffe, der auf die Freilassung von Liebknecht und Luxemburg hofft. Die kommunistische Funktionärin Angelica Balabanova fragt die Spartakus-Führer, welchen Einfluss sie bei den Massen besäßen, und bekommt »keine konkrete Antwort«. Auch der Wirtschaftsexperte Vladimir Miljutin äußert skeptisch: »Sie haben noch keine einzige Demonstration durchgeführt und organisiert, von mehr gar nicht zu reden.« Vor allem wundert ihn, dass die Spartakisten offenbar wenig Kontakt zu Arbeitern haben, anders als die Revolutionären Obleute, die rund 400 000 Arbeiter in Betrieben mobilisieren können. Zwischen beiden Gruppen gebe es fast keine Verbindung.[72] Zwar hat das führende Spartakus-Mitglied Wilhelm Pieck, der als Deserteur im März 1918 nach Holland geflüchtet ist, ein halbes Jahr später illegal Berlin besucht und sich dort mit Vertretern der Obleute getroffen. Diese haben jedoch danach den Kontakt abgebrochen, da die Spartakisten von der Politischen Polizei überwacht werden; außerdem verfolgen sie einen anderen politischen Ansatz. Jedoch sind sich beide Seiten einig, dass eine revolutionäre Erhebung frühestens Anfang 1919 zu erwarten sei.

So lange wollen die russischen Strippenzieher nicht warten. Joffe regt an, mit Straßendemonstrationen zu provozieren; er hofft, dass sich die deutsche Regierung zu Repressionen hinreißen lässt. Miljutin vertraut den Gesetzen der Physik: »Jede Aktion ruft eine Reaktion hervor. Daraus kann nichts als nur Gutes entstehen. Die Deutschen müssen ›aufgerüttelt‹ werden. Das ist die Hauptsache.«[73] Der erste Versuch misslingt. Eine Spartakus-Demonstration am 16. Oktober vor dem Reichstagsgebäude und in der Innenstadt hinterlässt wegen der geringen Beteiligung einen kläglichen Eindruck. Zwar ziehen 600 bis 800 Arbeiter, zu zwei Dritteln Männer, grölend durch das Brandenburger Tor zur russischen Botschaft am Boule-

vard Unter den Linden, aus deren Fenstern rote Fahnen als Zeichen der Unterstützung geschwenkt werden. Als die erregten Demonstranten aber weiter Richtung Stadtschloss marschieren, halten Polizisten sie auf. Es kommt
zu Handgemengen, schließlich greifen die Uniformierten zu ihren Waffen:
»Die blanken Säbel dämpften sofort den Kundgebungstaumel der Rotte.
Nach einiger Zeit fingen einzelne Genossen an, sich seitwärts zu drücken«,
heißt es im Bericht des zuständigen Reviers an den Polizeipräsidenten.
Einige Militärangehörige, die den Aufruhr zufällig miterleben, fühlen
sich abgestoßen: »Die ganze Bande gehört in den Schützengraben!«[74] Sie
helfen den Polizisten, die Demonstranten zu zerstreuen. Die radikale Linke hat keineswegs die Unterstützung der einfachen Soldaten.

In einem weiteren Schreiben an Lenin vom 19. Oktober 1918 kann Joffe
denn auch keine »Verbesserung der Revolutionsaussichten in Deutschland« erkennen. Während die deutsche Armee sich auflöse, stehe die revolutionäre Gärung im Proletariat still, »weil es keine Partei gibt, die die Massen ständig revolutionieren und alle Fehler der regierenden Parteien
ausnutzen konnte. Es ist zweifellos so, dass die Scheidemann-Leute immer
noch die große Popularität haben.«[75] Etwas positiver stimmt den Botschafter die Willkommensdemonstration für Liebknecht am 23. Oktober. Auch
Pieck ist wieder in Berlin und organisiert Flugblattaktionen. Zu einer spontanen revolutionären Erhebung kommt es jedoch noch immer nicht. Zu gering ist der Einfluss der Spartakus-Gruppe, auch nehmen die Differenzen
mit den Revolutionären Obleuten um den Berliner Richard Müller zu. Ihm
geht der Aktionismus der Spartakisten zu weit. Außerdem findet er, dass
diese Gruppe zu wenig von der Denkweise der Arbeiter verstehe.[76]

Die Spannungen wachsen, als Liebknecht nach seiner Entlassung wieder mitmischt. Dank seiner Autorität kann er an Sitzungen der Obleute teilnehmen; mit deren Taktik ist Liebknecht aber unzufrieden. Sie haben bislang vermieden, sich öffentlich zu zeigen. Stattdessen agieren sie lieber im
Verborgenen, knüpfen in Betrieben ihr Netz von Vertrauensleuten und ori-
entieren sich an der Stimmung der Belegschaften. Demonstrationen und
offensive Straßenpropaganda liegen ihnen nicht. Aktionen wie einen Generalstreik oder gar einen revolutionären, bewaffneten Umsturz wollen sie
erst starten, wenn die Zeit dafür reif sei. Liebknecht hingegen ist Wahl-
kämpfe und öffentliche Auftritte gewohnt. Außerdem will er nach zwei Jahren Haft endlich handeln. Müller, der 1916 Großdemonstrationen gegen
Liebknechts Verhaftung organisiert hat, trifft die Kritik. Er sieht seine Leute

als entschlossene Revolutionäre, keineswegs aber als einen »Klub wild gewordener Spießbürger«.[77]

Die Radikalisierung der Linken durch Liebknechts Rückkehr bleibt der Regierung nicht verborgen. In einer Sitzung des Kabinetts am 2. November 1918 ist der Umgang mit dem Spartakus-Anführer ein zentrales Thema. Liebknecht hat auf mehreren Veranstaltungen verkündet, »jetzt sei der Augenblick gekommen, den entscheidenden Schlag zu tun«. Er hat zum Umsturz aufgerufen und das Ende der Hohenzollern-Dynastie gefordert. Kann man ihn dafür juristisch belangen? Soll man ihn noch einmal zum Militär einziehen? Oder seine Aktivitäten einfach ignorieren? Paul von Krause, der Staatssekretär im Reichsjustizamt, sieht den Tatbestand des Hoch- und Landesverrats erfüllt. Es müsse Haftantrag erlassen und Anklage erhoben werden. Der preußische Kriegsminister Heinrich Schéuch erklärt, Liebknecht sei wehrpflichtig; er habe daher angewiesen zu untersuchen, ob er verwendungsfähig sei. Man könne keine Ausnahme machen, nur »weil er Liebknecht heißt«. Er will aber mit der Einberufung warten: »Ich möchte nicht der Unmenschlichkeit bezichtigt werden.« Der Sozialdemokrat Philipp Scheidemann stützt von Krauses Standpunkt. Eine Einziehung hält er dagegen für keine gute Idee, denn die Verweigerung des Wehrdienstes gehöre zu Liebknechts Programm. Sollte man ihn einbestellen, schenke man ihm ein wirksames Agitationsmittel. Das müsse nicht sein, denn »Liebknecht macht gar keinen Eindruck bei seinen Reden. Er kann allerlei Unfug anrichten, aber nicht mehr«. Für Zurückhaltung plädieren auch Vizekanzler Payer und Staatssekretär Matthias Erzberger. Der Chef des Reichsschatzamtes Siegfried von Roedern ergänzt knapp: »Ruhig noch 14 Tage warten.« Genau das wird beschlossen. Lediglich Schéuch meldet Bedenken an: »Wenn wir warten, wird es noch schlimmer. Man kann ihn nicht ignorieren. Er sorgt selber dafür, dass er nicht ignoriert wird.«[78] Die Runde ahnt nicht, dass Liebknecht am selben Tag mit Vertretern der Obleute in einer Kneipe in Berlin-Neukölln zusammenkommt, um über einen Aufstand zu diskutieren.[79]

Ebenso wenig wie die Liebknecht-Anhänger in Berlin setzt Kurt Eisner in München auf Mäßigung. Im Gegenteil attackiert er die bisher Herrschenden und die Sozialdemokraten; seine radikalen Reden verschaffen ihm eine wachsende Anhängerschaft. Bei einer Kundgebung am 23. Oktober 1918 greift Eisner einem Zeitungsbericht zufolge Max von Baden und die ihn stützende SPD direkt an. Eine Volksregierung mit einem zukünftigen Großherzog an der Spitze sei ihm keine Volksregierung. Auch die jetzige Reichsregierung habe noch keinen Beweis dafür erbracht, dass sie das Volk weniger anlüge, als ihre Vorgängerin es getan habe. Für Jubel bei seinen Zuhörern sorgt Eisners Forderung, Liebknecht zum Staatsoberhaupt des »neuen Deutschlands« zu ernennen.[80]

Derlei Aufstachelung führt direkt zu Konfrontationen im Alltag. In München erlebt Josef Hofmiller eine zunehmend aggressive Stimmung. Als er am vorletzten Oktoberwochenende 1918 in einem stadtnahen Wald spazieren geht, kommt ihm »eine wahre Prozession armer Weiber und junger Burschen« entgegen, auf dem Weg zurück in ihre einfachen Viertel. Sie haben Holzreste gesammelt, um im schon kühlen Herbst überhaupt etwas zum Heizen zu haben; offiziell nämlich sind Kohlen gerade vergriffen und nur noch auf dem Schwarzmarkt zu horrenden Preisen zu haben. Hofmiller versucht, mit den Leuten zu plaudern, wie es früher selbstverständlich gewesen wäre. Er bekommt aber äußerst bissige, bösartige Antworten. Dabei konnte man sich doch früher gerade mit den Vorstädtlern ausgezeichnet unterhalten, wundert sich der Gymnasiallehrer. Hofmiller erinnert sich an Gespräche mit einfachen Leuten im Hofbräuhaus vor dem Krieg: »Das war Demokratie!«[81]

Um überhaupt eine Chance zu bekommen, Deutschland einigermaßen erträglich aus dem Krieg zu führen, muss die neue Reichsregierung einen weiteren Schritt auf die USA zugehen. Doch das ist seit der Versenkung des britischen Dampfers RMS »Leinster« in der Irischen See durch ein deutsches U-Boot am 10. Oktober 1918 noch schwieriger geworden; 553 Menschen sind dabei gestorben, darunter ein Dutzend amerikanische Krankenschwestern. Die Anhänger eines harten Kurses in den Regierungen der Entente-Mächte fühlen sich durch den Angriff in ihrer Ansicht bestätigt, dass auch das Kabinett unter Max von Baden ein doppeltes Spiel treibe. Entsprechend verschärft sich der Ton im Notenwechsel zwischen Berlin und Washington. Die nächste Botschaft aus den USA, verschickt am 14. Oktober, zitiert ausdrücklich eine Wilson-Rede vom Sommer 1918. Der US-Präsident hat darin festgestellt, dass Frieden in Europa »ohne Vernichtung jeder willkürlichen Macht« oder zumindest »ihre Herabminderung bis zur tatsächlichen Ohnmacht« unmöglich sei.[82] Der ungewöhnliche Begriff »willkürliche Macht« bezieht sich, das ist der deutschen Führung klar, auf das Herrschaftsverständnis von Wilhelm II., der sich stets als Monarch von Gottes Gnaden gesehen hat. Diesen Kaiser will der US-Präsident, Herrscher auf Zeit im Auftrag des Volkes, als Voraussetzung für Verhandlungen »vernichtet« sehen, also abgesetzt, oder wenigstens »herabgemindert«, also in politische Bedeutungslosigkeit abgedrängt.

Max von Baden aber, verfassungsrechtlich ausschließlich vom Vertrauen seines Vetters Wilhelms II. abhängig, lehnt sowohl eine erzwungene Abdankung des Kaisers, gleichbedeutend mit der »Vernichtung der willkürlichen Macht«, als auch eine durchgreifende Parlamentarisierung ab, die »Herabminderung bis zur tatsächlichen Ohnmacht«. Vage erklärt er sich gegenüber Theodor Wolff lediglich zu einer Lösung bereit, in der er selbst nach einem freiwilligen Verzicht Wilhelms II. und des Kronprinzen als »Regent« den Thron für den erst zwölfjährigen ältesten Kaiserenkel Wilhelm Friedrich freihalten könnte.[83] Die Regierung soll ein vom Parlament gestützter Kanzler übernehmen, zum Beispiel Friedrich Ebert. Doch dieses Gedankenspiel krankt gleich an mehreren Schwächen: Erstens hat Max nicht genug Willenskraft, es durchzusetzen; zweitens klammert sich Wilhelm II. an sein Amt; drittens verlangt die SPD Garantien, die der Reichskanzler ihr nicht geben will.

Bis in Regierungskreise hinein gibt es aber nirgends Zweifel, dass Wilhelms Rücktritt unvermeidlich ist. Man dürfe es nicht so weit kommen lassen, dass das Volk durch Streiks oder Unruhen die Abdankung zu erzwingen suche, meint etwa Vizekanzler Payer. Aber die Berater des Kaisers bestätigen Wilhelm II. in seiner sturen Weigerung. Dafür hat Payer kein Verständnis: Könne man wirklich noch glauben, nach einem vierjährigen Krieg mit enormen Opfern und nach einer katastrophalen Niederlage könne im Deutschen Reich der Kaiser weiterregieren, als habe sich nichts geändert? Würden tatsächlich Offiziere, Adel und Monarchisten ihr Leben einsetzen, um dem Kaiser seinen Thron zu erhalten? Könne irgendjemand ernsthaft wollen, dass deshalb eine Revolution ausbreche?[84]

Aber längst geht es nicht mehr nur um die Person des Kaisers selbst und seine Dynastie. Hugo Haase stellt am 23. Oktober im Reichstag fest, dass aus dem Habsburger-Reich nationale Republiken entstehen, und fragt: »Die Kronen rollen auf das Pflaster! [...] Und da soll Deutschland allein, umgeben von Republiken, noch einen Kronenträger haben oder Träger vieler Kronen und Krönlein?«[85] Mehrere sozialdemokratische Zeitungen fordern jetzt offen die Abdankung des Kaisers, was allgemein registriert wird – auch in Kiel, wie Weftingenieur Nikolaus Andersen in seinem Tagebuch vermerkt.[86]

Viele Adelshäuser haben erkannt, dass ihre Zeit zu Ende geht. In Hessen bittet Erbprinz Leopold zu Isenburg den SPD-Funktionär Hermann Neumann in seine Privatwohnung in Darmstadt zu einer Unterredung. Leopold erklärt dem verdutzten Besucher, dass er zwar kein Sozialdemokrat sei, aber durchaus demokratisch eingestellt; diese Gesinnung habe er schon immer gehabt. Den Schwenk nimmt Neumann dem Prinzen nicht ab. Daran ändert sich auch nichts, als Leopold einräumt, dass das von den Sozialdemokraten geforderte allgemeine, gleiche, freie und geheime Wahlrecht kommen werde. Der Prinz erklärt, dass er in Kontakt mit fast allen regierenden Häusern Deutschlands stehe. Er rechne »wie die anderen« mit dem Ende der Hohenzollern-Dynastie. Wie könne Deutschland dann aussehen? Leopold schlägt einen Staatenbund mit dem Reichstag an der Spitze vor und Frankfurt am Main als neue Hauptstadt. Die Leitung des Staatenbundes müsste dem Reichskanzler übertragen werden. Neumann macht den Prinzen darauf aufmerksam, dass damit die Macht der regierenden Häuser beseitigt werde; Leopold antwortet: »Ja, das wäre auch nicht schlimm.«[87]

Ganz so weit sind die Herrschenden in Baden noch nicht. Doch auch hier bringen sich die Sozialdemokraten in Stellung. Sie haben Mindestforderungen formuliert und sie den bürgerlichen Parteien zukommen lassen, um eine breitere Basis zu finden. Bevor die Fraktionschefs darüber beraten können, sickert das Vorgehen durch, worauf Staatsminister Heinrich von Bodman an den Vorsitzenden der badischen SPD schreibt. Anton Geiß antwortet, man werde der Regierung bald die gemeinsamen Vorschläge vorlegen. Der erste Schritt zur Demokratisierung der Regierung in Baden ist getan.[88]

Am 22. Oktober 1918 stellt Max von Baden im Reichstag zwar in einem Nebensatz fest, kein Kanzler könne im Amt bleiben, »wenn er das Vertrauen der Mehrheit des Hauses verloren« habe.[89] Doch sein eigener Gesetzentwurf zur Änderung der Reichsverfassung sieht statt einer formellen Abhängigkeit des Regierungschefs vom Parlament lediglich die Gründung eines Staatsgerichtshofes vor, dem gegenüber der Kanzler verantwortlich sein solle. Der Reichskanzler ist zu zögerlich. Das merkt auch Johann Heinrich von Bernstorff, bis 1917 Botschafter in den USA. Er kennt die Amerikaner und natürlich auch Präsident Wilson persönlich; für die anstehenden Verhandlungen ist er also der ideale Mann. Doch Bernstorff kommt spät, er hat Wochen zuvor das Ansinnen abgelehnt, Chef des Auswärtigen Amtes zu werden, weil seiner Ansicht nach ernsthafte Verhandlungen ohne die Abdankung Wilhelms II. unmöglich sind. Durch die Entwicklung seither fühlt er sich bestätigt.[90] Bei täglichen Spaziergängen mit dem Kanzler im Garten der Reichskanzlei sagt Bernstorff offen seine Meinung. Als Max von Baden wissen will, ob auch er die Noten von Wilson so verstehe, dass die Abdankung des Kaisers notwendig sei, bejaht der Diplomat. Es bleibe wohl keine andere Wahl. Als der Kanzler klagt, diese Mitteilung könne er seinem Vetter nicht überbringen, entgegnet Bernstorff: »Dann hätten Sie auch nicht Kanzler werden dürfen.«[91] Dennoch ist er überzeugt, dass die Monarchie aus prinzipiellen Gründen gerettet werden müsse, um die Ordnung zu bewahren. Eine Revolution werde Deutschland in der Stunde der größten Gefahr lahmlegen.

Inzwischen haben die führenden Politiker der Reichstagsmehrheit erkannt, dass Wilson ihnen mit seinen Bedingungen ein Druckmittel in die Hand gegeben hat. Taktisch klug fordert Ebert in seiner Rede nichts, sondern stellt nur fest: »Niemand in der Welt braucht daran zu zweifeln, dass unser Volk das Recht der Selbstbestimmung sich nicht mehr entwinden lassen wird.« Und er interpretiert Max von Badens Erklärung wider besseres Wissen als offizielle Bestätigung einer angeblich bereits vollzogenen Parlamentarisierung. Das Kabinett habe seine Existenz von der Zustimmung des Reichstages abhängig gemacht – deshalb sei der Tag der Amtsübernahme durch Max von Baden »der Geburtstag der deutschen Demokratie«.[92] Das stimmt faktisch nur zum Teil und formal gar nicht, denn immer noch gilt die Verfassung von 1871, der zufolge der Kanzler ausschließlich vom Vertrauen des Kaisers abhängt. Doch nun sitzt Prinz Max in einer Zwickmühle: Er kann nicht mehr hinter seine Aussage zurück, obwohl Ebert ihm eine seinen eigenen Intentionen entgegengesetzte Auslegung aufgedrängt hat.

So muss der Regierungschef einen Vorschlag der Mehrheitsparteien für die Verfassungsänderung akzeptieren, der sich vom ursprünglichen Entwurf durch den Einschub von gerade einmal zehn Wörtern unterscheidet: »Der Reichskanzler bedarf zu seiner Amtsführung des Vertrauens des Reichstages.«[93] Zwischen der zweiten und der dritten Lesung der vorgesehenen Verfassungsänderung wird diese Ergänzung in den Gesetzgebungsprozess eingebracht; am 26. Oktober 1918 schließlich verabschiedet der Reichstag den veränderten Entwurf mit »großer Mehrheit« und »lebhaftem Bravo bei den Mehrheitsparteien«.[94] Als auch der Kaiser und der Bun-

desrat als Vertretung der Fürsten zustimmen, tritt die Änderung der Reichsverfassung zwei Tage später in Kraft: Fortan ist Deutschland nicht mehr
eine konstitutionelle, sondern eine parlamentarische Monarchie.

Doch ausgerechnet diese Kompetenzerweiterung der Volksvertretung
kommt streng genommen auf unzulässige Weise zustande. Denn die Ergänzung des ursprünglichen Regierungsvorschlags unmittelbar vor der entscheidenden Lesung geht zu weit, um als Änderungsantrag im Eiltempo
durchs Parlament gebracht zu werden. Die konservative Opposition kritisiert die Hast: Eine so einschneidende Veränderung der Reichsverfassung
hätte eines eigenen Gesetzgebungsverfahrens bedurft. Der Fraktionschef
der Deutschkonservativen, Kuno Graf Westarp, benennt klar, was die Verfassungsänderung bedeutete: »Aus dem monarchisch-konstitutionellen
Reich ist ein nach den Grundsätzen der westlichen Demokratien parlamentarisch regierter Staat geworden.«[95] So deutlich hätte Friedrich Ebert
das wohl nicht formuliert; doch inhaltlich liegt der Konservative richtig.
Westarp erhebt vehement Einspruch gegen das Verfahren, doch er wird von
der Reichstagsmehrheit niedergestimmt.

Erstaunt schreibt Betty Scholem, die politisch sensible Frau eines Berliner Druckereibesitzers, am 26. Oktober ihrem Sohn Gerhard: »Ja, was
sagst Du, wie sich die Dinge geändert haben! Es ist eine wahre Wohltat,
jetzt die freie Sprache der Zeitungen und des Reichstags zu vernehmen.
Was sonst im Volke sickert, wirst Du ja auch wissen!« Sie fühlt sich fast
überfordert: »Meine Nerven machen bald nicht mehr mit.« Zur gleichen
Zeit erhält Gerhard Scholem einen Brief seines Bruders Werner aus dem
Feld, der mit den Linksradikalen liebäugelt. Werner Scholem fürchtet noch
immer einen nationalen Verteidigungskrieg, der die Kämpfe um Monate
verlängern würde, und hofft auf eine Revolution. Er würde sich sogar von
den Unabhängigen Sozialdemokraten trennen und einer neu gegründeten
Partei anschließen, bekennt er, ungeachtet der Zensur – er meint eine kommunistische Partei. Allerdings müsse er sich etwas informieren, »und die
ganze Sache muss auf den Frieden verschoben werden«.[96]

Derweil versucht Erich Ludendorff, genau diesen Frieden zu verhindern. Präsident Wilson hat in einer weiteren Note mitgeteilt, dass »mit
den militärischen Beherrschern und monarchischen Autokraten Deutschlands« nicht verhandelt werde. Sollten sie im Amt bleiben, müsse das
Reich »sich ergeben«.[97] Als unmittelbare Reaktion darauf verbreitet die
Oberste Heeresleitung am folgenden Abend ohne Abstimmung mit der

Reichsregierung eine Botschaft an das Heer, die den ohnehin scharfen Inhalt der Note nochmals zugespitzt zusammenfasst und daraus folgert: »Die Antwort Wilsons erfordert die militärische Kapitulation. Sie ist deshalb für uns Soldaten unannehmbar. Sie ist der Beweis, dass der Vernichtungswille unserer Feinde, der schon 1914 den Krieg entfesselte, unvermindert fortbesteht.«[98] Diese »haarsträubende« Botschaft, die dem Gegner natürlich rasch bekannt wird, beweist nach dem Eindruck Ernst von Weizsäckers, dass Wilson recht habe mit »seiner Nebenregierungsbehauptung, auch heute noch«.[99]

Am folgenden Tag fahren Hindenburg und Ludendorff gegen die ausdrückliche Weisung des Reichskanzlers von Spa nach Berlin. In einem teilweise heftig geführten Gespräch mit Vizekanzler Payer fordern sie, »die maßlosen Bedingungen Wilsons zurückzuweisen«. Nun behaupten Ludendorff und sein Vorgesetzter Hindenburg, die deutsche Front werde doch den »Winter über halten« – nachdem sie gerade einmal vier Wochen zuvor den Zusammenbruch der deutschen Truppen als so unmittelbar drohend beschrieben haben, dass die Regierung den Kriegsgegner USA sofort um Waffenstillstand bitten müsse.[100] Payer lehnt das Ansinnen ab. Er ist sich sicher: Ein Heerführer und seine Umgebung könnten zwar die eigene Laufbahn mit einem Todesritt abschließen, aber »ein Volk von 70 Millionen kann die Entscheidung über Leben und Tod nicht nach dem Ehrbegriff eines einzelnen Standes treffen, es kann auch sein Schicksal nicht von Zukunftsmöglichkeiten abhängig machen, die nur auf Hoffnungen, nicht aber auf Tatsachen gestützt« seien.[101]

Wilhelm II. schimpft: »Es ist doch ein unmöglicher Zustand, dass solche Kundgebungen ohne mein und des Kanzlers Einverständnis hinausgehen.«[102] Dem höchsten deutschen Admiral Reinhard Scheer sagt der Kaiser noch deutlicher: »Ungerufen kommen die beiden hierher, wie die Elefanten im Porzellanladen, und trampeln mir alles entzwei.«[103] Prinz Max tut seinem Vetter den Gefallen und macht das »Verbleiben auf seinem Posten von der Entlassung des Generals abhängig«.[104] Die Konsequenz kann nur der sofortige Abschied Ludendorffs sein. Hindenburgs gleichzeitigen Rücktritt lehnt Wilhelm allerdings ab. Obwohl die strittige Botschaft im Namen des 71-jährigen Feldmarschalls erschienen ist, wissen die Regierung und der Kaiser, dass der Text vom Generalquartiermeister stammt. Ludendorffs Nachfolger wird Generalleutnant Wilhelm Groener, ein Württemberger. Zu den Qualifikationen des Logistik-Experten gehört, dass er kein Preuße ist und als Süddeutscher »besser mit den Parlamentariern fertig« werde.[105]

Während die Machtverhältnisse beim Heer nun geklärt sind, achtet die politische Spitze nicht besonders auf die Marine. Dabei hat der Chef der Seekriegsleitung Scheer am Gespräch der Heeresleitung mit dem Vizekanzler teilgenommen und dabei »nachdrücklichst« die Position Ludendorffs vertreten: Ablehnung der US-Forderungen und stattdessen ein Aufruf zum Kampf bis zum Letzten.[106] Schon seit Wochen plant der Admiralstab Vorstöße der Schlachtflotte in die Nordsee, deren Schiffe seit der Skagerrak-Schlacht 1916 auf Reede in Wilhelmshaven und Kiel vor sich hin rosten. Am 22. Oktober 1918 hat Scheer dem Flottenbefehlshaber Franz von Hipper mündlich mitteilen lassen: »Die Hochseeflotte erhält die Weisung, baldigst zum Angriff auf die englische Flotte vorzugehen. Dazu können alle verfügbaren Streitkräfte der Kaiserlichen Marine herangezogen werden.«[107] Unmittelbar nach Ludendorffs Entlassung genehmigt Scheer den ausgearbeiteten Plan. Die gesamte Flotte soll bei Nacht Richtung holländischer Küste vorstoßen und den Schiffsverkehr in der Themsemündung sowie im Kanal attackieren. Scheer rechnet damit, dass daraufhin die Royal Navy aus ihren Stützpunkten in Schottland im Eiltempo nach Süden dampfen werde, um den deutschen Schiffen den Rückweg abzuschneiden. Ungefähr vor der westfriesischen Insel Terschelling werde es zur Entscheidungsschlacht kommen. Der Beginn der Operation ist für den 30. Oktober 1918 vorgesehen.

Was genau haben Scheer und Hipper vor? Mit einem Sieg über die zahlenmäßig deutlich überlegene Royal Navy können die beiden erfahrenen Admiräle nicht ernsthaft rechnen. Bei den Besatzungen der Schiffe herrscht schon seit Wochen die Sorge, die Hochseeflotte werde den Befehl zur Selbstopferung erhalten. Soll tatsächlich mit einer Fahrt in den sicheren Tod ein Zeichen gesetzt werden? Oder geht es den Admirälen darum, mit einer verwegenen Operation die bevorstehenden Verhandlungen über einen Waffenstillstand zu torpedieren? Wollen sie Ludendorffs bereits gescheiterten Plan eines letzten Aufbäumens trotz der klaren Absage der Politik auf eigene Faust umsetzen? Das wäre eine Art Staatsstreich gegen Kanzler Max von Baden.[108] Verfolgen sie vielleicht das Ziel, den teuren Ausbau der deutschen Schlachtflotte vor der Geschichte zu rechtfertigen, durch einen heldenhaften letzten Vorstoß? Damit würde das Korps der Seeoffiziere seine Ehre verteidigen und eine nennenswerte Position im künftigen Deutschland beanspruchen können. Wahrscheinlich spielen alle diese Motive eine Rolle bei der Entscheidung, das bevorstehende Kriegsende hinauszuzögern. Doch einen Faktor haben die Admiräle eindeutig zu wenig bedacht: die Besatzungen ihrer Schiffe.

Umsturz

Und so ging man den roten Matrosen aus dem Weg [...] und hob sich
den Spott für zu Hause auf: »Na Kinder, das ist ja ein komisches
Ding, die deutsche Revolution.«

Ehm Welk[1]

Alarmierende Gerüchte kursieren auf dem Schlachtschiff »Thüringen«.
Beim Zechgelage in der Offiziersmesse Ende Oktober sei die Rede vom
ruhmvollen Untergang der Flotte gewesen; man habe von Ehre gesprochen
und vom Heldentod. Ein Messeläufer, der die Offiziere bedient hat, habe
das gehört. Also stimmt es doch, murren die Mannschaften: Die Marineleitung wolle gegen die Briten vorstoßen. Und das, obwohl längst Gespräche
über einen Waffenstillstand laufen. Schon seit Tagen rumort es unter den
Besatzungen der Schiffe, die vor Wilhelmshaven auf Reede liegen. Am
27. Oktober, als einige Panzerkreuzer in See stechen sollen, haben Mannschaften das Auslaufen verzögert: Sie sind vom Landgang nicht zurückgekehrt. So auch 45 Heizer der »Straßburg«, worauf ihre Kameraden an Bord
die Feuer unter den Kesseln gelöscht und versucht haben, das Schiff durch
Öffnen der Ventile zu versenken. Einen Tag später verweigern Matrosen
der »Markgraf« das Auslaufen. Auch die Mannschaft der »Thüringen« hat
die Nase voll. Jetzt, wo der Frieden naht, will sich niemand mehr verheizen
lassen.

Das Kabinett unter Prinz Max, da herrscht Einigkeit, könne von den Plänen für einen letzten Kampf der Flotte nichts wissen. Dass viele Seeoffiziere
die neue Regierung mit Argwohn betrachten, ist auf den Schiffen bekannt.
Ein Matrose hat gehört, jemand habe seinem Ersten Offizier die Stimmung
an Bord geschildert und die Meinung der Besatzung überbracht, dass ein
Vorstoß nicht im Sinne des Kabinetts sei. Der Offizier habe entgegnet: »Ja,
das ist Ihre Regierung.«[2] Doch das ist nur ein Motiv für die Wut auf die Vorgesetzten. Hinzu kommt ihre Unehrlichkeit: Auf das mögliche Auslaufen
angesprochen, hat der Kapitän der »Thüringen« das als Gerücht zurückgewiesen. Niemand glaubt ihm.

Die Flottenführung lässt am 31. Oktober Torpedoboote gegen die meuternden Schiffe in Stellung gehen, auch gegen die »Thüringen«. In letzter Minute ergeben sich die Matrosen und lassen sich widerstandslos abführen. Um den Konflikt zu entschärfen, kommt die Marineleitung auf die Idee, die Hochseeflotte zu teilen: Das III. Geschwader, das unruhigste, nimmt mit fünf Schiffen und 5000 Mann Besatzung noch am selben Tag Kurs auf Kiel, den Heimathafen. Eine schwer verständliche Entscheidung, denn dort sind nicht nur 50 000 Militärangehörige stationiert, in den Groß-werften und Zuliefererbetrieben der Metallindustrie arbeiten zudem Tausende Beschäftigte, die in den vergangenen Monaten ihren wachsenden Unmut mit Streiks demonstriert haben. Will die Marineleitung die Lage absichtlich eskalieren lassen, um die Regierung zum Aufgeben zu zwingen?

Von dem, was sich da anbahnt, ahnt der liberale Abgeordnete Conrad Haußmann nichts, als er am 31. Oktober einen Brief an seinen Sohn schreibt. Seit zwei Wochen ist der 61-jährige Staatssekretär im Kabinett seines Bekannten Max von Baden. Er hoffe noch auf Frieden in diesem Jahr, fürchte aber, »dass ein schlechter oder ganz schlechter Friede kommen wird«. Haußmann macht seinen Sohn neugierig: »Dein Vater wird Dir berichten, in einer besonderen Geschichtsstunde, und er könnte Deinem Geschichts-rektor interessante Tatsachen verraten.«[3]

Am 1. November läuft das III. Geschwader in Kiel ein. 47 festgesetzte Matrosen werden in eine Haftanstalt gebracht. Gleichzeitig suchen ihre Kameraden den Kontakt zu Gewerkschaften und den beiden sozialdemokratischen Parteien. Unter den Matrosen sind eine Reihe Mitglieder oder Anhänger von SPD und USPD; viele sind es erst auf den Schiffen geworden. Noch am selben Abend treffen sich 250 Mann im Kieler Gewerkschaftshaus, um zu beraten, wie man die festgesetzten Kameraden wieder freibekomme. Aber nicht alle möglichen Ansprechpartner sind in der Stadt; der Kieler SPD-Reichstagsabgeordnete Carl Legien etwa spricht in Berlin auf einer Gewerkschaftskonferenz. Die Matrosen vertagen sich auf den nächsten Tag.

Davon bekommen die Kieler wenig mit. Sie bewegen alltägliche Sorgen, so ist eine Demonstration wegen fehlender Marmelade geplant. Nikolaus Andersen, ein aufmerksamer Chronist, konzentriert sich auf die internationale Entwicklung: »Der tschechische Staat unabhängig. Ungarn Revolte. In Wien ruft man die Republik aus. Auch die Türkei machte Sonderfrieden. Wir stehen ganz allein.« Den zu Ende gegangenen Oktober nennt der

36-Jährige »kritisch« und einen »Monat der tiefsten Erniedrigung und Niedergeschlagenheit«. Darüber wird auch im Büro diskutiert.[4]

Die Kieler Polizei hingegen erfährt von den Plänen der Matrosen und schließt für den 2. November das Gewerkschaftshaus. Deshalb laufen die Besatzungsmitglieder zum Großen Exerzierplatz; auf dem Weg dahin schließen sich Angehörige verschiedener Marineeinheiten an sowie Vertreter der USPD; zusammen 500 bis 600 Menschen – nicht zu übersehen. Damit wird ihr Ziel, die inhaftierten Kameraden zu befreien, öffentlich.

Der 27-jährige Karl Artelt ergreift das Wort. Lange Arbeiter bei der Germaniawerft, ist er nun Matrose in der Torpedo-Division. Seine Forderungen sind politisch: Der Militarismus müsse niedergerungen, die herrschende Klasse entmachtet werden. Für den kommenden Tag ruft er zu einer Volksversammlung mit anschließender Demonstration vor der Haftanstalt auf. Nach ihm spricht der 31-jährige Lothar Popp als Vertreter der örtlichen USPD. Eigentlich ein Händler aus Bayern, hat er bei den Januar-Streiks 1918 in Kiel den ersten Arbeiterrat organisiert. Wie Artelt ist er deswegen einige Monate im Gefängnis gewesen. Zusammen gehen die beiden zur USPD und beraten, wie die Volksversammlung ablaufen soll. Sie entwerfen einen Aufruf, der noch in der Nacht hektografiert wird: »Kameraden, schießt nicht auf Eure Brüder! Arbeiter, lasst die Matrosen nicht im Stich!«[5]

Um die Versammlung zu verhindern, beschließen die leitenden Offiziere des Kriegshafens Kiel am kommenden Morgen, Stadtalarm zu geben; dann müssen die Besatzungen zurück auf ihre Schiffe. Die Militärs wollen Stärke zeigen, ohne die Lage unnötig anzuheizen. Doch weil gleichzeitig weitere 57 Matrosen und Heizer verhaftet werden, misslingt das Vorhaben. Gouverneur Wilhelm Souchon, erst wenige Tage im Amt, berichtet dem Reichsmarineamt in Berlin, ohne ins Detail zu gehen, von »äußerst gefährlichen Zuständen«. Er bittet darum, »wenn irgend möglich, hervorragenden sozialdemokratischen Abgeordneten hierherzuschicken, um im Sinne der Vermeidung von Revolution und Revolte zu sprechen«.[6] Will er das Modell der Reichsregierung kopieren und Sozialdemokraten als Vermittler heranziehen?

Souchons Telegramm ist nicht der einzige Hinweis, dass sich in Kiel etwas zusammenbraut. Schleswig-Holsteins SPD-Vorsitzender Heinrich Kürbis reist nach Berlin, um seine Partei zu informieren. Er rechnet mit Streiks, die ganze Wirtschaftszweige lahmlegen könnten. Auch der Reichskanzler erfährt von den Ereignissen bei der Flotte, doch Prinz Max kann sich keinen Reim darauf machen: Was bezwecken die Matrosen? In Kiel rückt indessen die angekündigte Demonstration näher. Gegen 17.30 Uhr beginnt die Volksversammlung. 5000 bis 6000 Menschen sind gekommen, viele Matrosen haben den Stadtalarm ignoriert. Mehrere Redner fordern, die Inhaftierten freizulassen, aber auch, endlich den Krieg zu beenden – und: neue Freiheiten. Dann setzt sich der Demonstrationszug in Bewegung.

Wechselhaft ist an diesem Tag auch das Geschehen in Braunschweig. Dort tritt der Wehrexperte der SPD-Reichstagsfraktion Gustav Noske auf. Die Zustände in Kiel sind ihm noch nicht bekannt. Er spricht über Reformen und argumentiert gegen eine gewaltsame Revolution, die weiteres Unheil bringen würde. Der 50-Jährige versichert, dass die eingeleitete Demokratisierung so stabil sei, dass auch ohne revolutionären Druck alles beiseitegeräumt werden würde, »was überlebt ist und mit den Bedürfnissen des Volkes nicht mehr in Einklang steht«.[7] Während die Zuhörer, vielfach SPD-Mitglieder, seinem Aufruf zur Geduld zustimmen, versammeln sich auf dem Leonhardplatz die Unabhängigen. Ihr Anführer, der Spartakus-Mann August Merges, hat eine schlagkräftige Truppe gebildet, die der SPD den Rang in Braunschweig abgelaufen hat.

In Magdeburg gehen am selben Tag 40 000 bis 50 000 Menschen zu einer Friedenskundgebung. Einige Redner der SPD schließen Gewalt nicht aus, falls die Monarchie noch länger bestehe. Die Stadtverwaltung ist überrascht, denn sie hat geglaubt, die Arbeitervertreter im Griff zu haben.

In Kiel läuft der Schlosserlehrling Ernst Busch, ein talentierter Sänger, im Demonstrationszug mit. Er weiß eigentlich gar nicht, worum es geht. Direkt vor der Haftanstalt stellen sich 30 bis 40 Soldaten dem Zug entgegen, doch von hinten wird geschoben. Plötzlich fallen Schüsse. »Geht doch vor, sie schießen ja nur mit Platzpatronen«, rufen einige Marinesoldaten, halten sich aber selbst zurück. Da werden schon die ersten Verwundeten durchgereicht; Busch sucht das Weite. Am Ende liegen sieben Menschen tot auf der Straße.[8] Gertrud Völcker, eine Gewerkschaftsangestellte, bedauert, dass geschossen wird – offenbar ist die Macht des Militärs nicht ohne Blutvergießen zu brechen. Andererseits hofft die Kielerin: »Die Revolution kommt ins Rollen.«[9]

Das will auch Karl Liebknecht. Seit Tagen dringt der 47-Jährige darauf loszuschlagen. Die Arbeiterschaft müsse permanent demonstrieren, streiken, die Polizei provozieren: So soll der revolutionäre Elan der Massen angefacht und zum Aufstand gesteigert werden. Wie es die Bolschewiki ein Jahr zuvor in St. Petersburg getan haben. Ein vermessenes Ziel, verfügen die Spartakisten doch in Berlin gerade einmal über 100 Anhänger, reichsweit über nicht mehr als 3000. Richard Müller und seine Revolutionären Obleute lehnen die Taktik ab. Das russische Vorbild gelte für Deutschland nicht, das Proletariat habe zu viel zu verlieren. Müller weiß: »Ein Teil der Arbeiter hat sich nicht nur kleinbürgerlich, sondern gut bürgerlich eingerichtet.« Liebknechts permanente Aktion verspotten die Obleute als »revolutionäre Gymnastik.«

Dabei wollen auch sie den Umsturz, gegebenenfalls mit Gewalt. Seit Wochen organisiert ihr Mitstreiter Emil Barth Waffen, die in Wohnungen versteckt werden; das nötige Geld stammt zum Teil von der russischen Botschaft. Doch das Arsenal ist Anfang November noch ungenügend – ein weiteres Argument gegen Liebknechts Drängen. Ernst Däumig vom linken USPD-Flügel erhält den Auftrag, die Stimmung der Berliner Truppen zu erkunden: Werden sie einen Aufstand unterstützen? Dann sollen sie an der Spitze bewaffneter Demonstrationszüge aus den Großbetrieben am Stadtrand laufen und gemeinsam das Regierungsviertel besetzen. Auf Kameraden, so das Kalkül, werden regierungstreue Einheiten vielleicht nicht schießen. Doch die Obleute zögern. Die Berichte aus den Betrieben sind widersprüchlich. Und was weiß man schon über die Stimmung im Land? Die eigenen Waffen reichen höchstens zum Angeben, nicht aber für echte Kämpfe. Mit einem Blutbad jedoch soll die Revolution nicht beginnen. Liebknecht pocht auf den 4. November als Tag des Aufstandes. Doch die Obleute setzen eine Woche mehr Zeit für die Vorbereitung durch; Liebknechts Mitstreiter Wilhelm Pieck wirft ihnen deshalb »Mangel an persönlichem Mut« vor. Aber die Spartakisten müssen sich beugen, weil ihr Einfluss auf die Arbeiterschaft zu gering ist. Die Differenzen verschärfen sich, als am 3. November die ersten Matrosen aus Kiel in der Hauptstadt eintreffen und berichten. Die Obleute halten dennoch am 11. November fest. Liebknecht ist außer sich: Däumig, Barth und Müller würden nur ständig wiederholen, dass es »technisch unmöglich sei, die Revolution früher zu machen«; sie seien nichts weiter als »superkluge Revolutionsfabrikanten«.[10] Als ob Staatssekretär Haußmann von dem Treffen etwas ahnt, berichtet er seiner Tochter an diesem Tag über die Sorgen in Berlin und von einem Bekenntnis des Kaisers zur demokratischen Regierung. Haußmann ist sich sicher: »Es wird wenig an der Stimmung ändern.«[11]

Auf den ersten Blick bestätigt der folgende Tag Liebknecht. Am Morgen stürmen in Kiel Matrosen und Soldaten die Waffenkammer einer Kaserne.

Gegen zehn Uhr legen die Arbeiter der Germaniawerft und der Torpedo-werkstatt die Arbeit nieder. Karl Artelt bildet einen ersten Soldatenrat, der umgehend Forderungen stellt: Sämtliche politischen Gefangenen ein-schließlich der inhaftierten Matrosen sollen freikommen. Zudem müssten die Hohenzollern abdanken, der Belagerungszustand aufgehoben sowie allgemeine, gleiche und geheime Wahlen für beide Geschlechter angesetzt werden.

In Berlin dämmert der Regierung nun, dass es sich nicht um einen lokal begrenzten Konflikt handelt, sondern um eine »offene Rebellion«, wie Philipp Scheidemann erschrocken festhält.[12] Er bittet seinen Parteifreund Gustav Noske, der aus Braunschweig zurück ist, die Lage in Kiel zu erkun-den. Länger als einen Tag werde das nicht dauern; begleiten sollen ihn Kür-bis und Haußmann. Das Kanzleramt informiert Noske nur sehr allgemein: Mit Mannschaften der Marine sei etwas vorgefallen, auf Demonstranten geschossen worden. Gouverneur Souchon in Kiel erfährt, dass seiner Bitte entsprochen worden ist, einen prominenten Sozialdemokraten zu entsen-den, und bittet Karl Artelt, ihm die Forderungen des Soldatenrates persön-lich vorzutragen; das bringt einen kleinen Zeitgewinn. Währenddessen läuft das III. Geschwader wieder aus dem Heimathafen der Flotte aus: Der Unruheherd soll aus der Stadt verschwinden. Doch mehr als tausend Besat-zungsmitglieder bleiben an Land.[13]

Gegen 19.30 Uhr treffen Noske, Kürbis und Haußmann in Kiel ein. Vor dem Bahnhof wimmelt es von bewaffneten Soldaten und Matrosen. Als sich herumspricht, dass die Abordnung der Regierung angekommen ist, bran-det Applaus auf. Für 20 Uhr ist eine Versammlung angesetzt, auf der Noske reden soll. Danach steht eine Sitzung mit Arbeitervertretern und Soldaten an, anschließend die Besprechung mit Gouverneur Souchon. Weil Noske die Lage nicht beurteilen kann, beschränkt er seine Ansprache vor mehre-ren Tausend Menschen auf allgemeine Betrachtungen zur politischen Lage und fordert nachdrücklich, Ordnung zu bewahren. Wenige Minuten später ist das schon überholt: Ein Schuss fällt, die Versammelten fliehen panisch.

Wenig später spricht Noske mit rund 40 Matrosen und Arbeitern; nie-mand weiß, wie es weitergehen soll. Dann muss der Abgeordnete weiter zum Amtssitz des Gouverneurs, wo Admiräle und Arbeitervertreter zusam-mensitzen. Souchon hat die inhaftierten Matrosen des III. Geschwaders bereits freigelassen, doch das reicht nicht mehr. Besonders Lothar Popp von der USPD besteht auf den politischen Forderungen, die Artelt gestellt hat – obwohl natürlich weder Admiräle noch Noske die Beseitigung der Monarchie zusagen können. Trotzdem verfassen die Arbeiter- und Soldatenvertreter noch in der Nacht ein Flugblatt, das die Runde beim Gouverneur feiert:»Der gestrige Tag wird in der Geschichte Deutschlands ewig denkwürdig sein. Zum ersten Mal ist die politische Macht in die Hände der Soldaten gelegt. Ein Zurück gibt es nicht mehr!«[14]

Lange nach Mitternacht sind Noske und Haußmann in ihrem Hotel zurück und wollen noch Depeschen diktieren. Irgendwo gibt es eine wilde Schießerei, sogar Handgranaten detonieren. Noske lauscht eine Weile vom Balkon; ihm schwant, dass er an einem Tag wohl nicht für Ruhe wird sorgen können. Haußmann willigt ein, nach Berlin zurückzukehren, um zu berichten; Noske soll bleiben.[15] Noch weiß er nicht: Der USPD-Vorsitzende Hugo Haase, sein Widersacher aus so mancher Reichstagsdebatte, ist ebenfalls auf dem Weg nach Kiel. Der schreibt seiner Frau über die Meuterei der Matrosen:»Es handelt sich um eine impulsive Eruption, die symptomatisch ist.«[16]

Mit Eruptionen rechnen auch die Bewohner anderer Städte. Aus Leipzig berichtet die australische Klavierlehrerin Ethel Cooper ihrer Schwester in der Heimat: Sie habe keine Erfahrung mit Revolutionen, aber die Luft sei mit Verschwörung geladen, an jeder Straßenecke würden kleine Gruppen von Männern miteinander flüstern – und kein Offizier lasse sich sehen.»Ob sie diskret in Zivil herumgehen oder ob sie alle in den Kasernen sind, weiß ich nicht. Jedenfalls macht sie ihre Abwesenheit verdächtig.«[17] Curt Geyer, Redakteur der *Leipziger Volkszeitung* und USPD-Mitglied, findet die Stimmung ebenfalls merkwürdig. Es herrsche offensichtlich eine vorrevolutionäre Situation – »aber die Leute, die sie zu einer revolutionären verwandeln« sollen, müssten »mühevoll zum Verständnis der Situation gebracht werden«. Die Staatsgewalt dagegen beginne zu resignieren.[18]

Viele Leser der *Schleswig-Holsteinischen Volkszeitung* trauen am folgenden Morgen ihren Augen nicht. Das Blatt, das noch am Vortag die »Hydra des Aufruhrs« in Kiel beklagt hat, jubelt nun: »Über der deutschen Flotte weht heute die rote Fahne der Revolution!« Der Chefredakteur schreibt im Leitartikel: »Die Revolution ist auf dem Marsche. Was sich gestern in Kiel ereignet hat, wird in den nächsten Tagen weitere Kreise ziehen und den Anstoß zu einer Bewegung geben, die durch ganz Deutschland gehen wird. Was die Arbeiter und Soldaten wollen, ist nicht das Chaos, sondern die neue Ordnung, ist nicht die Anarchie, sondern die soziale Republik. Lasst

Meuternde Matrosen der deutschen Hochseeflotte in Kiel: Gustav Noske beruhigt als Beauftragter der Reichsregierung die Lage in der Hafenstadt.

Euch nicht zu Unbesonnenheiten fortreißen! Es lebe die Freiheit! Hoch lebe die soziale Republik!«[19]

Noske teilt diese Euphorie nicht. Er erfährt, dass Gouverneur Souchon und sein Stab festgesetzt seien. Im Gewerkschaftshaus versucht er, mit dem Soldatenrat zu sprechen, doch dort weiß niemand, wo der Rat sitzt. Stattdessen sieht Noske, dass wahllos Passierscheine verteilt und Waffen ausgegeben werden. Draußen hat irgendwer ein Maschinengewehr in Stellung gebracht und schießt es ein, was erneut für Panik sorgt. Der SPD-Politiker hat genug von der Unordnung. Es müssen klare Verhältnisse her, damit es nicht zu Plünderungen oder anderen Übergriffen kommt; die Kieler Arbeiter- und Soldatenvertreter sind offensichtlich überfordert. Noske bietet bei einer Kundgebung spontan an, den Vorsitz des Soldatenrates zu übernehmen. Tausende Menschen stimmen begeistert zu.

Lothar Popp passt es zwar nicht, sich dem Abgesandten aus Berlin unterzuordnen. Doch ihm ist klar, dass er sich mit der SPD verständigen muss –

und vielleicht fühlt er sich auch etwas erleichtert, dass nun ein bekannter Abgeordneter den lokalen Aufstand legitimiert. Außerdem weiß Popp ebenso wie Artelt, dass es reichlich chaotisch zugeht.[20] Eine seiner ersten Weisungen als Vorsitzender des Soldatenrates richtet Noske an die Beamten: Sie sollen auf ihren Posten bleiben; er braucht sachkundige Leute. Am wichtigsten ist ihm, die Waffen von der Straße zu bekommen. Nur befohlene Patrouillen dürfen fortan bewaffnet sein. Doch so einfach lässt sich die Ruhe nicht wiederherstellen. »Viel Zerstörung, aufgeregte Leute, Beschimpfungen, willkürliche Festnahmen«, fasst Nikolaus Andersen seine Erlebnisse vom 5. November zusammen. Der Ingenieur hat keinen Zweifel: »In Kiel ist Revolution.«[21]

In Berlin berichtet Conrad Haußmann dem Kabinett und rät ab, Truppen nach Kiel zu schicken, weil »Ansteckungsgefahr« bestehe. Die Regierung verständigt sich auf die »freiwillige Rückkehr zur Ordnung unter sozialdemokratischer Führung«; man hofft, dass die Revolte beschränkt bleibe. Ein Irrtum. Denn bevor Noske in Kiel angekommen ist, sind Matrosen abgefahren. Die einen aus Sorge vor einem Einmarsch kaisertreuer Einheiten, andere zieht es einfach nur nach Hause. Kleinere Gruppen aber haben Popp und Artelt gezielt losgeschickt, um die Ereignisse deutschlandweit bekannt zu machen. Etwa nach Bremen, wo der USPD-Reichstagsabgeordnete Alfred Henke sitzt. Der 50-Jährige ist oft in Kiel zu Gast und hat dort viele Anhänger; die Kieler USPD trägt daher den Beinamen »Henke-Garde«. Zusammen mit Adam Frasunkiewicz übernimmt er die Initiative. Sie sammeln ihre Getreuen, und am Abend des 6. November kundigt Frasunkiewicz vom Balkon des Bremer Rathauses die Gründung eines Arbeiter- und Soldatenrates in der Hansestadt an.

Ebenso rasant verbreitet sich die Botschaft vom Aufstand bei der Flotte in den Städten entlang der Bahnlinien – auch noch, als die Gleise von und nach Kiel für jeden Verkehr gesperrt werden. Zu den Beauftragten gehören der Matrose Hermann Schehr aus Karlsruhe und ein paar Kameraden aus Baden. Sie sind zunächst nach Bremen, dann nach Hannover und über Frankfurt nach Karlsruhe gefahren. Auf dem Weg wird Schehr kurz festgenommen. Er bekennt, einem Soldatenrat anzugehören, redet sich aber heraus, er sei doch so froh, endlich zu Muttern nach Hause zu kommen.[22] Dort beteiligt er sich dann maßgeblich an der Bildung von Soldatenräten.

Ungewollt verbreitet die Marineleitung die revolutionäre Stimmung selbst. Denn das III. Geschwader ist in die Lübecker Bucht eingelaufen;

Matrosen strömen in die Stadt oder fahren von hier aus weiter. Rasch bilden sich Soldaten- und Arbeiterräte in Wismar, Rostock und Schwerin, in Lübeck und Wilhelmshaven, selbst in kleineren Orten wie Eckernförde und Rendsburg, wo das *Tageblatt* meldet: »Die Flamme der Freiheit ist auch in Rendsburg aufgelodert.«[23] Überall werden inhaftierte Kameraden befreit und rote Fahnen gehisst, die Bevölkerung soll Ruhe bewahren.

Natürlich gelingt das nicht, wie Leutnant zur See Hans Gustav Bötticher in Cuxhaven erlebt. Er sympathisiert mit der Revolution und bietet sich an, weil er erlebt, wie hektisch der Arbeiter- und Soldatenrat agiert. Doch die Matrosen sind misstrauisch, zumal der Leutnant Positionen vertritt, die sie nicht teilen – zum Beispiel: »Nur mit Ordnung kommt man zur Freiheit. Bloße Revolution, also rein plumpes Umstürzenwollen, ist der Untergang für alle.« Zudem weigert er sich, seine Offiziersmütze abzulegen. Die Mitarbeit im Rat bleibt ihm verwehrt, weil er auf einer Leitungsfunktion für sich beharrt. Bötticher, der ein Jahr später den Künstlernamen Joachim Ringelnatz annimmt, bleibt außen vor.[24]

In Hamburg demonstrieren jene, die bislang von der Macht ausgeschlossen gewesen sind: »Wir stehen vor entscheidenden Wendungen. Der Krieg hat zur Reife gebracht, was sonst noch Jahrzehnte erfordert hätte«, verkündet der USPD-Abgeordnete Wilhelm Dittmann. »Das Alte stürzt, und das Proletariat sieht sich über Nacht vor die Aufgabe gestellt, die politische Kraft zu ergreifen.«[25] Bei einer Großkundgebung auf dem Heiliggeistfeld am Mittag des 6. November geben erstmals Spartakus-Anhänger den Ton an. Sie kritisieren die Regierung; die vom Reichstag eingeleiteten demokratischen Reformen seien wirkungslos. Dabei sind sie gerade erst eine Woche zuvor beschlossen worden und müssen sich noch beweisen. Die von Spartakisten übernommene Zeitung *Hamburger Echo* deklamiert: »Die Feste der Klassenherrschaft ist sturmreif. Es ist der Anfang der deutschen Republik, der Weltrevolution.«[26]

Derweil erhalten die geheimen Aktivitäten der Spartakus-Gruppe einen Dämpfer. Schon länger hat die russische Botschaft in Verdacht gestanden, deren Pläne zu unterstützen. Nicht ganz zufällig gehen Kisten mit angeblich diplomatischem Inhalt für die Botschaft beim Entladen auf einem Berliner Bahnhof zu Bruch – sie enthalten Propagandamaterial in deutscher Sprache. Auf einem mit »Spartakus« unterzeichneten Flugblatt wird zum Aufstand aufgerufen. Die Regierung legt daraufhin die Beziehungen zum bolschewistischen Russland auf Eis, Botschafter Adolph Joffe und das gesamte

Personal müssen Deutschland verlassen. Geschlossen wird auch die russische Agentur Rosta, die zahlreiche deutsche Linke beschäftigt, darunter Wise Kaetzler. Die junge Röntgenassistentin aus Bayern ist gut mit Familie Liebknecht bekannt, die ihr die Halbtagsstelle vermittelt hat. Ihre Mutter Gabriele hat im Sommer 1918 den kränkelnden Sohn der Liebknechts betreut und zuvor dem Bremer Linksradikalen Johann Knief bei der Flucht geholfen. »Heute ist nun die Rosta aufgelöst worden, es war schrecklich, all die lieben und famosen und gescheiten Leute, mit denen man zusammengearbeitet hat, sind verhaftet«, schreibt Wise ihrer Mutter. »Ich hab geheult und war nicht die einzige!«[27]

Als die erste Novemberwoche zu Ende geht, zeigt sich in Braunschweig August Merges vom Aufstand der Matrosen überrascht. Eigentlich hat der Spartakist, im Wissen um Liebknechts Pläne, mit dem Beginn des Umsturzes in Berlin gerechnet. Doch das spielt nun keine Rolle mehr. Auch in Köln brodelt es geradezu, denn dort sitzen wegen der Nähe zur Front in Belgien und Nordostfrankreich besonders viele Deserteure in den Gefängnissen; zudem ist die Versorgungslage extrem angespannt. Oberbürgermeister Konrad Adenauer empfiehlt, sämtliche aus politischen Gründen Verurteilten zu amnestieren, dringt aber nicht durch. Also versucht er selbst, die Stimmung in ruhige, vor allem unblutige Bahnen zu lenken. Doch dann treffen am 7. November Matrosen am Rhein ein.

Harry Graf Kessler ist am selben Tag in Magdeburg; er soll den in der dortigen Festung inhaftierten polnischen Nationalisten Jozef Pilsudski nach Berlin bringen. Beim Stadtkommandanten erfährt Kessler, dass in Hannover Arbeiter und Soldaten die Macht übernommen hätten; am Nachmittag werden Aufständische in Magdeburg erwartet. Der Kommandant will wissen, was zu tun sei? Kessler berichtet, dass man in Berlin die Sozialdemokraten und die Gewerkschaften einbinde. Daran habe er auch schon gedacht, erwidert der Kommandant. Auf den Straßen der Stadt spürt Kessler noch keine Unruhe. Beim Abendessen erfährt er, dass man die Matrosen zwar nicht am Bahnhof habe abfangen können, es seien aber ohnehin nur zwölf – also kein Grund zur Beunruhigung. »Zwölf Jünger der roten Anarchie«, notiert Kessler in sein Tagebuch.[28]

In Kiel ist die Lage inzwischen ruhig. Vertreter der Arbeiter und Soldaten kontrollieren den Oberbürgermeister, die Polizei und die Post. Gustav Noske hat sich vom Soldatenrat sogar zum Nachfolger von Gouverneur Souchon wählen lassen, der seine Funktion widerstandslos abgibt. »Zum ersten Mal wohl in der Weltgeschichte ist damit einem Mann, der nie Soldat gewesen ist, das Kommando über rund 80 000 Soldaten übertragen worden«, stellt Noske befriedigt fest.[29] Seine Taktik hat sich durchgesetzt: Vertrauen schaffen, alle Kräfte einbinden, klare Vorgaben machen. Hermann Müller, von SPD-Chef Ebert nach Kiel geschickt, wundert sich über das entspannte Leben in der Stadt. Von Patrouillen abgesehen sind keine Bewaffneten mehr zu sehen. Die Straßen sind gut beleuchtet, Trambahnen fahren, Kinos sind geöffnet, Pärchen flanieren vergnügt. Alles hat sich, so scheint es Müller, der neuen Ordnung gefügt.[30] Ein Modell für ganz Deutschland?

Der Reichsregierung in Berlin würde das entgegenkommen. Sie sorgt sich angesichts der zu erwartenden Waffenstillstandsbedingungen, welchen Eindruck unsichere Verhältnisse in Deutschland auf die Siegermächte machen werden. Vor allem treibt die Regierung eine Frage um: Wie umgehen mit dem Kaiser? Wilhelm II. wollen nicht nur die Siegermächte abgesetzt sehen, das will auch der Großteil der Deutschen. Die liberale *Frankfurter Zeitung* schreibt: »Der Kaiser selbst hat sich vor der ganzen Welt zum Symbol der Politik gemacht, die Deutschland in den Abgrund geführt hat; als sein System hatte diese immer in der Ichform geführte Politik vor der Zeit und vor der Geschichte gelten sollen – so gebietet es die Würde, dass er verzichtet, wenn diese furchtbare Politik zusammenbricht.«[31] Einen Rücktritt wünschen selbst Bevölkerungskreise, an deren monarchistischer Gesinnung bislang kein Zweifel bestanden hat, stellt Vizekanzler Payer irritiert fest.[32]

Grundsätzlich aber solle die Monarchie beibehalten werden, meinen Prinz Max und seine Berater noch immer – um einen stabilen Übergang zur parlamentarischen Demokratie zu gewährleisten. Doch ist dieser stabilisierende Faktor noch nötig, angesichts der weitgehend gemäßigten Arbeiter- und Soldatenräte? Freilich bieten sie der USPD und der Spartakus-Gruppe ein Betätigungsfeld, deren Parole »Alle Macht den Räten« lautet. Die SPD muss entscheiden, welchen Weg sie einschlagen will. Sie zögert – das jedenfalls ist der Eindruck von Johann Heinrich von Bernstorff, der nicht nur mit Max von Baden Gespräche führt, sondern auch mit Philipp Scheidemann. Seine Partei sei noch nicht regierungsfähig und müsse erst regieren lernen, bekennt der Sozialdemokrat. Bernstorff beruhigt, dass Scheidemann unsichere Verhältnisse, wie sie eine Revolution nach russischer Art mit sich bringe, ablehnt.[33]

Max von Baden ist sich da nicht so sicher. Der *Vorwärts* beschwöre zwar immer noch den geordneten Weg zur Demokratie, doch eine Revolution lehne das Blatt nicht mehr ab. Am 7. November liest der Kanzler: Selbst wenn man nicht jedes Vorkommnis billigen könne, werde sich keiner, »dem die Gedanken der neuen Zeit aufgegangen sind«, in seinem Empfinden von den Massen trennen. Eine auffallend milde Rüge für Meuterei und Mord, empört sich der Prinz. Steht die SPD hinter diesem Artikel?[34] Die Frage beantworten die Sozialdemokraten noch am selben Nachmittag. Ebert und Scheidemann verlangen ein Treffen und stellen ein Ultimatum. Die SPD fordert die Zulassung verbotener Versammlungen, einen stärkeren sozialdemokratischen Einfluss im Reichskabinett und in Preußen sowie, an dritter Stelle, den Thronverzicht des Kaisers und des Kronprinzen bis zum Mittag des folgenden Tages. Sonst ziehe man sich aus der Regierung zurück.[35] Max von Baden fühlt sich überrumpelt. Vizekanzler Payer appelliert an die Sozialdemokraten, gemeinsam das Reich zu retten. Richtig verärgert reagiert Haußmann: »Sprengungsabsicht der Sozialdemokraten, die in keiner Weise vorher bekannt war«, hält er fest. »Man zerschlägt alles in dem Augenblick, wo man in Preußen reformieren will.«[36] Die nationalliberale *Badische Landeszeitung* verurteilt das Ultimatum der SPD als »das Unerhörteste, was bisher dem deutschen Volk von einer Minderheit geboten worden ist«.[37] Harry Graf Kessler notiert: »Die einzig bisher zuverlässige Ordnungsmacht außer der Armee, soweit auf diese gezählt werden kann, ist die organisierte Sozialdemokratie; und diese fordert die Abdankung des Kaisers. Davon, ob sie das Heft in Händen behält, hängt die nächste Zukunft ab.«[38]

Derweil erringen die Linksradikalen Erfolge. In München hat Kurt Eisner Bayerns gerade gewählten SPD-Chef Erhard Auer überredet, am 7. November 1918 auf der Theresienwiese eine Großdemonstration für den Frieden einzuberufen. Auer findet, das sei eine gute Gelegenheit, sich zu profilieren. Außerdem traut er Eisner wenig zu. Mehr als 100 000 Zuhörer verfolgen, wie der Sozialdemokrat dafür wirbt, den Obrigkeitsstaat per Gesetz in einen Volksstaat zu überführen. Das klingt mehr nach Bürokratie als nach Revolution. Doch er fordert auch den Umbau des Reiches zu einem demokratischen Staatswesen, in dem alle »reaktionären« Elemente aus der Verwaltung entfernt werden. Damit geht die bayerische SPD weiter als alle Sozialdemokraten im Norden. Schließlich ruft Auer die Massen auf, friedlich in die Innenstadt zu ziehen.

Die meisten folgen seinem Vorschlag – nicht jedoch Eisner. Der 51-Jährige dirigiert seine kleine Anhängerschaft zum Kasernenviertel und bringt dort die meisten Soldaten auf seine Seite. Am Abend warnt Bayerns Kriegsminister, er habe keine verlässlichen Truppen mehr in München; daraufhin verlassen König Ludwig III. und seine Familie heimlich die Stadt. Die jahrhundertelange Herrschaft der Wittelsbacher ist vorüber, nur bemerkt das noch kaum jemand. Auer ist bereits zu Hause, als Eisner sich in einem Brauhaus von einer Handvoll Anhängern zum Vorsitzenden des Arbeiter- und Soldatenrates wählen lässt. Zeugin ist die 18-jährige Hilde Kramer, die als Pflegetochter in der Familie Kaetzler gelebt hat. Sie spürt nun die Begeisterung, die ihr bei der Kundgebung auf der Theresienwiese gefehlt hat. Als die Menschen »Es lebe die Republik!« rufen, jubelt Hilde Kramer innerlich: »Diese Menschen sind fähig, wirklich die Revolution zu machen.«[39] Es ist nach 22 Uhr, als Kurt Eisner den Pförtner des Landtages zwingt, den Plenarsaal zu öffnen, wo er vor Mitstreitern die Dynastie der Wittelsbacher für beendet erklärt und die »Bayerische Republik« proklamiert. Einen Freistaat. Und weil er schon dabei ist, schlägt er sich selbst für die Position des provisorischen Ministerpräsidenten vor. Der Beifall reicht ihm als Bestätigung.

Auch in Braunschweig setzen sich Spartakisten und die USPD durch; die SPD spielt hier keine Rolle. Bahnhof, Post, Schloss und Polizeistationen werden besetzt. Am 8. November 1918 demonstrieren 20 000 Menschen. Nachmittags sucht August Merges mit einer Abordnung von Rätevertretern Herzog Ernst-August auf; er müsse abdanken. Nach kurzer Bedenkzeit willigt der Welfe ein und fährt mit seiner Familie ins österreichische Exil. Dafür bekommt die USPD Verstärkung: Der umtriebige Journalist Sepp Oerter, einst Chefredakteur des *Volksfreundes* in Braunschweig und zuletzt verantwortlich für die *Leipziger Volkszeitung*, kehrt zurück.

In Leipzig dominieren ebenfalls die Unabhängigen. Am selben 8. November erreichen aufständische Soldaten die Stadt und gründen einen Rat, dem bald ein Arbeiterrat folgt; an dessen Spitze tritt der Chef der örtlichen USPD, Richard Lipinski. Das Postamt mit Telegrafenstation und Telefonzentrale wird besetzt, die politische Polizei aufgelöst und eine eigene Sicherheitswehr eingerichtet. Um den Oberbürgermeister und die Stadtverwaltung kümmert sich der USPD-Reichstagsabgeordnete Friedrich Geyer, der Vater des *Volkszeitungs*-Redakteurs Curt Geyer. Die Zeitung jubelt: »Schneller als sich die Gewalthaber von gestern dachten, ist der große Zu-

sammenbruch ihrer Herrlichkeit gekommen. Das war ein schnelles Volksgericht.« Dagegen fragt das liberale *Leipziger Tageblatt*: »Wozu das jetzt, wo
der Frieden unmittelbar vor der Tür steht?«[40]

In Bremen sind die Verhältnisse noch nicht so klar, denn neben dem Ar-
beiter- und Soldatenrat sind auch Senat und Bürgerschaft weiter aktiv. Ein
Hauch von Revolution erreicht aber sogar das stockkatholische Paderborn.
Am 8. November ruft der Garnisons-Chef Vertreter der Reichsbahn, der
Post, der Banken, der Verwaltung und der örtlichen Zeitungen im Offi-
zierskasino zusammen, um sie auf »Unruhen in den nächsten Stunden«
vorzubereiten[41] Revoltierende Matrosen sind in der Stadt. Es gehe nicht um
Gegenwehr, sondern darum, für Ruhe zu sorgen. Die Waffenstillstandsverhandlungen dürften nicht durch unüberlegte Handlungen gestört werden.
In Köln hat Oberbürgermeister Adenauer seine Haltung revidiert und zeigt
sich pragmatisch. Er empfängt eine Abordnung der Arbeiter und Soldaten,
stellt ihnen im Rathaus Räume, Telefon, Schreibmaschinen und Papier zur
Verfügung. Die ersten revolutionären Anordnungen tragen zwei Stempel:
den des Rates und den der Stadt.

Die Brisanz ist in Berlin noch immer nicht allen klar. Oberstleutnant van
den Bergh kommt es bei einer interministeriellen Konferenz vor, »als führ-
te die alte, zopfige, entschlusslose Zeit noch einmal alle ihre Veteranen zusammen, während die neue Zeit draußen anklopfte und alle Augenblicke
ihre Taten in Form von Telegrammen hineinklingen ließ«.[42] Die Idee einer
Bürgerwehr schwebt im Raum, sie soll vor allem in kleineren Orten den
Umsturz verhindern. Dagegen begehren mehrere Teilnehmer auf, unter anderem aus Braunschweig: Solche Wehren könnten doch nicht das Militär
ersetzen; sie hoffen auf Hilfe von heimkehrenden Fronttruppen. Dann
scheucht eine Mitteilung die Runde auf: Tausend bewaffnete Matrosen sei-
en mit einem Sonderzug aus Hamburg nach Berlin unterwegs.

In Baden wiederholt sich, was in anderen Regionen geschehen ist: Ar-
beiter- und Soldatenräte bauen Strukturen neben der weiterarbeitenden
Verwaltung auf, was schnell zu praktischen Problemen führt. Die neuen
Kräfte machen Druck auf die Regierenden und regionalen Fürsten. So fordert der SPD-Jurist Ludwig Marum am 7. November im Karlsruher *Volksfreund* wie in der *Volksstimme* Mannheim die Übernahme der Regierung
durch »Vertrauensmänner des Volkes« und eine demokratische Reform
der badischen Verfassung. Auch stellt er erstmals Großherzog Friedrich II.
infrage. Die Krone, so Marum, solle sich freiwillig auf das »Altenteil ihrer

monarchistischen Ehrenrechte« zurückziehen. Die in Baden Regierenden hätten noch nicht erkannt, was auf dem Spiel steht. Das Volk erwarte Antworten. »Was heute noch möglich und nützlich erscheint, wird morgen vielleicht zu spät und ohne Nutzen geschehen.« Schließlich droht er unverhohlen: »Das Mundspitzen hilft nicht mehr. Es muss jetzt gepfiffen werden.«[43] Der Bibliothekar Wilhelm Engelbert Oestering ahnt beim Lesen, dass der Artikel Vorbote eines »respektlosen Novemberwindes« sein wird, »der den Spitzen um die Ohren pfeift«.[44] In Mannheim verlangen rund 250 SPD-Mitglieder eine wirkliche Volksregierung; Badens SPD-Chef Anton Geiß soll Staatsminister Heinrich von und zu Bodman zum Rücktritt auffordern.

Harry Graf Kessler sitzt in Magdeburg fest. Weil der reguläre Eisenbahnverkehr nach Berlin eingestellt ist, muss er ein Auto organisieren, um Pilsudski wegzubringen. Es ist höchste Zeit: Eine Gruppe Soldaten hat unter Führung einiger Spartakisten die Arrestanstalt gestürmt und Offizieren die Schulterstücke abgerissen. Trotzdem spielen die Radikalen in der Industriestadt keine Rolle; die wenigsten Bewohner wollen ein bolschewistisches Deutschland. Gleichwohl sorgt sich die Magdeburger SPD, dass die Stimmung sich radikalisieren könnte.[45] Auf dem Weg zum endlich beschafften Wagen muss Kessler einen Vortrag von Jozef Pilsudski anhören. Er kenne die Psychologie der Revolution, doziert der Pole: Man müsse sie entweder sofort energisch unterdrücken oder umgehend Konzessionen machen. Für beides sei es schon zu spät, weshalb Deutschland schwere Zeiten durchmachen werde. Aber der Bolschewismus, so beruhigt er seinen Begleiter, passe nicht zu zivilisierten Ländern. Kessler ist sich da nicht sicher: Als sie Stunden später an einer Straßensperre bei Wustermark westlich von Berlin aufgehalten werden, rauschen zwei Züge Richtung Reichshauptstadt vorbei, dicht besetzt mit revolutionär gesinnten Uniformierten.[46]

München rot, Brauschweig rot, Leipzig rot, Unruhe in Bremen, Magdeburg, Paderborn und andernorts – die Reichsregierung gewinnt aus den Meldungen den Eindruck, der Untergang stehe bevor. Überall im Reich werden Arbeiter- und Soldatenräte gewählt und fast immer stehen Vertreter einer der beiden verfeindeten sozialdemokratischen Parteien an der Spitze. Käthe Kollwitz schreibt in ihr Tagebuch: »Wir sind, ohne es recht zu fassen, in der sozialen Revolution.« Die Sozialdemokratie versuche alles, um die Zügel zu halten. »Gelingt es ihr nicht, dann wird Schreckliches kommen.«[47]

Das sieht der inhaftierte Bremer Johann Knief anders. »Ja, die revolutionäre Bewegung stürmt vorwärts. Aber sie hat noch keine Stufe der sozialen Revolution erklommen.« Dass Räte gebildet, Monarchen vertrieben und Republiken ausgerufen werden, reicht ihm nicht. »Es zeugt von der politischen Unselbständigkeit der Deutschen, dass sie in ihrer ersten großen Revolution mit dem Ruf ›Fort mit dem Kaiser!‹ beginnen. Die Folge wird sein, dass sie sich, wenn der Kaiser abdankt, einbilden werden, dass sie schon etwas geleistet haben.«[48]

In der Nacht zum 9. November 1918 bekommen die Radikalen Verstärkung: In Breslau wird die wortgewaltige Rosa Luxemburg aus der Haft entlassen, sie trifft aber erst am 10. November in der Reichshauptstadt ein. Gleichzeitig beschließen dort die Revolutionären Obleute, doch schon am folgenden Tag und nicht erst am 11. November zuzuschlagen. Doch Richard Müller hat ein mulmiges Gefühl, denn er hat schwer bewaffnete, kampferfahrene Truppen in der Stadt gesehen; die Regierung hat ihnen befohlen, das Zentrum zu schützen. Wird die Revolution des Volkes ausgerechnet in der Hauptstadt im Blut ertrinken?[49]

Ebert und Scheidemann haben ihr Ultimatum um einen Tag verlängert – also muss bis zum Mittag des 9. November die Entscheidung fallen. Die beiden erfahrenen Abgeordneten sind nicht aggressiv, doch ihr Ziel ist Max von Baden klar: Die Sozialdemokraten strecken die Hand nach der Kanzlerschaft aus. Weder sie noch ihre Anhänger wollen länger warten. Conrad Haußmann empört sich immer noch: »Es gilt, heute kalt zu entscheiden, ob die künftige Regierung Deutschlands mit oder ohne bürgerliche Parteien erfolgen soll.«[50] Die Anspannung ist greifbar. »In jeder Minute telefoniert irgendein Bekannter oder Unbekannter bei mir an, der wissen will, Wilhelm habe bereits abgedankt, oder er weigere sich, oder er sei mit einer Armee gegen Berlin unterwegs«, notiert Theodor Wolff. »Aus dem ganzen Lande Meldungen über die Fortschritte der Revolution, nirgends rühren Kreise, die sich so kaisertreu gebärdeten und so stolz mit ihren Orden waren, auch nur einen Finger für die Verteidigung der Monarchie.« Der *Tageblatt*-Chefredakteur registriert große Nervosität in bürgerlichen Kreisen: »Einige Villenbesitzer, die ich kenne, ziehen aus dem Grunewald oder von den Havelufern, wo sie sich zu einsam und zu ungeschützt fühlen, in die Stadt. Sie alle haben Angst vor dem Spartakismus, und ihre einzige Hoffnung ist jetzt die Sozialdemokratie, die ja vernünftig ist und nicht gleich alles kaputtschlagen wird.«[51]

Dennoch deutet auf Berlins Straßen am Morgen des 9. November 1918 nichts darauf hin, dass dieser Samstag Deutschland verändern wird. Ernst van den Bergh macht sich wie jeden Tag in Uniform auf den Weg ins Kriegsministerium; er erreicht es unbehelligt.[52] Ebenso wenig fällt Bogdan Krieger, dem Leiter der königlichen Hofbibliothek, etwas Außergewöhnliches auf, als er zu seinen Büchern ins Stadtschloss geht. Allerdings gleicht dessen Hof einem Heerlager.[53] Harry Graf Kessler sieht zwar am Potsdamer Platz eine einsatzbereite MG-Kompanie, doch auf der Friedrichstraße und Unter den Linden wirkt »alles still«. Auch er ist ohne Probleme in seiner Offiziersuniform unterwegs.[54]

Die Leser der Morgenblätter können den Eindruck gewinnen, die Reichshauptstadt sei eine Insel der Ruhe inmitten des Aufruhrs. Die *Berliner Volks-Zeitung* beschreibt die Lage: »Auch am gestrigen Freitagabend ist es in Berlin nirgends zu Ruhestörungen gekommen.«[55] Das *Berliner Tageblatt* verzeichnet immerhin auffallend regen Verkehr auf den Hauptstraßen und »große Menschenmassen in gespannter Erwartung«.[56] Das *Correspondenzblatt*, die Wochenzeitung der SPD-nahen Gewerkschaftskommission, warnt vor Auseinandersetzungen auf den Straßen; blutige Zusammenstöße wie in Kiel am 3. November 1918 dürften sich nicht wiederholen.[57]

Die Ruhe endet nach der Frühstückspause. Flugblätter der Revolutionären Obleute, der USPD und der Spartakisten verkünden: »Die Entscheidungsstunde ist da!« Wie auf Kommando leeren sich die Betriebe. Große Demonstrationszüge Richtung Zentrum formieren sich und steuern die verschiedenen Kasernen an; Soldaten schließen sich den Arbeitern an. Aus einer Unterkunft jedoch wird auf die Demonstranten geschossen; drei Menschen sterben.

Ebenfalls morgens hat sich Scheidemann bei Max von Baden erkundigt, ob der Kaiser endlich auf den Thron verzichte. Der Kanzler muss verneinen, er hat keine Nachricht aus Spa erhalten. Er rechnet jeden Augenblick damit, dass die Straße das Ende der Hohenzollernherrschaft proklamiert. Dann erreicht ihn aus dem Reichstag die Nachricht, die Sozialdemokraten hätten das Kabinett verlassen – also ihre Drohung nach Ablauf des Ultimatums umgesetzt. Nun sieht der Reichskanzler nur noch einen Weg, die Monarchie als solches zu retten: Er spielt einigen Redaktionen die Falschnachricht zu, Wilhelm II. sei abgetreten, und übergibt nach diesem Vertrauensbruch gegen seinen kaiserlichen Vetter die Amtsgeschäfte an Friedrich Ebert. Zwei Mittagsblätter vermelden die angebliche Abdankung.[58]

Philipp Scheidemann isst gerade im Restaurant des Reichstages eine Suppe, als er erfährt, dass Karl Liebknecht demnächst die Räterepublik ausrufen werde. Den Spartakisten darf man nicht die Initiative überlassen, das weiß Scheidemann instinktiv; auf ein Gespräch mit Ebert verzichtet er. Stattdessen tritt der SPD-Politiker gegen 14 Uhr an ein Fenster des Reichstagsgebäudes, vor dem einige Hundert Menschen stehen, und verkündet: »Das Alte und Morsche, die Monarchie ist zusammengebrochen. Es lebe das Neue; es lebe die deutsche Republik!«[59] Scheidemann weiß um die Bedeutung des Moments: »Sorgt dafür, dass dieser stolze Tag durch nichts beschmutzt werde. Er sei ein Ehrentag für immer in der Geschichte Deutschlands.«[60]

Scheidemann ist Liebknecht zuvorgekommen, doch der Spartakus-Führer gibt deshalb nicht auf. Anderthalb Stunden später proklamiert er erst von einem Lastwagen im Lustgarten, dann kurz darauf erneut von einem Balkon des Berliner Schlosses seine Idee vom künftigen Deutschland. Liebknecht wendet sich aber nicht an das gesamte Volk, sondern an seine Anhänger: »Parteigenossen, ich proklamiere die freie sozialistische Republik Deutschland, die alle Stämme umfassen soll, in der es keine Knechte mehr geben wird, in der jeder ehrliche Arbeiter den ehrlichen Lohn seiner Arbeit finden wird.« Und er fordert zur »Weltrevolution« an der Seite Russlands auf.[61]

Ebert ärgert sich über Scheidemanns Alleingang, muss aber dringendere Probleme lösen. Der neue Kanzler sucht einen Partner, um glaubwürdig einen Neuanfang zu wagen. Die bürgerlichen Parteien scheiden aus, denn sie sind beim Volk diskreditiert; viele Beamte misstrauen der SPD. Bleiben die Unabhängigen Sozialdemokraten. Noch am selben Tag sucht Ebert mit Vizekanzler Payer und einigen Parteifreunden die USPD-Reichstagsfraktion auf und schlägt vor, ein Kabinett nur aus Sozialdemokraten zu bilden. Doch die Reaktion fällt reserviert aus: Die Demonstrationen in Berlin, zu denen auch die USPD aufgerufen hat, richten sich gegen die Regierung Max von Badens, in der die SPD sitzt oder zumindest gesessen hat. Da könne man doch schlecht einfach mit ihr koalieren. Außerdem seien Kooperationen in lokalen Arbeiter- und Soldatenräten etwas anderes als eine gemeinsame Regierung für das Reich. Payer fällt auf, dass dem Gespräch zwischen SPD und USPD »jede Herzlichkeit« fehlt.[62]

Die Reaktion der USPD hat auch damit zu tun, dass Hugo Haase noch auf dem Rückweg aus Kiel ist. Der Rest der Parteispitze zieht sich zu einer

Beratung zurück, darunter Wilhelm Dittmann, Georg Ledebour und Karl Liebknecht. Der Spartakus-Anführer ist entschieden gegen jede Zusammenarbeit. Dafür plädiert ausgerechnet Emil Barth, der in den Wochen zuvor den bewaffneten Aufstand mit vorbereitet hat. Man habe so lange auf den Sturz des Bestehenden hingearbeitet, Repressalien dafür erleiden müssen, und jetzt solle man sagen: »Bitte schön, machen Sie es, wir sind zu dumm?« Liebknecht gibt nach, fordert aber harte Bedingungen: Arbeiter- und Soldatenräte sollen allein alle Gewalt ausüben, die Parlamente aufgelöst, Fabriken und Banken an die Räte übergeben werden. Die letzte Bedingung: Die Koalition dürfe nur bis zum Waffenstillstand bestehen, der jeden Tag erwartet wird.[63] Als die USPD diese Bedingungen vorträgt, erwidert Scheidemann trocken: »Wie denkt Ihr Euch das?«[64] Man nimmt sich die Zeit, eine Nacht darüber zu schlafen.

Inzwischen hat Ebert zwei Aufrufe formuliert, einen an das Volk und einen an die Staatsverwaltung. Im ersten Aufruf heißt es, dass der bisherige Reichskanzler ihm sämtliche Befugnisse übertragen habe und dass er mit anderen Parteien »eine Volksregierung« bilde. Ebert verspricht einen schnellen Frieden, garantiert die neuen Freiheiten und sagt eine stabile Versorgung zu. Am Ende bittet er: »Verlasst die Straßen!«[65] Im zweiten Aufruf fordert er alle Behörden in Stadt und Land auf, mit der neuen Regierung zusammenzuarbeiten. Falls die Beamtenschaft sich »in dieser schweren Stunde« verweigere, werde Deutschland der Anarchie ausgeliefert. Ebert appelliert an die »Liebe zu unserem Volke« – nicht mehr zum Kaiser.[66]

Nicht gerade das Programm eines umfassenden Umsturzes. Doch gibt es eine Alternative? Eine Regierung, befürchtet der neue Reichskanzler, die sich nur auf Neulinge stützt, werde nach wenigen Tagen am Ende sein. Er hofft, dass ein Großteil der Beamten mitziehen wird; ob aus Opportunismus, Pflichtbewusstsein oder doch politischer Loyalität, ist ihm gleichgültig. Seine Regierung versteht Ebert sowieso nur als Übergang zu einer Verfassungsgebenden Nationalversammlung, die baldmöglichst demokratisch gewählt werden soll.

In Berlin allerdings wird sein Aufruf, die Straßen zu verlassen, kaum befolgt. Aufständische besetzen die Kraftwerke und schalten den Strom ab. Sie übernehmen das Rathaus, das Haupttelegrafenamt und mehrere Redaktionen, auch das Reichstagsgebäude und die wichtigsten Bahnhöfe; auf dem Brandenburger Tor weht die rote Fahne. Die Stadt verändert sich mit einem Schlag völlig. Am Alexanderplatz umstellen bewaffnete De-

monstranten das Polizeipräsidium, aus dessen Fenstern Maschinengewehre ragen. Der USPD-Politiker Emil Eichhorn versucht, eine Eskalation
zu verhindern. Dann wird er unversehens ins Gebäude gebeten; dort will
ein Beamter mit ihm die Übergabe verhandeln. Eichhorn fordert die Fort-
führung des Betriebs unter revolutionärer Leitung. Ein Vertrag wird auf-
gesetzt, um die Übergabe zu vollziehen – einfach so. Der bisherige Polizeipräsident Heinrich von Oppen unterzeichnet ebenso wie der neue: Emil
Eichhorn.

Max Goldstein, Redakteur der *Vossischen Zeitung*, kommt es vor, als
wanke der Boden unter ihm. Fassungslos sieht er Lastautos mit Soldaten
vorbeirasen, die rote Fahnen schwenken; an die Türen der Museen in der
Prinz-Albrecht-Straße hat irgendwer rote Zettel mit der Aufschrift »Volks-
eigentum« geklebt.[67] Ähnlich geht es dem Schlossbibliothekar Bogdan
Krieger, als er sich zum Feierabend mit seiner Frau trifft. Das Ziel der Revolutionäre ist das Schloss. Dort beginnen wenig später die ersten Plünderungen; daran ändern auch ein roter Stuhlüberzug und eine rote Bettdecke
aus einer Dienerstube nichts, die Hofbeamte anstelle von roten Fahnen
aus den Fenstern hängen. Sie haben in der Residenz vergeblich nach sonstigen Stoffen in der Farbe des Tages gesucht. Ihre Bitte, das Schloss
pfleglich zu behandeln, weil es Nationaleigentum sei und geschützt werden müsse, fruchtet nichts.[68]

Trotz solcher Übergriffe verläuft der Tag des Umsturzes insgesamt erstaunlich gewaltarm. Betty Scholem berichtet, sie habe am Nachmittag
»mit erstaunten Nasenlöchern die rote Fahne am alten Schloss wehen« sehen. Zusammen mit ihrem Mann kommt die 51-Jährige wenig später noch
einmal vorbei, um »mit Vater noch ein bisschen zur Revolution« zu gehen.
Dann allerdings fallen auf dem Schlossplatz Schüsse, die Schaulustigen
flüchten, »wir mittenmang«. Nach diesem Erlebnis fürchten die Scholems
eine Radikalisierung: »Hoffentlich geht es ohne Bürgerkrieg ab«.[69] Zwei,
die genau das nicht scheuen, kommen wie Rosa Luxemburg an diesem
9. November auf freien Fuß: Johann Knief und Lotte Kornfeld. »Durch
den revolutionären Ruf sind auch unsere Schutzhafttüren aufgeflogen«,
schreibt Knief an die gemeinsame Freundin Gabriele Kaetzler in Bayern.[70]
Sie machen sich jedoch nicht gleich auf den Weg nach Bremen. Beide
wollen ein paar Tage in Berlin bleiben und dann zu Gleichgesinnten nach
Dresden fahren, um eine aus Kniefs Sicht »echte Revolution« vorzubereiten.

So endet der 9. November 1918 in Berlin. Knapp, aber präzise fasst der SPD-Abgeordnete Eduard David zusammen: »Abdankung des Kaisers. Revolution. Republik.«[71] Die Redaktion des *Berliner Tageblatts* bringt die Ereignisse in der folgenden Morgenausgabe auf die treffende Formel: »Gestern früh war alles noch da. Gestern Nachmittag existierte nichts mehr davon.«[72] Ein ähnlicher Gedanke beschäftigt Harry Graf Kessler – er schreibt in sein Tagebuch: »Nie ist das ganze innere Gerüst einer Großmacht in so kurzer Zeit so vollkommen zerstäubt.«[73]

Reichskanzler Friedrich Ebert wendet sich in der ersten Sitzung des Kabinetts unter seiner Leitung an die bisherigen Staatssekretäre: »Das Schicksal des Landes stellte mich auf diesen Platz. Die Lage verbietet eine feierliche Ansprache.«[74] Dann werden die dringendsten Sachfragen besprochen. Am Ende bittet er alle Herren, ihre Geschäfte wie bislang weiterzuführen. Diese Aufforderung ist aber nur Stunden später Makulatur, denn die USPD hat ihre Bedingungen für den Eintritt in die neue Regierung deutlich abgeschwächt. Allerdings fordern die Unabhängigen nun, dem neuen Kabinett dürften nur Mitglieder der beiden sozialdemokratischen Parteien als gleichberechtigte Volkskommissare angehören; die Fachminister seien lediglich »technische Gehilfen«. Die »politische Gewalt« liege in den Händen der Arbeiter- und Soldatenräte, die bald zu einer reichsweiten Vollversammlung zusammentreten sollen. Eine Verfassungsgebende Nationalversammlung werde erst aktuell, wenn sich die Ergebnisse der Revolution als gefestigt erwiesen. Diese Forderungen sind hinreichend vage, sodass die SPD zustimmen kann – um keine Zeit mehr zu verlieren.[75]

Die bisherigen Minister empfinden ihre Zurücksetzung als Affront. Sie haben in den vergangenen Wochen mit den Sozialdemokraten zusammengearbeitet und deren neue Rolle akzeptiert. Doch darauf kann Ebert keine Rücksicht nehmen; er rechnet damit, dass sich die liberalen und konservativen Politiker ebenso wie das Militär fügen werden und das überall in Deutschland. Doch fügen heißt nicht mitwirken: Vizekanzler Payer bietet seinen Rückzug an, und Ebert macht keinen Versuch, den 71-Jährigen zu halten. Trotzdem lobt der Liberale die Sozialdemokratie: Sie habe die Gelegenheit genutzt, die sich ihr geboten hat. Nun ist er gespannt, wie sie sich weiter bewährt, wo doch in Umbruchzeiten häufig »die radikalsten Elemente obenauf zu kommen pflegen«.[76]

Die Regierungsbeteiligung der USPD ist ein kluger Schachzug der SPD, die vermutlich stark genug für einen Alleingang wäre. Das Zusammengehen eröffnet aber die Möglichkeit, die Gemäßigten unter den Sozialisten einzubinden und so die radikalen Kräfte um Liebknecht zu schwächen. Allerdings ist nicht garantiert, dass dieses Kalkül aufgeht. Zudem stellt sich die Personalfrage: Wer soll welche Aufgaben übernehmen? Immerhin muss nicht nur die Reichsverwaltung handlungsfähig bleiben, auch für Preußen und die anderen Staaten des Reiches braucht man vertrauenswürdige Männer, die mit den Ministerialbeamten kooperieren können. Schließlich sind die Arbeiter- und Soldatenräte als neue politische Gewalt einzubinden. Darin sieht aber nur ein Teil der Bevölkerung ein erstrebenswertes Ziel; für viele andere handelt es sich um eine Zumutung. Wie signalisiert man glaubhaft, dass man den Bruch mit dem Alten will, aber gleichzeitig auf Kontinuität setzt?

Je drei Vertreter der SPD und der USPD bilden das eigentliche Kabinett, den Rat der Volksbeauftragten. Die USPD schickt Hugo Haase, Wilhelm Dittmann sowie Emil Barth, die SPD neben Ebert und Scheidemann noch Otto Landsberg. Sechs Männer, im Regierungsgeschäft nahezu oder völlig unerfahren, wollen den Staat führen. Haase ist mit 55 Jahren der Älteste, Barth mit 39 Jahren der Jüngste. Sie kennen einander alle gut und haben einst gemeinsam in der SPD ihre Karriere begonnen. Doch die Wunden der Spaltung der Sozialdemokratie 1917 sind nicht verheilt, die persönlichen Kränkungen vor- und nachher unvergessen.

Die Zusammenarbeit mit den Ministerien organisiert Ebert nach einem einfachen Prinzip: Die Fachleute der Verwaltungen bleiben im Amt, bekommen aber politische Beauftragte paritätisch aus SPD und USPD zur Seite gestellt, die sie kontrollieren; unmittelbar an der Meinungsbildung in der Regierung beteiligt ist der alte Staatsapparat nicht mehr. Den meisten Beamten kommt diese Art der Kooperation mit den neuen Kräften gelegen, denn sie verschafft ihnen Legitimation und Schutz in unsicheren Zeiten – so lässt sich arbeiten. In der Praxis bewährt sich Eberts Idee allerdings nur eingeschränkt. Denn längst nicht alle Posten können besetzt werden, meist fehlen geeignete Vertreter der USPD. Der Linkssozialist Ernst Däumig etwa verweigert die für ihn vorgesehene Aufgabe, die obersten Militärbehörden zu beaufsichtigen; offenbar will er bei den eigenen Anhängern nicht als korrumpiert gelten. Auch bei der SPD gibt es Lücken. Gustav Noske, der zum Reichsmarineamt abgeordnet werden soll, aber weiterhin in Kiel gebraucht wird, muss passen. Bei anderen Ministerien klappt die Zuordnung. Etwa im Auswärtigen Amt, wohin der USPD-Abgeordnete Karl Kautsky geht, und im Reichsschatzamt, das Eduard Bernstein überwacht.

Für Störfeuer sorgen allerdings die Spartakus-Anhänger. Eberts Appell, die Demonstrationen auf den Straßen zu beenden, kontern sie in ihrer neuen eigenen Zeitung, der *Roten Fahne*, für die sie den *Berliner Lokalanzeiger* okkupiert haben: »Wir fordern im Gegenteil dazu auf, nicht die Straßen zu verlassen, sondern bewaffnet zu bleiben und in jedem Augenblick auf der Hut zu sein.« Die Aufforderung des »vom gestürzten Kaiser neugebackenen Reichskanzlers« verfolge nur den Zweck, »die Massen heimzusenden, um die alte ›Ordnung‹ wieder herzustellen«. Die Linkssozialisten formulieren in derselben Nummer einen Aufruf an alle »Arbeiter und Soldaten«.[77] Ihre Forderungen nennt Bernstein »das spezifische politische Programm des russischen Bolschewismus«.[78] Vertrauensmänner der Arbeiter- und Soldatenräte müssten sämtliche militärische und zivile Behörden sowie Kommandostellen übernehmen. Reichstag, Reichsregierung und die Provinzparlamente seien aufzulösen, Dynastien und auch die einzelnen Staaten sollen abgeschafft werden; »unsere Parole lautet: einheitliche sozialistische Republik Deutschland«. Sofort müsse zudem das ausgewiesene Personal der russischen Botschaft nach Berlin zurückgerufen werden. Der Aufruf ist vom Misstrauen gegen jene geprägt, »die von Reichskanzler- und Ministerstellen herunter glauben«, die Geschicke der Arbeiter und Soldaten lenken zu können. Es dürfe kein Scheidemann mehr in der Regierung sitzen, umgekehrt dürfe kein Sozialist in ein Kabinett eintreten, solange ein »Regierungssozialist« zu ihr gehöre. Der Grund: »Es gibt keine Gemeinschaft mit denen, die Euch vier Jahre lang verraten haben.«[79]

Seine Botschaft will Karl Liebknecht am gleichen Sonntagabend bei der ersten Versammlung der gerade gegründeten Arbeiter- und Soldatenräte in der Reichshauptstadt im Berliner Zirkus Busch testen. Die Teilnehmer sollen, stellvertretend für die Räte im gesamten Reich, den provisorischen Rat der Volksbeauftragten formal bestätigen. Zudem werden sie über den Regierungskurs entscheiden, bis ein Kongress mit Rätevertretern aus dem ganzen Reich zusammentritt, sowie einen Vollzugsrat bestimmen, der die Volksbeauftragten überwacht. Die Spartakisten und die Revolutionären Obleute streben die Dominanz in diesem Gremium an. Die Annäherung von SPD und USPD haben sie nicht verhindern können; nun wollen sie aus dem Vollzugsrat eine Gegenregierung machen. Die *Rote Fahne* hat daher ihre Leser aufgerufen, im Sinne der Linkssozialisten »verlässliche Delegierte« zu bestimmen.[80] Friedrich Ebert passt das nicht, er will wirklich demokratische Verhältnisse, die weder die oft spontan entstandenen Solda-

*»Signature de l'Armistice«: Unterzeichnung des Waffenstillstandsabkommens.
Hinter dem Tisch Marschall Ferdinand Foch (stehend) und General Maxime
Weygand, links die britischen Marineoffiziere Rosslyn Wemyss, George Hope
und Jack Marriott. Vor dem Tisch die deutsche Delegation: Staatssekretär
Matthias Erzberger, Generalmajor Detlef von Winterfeldt, Alfred von Oberndorff
(Auswärtiges Amt) und Kapitän zur See Ernst Vanselow.*

ten- noch die auf eine Schicht beschränkten Arbeiterräte bieten können.
Aber die Sozialdemokraten können sich nicht einerseits an die Spitze der
Revolution stellen, andererseits aber die Bewegung von unten brüskieren,
die den Umsturz erst möglich gemacht hat. Dennoch muss die SPD Liebknechts Offensive abwehren. Der Sozialdemokrat Otto Wels, frisch gekür-
ter Stadtkommandant Berlins, gewinnt die SPD-nahen Arbeiterräte und
die Soldaten dafür, auf eine paritätische Besetzung des Vollzugsrates zu
bestehen, analog zum neuen Kabinett.

Bei der Versammlung zeigt sich, dass die Linkssozialisten sich verrech-
net haben. Schon als Liebknecht, zunächst mit Applaus begrüßt, ausruft:
»Die Gegenrevolution ist auf dem Marsche, sie ist bereits in Aktion!«, gibt
es ersten Widerspruch: »Wo denn?« – »Nein!« Als er dann die SPD kritisiert, weil sie heute für die Revolution sei, die sie vorgestern noch abgelehnt

habe, regt sich zu seiner Überraschung offener Widerspruch. Als Richard
Müller ihm beispringt und fordert, dem Vollzugsrat sollten nur Spartakisten
und Obleute angehören, verlangt ein Redner ausdrücklich die paritätische
Zusammensetzung. Vor allem Emil Barth, der Versammlungsleiter, ist in
einer unangenehmen Lage: Er gehört zum Rat der sechs Volksbeauftragten,
will aber zugleich deren Arbeit durch ein Kontrollgremium erschweren, das
diese Konstellation ablehnt. Barth kann sich gegen Eberts Plädoyer für eine
Vertagung nicht durchsetzen. Am folgenden Morgen bestimmen die rund
3000 Delegierten einen annähernd paritätischen Vollzugsrat unter Vorsitz
von Müller.[81]

Auch wenn das Kalkül der Linkssozialisten nur zum Teil aufgegangen ist:
Sie stehen nun in verantwortlicher Position. Obwohl nur von Berliner Delegierten gewählt, sieht sich der Vollzugsrat als Kontrollinstanz der provisorischen Regierungen, im Reich ebenso wie in Preußen. Dafür beansprucht er
weitreichende Kompetenzen, sogar diktatorische Gewalt. Spartakisten und
Obleute glaubten, »sie haben die Revolution in Deutschland gemacht und
könnten daher uneingeschränkt in ganz Deutschland in die Regierungsar-
beit hineinreden«, kommentiert van den Bergh. Er hat sich im Ministerium
der Arbeiter- und Soldatenräte angenommen und registriert schon nach
kurzer Zeit, dass es gar nicht erfahrene Arbeiter sind, die dort das Wort führen, sondern meist »junge, fanatische Revolutionsmacher« aus allen möglichen Ständen.[82] Zu diesen zählt die 19-jährige Laborantin Wise Kaetzler,
die an ihre Mutter nach Bayern schreibt: »Man besteht nur noch aus Revolution, den ganzen Tag wird geschossen (Maschinengewehr, ekelhaft!
Taktak tak tak tak). Jeden Moment kann man so ein Biest in den Kopf krie-
gen!«[83]

Früh am Morgen des 11. November 1918, noch vor der Wahl des Vollzugsrates, hat der Zentrumspolitiker Matthias Erzberger für die neue Republik
Deutschland den Waffenstillstand mit den Gegnern Frankreich, Großbritannien, Belgien, Italien und den USA unterzeichnet. Die Bedingungen
sind hart: Die deutschen Truppen müssen sich binnen 15 Tagen aus allen
besetzten Regionen Frankreichs und Belgiens zurückziehen, anschließend
die Gebiete des Reiches links des Rheins räumen. Außerdem sind Unmen-
gen an Kriegsmaterial, Lokomotiven und Waggons abzuliefern, die modernen Kriegsschiffe zu internieren. Deutschland sei »den Siegern auf Gnade
und Ungnade ausgeliefert«, fasst Frankreichs Oberbefehlshaber Marschall
Ferdinand Foch die Lage treffend zusammen.[84]

Mit solchen Auflagen hat in Deutschland niemand gerechnet. Die *Berliner Börsen-Zeitung* veröffentlicht einen Appell der Vorstände von SPD und USPD an die Schwesterparteien der neutralen Staaten, bei einer Revision mitzuhelfen, denn die Vorgaben von Foch würden »Volk und Arbeitermassen und Sozialdemokraten der sozialistischen Republik treffen«.[85] Aus München wendet sich Kurt Eisner an die Siegermächte. Alle Hoffnungen durch den Erfolg der Revolution würden von den Forderungen an Deutschland zerstört. »Die neue Republik wird, wenn diese entsetzlichen Bedingungen unveränderlich sein sollten, in kurzer Zeit Wüste und Chaos sein.«[86] Conrad Haußmann protestiert im Namen der liberalen Fortschrittspartei. Auch eine bürgerliche Demokratie müsse sich wehren können, zudem gebe es noch kein neu gewähltes Parlament, das staatliche Grundfragen für die Zukunft entscheiden könne. Nicht nur Politiker sind bitter enttäuscht. Die Haushaltshilfe Henriette Schneider notiert: »Den Waffenstillstand, so schmerzlich er auch gehalten ist, haben wir unterzeichnet.«[87] Betty Scholem klagt: »Die Waffenstillstandsbedingungen sind wahrhaft unmenschlich.«[88] Sie hofft, dass sie gegenüber der Republik gemildert werden, denn die Auflagen seien ja vor der Abdankung des Kaisers formuliert worden.

Der Rat der Volksbeauftragten schafft auf anderen Gebieten Tatsachen, die den wilhelminischen Obrigkeitsstaat verschwinden lassen und den Charakter Deutschlands verändern werden. Der Belagerungszustand, in Kraft seit August 1914, wird aufgehoben – und damit auch die Zensur: Jeder darf fortan seine Meinung in Wort und Schrift frei äußern. Zum 1. Januar 1919 führt das Kabinett den Achtstunden-Arbeitstag ein. Erwerbslose sollen künftig von Reich, Ländern und Gemeinde unterstützt werden, die Krankenversicherung wird ausgedehnt und Hilfe bei der Suche nach bezahlbarem Wohnraum versprochen. Vor allem aber sollen alle Parlamentswahlen künftig nach demselben Wahlrecht erfolgen: gleich, geheim, direkt und allgemein. Berechtigt werden alle Deutschen ab 20 Jahren sein, auch Frauen. »Damit ist ausgesprochen, dass die Deutsche Republik gesetzmäßig nicht auf die russische Sowjetverfassung, sondern auf die Demokratie« zusteuere, kommentiert der *Vorwärts*.[89]

Vor allem die wirtschafts- und sozialpolitischen Weichenstellungen sind wichtig. Arbeitgeber und Gewerkschaftsfunktionäre verhandeln erst seit Oktober 1918 auf Augenhöhe. Am 15. November einigen sich der Industriemagnat Hugo Stinnes und der Vorsitzende der Generalkommission der Gewerkschaften, Carl Legien, auf ein Abkommen. Die Unternehmen garantieren, dass jeder aus dem Krieg heimkehrende Beschäftigte auf seinen früheren Arbeitsplatz zurückkehren kann, soweit es den Betrieb noch gibt. Sie akzeptieren in Betrieben mit mehr als 50 Beschäftigten Arbeiterausschüsse und vollen Lohnausgleich für den nun geltenden Achtstundentag; darüber sollen Tarifverträge geschlossen werden. Das sind Ziele, für die Gewerkschaftler jahrzehntelang gekämpft haben. Ganz zufrieden sind sie zwar nicht, aber Legien weiß: »Die Sozialisierung einer durch die Kriegswirtschaft erschütterten und desorganisierten Volkswirtschaft ist nicht möglich.« Den Unternehmern wiederum sind die Zugeständnisse nicht leichtgefallen, wie der Stahlindustrielle Gerhard Ewald Hilger, ursprünglich Gegner der Verhandlungen, eingesteht: »Ich habe meinen Standpunkt völlig aufgegeben. Ich stehe heute vor Ihnen als ein aus einem Saulus gewordener Paulus.« Aber im Vergleich zu einer Vergesellschaftung sind die Zugeständnisse ein akzeptables Übel. Der Fabrikant Carl Duisberg gibt das freimütig zu: »Ich bin ein Opportunist und passe mich den Verhältnissen an.«[90]

Die sind ausgesprochen gesittet für eine Revolution. Übergriffe beschränken sich meist darauf, Offizieren die Rangabzeichen abzureißen. Wären nicht die vielen Militärfahrzeuge und Soldaten, die roten Fahnen und revolutionären Plakate im Stadtbild, könnte man denken, Alltag sei wieder eingekehrt. Die neuen Politiker wie auch die Arbeiter- und Soldatenräte bemühen sich um Transparenz, erläutern in Zeitungen und auf Flugblättern jeden ihrer Schritte. Der Schriftsteller Thomas Mann stellt fest: »Ich bin befriedigt von der relativen Ruhe und Ordnung, mit der vorderhand wenigstens alles sich abspielt. Die deutsche Revolution ist eben die deutsche, wenn auch Revolution. Keine französische Wildheit, keine russisch-kommunistische Trunkenheit.«[91] Dass es so bleibt, ist freilich nicht sicher: In Dresden berät Johann Knief die Möglichkeit, eine kommunistische Partei zu gründen.

Eine Notiz Josef Hofmillers zeigt, wie schnell andere Themen eine Rolle spielen: »Im Nymphenburger Park hat sich die Natur der Fußwege bemächtigt. Keine scharfen Ränder des Rasens mehr.« Und dann das viele Papier auf den Straßen, die vielen Abfälle: »Mit dem Augenblick der Revolution hörte die Straßenreinigung auf.«[92] Der Theologe Ernst Troeltsch vermerkt, dass wie gewöhnlich Berlins Bürger im Wald spazieren gehen: »Alles etwas gedämpft wie Leute, deren Schicksal irgendwo weit in der Ferne entschieden wird, aber doch beruhigt und behaglich, dass es so gut abgegangen war.«[93]

Für Kontinuität will Ebert auch beim Militär sorgen. Millionen Frontsoldaten müssen binnen weniger Wochen geordnet heimkehren – das kann nur das bisherige Heer mit seinen bewährten Strukturen organisieren. Also telefoniert er mit Wilhelm Groener, dem Nachfolger Ludendorffs als Generalquartiermeister. Man kennt sich seit Jahren. Groener denkt ähnlich pragmatisch wie Ebert: Er will die logistisch anspruchsvolle Rückführung des Frontheeres in die Heimat bewältigen; gelingt das reibungslos, so sein Kalkül, empfiehlt sich das Offizierskorps insgesamt für Aufgaben in der neuen Republik. Ebert appelliert nach dem Telefonat an die Mannschaften, den Befehlen ihrer Offiziere weiter Folge zu leisten; die Soldatenräte sollen beratend mitwirken.[94] Gedacht ist diese Bestätigung der Befehlsgewalt nur für die Wochen der Rückführung; danach könne es eine andere Regelung geben. Die Führung des Heeres aber hat nun ein Druckmittel in der Hand, falls sich die Sicherheitslage ändern sollte. Der Reichskanzler weiß natürlich, dass Berufssoldaten eine Gefahr sein können, doch ebenso sieht er aufseiten der Linksradikalen Risiken. Dagegen muss sich die Regierung wehren können – und es steht niemand bereit außer dem regulären Heer. Den Vorschlag, in Berlin aus »sozialistisch geschulten und politisch organisierten« Arbeitern eine Schutztruppe der Revolution zu bilden, wie das unter anderem der Vorsitzende des Vollzugsrates Richard Müller vorschlägt, lehnen sowohl SPD wie Soldatenräte ab. Letztere fühlen sich brüskiert: »Misstrauen in die revolutionäre Zuverlässigkeit der Truppen« sei unnötig.[95]

So endet die zweite Woche des Umsturzes. Deutschland ist nicht mehr wiederzuerkennen. Es hat in diesen Tagen kaum mehr etwas mit dem Geist zu tun, den Heinrich Mann in seinem Roman *Der Untertan* beschrieben hat, dessen Hauptfigur obrigkeitshörig, feige und ohne Zivilcourage durchs Leben geht. Stattdessen herrscht eine Stimmung im Land, mit der vieles möglich scheint. Die Hohenzollernmonarchie hat einer Republik Platz gemacht; auch in den Einzelstaaten sind die Dynastien abgesetzt. Wie schnell der Kaiser Geschichte ist, zeigen kurze Zeitungsmeldungen am 12. November von der Ankunft Wilhelms II. im Exil in Holland. In den Überschriften ist bereits vom »früheren Kaiser« die Rede. Das ist formal richtig, aber doch verblüffend.[96] Den würdelosen Abgang kreiden ihm viele an. Wilhelm Engelbert Oestering in Baden schreibt: »Niemand hat den Gedanken der

Republik mehr gefördert als Wilhelm II. Er war der stärkste Werber für die Idee des freien Volksstaates geworden.«[97]

Von der Reichsregierung bis hinunter zu Städten und Dörfern haben sich neben den bestehenden Verwaltungen Räte gebildet, in denen erfahrene Politiker und vollkommene Neulinge zusammenarbeiten. Der bisherige Reichstag, gewählt 1912, ist auf unbestimmte Zeit vertagt; er kann nicht mehr als Vertretung des Volkes gelten. Die Reformen des Oktobers, zuerst nicht viel mehr als Absichtserklärungen, entfalten nun erste Wirkungen. Die Taktik der SPD ist aufgegangen: Sie bestimmt das Geschehen, hat Schlüsselpositionen übernommen, Widersacher eingebunden und den Anschluss an die revolutionäre Stimmung gefunden. Der anfangs skeptische Walther Rathenau schwärmt: »Es besteht eine einstweilen geordnete Regierung; die Zentralbehörden sind besetzt und arbeiten; die Nationalversammlung ist in Aussicht genommen. Die Regierung ist auf demokratischer Grundlage errichtet. Unter diesen Umständen glaube ich, dass jeder die Pflicht hat, ihr nicht vorzugreifen.«[98]

Doch es gibt auch Kritik – zum Beispiel vom liberalen Staatsrechtler Hugo Preuß in einem Artikel, den das *Berliner Tageblatt* mit der Überschrift »Volksstaat oder verkehrter Obrigkeitsstaat?« veröffentlicht. Natürlich lobt der 58-Jährige den Umsturz, der von »ungeheurer Bedeutung« sei. Gleichwohl drohe ein »umgedrehtes Obrigkeitssystem«: Im Kaiserreich hatte der Bürger sehr wenig, im gegenwärtigen Reich habe er absolut gar nichts zu sagen; das Volk in seiner Gesamtheit sei mehr als je vorher lediglich Objekt der Regierung. Man könne aber dem deutschen Staat kein neues Leben einhauchen »unter Entrechtung seines Bürgertums«. Alle Schichten müssten sich in der neuen Politik wiederfinden, sonst fehle der Republik auf Dauer die Unterstützung, was »unabwendbar zum bolschewistischen Terror führen« werde. Preuß macht konkrete Vorschläge: In einer modernen Demokratie seien Konflikte friedlich auszutragen, im Rahmen einer demokratischen Verfassung, die eine aus demokratischen Wahlen hervorgegangene Nationalversammlung beschließen müsse.[99] Ähnlich argumentiert Bruno Stümke am 15. November in der *Berliner Börsen-Zeitung*. Die Radikalität der SPD sei nur Taktik gegen jene Kräfte, die eine Diktatur des Proletariats anstrebten, »also eine durch nichts eingeengte Klassenherrschaft«.[100] Friedrich Stampfer, der Chefredakteur des *Vorwärts*, betont mit Blick auf den Alleinvertretungsanspruch des Vollzugsrates sowie der Arbeiter- und Soldatenräte, das Volk sei die Gesamtheit aller Staatsbürger.[101]

Der Hinweis ist unnötig. Friedrich Ebert signalisiert, dass die Regierung, deren Mitglieder nicht gewählt, sondern lediglich von ihrerseits ebenfalls nicht demokratisch legitimierten Delegierten der Arbeiter- und Soldatenräte Berlins bestätigt sind, die Zeit bis zur Nationalversammlung so reibungslos wie möglich überbrücken und keine Experimente unternehmen soll. Denn eine parlamentarische Demokratie aufzubauen sei für Deutschland Experiment genug. Er stellt sich damit gegen die verbreitete Erwartung, die neue Regierung würde die Übergangsphase für einen Umbau der Gesellschaft nutzen. Ohnehin sind die unaufschiebbaren Aufgaben groß genug: Millionen Soldaten wieder in die Arbeitswelt integrieren, die Kriegswirtschaft auf zivile Produktion umstellen, die Versorgung im kommenden Winter sichern. Das alles setzt weiteren revolutionären Veränderungen Grenzen, wie der Anarchist Gustav Landauer einsieht, wenn er es auch bedauert: »Wäre nicht die Revolution in die entsetzliche Liquidation des Krieges hineingestellt, so könnte man frohen Mutes sein und an grundlegende Umwandlungen herangehen. Jetzt aber kann von alledem noch keine Rede sein; wie soll man an so etwas denken, wenn man zum Beispiel heute noch nicht weiß, ob Bayern Mitte nächster Woche noch Kohlen haben wird?«[102]

Natürlich blickt Ebert über die unmittelbar anstehenden Probleme hinaus. Deshalb ernennt er den Liberalen Preuß einen Tag nach dessen Artikel im *Berliner Tageblatt* zum Staatssekretär des Innern und beauftragt ihn, die künftige Verfassung vorzubereiten. Damit signalisiert die SPD dem bürgerlichen Lager, dass man zusammenarbeiten will. Das sehen viele Deutsche aus dem Bürgertum ähnlich, die am Aufbau eines demokratischen Staates mitwirken wollen – mit der gleichen Intention wie die regierenden Sozialdemokraten: um eine Restauration alter Verhältnisse zu verhindern. Sie dominieren in der Provinz, abseits der großen Städte.

Auch mithilfe der Arbeiter- und Soldatenräte, die sich fast überall als neue politische Macht etabliert haben. Ihre Existenz legitimiert die Übergangsregierung in Berlin und die neuen Kabinette in den Ländern. Doch weil die meisten Räte unter dem Druck der Ereignisse spontan entstanden sind, fehlt es an Konstanz. Manche Räte übernehmen selbst die Funktion von Verwaltungen, andere kooperieren eng mit der Beamtenschaft. Die Mehrheit aber sieht ihre Aufgabe lediglich in der Kontrolle der bestehenden Behörden. Manche Räte treffen sich täglich, andere nur selten; die einen bilden feste Strukturen, andere wechseln ständig ihre Mitglieder. Bei deren

Wahl hat nicht selten persönliche Sympathie eine größere Rolle gespielt als politische Einstellung. Im Alltag zeigen sich die Grenzen des Rätesystems: Lautstark auftretende Agitatoren erweisen sich oft als unfähig, ehrlich Bemühte als ungeeignet. Beschwerden über das Agieren der Räte aus den Verwaltungen und Betrieben häufen sich. In Paderborn verlangt der Rat einen »Teuerungszuschlag« für Angestellte oder ordnet an, dass dem Personal in Geschäften eine einstündige Mittagspause sowie vor- und nachmittags je eine viertelstündige Pause zu gewähren sei. Auch in Kiel sind Verwaltungsbeamte unzufrieden. Vertrauensleute der Räte gewähren zum Beispiel ungeniert aus nicht abgerechneten Umsätzen Vorschüsse. Als sich ein Zahlmeister darüber beschwert, erklärt ihm sein Vorgesetzter, man müsse das Interesse des Vaterlandes im Auge behalten und unter allen Umständen einen Zusammenbruch vermeiden.[103]

Welche Funktion können Räte in der angestrebten parlamentarischen Demokratie haben? Das ist Ende November und Anfang Dezember 1918 eine dringende Frage. Zumal ihre Vielfalt ständig zunimmt; der Heidelberger Mediävist Karl Hampe spottet: »Man überbietet sich allenthalben in Gründungen von allen möglichen Räten: Bauernräte, Bürgerräte, geistige Räte, Kunsträte, Theaterräte.«[104] Die Motive sind vielschichtig: Viele wollen mit der Zeit gehen, das Neue nicht verpassen, ihren eigenen Status retten, aber auch spezielle Berufsinteressen voranbringen.

Parallel dazu entstehen neue Parteien – zuerst am 16. November 1918 die Deutsche Demokratische Partei als Sammlungsbewegung des liberalen Bürgertums.[105] Bislang haben die Fraktionen im Reichstag vor allem als Vertreter der Interessen ihrer jeweiligen Schicht fungiert – streng geschieden in Konservative, Fortschrittliche, Nationalliberale und Sozialdemokraten sowie als einzige sozial breit aufgestellte Volkspartei das katholische Zentrum. Auf Koalitionen sind diese Gruppierungen nicht ausgelegt gewesen. Das wird sich aber durch das neue Wahlrecht ändern, das die Parteien zwingt, um Wähler zu werben, eigene Akzente zu setzen und trotzdem Kompromisse zu schließen. Und weil sie dafür geeignetes Personal benötigen, sind sie für interessierte Quereinsteiger ebenso attraktiv wie für Mitläufer, die angeblich schon immer Demokraten gewesen seien. Am 17. November meldet sich der 35-jährige Journalist Theodor Heuss bei Conrad Haußmann, der in Württemberg die DDP mit aufbaut. Heuss verweist auf seinen langjährigen Einsatz für liberale Ziele und auf den Zuspruch, den er bei Auftritten erhalte. Sein Ziel ist ein Platz auf der Kandidatenliste der

Liberalen für die Nationalversammlung: »Ich glaube, dass es in der bürgerlichen Demokratie notwendig ist, bei dieser großen Kraftprobe junge Leute mit heranzuholen«, wirbt Heuss ungeniert für sich.[106]

In die DDP eintreten will auch Betty Scholem, allerdings aus anderen Gründen: Sie bewundert Theodor Wolff, den Hauptinitiator der Neugründung. Dieser Mann sei ein Aufrechter im Kriege gewesen, habe niemals Hurra geschrien, nie seine Meinung gewechselt und am Ende recht behalten. Doch das ist es nicht allein: »Auf meine alten Tage muss ich mich nun um Politik kümmern, denn ich gedenke nicht als Mitläuferin zu wählen, sondern werde mir die Kandidaten genau ansehen«, schreibt Scholem, die zum ersten Mal in ihrem Leben wird abstimmen dürfen.[107]

Anteilnahme der Bevölkerung an der Politik macht sich auch in Köln bemerkbar. Konrad Adenauer kommt entgegen, dass die Soldatenräte hier wenig Interesse an einer Machtbeteiligung haben. So lassen sie zu, dass der Oberbürgermeister einen Wohlfahrtsausschuss gründet, der für Versorgung, Militärfragen und öffentliche Ordnung zuständig ist. Ihm gehören Vertreter der Stadtverordnetenversammlung, der Behörden, der örtlichen Industrie und Banken sowie des Arbeiter- und Soldatenrates an. Den Vorsitz übernimmt Adenauer selbst, womit er die Geschicke der Stadt in der Hand behält. Für Ordnung sorgt eine Bürgerwehr, die meist aus Gewerkschaftern besteht. Sie soll gegen Plündereien vorgehen.

In Paderborn ist es ein sogenannter Volksrat, der die Arbeit des Arbeiterrates für breitere Kreise öffnet. Er besteht aus mehreren Kammern, Vorsitzender ist ein Eisenbahngewerkschafter. Es gibt einen Vorstand und einen Arbeitsausschuss sowie eine Vollversammlung, der Arbeiter, Händler, Lehrer und sogar Fabrikanten angehören. Der Volksrat beansprucht, alle Angelegenheiten des öffentlichen Lebens zu überwachen. Zwei Oberlehrerinnen werden nachträglich in den Rat gewählt. Die junge Lehrerin Anna Schäfers hatte mit Vehemenz darauf gedrängt, es sei unzumutbar, sich von männlichen Kollegen vertreten zu lassen – ein Zeichen für das neue Selbstbewusstsein der Frauen.[108]

Anders läuft es in Baden. Am 9. November 1918 treten die Sozialdemokraten an die Nationalliberalen heran. Dazu braucht Ludwig Marum, als er auf dem Karlsruher Bahnhof ankommt, nur gegenüber in die Gastwirtschaft zu gehen, wo die Nationalliberalen tagen. Auch die Zentrumspartei und die Fortschrittliche Volkspartei werden eingeladen – es soll ein möglichst breites Bündnis entstehen, um die Lage stabil zu halten. Parallel dazu bildet Karlsruhes Oberbürgermeister Karl Siegrist einen Wohlfahrtsausschuss aus Stadtverwaltung, Stadträten und Parteien, der aber nur wenige Tage existiert. Immerhin gelingt in Verhandlungen mit dem Soldatenrat die Bildung einer vorläufigen Volksregierung. Die amtierende Regierung will ihren Rücktritt hinauszögern, doch dann erhöht der Mannheimer Arbeiter- und Soldatenrat den Druck und fordert eine »Sozialistische Republik Baden«.

Aus Sorge davor kommt es schließlich doch zum Regierungswechsel. Der provisorischen Volksregierung gehören elf Politiker aus fünf Parteien an: Die SPD stellt fünf Minister und mit Anton Geiß auch den Vorsitzenden. Die USPD erhält ebenso zwei Posten wie das Zentrum, die Fortschrittliche Volkspartei und die Nationalliberalen bekommen jeweils einen. Wie der neue SPD-Justizminister Marum eingesteht, geht es zunächst weniger um ein ausgefeiltes Programm als um Personen, die Vertrauen genießen. Der Großherzog erkennt die Regierung zwar formal nicht an, unternimmt aber auch nichts gegen sie; seinen Rücktritt lehnt er ab. Einige von Soldaten und Matrosen auf das Karlsruher Schloss abgefeuerte Gewehrsalven lassen ihn aber die Residenz fluchtartig verlassen; er setzt sich auf Schloss Zwingenberg im Neckartal ab. Dorthin fahren am 13. November Anton Geiß und sein Vorgänger Heinrich von und zu Bodman, um den Großherzog zum Verzicht zu bewegen. Der Fürst gibt sich zunächst verbittert, dann nachdenklich, schließlich übermannen ihn die Gefühle. Tränen fließen. Geiß kann sich dem nicht entziehen, wie er Wilhelm Engelbert Oestering erzählt. Der Bibliothekar erhält von der neuen Volksregierung am 18. November 1918 den Auftrag, die Revolution zu dokumentieren. Geiß sei zumute gewesen, als sei er in eine Familie getreten, »die plötzlich von einem unfassbaren Unglück heimgesucht wurde«, hält er fest.[109] Einen Tag später wird die freie Volksrepublik Baden proklamiert und für Januar 1919 die Wahl einer Verfassunggebenden badischen Nationalversammlung festgesetzt.

Bedeutend schwieriger ist die Mitwirkung für Bürgerliche in Bremen und Braunschweig. In der Hafenstadt hat Alfred Henke als Vorsitzender des Exekutivausschusses des Arbeiter- und Soldatenrates den Senat und die Bürgerschaft aufgelöst. Der linke USPD-Politiker ist damit dem Versuch des Senats zuvorgekommen, in einer demokratischen Neuwahl der Bürgerschaft den Einfluss des revolutionären Rates zurückzudrängen. Verwaltung, Wirtschaft und Banken versuchen gleichwohl, Einfluss geltend zu machen. Vor allem die Reeder machen in Berlin auf die Bedeutung der

Stadt für die Lebensmittel- und Rohstoffversorgung des Reichs aufmerksam. Politisch organisieren sich die bürgerlichen und liberalen Bremer in einem »Bürgerausschuss«.

Als Johann Knief und Lotte Kornfeld ankommen, radikalisieren sich die Verhältnisse in der Stadt. Der 38-Jährige hat zuvor noch einen Stopp in Cuxhaven eingelegt, wo er mit einem Matrosenführer über Waffen und eine Abteilung zum Schutz der Revolution berät.[110] Die wird in Bremen nicht gebraucht, doch Knief geht es wohl um eine Machtdemonstration: Er will seinen Platz an der Spitze der Bewegung zurück. Den linken USPD-Politikern traut er bei aller Übereinstimmung nicht. Am 18. November 1918 platzt er in eine Versammlung. Henke, der gerade spricht, wird nach Augenzeugenberichten blass, als Knief sogleich das Wort ergreift. Er beantragt eine Sympathieerklärung für die Bolschewiki, die Übergabe der *Bremer Bürger-Zeitung* von der SPD an die Linke, die völlige Entwaffnung des Bürgertums und bewaffnete Arbeitergarden. Dass Henke Senat und Bürgerschaft kaltgestellt hat, geht Knief nicht weit genug; er will beide abschaffen. Ziel der Revolution müsse die vollständige Eroberung der Staatsmacht sein. Die in der Isolation angestaute Ungeduld bricht nun heraus und macht ihn zu Henkes Gegenspieler. Knief gründet die Kleinpartei »Internationale Kommunisten Deutschlands, Ortsgruppe Bremen« und gibt eine eigene Zeitung mit dem Titel *Kommunist* heraus, die zuerst in Dresden erscheint, wo seine linksradikalen Freunde um Otto Rühle eine ähnliche kommunistische Gruppierung bilden. Alle bisherigen Reformschritte nennt Knief »bürgerlich-demokratische« Halbheiten; für ihn reicht die Gruppe der Konterrevolutionäre von Hindenburg bis zu USPD-Chef Haase. Auf einer weiteren Vollversammlung verlangt Knief, alle »nicht rein proletarischen Elemente« aus den Revolutionsorganen zu entfernen.[111] Er verkennt damit nicht nur die Machtverhältnisse, sondern zeigt auch fehlendes Demokratie-Verständnis. Die heterogene Arbeiterklasse, ja selbst die neuen Arbeiterräte seien nicht geeignet, die sozialistische Revolution anzugehen; zu groß sei der Einfluss der Sozialdemokratie. Erfolgreich könne nur eine »klassenbewusste« Elite sein.

Mit jedem Auftritt wächst zwar Kniefs Anhängerschaft, aber es regt sich auch Widerspruch. Rund 2000 Arbeiter der Atlaswerke lassen den Arbeiter- und Soldatenrat wissen, dass sie radikale Ziele ablehnen. Ähnlich reagieren Soldatenräte in Oldenburg, die Kniefs Kritik an Ebert und Haase zwar loben, aber trotzdem die Volksbeauftragten in Berlin unterstützen.

Für eine Konferenz der nordwestdeutschen Räte erhält Knief kein Mandat, ein Ko-Referat neben Henke wird ihm verwehrt.[112] Dann bremst eine Erkrankung ihn aus. Sein letzter Erfolg: Nach der gewaltsamen Besetzung der *Bremer Bürger-Zeitung* treten die SPD-Vertreter aus allen Gremien aus.[113]

In Braunschweig haben linke Revolutionäre am 10. November die »Sozialistische Republik Braunschweig« ausgerufen; Präsident wird der Spartakist August Merges. Die Unabhängigen Sozialdemokraten übernehmen die Alleinregierung, SPD-Mitglieder gehören weder dem Arbeiter- und Soldatenrat noch dem Rat der Volkskommissare an. Mit Minna Faßhauer gibt es erstmals in Deutschland eine Ministerin – die 43-jährige Spartakistin will als Volkskommissarin für Bildung Einheitsschulen einführen und die kirchliche Aufsicht abschaffen. Doch der Widerstand gegen sie ist enorm, nicht nur seitens der Kirche. Faßhauer, die schon als junges Mädchen ihren Lebensunterhalt als Reinigungskraft verdient und erst als Erwachsene das Lesen gelernt hat, wird als »Flaschenspülerin« beschimpft.[114]

Schon bald bröckelt die Regierung. Merges, der eine Räterepublik nach russischem Vorbild will, gerät mit dem für Finanzen und Inneres zuständigen Volkskommissar Sepp Oerter aneinander. Der gemäßigte USPD-Politiker fordert ein vom Volk gewähltes Parlament neben den Arbeiter- und Soldatenräten – was Fragen nach Kompetenzen und praktischer Zusammenarbeit aufwirft. Auch sonst sind die Pläne der Braunschweiger Revolutionäre unausgegoren: Ihr Nahziel ist die Errichtung einer sozialistischen Staats- und Wirtschaftsordnung, aber die Bürgermeister und Landräte belassen sie in ihren Ämtern. Das Bürgertum wehrt sich: Neben einem Beamtenrat bildet sich ein Rat der selbstständigen Erwerbszweige, der zum Zentrum der bürgerlichen Mobilisierung in der Stadt wird. Auch setzen die Bürger durch, dass eine Landesversammlung gewählt wird.

In Sachsen lenken SPD-Politiker, Liberale und andere Bürgerliche die Politik in ruhigere Bahnen – bis auf Leipzig, wo die USPD dominiert. Wie in Berlin wird ein paritätisch besetzter Rat der Volksbeauftragten mit drei Sozialisten und drei Sozialdemokraten gewählt; der Leipziger Richard Lipinski übernimmt den Vorsitz. Die neue sächsische Regierung schränkt am 16. November die Befugnisse der örtlichen Arbeiterräte deutlich ein: Sie dürfen Verwaltungen keine Befehle erteilen, »die mit den Verordnungen der vorgesetzten Dienstbehörden in Widerspruch stehen«; eigenmächtige Entlassungen von Lehrern, Richtern und anderen Beamten werden untersagt.[115]

Die Leipziger USPD ist damit unzufrieden; sie beharrt darauf, die Befugnisse der Gemeindeverwaltungen seien durch die Revolution auf die Räte übergegangen. Das Bürgertum hingegen beteiligt sich am Aufbau neuer Strukturen auf demokratischer Grundlage. Den Ton gibt das *Leipziger Tageblatt* vor, es konstatiert am 18. November 1918: »Der erste junge Freiheitsrausch ist zerstoben. Man hat erkannt, dass unser heutiges Staats- und Wirtschaftsleben zu kompliziert ist, um das Alte einfach beiseite zu schieben.«[116] Noch am gleichen Tag gründet sich ein Leipziger Bürgerausschuss, der bürgerliche Verbände aus dem liberalen und linksliberalen Spektrum vereint.

In Magdeburg hat der Arbeiter- und Soldatenrat Vertreter des Bürgertums und nichtindustrieller Berufsgruppen zur Mitarbeit eingeladen; Offiziere allerdings nicht, die daraufhin eine eigene Vertretung gründen. So will der Rat breitere Schichten gewinnen und verhindern, dass sie sich gegen die Revolution stellen. Doch als die Liberalen mitwirken wollen, werden sie zurückgewiesen: Eine Revolution, die von den lohnabhängigen Schichten getragen werde, könne nur die Organisationen der Arbeiterbewegung als Führungskraft akzeptieren. Die Liberalen bilden einen Bürgerrat, der zwar die Führung des Arbeiter- und Soldatenrates anerkennt, aber Einfluss fordert. Auf eine Machtprobe lassen es die Bürger zunächst nicht ankommen. Sie rechnen damit, dass ihre Expertise gebraucht wird, denn die Arbeiter- und Soldatenräte haben äußert vage Vorstellungen von der Wirtschaft.[117]

Mit anderen Problemen kämpft Gouverneur Gustav Noske in Kiel: Fast jede Entscheidung muss er persönlich treffen, ob es um Hosen geht, um verlorene Lebensmittelkarten oder um Maßnahmen gegen Plünderer. Der Soldatenrat ist nur bedingt eine Stütze; durch ständige Neubesetzungen mangelt es ihm an Kompetenz und Kontinuität. Die Nachrücker seien oftmals »Streber und Demagogen«, stellt Noske verärgert fest.[118]

Radikale wie die Spartakisten nehmen Chaos in Kauf, um möglichst schnell eine sozialistische Gesellschaft durchsetzen. Auf Liebknechts Initiative hin haben sie eine eigenständige und formal parteiunabhängige, reichsweite Organisation gebildet, die sich Spartakusbund nennt. So will sich Liebknecht von der USPD abgrenzen, zu der viele seiner Anhänger noch gehören. Über das Ziel herrscht bei den Spartakisten kein Zweifel. Die junge Wise Kaetzler schreibt Ende November an ihre Mutter: »Man kann ja nicht radikal genug sein.« Ihre Schwester Fite hat ebenfalls klare Vorstel-

lungen: »Wenn die Nationalversammlung zugunsten der Bürgerlichen aus-
fällt, dann ist ja die ganze Revolution umsonst gewesen.«[119] Demokratisch
ist das nicht. Wie Spartakus-Anhänger agieren, erlebt der Romanist Victor
Klemperer in Leipzig. Ende November 1918 besucht der 37-Jährige eine
Veranstaltung »in einem jämmerlichen Lokal am Brühl, im Hinterhof«.
200 bis 250 Menschen sind versammelt, meist jung, ein paar Frauen und
Soldaten. Alle sagen sie, jeder auf seine Art, genau das Gleiche, »im Grunde
mit einer kindlich naiven Schamlosigkeit«, findet Klemperer: Die Nationalversammlung müsse verhindert und die Pressefreiheit wieder abgeschafft
werden. Die Begründung: Spartakus sei in der Minderheit, die Nationalversammlung »würde uns besiegen, die Presse bekämpft uns«. Klemperer
folgert: »Es kommt ihnen eben gar nicht auf allgemeine Freiheit an, sondern auf ihre Befreiung, vielmehr ihre Herrschaft.«[120]

Deshalb streben die Anhänger des Rätesystems an, die Initiative zurück-
zugewinnen. Die erste Gelegenheit bietet sich am 25. November 1918 bei
einer Beratung von rund 110 Regionalvertretern, Ministerialbeamten und
dem Rat der Volksbeauftragten in Berlin. Die deutschen Fürsten haben faktisch alle und bis auf König Wilhelm II. von Württemberg auch formal schon
abgedankt – mit den früheren Sitzungen des Bundesrates hat das Treffen
nichts mehr gemein. Vielmehr sitzt hier eine ziemlich bunte Truppe zusammen, findet Ernst van den Bergh: Der 46-Jährige sieht SPD-Reichstagsabgeordnete, die als Landesminister angereist sind, aber auch »eine Menge
verwegener Gestalten, ältere Leute mit Revolutionsbärtchen und junge
Burschen, zum Teil in Feldgrau oder Matrosenanzug, dazwischen einige
wenige der früheren Bundesratsbevollmächtigten, die sie als Fachberater
mitgenommen« haben.[121]

Die Umstände sind günstig für Kritik, denn der Unmut über die Zentralregierung hat spürbar zugenommen. Betty Scholem schreibt ihrem Sohn:
»Der Wasserkopf Berlin ist in einer Weise verhasst im ganzen übrigen
Deutschland, dass sogar die Regierung angefeindet wird, nur weil sie in
Berlin sitzt! Wo soll sie denn sitzen? Etwa in Posemuckel?«[122] Tatsächlich
spricht man etwa in Bayern, Baden, Württemberg und im Rheinland von
einer »Berliner Diktatur«. Die *Münchener Neuesten Nachrichten* fordern, es
müsse reiner Tisch gemacht werden – in Berlin oder mit Berlin. »Die Grund-
sätze einer föderativen Demokratie« müssten durchgesetzt werden; im Übrigen sei zu überlegen, sich von der bisherigen Reichshauptstadt zu lösen
und anderswo eine unabhängige Zentralgewalt zu schaffen.[123] Gustav Lan-

dauer, der den Rat der Volksbeauftragten für wenig mehr als die alte Regierung im neuen Gewand hält, beklagt sich bei einem Freund in Berlin: »Ihr mit eurer verfluchten Kontinuität«.[124] Der 48-Jährige meint damit die Fortsetzung einer Zentralregierung und der Parteienherrschaft, wenn auch mit anderen Akteuren. Daher ist er auch gegen eine Diktatur des Proletariats, das er abschaffen will. Ihm schwebt eine Art sozialer Anarchismus vor, in dem Individuen auf freiwilliger Basis Gemeinschaften bilden, in denen sich jeder nach seinen Fähigkeiten einbringt und die Möglichkeit erhält, diese zu entwickeln – eine Absage an jede Form von staatlicher, kirchlicher und sonstiger gesellschaftlicher Bevormundung.

Friedrich Ebert redet den Ländervertretern ins Gewissen: »Wir mussten, nachdem wir die politische Macht in die Hand genommen hatten, dafür Sorge tragen, dass die Reichsmaschine nicht zusammenbricht.« Das hätten »wir sechs Mann« alleine nicht geschafft: »Dazu brauchten wir erfahrende Mithilfe der Fachleute.«[125] Doch viele Ländervertreter überzeugt das nicht, sie setzen auf Disput. August Merges aus Braunschweig und der Sachse Richard Lipinski wollen »unbekümmert um die Frage des Friedens an die Durchführung des Sozialismus« herangehen und die Herrschaft der Arbeiter- und Soldatenräte aufrechterhalten, bis dieses Ziel erreicht sei. Das hieße auch, »von der Wahl einer Nationalversammlung abzusehen«.[126] Die SPD-Volksbeauftragten Scheidemann und Landsberg sprechen sich für eine schnelle Wahl aus, Hugo Haase von der USPD hingegen lehnt jede Eile ab. Bayerns Ministerpräsident Kurt Eisner schlägt vor, das künftige Verhältnis zwischen Reich und Ländern nicht erst zu erörtern, sondern gleich zu entscheiden. Außerdem überschüttet er die Reichsregierung mit giftiger Kritik, bis selbst dem nüchternen Ebert der Kragen platzt. Am Ende obsiegen die moderaten Kräfte: Die Ländervertreter einigen sich, an der Einheit Deutschlands festzuhalten, separatistische Bestrebungen zu bekämpfen und schnellstmöglich Wahlen zur Nationalversammlung stattfinden zu lassen. Die Banken sollen unangetastet bleiben, um die deutsche Wirtschaft am Laufen zu halten, die Lebensmittelversorgung sicherzustellen und kreditwürdig zu bleiben.[127] Im ersten Anlauf haben die Radikalen die Initiative nicht erobert.

Noch ist den meisten Deutschen nicht klar, welch umfassender Umsturz sich vollzogen hat; zahlreiche bereits beschlossene Reformen können nach so kurzer Zeit noch gar nicht wirken. So überwiegen einstweilen der Schock über die Niederlage und die Probleme des Alltags. Trotzdem zeichnet sich auf allen Ebenen Unterstützung für Friedrich Eberts Pläne ab – bei den alten Eliten ebenso wie in den weiterhin tätigen Verwaltungen, bei großen Teilen der Bevölkerung und selbst in vielen Arbeiter- und Soldatenräten. Auch Schriftsteller wie Heinrich Mann wollen ihren Teil beitragen. Im »Politischen Rat geistiger Arbeiter« in München sagt er: »Wir sind hier, um dahin mitzuwirken, dass die sittlichen Gesetze der befreiten Welt in die deutsche Politik eingeführt werden und sie mitbestimmen. Wir wollen, dass unsere Republik, bis jetzt noch ein Zufallsgeschenk der Niederlage, nun auch Republikaner erhalte.«[128]

Die Entwicklung lässt manch radikalen Vorkämpfer eines Rätesystems verzagen, so Lothar Popp in Kiel. »Alle Macht den Räten« hat sein Motto gelautet; eine »verrückte Sache«, wie er selbst sagt, aber möglich, weil »wir plötzlich die Macht in den Händen hatten«. Doch die Idee lasse sich nicht durchsetzen, wenn die Mehrheit der Räte nicht mitziehe. Popp ist ernüchtert: »Die Revolutionäre wollten nicht die Revolution, sie wollten die Nationalversammlung in Berlin.«[129]

Hingegen verkündet der Spartakusbund immer noch, die Räte seien die Zukunft, nicht die parlamentarische Demokratie. Das schürt Angst vor bolschewistischen Verhältnissen. Sie ist übertrieben, denn durch die Kooperation von SPD und gemäßigten Kräften der USPD in den meisten Städten, aber auch mit bürgerlichen Parteien und dem Zentrum in ländlichen Gegenden ist es gelungen, Radikale aus den Räten weitgehend herauszuhalten; die pragmatische Einstellung vieler Soldaten und Arbeiter lässt die Liebknecht-Anhänger gerade nicht dominieren. Allerdings machen sie mehr Lärm als jene, die möglichst reibungslos ihre Aufgaben verrichten. Philipp Scheidemann verkündet, die Räte seien als Provisorium »absolut notwendig« gewesen, »das geschaffen werden musste, als das alte System zusammenbrach, das morscher war, als wir annahmen«. Bis zur Nationalversammlung sollen sie weiterarbeiten, die Gestaltung der Zukunft aber sei dem demokratisch gewählten Parlament vorbehalten.[130]

Zum Test für die neuen Verhältnisse wird die Heimkehr der Soldaten. Läuft ihre Demobilisierung friedlich ab? Akzeptieren sie die neuen Verhältnisse? Können die Behörden und die Arbeiter- und Soldatenräte die Rückkehrer verpflegen? Finden die Soldaten wieder Arbeit? Am 26. November begrüßt USPD-Chef Haase seinen Sohn zu Hause: »Du hast mir in den Tagen der revolutionären Umwälzung sehr gefehlt. Ich hätte das große Erlebnis gern mit Dir geteilt.«[131] Freundlich und offen empfangen die Bürger

»ihre« Soldaten. Dafür werden Straßen geschmückt, Verpflegungsstände vorbereitet, Musikkapellen marschieren auf. Die Kölner präsentieren sich als fröhliche Gastgeber, wobei jede Ähnlichkeit mit Karnevalumzügen vermieden werden soll. Magdeburg, das von 50 000 bis 60 000 Heimkehrern ausgeht, hat Turnhallen, Schulen und andere öffentliche Gebäude requiriert sowie die Bürger angehalten, Soldaten aufzunehmen. In Kiel läuft die U-Boote-Flotte aus dem Mittelmeer ein. Ihre Ankunft beschreibt der junge Offizier Martin Niemöller, Kommandant von UC 67: »In den folgenden Tagen branden die Wellen der Revolutionspsychose gegen uns an – es müssen auf jedem Boot Vertrauensleute zum Soldatenrat gewählt werden.« Zum Zuge kommen seiner Meinung nach »die minderwertigsten Leute oder die lautesten Schreier«.[132] Die meisten Besatzungsmitglieder wollen möglichst schnell nach Hause. Der U-Boot-Kommandant Wilhelm Canaris bleibt und wird der Verbindungsmann der Kriegsmarine bei Gouverneur Noske. Streit und mitunter Gewalt gibt es in Städten wie Magdeburg nur um das Hissen von Fahnen. Manche stören sich an der alten Reichsfahne in Schwarz-Weiß-Rot, andere an der roten Fahne der Arbeiterbewegung. Mitunter plündern Soldaten oder verscherbeln ihre Ausrüstung an die Zivilbevölkerung. Der Landrat von Oppeln ist besorgt, dass ein Teil der Waffen und der Munition einfach fortgeworfen worden »und in unbefugte Hände geraten« sei.[133] Erstaunlich gut gelingt vielerorts die Rückkehr von Soldaten in die Betriebe, etwa im Städtischen Elektrizitätswerk in Dortmund, den Stahl- und Eisenwerken Maier & Weichelt in Leipzig oder der Bürsten- und Pinselfabrik Rawitsch bei Breslau. Möglich ist das durch die verkürzte Arbeitszeit und die Doppelbesetzung mancher Posten, allerdings auch durch die Entlassung von Frauen.[134] In Ostpreußen notiert Henriette Schneider: »Auf dem Standesamt geht es zu wie im Taubenschlag.« Der Grund ist einfach: »Jetzt will alles heiraten, wo die Soldaten aus dem Felde zurück sind.«[135]

Bisher ist die Revolution überraschend unblutig verlaufen, doch nun spitzt sich in Berlin die Lage unversehens zu: Am Nachmittag des 6. Dezember 1918 dringt ein Trupp Gardesoldaten in eine Sitzung des Vollzugsrats ein und setzt die Mitglieder einschließlich des Vorsitzenden Richard Müller von den Revolutionären Obleuten fest, wird aber von der Volksmarinedivision, einem aus Matrosen gebildeten revolutionären Verband, wieder vertrieben. Kurz darauf marschiert ein Teil des Garderegiments zur Reichskanzlei in die Wilhelmstraße, verlangt nach Friedrich Ebert und fordert ihn unter Jubel von Schaulustigen auf, sich zum Präsidenten der Republik ausrufen zu lassen. Der Kanzler weicht peinlich berührt aus, er müsse das erst mit den anderen Volksbeauftragten besprechen, verlangt aber, dass Müller und die anderen Festgenommenen freigelassen werden.[136] Damit nimmt der »durch seine Hirnlosigkeit harmlose ›Putsch‹ sein Ende«, glaubt Eduard Bernstein.[137] Ein Irrtum.

Denn inzwischen haben die Teilnehmer mehrerer Spartakus-Versammlungen, darunter viele Deserteure, Kriegsbeschädigte und Arbeitslose, von den beiden Aktionen erfahren. Sie sind erbost und marschieren ihrerseits los; bald kursieren Gerüchte, dass sie ihre Forderungen mit Gewalt durchsetzen wollen. Berlins Stadtkommandant Otto Wels erscheinen die Festnahme des Vollzugsrates und der Protest der Spartakus-Anhänger als doppelter Putschversuch von rechts und links. Der SPD-Politiker fordert reguläres Militär an, und als die Demonstranten an der Invalidenstraße auftauchen, fallen Schüsse – wer zuerst feuert, kann nicht geklärt werden. 14 Menschen sterben, zahlreiche werden schwer verletzt.

Die Aufregung ist in allen politischen Lagern groß. Wels und Polizeipräsident Emil Eichhorn machen einander für die Eskalation verantwortlich. Die bürgerliche Presse wirft dem Rat der Volksbeauftragten vor, jetzt räche sich, dass er keine wohlorganisierte Schutzmacht aufgebaut habe. Das *Berliner Tageblatt* sieht Deutschland sogar »auf dem Wege zum Abgrund«. Die »Gegenrevolution von rechts« sei ein »wesenloses Gespenst«, heißt es am 7. Dezember 1918 im Leitartikel. »Die Gefahr droht von links, von jenen unverantwortlichen Elementen, die den Willen des mündigen Volkes terrorisieren und auf den Trümmern des Deutschen Reiches ihre Diktatur errichten wollen.«[138] Auch die SPD-Presse rückt den Spartakusbund ins Zentrum. Sein »gewissenloses Treiben« und die »ungeheure Erbitterung von neun Zehnteln der Berliner Soldaten gegen dieses Treiben« seien für den blutigen Zusammenstoß verantwortlich, befindet der *Vorwärts*.[139]

Das sieht die Spartakus-Führung natürlich ganz anders. Die *Rote Fahne* fordert: »Fegt hinweg von der Regierung die wahren Schuldigen, die infamen Hetzer, die Verführer der unaufgeklärten Soldatenmasse, die Wels, Ebert und Scheidemann mit Genossen!« Ihre Namen seien jetzt zum »Schlachtruf der Gegenrevolution« geworden, zum »Banner des Hochverrats« an der Revolution. Von einer »Verschwörung« von oben ist die Rede, die »mit eiserner Faust niedergemacht« werden müsse, um die Revolution zu retten.[140] Vor allem auf den Stadtkommandanten Wels schießen sich die

Linksradikalen ein und beschimpfen ihn als »Bluthund«. Der Spartakusbund schreckt auch vor offenen Lügen nicht zurück und behauptet, Ebert rühre keinen Finger, um den Vorfall aufzuklären. Tatsächlich hat der Reichskanzler eine Kommission eingesetzt, um die Vorgänge aufzuklären – anderes kann er nicht tun.

Nach diesem Ausbruch begrüßt Ebert am 10. Dezember demonstrativ heimkehrende Fronttruppen in der Hauptstadt. Er will signalisieren, dass die neue Regierung den Soldaten Achtung entgegenbringt, dass sie aufgefordert sind, »mitzuschaffen an dem großen Werk einer neuen deutschen Zukunft«, wie er in seiner Rede vor dem Brandenburger Tor betont. Auf keinen Fall darf er riskieren, dass die erschöpften Frontkämpfer, von welcher Seite auch immer, sich einspannen lassen, das politisch fundamental veränderte Deutschland zu bekämpfen: »Ihr legt die Waffen aus der Hand, die, getragen von den Söhnen des Volkes, dem Volke niemals eine Gefahr, sondern stets nur Schutz sein sollen.« Sein Auftritt ist ein Zeichen der Mäßigung, des Ausgleichs und der Integration. Zwei Sätze aus seiner Rede werden Ebert allerdings in die Zukunft begleiten: »Kein Feind hat Euch überwunden. Erst als die Übermacht der Gegner an Menschen und Material immer drückender wurde, haben wir den Kampf aufgegeben.«[141]

In München werden allem Einsatz zum Trotz nach den ersten Wochen Mängel der provisorischen Regierung bemerkbar. Das fängt bei Regierungschef Eisner an, der mit seiner kleinen Schar an Anhängern, häufig politisch unerfahrenen jungen Leuten, schwach ist. Selbst in der eigenen Partei, der USPD. Sein Widersacher Erhard Auer von der SPD setzt Eisner zu. Er hat parteilose Fachleute im Kabinett platzieren können – ein richtiger Ansatz angesichts der Probleme. Doch das mildert die Konflikte nicht, im Gegenteil. Anfang Dezember streitet man über das Gebaren der Arbeiter- und Soldatenräte, Auer geißelt Auswüchse. »Eine Diktatur kann und darf es im freien Volksstaat nicht geben«, zitiert Josef Hofmiller in seinem Tagebuch. »Zersetzungen, Plündereien, Übergriffe von Einzelnen müssen verhindert werden.« Anarchie und Korruption dürften sich nicht breitmachen; »Anzeichen hierfür sind vorhanden«.[142]

Es geht um Bayerns politische Zukunft und um die des Rätesystems sowie um den Zweck von Landtagswahlen. Das Gezerre mobilisiert am linken Rand Kräfte, etwa Erich Mühsam, der Ende November eine »Vereinigung revolutionärer Internationalisten« gegründet und auch im »Revolutionären Arbeiterrat« das Sagen hat. Er pflegt Kontakte zum Spartakisten Max

Levien wie zu Eisners Berater Gustav Landauer, den er aus alten Berliner Zeiten kennt. Am 6. Dezember heizt Mühsam eine Versammlung der Räte an, die sich gegen Landtagswahlen richtet. Anschließend besetzen Hunderte unter seiner Führung vier bürgerliche und nationale Zeitungen. Das Zentrumsblatt *Bayerischer Kurier* will Mühsam gleich sozialisieren, also enteignen. Er erklärt den Betrieb für kommunistisch und die Arbeiter zu Teilhabern. Stundenlang geht es drunter und drüber.

Eisner, obwohl von den besetzten Zeitungen keineswegs pfleglich behandelt, eilt herbei. Das Gebäude in einer kleinen Stichstraße der Altstadt ist bereits von Soldaten umstellt. Erstmals seit seiner Regierungsübernahme könnten Soldaten auf Arbeiter schießen. Doch Eisner vermag die Lage zu entschärfen, die Besetzer ziehen ab. Der Regierungschef muss die Setzer und Drucker trösten, die Gefallen daran gefunden haben, Eigentümer zu sein. Beide Seiten tragen Eisner das Eingreifen nach: Mühsam und seine Leute, weil er den revolutionären Elan ausgebremst habe, und die Verleger, weil seine Äußerungen gegenüber den Besetzern missverständlich gewesen seien. In der gleichen Nacht versammeln sich bis zu 300 Bewaffnete vor der Wohnung von Innenminister Auer, einige stürmen sie und zwingen ihn, seinen Rücktritt zu erklären. Auer berichtet darüber in der *Münchner Post*: »Der Gewalt weichend erklärte ich, dass ich das Amt als Minister des Inneren niederlege«. Wieder klärt Eisner die Lage. Er erscheint in Auers Wohnung und bezeichnet den erzwungenen Rücktritt als nichtig.[143]

In Berlin wagt der Spartakusbund nun den offenen Bruch mit der USPD. Erst provoziert die *Rote Fahne* mit dem Vorwurf: »Haase-Ebert reichen sich über den 14 Leichen die Hand.«[144] Dann veröffentlicht das Blatt am 14. Dezember 1918 ein Manifest mit dem Titel *Was will der Spartakusbund?* Auf anderthalb Seiten sind, verpackt in triefende Revolutionslyrik, klare Ziele formuliert: Als Übergang zum Sozialismus sei die bewaffnete Herrschaft der Arbeiterklasse notwendig. Alle Polizisten, Offiziere, nichtproletarische Soldaten und Angehörige der herrschenden Klasse sollen ent- und das gesamte erwachsende männliche Proletariat als Miliz bewaffnet werden. Die Diktatur des Proletariats sei die wahre Demokratie, die Arbeiterschaft nehme die Wirtschaft in Besitz. Natürlich muss dieses Programm zum Bürgerkrieg führen, doch das nimmt das Manifest in Kauf: »Der Sieg des Spartakusbundes steht nicht am Anfang, sondern am Ende der Revolution.« Die Wahl einer Nationalversammlung sei mit allen Mitteln zu verhindern.[145]

Eduard Bernstein ist entsetzt, als er das Manifest liest. Er kann nicht glauben, dass eine »so geistig begabte und wissenschaftlich gebildete Person wie Rosa Luxemburg an diesem ebenso konfusen wie demagogisch hetzerischen Machwerk mitgearbeitet haben kann«. Zumal die vorgeschlagene Politik »eine hochgradige Unkenntnis der elementarsten Erfordernisse des Wirtschaftslebens eines Industriestaates wie Deutschland« verrät.[146] In Wirklichkeit ist Luxemburg sogar die wesentliche Autorin.[147]

Nur einen Tag nach dem Erscheinen des Manifests greift sie beim Kongress der Berliner USPD mit scharfen Worten Parteichef Hugo Haase an. Die Unabhängigen hätten nach den blutigen Ereignissen vom 6. Dezember aus der Regierung austreten müssen, kritisiert Luxemburg. Zudem fordert sie, die Arbeiter- und Soldatenräte sowie ihren Vollzugsrat mit der höchsten Staatsgewalt auszustatten und die Einberufung einer Nationalversammlung als gegenrevolutionär zu bezeichnen. Ihre Resolution wird zwar von 485 Delegierten abgelehnt – aber immerhin 195 stimmen zu.[148]

Die geplante Nationalversammlung ist das wichtigste Thema beim Reichsrätekongress vom 16. bis 20. Dezember 1918 im Preußischen Landtag in Berlin. Das Treffen von 489 reichsweit gültig gewählten Delegierten der Arbeiter- und Soldatenräte bietet den Spartakisten eine weitere Gelegenheit, die revolutionäre Initiative zurückzuerobern. Allerdings haben weder Karl Liebknecht noch Rosa Luxemburg ein Mandat für den Kongress errungen.[149] Also versucht der Spartakusbund, die Versammlung von außen unter Druck zu setzen: Mindestens 60 000 Menschen demonstrieren am ersten Tag in den Straßen vor dem Landtag; die *Rote Fahne* fantasiert sogar von »250 000 Demonstranten gegen die Nationalversammlung!«[150] Eine Abordnung der Demonstranten darf ihre Forderungen auf dem Kongress verkünden – neben einer »freiheitlichen, sozialistischen Republik« auch die »Beseitigung der Volksbeauftragten Ebert–Haase«.[151] Der massiven Kritik springt der Linkssozialist Emil Barth bei, der selbst Mitglied des sechsköpfigen Rates ist, was Ebert besonders erbost.[152]

In den regulären Verhandlungen des Kongresses aber zeigt sich schnell das Übergewicht der gemäßigten Kräfte. Drei Fünftel der Delegierten stammen aus der SPD, der Spartakusbund hat gerade einmal zehn Anhänger durchgebracht, die USPD zählt 86 Teilnehmer. In der zentralen Frage, Nationalversammlung oder Rätesystem, liefern sich Ernst Däumig vom linken USPD-Flügel und der SPD-Politiker Max Cohen-Reuß ein Rededuell. Däumig argumentiert, dem Rätesystem gehöre die Zukunft, auch wenn es noch nicht einwandfrei funktioniere. Der Parlamentarismus sei eine Notwendigkeit der bürgerlichen Demokratie, die Räte jedoch Ausdrucksform der sozialistischen Gesellschaft; die Nationalversammlung wäre ihr Todesurteil. Cohen-Reuß dagegen spricht sich ohne Zögern für die Wahl einer solchen Versammlung aus, denn die Arbeiter- und Soldatenräte drückten doch nur den Willen eines Teils des Volkes aus, niemals des ganzen: »Es wird nicht mehr Sozialismus durchführbar sein, als die Mehrheit des Volkes will.« Nur eine demokratische Verfassung könne Recht und Ordnung garantieren. »Oder schätzen Sie wirklich den Widerstand der bürgerlichen Kreise und der Intelligenz so gering ein«, fragt Cohen-Reuß die Delegierten, »dass wir, wenn wir sie politisch entrechten, gegen ihren Willen die Wirtschaft führen können?«[153]

Scheidemann stützt seinen Parteifreund. Wenn das gesamte Volk die Verantwortung mittragen solle, müsse es auch mitbestimmen können: »Wir sind keine Sozialdiktatoren, sondern Sozialdemokraten.« Deutschland brauche Brot, Frieden, Arbeit – das könnten die Räte nicht garantieren. Der SPD-Politiker sagt auch, was Deutschland nicht brauche: Tag für Tag Demonstrationen auf den Straßen und »Spazierfahrten mit Maschinengewehren«. Selbst in Berlin seien jene, die gegen eine baldige Wahl seien, in der Minderheit. »Sie machen nur mehr Spektakel als die anderen.«[154]

Am Ende setzen sich klar die Anhänger einer baldigen Nationalversammlung durch: Der Antrag von Cohen-Reuß, schon in einem Monat, am 19. Januar 1919, zu wählen, erhält die klare Mehrheit; die unterlegene Minderheit der Gegner einer solchen Wahl reagiert mit heftigen Zwischenrufen. Der Vorsitzende des Kongresses sieht sich gezwungen, auf allgemeine Spielregeln hinzuweisen: »Ich habe soeben gehört, dass von einigen Delegierten ›Pfui‹ gerufen worden ist, weil die Delegierten der Mehrheit dasselbe Recht ausübten, das den Delegierten der Minderheit zusteht, nämlich abzustimmen. Ich halte solche ›Pfui‹-Rufe für unwürdig.«[155] Erneut hat es der Spartakusbund nicht geschafft, die Führung der Revolution an sich zu reißen.

Einen Tag später werden die Toten des 6. Dezember 1918 in Berlin beigesetzt. Während des Trauerzugs ergreift Karl Liebknecht mehrmals das Wort und geißelt die Regierung. Daraufhin nimmt der *Vorwärts* den Spartakus-Anführer aufs Korn: »Wir wollen die freie demokratische Ordnung der Republik. Liebknecht hetzt mit Lügen zum Bürgerkrieg und klagt dann über die Opfer, die doch nur die Opfer seines eigenen gewissenlosen Treibens sind. Er ist nicht zur Vernunft zu bringen.«[156] Das »Waffengeklirre« der Linkssozialisten lehnt auch Hermann Müller ab. Der einfache Mann von der Straße wolle doch den Weltkrieg nicht durch einen Bürgerkrieg abgelöst wissen, glaubt der pragmatisch gesinnte Sozialdemokrat. Viele Arbeiter würden ihre Waffen einfach in Flüsse werfen und höchstens ihren schönen Armeerevolver als Andenken mitnehmen.[157] Damit irrt der 42-Jährige jedoch: Waffen horten die Deutschen Ende 1918 geradezu.

Sechs Wochen nach dem Umsturz genießen der Spartakusbund und seine Anhänger in Deutschland einen denkbar schlechten Ruf. Theodor Wolff hält sie für gefährlich, denn sie würden nur auf eine Gelegenheit lauern zu putschen.[158] Ernst van den Bergh, der die Spartakusleute als »raub- und plünderungssüchtiges Gesindel« bezeichnet, als »gefährliche Hyänen«, wenn sie die Macht haben, rechnet damit, verhaftet zu werden, sollte Liebknecht an die Macht kommen.[159] Lakonischer reagiert Harry Graf Kessler: »Alle Revolutionen fangen unblutig an«, notiert er. »Der Durst nach Blut kommt erst allmählich mit den Anstrengungen, die die neue Ordnung kostet.«[160] Erschreckt wenden sich selbst Linke wie Gustav Landauer von den Spartakisten ab. Er hält sie für »pure Zentralisten wie Robespierre und die Seinen, deren Streben keinen Inhalt hat, sondern nur um Macht geht«, meint er. »Diktatur des bewaffneten Proletariats – dann wirklich lieber Napoleon!«[161]

Wer in Berlin auf weihnachtliche Ruhe hofft, wird enttäuscht, denn die Volksmarinedivision meutert. Sie besteht noch aus rund 1800 Matrosen, die eigentlich die Arbeit des Rates der Volksbeauftragten gegen Übergriffe schützen sollen; die Einheit stellt einen Großteil der Wachen vor der Reichskanzlei und anderen Regierungsgebäuden. Doch die Mitglieder sehen sich als Avantgarde der Revolution, sind politisch geschult und legen Wert auf ihre Unabhängigkeit – auch gegenüber der Regierung. Außerdem betreiben manche der Matrosen, die ihre Quartiere im Marstall und im Stadtschloss haben, einen schwunghaften Handel mit gestohlenen Einrichtungsgegenständen. Hofbibliothekar Bogdan Krieger muss täglich Plündereien und Verwüstungen zusehen; selbst die Männer der eigens gebildeten Kriminalabteilung der Volksmarinedivision, die Diebstähle unterbinden soll, laufen in roten Strümpfen und Lackschuhen herum.[162] Sie sollen deshalb Schloss und Marstall verlassen. Stadtkommandant Otto Wels will nur ausgewählte, zuverlässige Matrosen in seine republikanische Soldatenwehr übernehmen, die übrigen aber mit einer Abfindung entlassen. Doch die Division verlangt ihre geschlossene Übernahme. Die Regierung bleibt hart: Ihren Sold sollen die Matrosen am 22. Dezember nur bekommen, wenn sie ihre Quartiere wechseln und die Schlüssel für die bisherigen abgeben. Vermittlungsversuche scheitern, und am nächsten Tag besetzen einige Männer der Division erst die Reichskanzlei einschließlich der Telefonzentrale, dann das Schloss; zuletzt verschleppen sie Otto Wels als Geisel in den Marstall.

Friedrich Ebert muss handeln, denn keine Regierung kann es sich leisten, von den eigenen Wachen festgesetzt zu werden. Er bittet über eine noch offene Leitung das Heer um Hilfe. Daraufhin rücken 1200 Mann mit mehreren Feldgeschützen und Maschinengewehren ins Stadtzentrum vor. So beginnt der Heilige Abend 1918 um acht Uhr früh sehr unheilig mit Artilleriefeuer auf Marstall und Schloss. Die Oberste Heeresleitung will demonstrieren, dass die Regierung ohne reguläre Truppen nicht auskommt. Doch die Matrosen erhalten Unterstützung: Bewaffnete Arbeiter und Spartakus-Anhänger eilen ihnen zu Hilfe. Dann schlagen sich Teile von Emil Eichhorns Polizeisicherheitswehr auf die Seite der Matrosen, die eigentlich ein Übergreifen der Kämpfe auf andere Viertel unterbinden sollen. Der Polizeipräsident ignoriert das; es gebe eben auch eine ehrliche revolutionäre Strömung in seiner Einheit, rechtfertigt er sich. Angesichts der heftigen Kämpfe gibt es neue Vermittlungsversuche; Max Cohen-Reuß und Richard Müller treffen sich mit den Matrosen. Nach gut drei Stunden ordnet Ebert an, dass die regulären Verbände das Feuer einstellen. Ihre Soldaten ziehen mit 56 Toten ab; die meuternden Matrosen zählen elf Opfer und weitere unter den Spartakus-Anhänger und bei der Polizeimiliz. Otto Wels kommt wieder frei, doch die Volksmarinedivision kann alle ihre Forderungen durchsetzen. Die Regierung Ebert hat auf ganzer Linie verloren.

Außerhalb Berlins bleibt das Leben von den Kämpfen um das Stadtschloss unberührt. Gustav Landauer verbringt Weihnachten in München mit Kurt Eisner und dessen Familie; er freut sich über das erste »Friedensfest« seit 1913.[163] Bayerns Innenminister Erhard Auer hockt dagegen in der Münchner Türkenkaserne, wohin er mit seiner Familie aus Angst vor einem Anschlag geflohen ist. Tage zuvor hat der Wahlkampf für den neuen Landtag begonnen und USPD, Mühsams Internationalisten sowie der Spartakusbund feuern gemeinsam rhetorisch gegen den SPD-Politiker. In Kiel notiert Ingenieur Nikolaus Andersen knapp in sein Tagebuch: »Kleiner Tannenbaum, singen«.[164] Henriette Schneider in Ostpreußen freut sich, dass sie den Baum mit zwölf Lichtern schmücken kann. Ganz anders nimmt in Berlin Bibliothekar Krieger das Geschehen wahr. Er steht am 24. Dezember an einer Absperrung vor dem Stadtschloss; bis zu seinen Büchern schafft er es an diesem Tag nicht. Statt Weihnachtsglocken hört er die Schüsse der Artillerie und das MG-Feuer. Er sieht Soldaten gegen Matrosen um einen Bau kämpfen, der für ihn das Wahrzeichen von Preußenruhm und kaiserlicher Macht ist. An so einem Tag sollten doch Weihnachtskerzen brennen und *Stille Nacht, Heilige Nacht* erklingen, denkt Krieger. Enttäuscht dreht er sich um und geht nach Hause. Das also ist das erste Weihnachtsfest nach dem Umsturz.[165]

Aufstand

> Plötzlich ist der Krieg auf Deutschlands Boden. In Berlin. Um das
> *Berliner Tageblatt* wird gekämpft wie vor ein paar Wochen um Ver-
> dun.
>
> Egon Erwin Kisch[1]

Mehr als acht Wörter braucht Oberstleutnant Ernst van den Bergh nicht,
um die Situation zu beschreiben:»Blutige Weihnachten! Unerfreuliche Vorgänge, die nicht notwendig waren.« Seine Analysen werden immer düsterer. Am 25. Dezember 1918 nennt er dreierlei besonders besorgniserregend:
das Verhalten der neuen Regierung, die Reaktion der Linksradikalen und
die Militärpolitik. Gut findet van den Bergh, dass der Rätekongress sich für
ein parlamentarisches System ausgesprochen und die Linksradikalen in die
Schranken gewiesen hat, die »Berliner Demagogen und Schreier«.[2] Doch
die Sieger seien im Gefühl ihres Erfolgs zu weit gegangen. Er meint die Weigerung des Kabinetts, künftig alle Gesetzesvorhaben dem neuen Zentralrat vorzulegen, der komplett aus Sozialdemokraten besteht. Das haben
USPD-Delegierte auf dem Kongress gefordert – und ausgerechnet ihr Parteichef Haase hat im Namen der Regierung die Ablehnung begründet.[3] Ein
fataler Fehler, meint van den Bergh, weil damit die gesamte Linke in die
Opposition getrieben werde.

Hinzu kommen die Weihnachtskämpfe am Berliner Schloss. Für die Radikalen sei die militärische Reaktion das perfekte Argument, um »unterstützt durch bewaffneten Plebs und Deserteure in brutalster Weise« vorzugehen, schreibt er. Um nicht gestürzt zu werden, müsse die Regierung
eigentlich Berlin verlassen. Doch die Folge wäre eine Gegenregierung in
der Hauptstadt mit Karl Liebknecht und Georg Ledebour an der Spitze –
und gewiss Sanktionen der Siegermächte. Der Pessimismus ist begründet.
Anhänger des Spartakusbundes haben einen Tag nach den Kämpfen das
Verlagsgebäude des *Vorwärts* besetzt. Sie erzwingen den Druck eines Flug-

blattes mit dem Titel *Roter Vorwärts*. Die Schlagzeile lautet: »Die Verbrüderung des Berliner Proletariats mit der Volksmarine«; im Text steht die
Aufforderung: »Nieder mit der Regierung Ebert-Scheidemann!«[4] Auf Vermittlung der USPD-Linken Ernst Däumig und Emil Eichhorn wird die Redaktion wieder geräumt.

Für solche Zwischenfälle macht van den Bergh die noch immer unge-
klärten militärischen Verhältnisse in Deutschland verantwortlich. Außer
Deserteuren und bewaffnetem Mob gibt es weitere Gruppierungen: erstens die Garde-Ersatz-Bataillone, »eine sehr gemischte Gesellschaft ohne
Führung«; zweitens die Volksmarinedivision, die »mit rotem Lorbeer ge-
schmückten ›Sieger‹ der Revolution«, die nach Weihnachten weiter nach
links gerückt seien; drittens die Männer von Polizeichef Eichhorn, bei denen es sich um »zweifelhafte Elemente« handele; viertens die Republikanische Soldatenwehr, »Söldner ohne Offiziere, im allgemeinen gut gesinnt,
aber ohne festen Halt«; fünftens schließlich die Feldtruppen, »Stolz und
Hoffnung der Obersten Heeresleitung«, die noch immer die innenpoliti-
sche Lage verkenne. Van den Bergh fügt noch eine sechste Truppe hinzu:
»Freiwilligen-Abteilungen«, die das Heer geschaffen habe. Sie sind dem
Beamten ein Rätsel. Sicher ist er aber, dass die Zersplitterung riskant ist:
»Wenn eine so uneinheitliche Regierung besteht, wie es jetzt der Fall ist«,
und wenn diese als Machtmittel über verschiedene Militärgewalten verfü-
ge, so sei »es kein Wunder, wenn Chaos und Bürgerkrieg entstehen«.[5]

Diese Lage soll Gustav Noske unter Kontrolle bringen, der schon die Situation in Kiel erfolgreich beruhigt hat. Nun kommt er am 27. Dezember
1918 nach Berlin und eilt sofort zu einer Krisensitzung in die Reichskanzlei,
wo ein »ewiges Kommen und Gehen« herrscht. Wiederholt muss das Über-
gangskabinett »an einem anderen Orte zusammentreten, um nur eine
Stunde ungestört beraten zu können«.[6] Doch das ist noch das kleinste Problem. Allgemein erwarten die führenden Sozialdemokraten den Austritt
der USPD aus dem Rat der Volksbeauftragten. Was dann? Noske spielt sich
seinen Parteifreunden gegenüber auf und erklärt, er verfüge durch seine
Tätigkeit als Gouverneur in Kiel über eine Truppe aus mehreren Tausend
zuverlässigen Anhängern, die »Eiserne Brigade«. Er sei bereit, die Regierung mit »seinen Kieler Matrosen herauszuhauen«. Falls Berlin gegen die
Radikalen nicht gehalten werden könne, müsse die Regierung eben an
einen sicheren Ort ausweichen, dort Truppen sammeln und dann Berlin
wieder einnehmen. »Sehr energisch« setzt er sich dafür ein »zu schießen,

wenn sich dies zur Wiederherstellung der Ordnung als notwendig erweisen sollte«. Mit einer Mischung aus Pathos und Angabe fügt er hinzu: »Ohne Blut sei die Sache eben nicht zu machen.«[7]

Tatsächlich ist die Stimmung bei der USPD schlecht. Harry Graf Kessler speist an diesem Abend mit einigen Bekannten, darunter auch Rudolf Breitscheid und Hugo Simon, zwei USPD-Ministern der preußischen Regierung. Beide rechnen damit, nur noch wenige Stunden im Amt zu sein; ein »weiteres Zusammenarbeiten der Unabhängigen mit Ebert und Scheidemann« sei »ausgeschlossen«. Bei einem Ausstieg aus der Regierung drohe seiner Partei nicht nur die Opposition, meint Simon. Er befürchtet, dass die Unabhängigen in eine Einheitsfront mit den Spartakisten gedrängt werden, deren wirtschaftliche Ziele er ablehnt. Kessler argumentiert, in der Opposition könne die USPD zu einer Partei des reinen Gewissens und der unerbittlichen Vernunft werden. Doch derlei Gedanken überzeugen Simon nicht. Auch Breitscheid glaubt, dass die USPD zwischen Linksradikalen und SPD zerrieben werde.[8] Das sehen einfache Mitglieder wie Werner Scholem ähnlich. Der 23-Jährige schreibt seinem Bruder Gerhard über die Lage der Unabhängigen: »Der linke Flügel ist von den Spartakiden, der rechte von der alten Partei nur noch Nuancen getrennt. Diese Partei wird sich daher auflösen.«[9]

Nach Weihnachten 1918 steht die USPD überall in Deutschland unter Druck. In Leipzig fordern die Unabhängigen offen den Austritt aus der Reichsregierung; sie sehen die für den 2. Februar 1919 angesetzte Wahl zu einer sächsischen Volkskammer als Schritt weg von ihrem Traum eines Rätesystems. Die Stimmung in der Stadt ist angespannt; Victor Klemperer fürchtet gewalttätige Auseinandersetzungen wie in Berlin. Gerüchte, Matrosen aus Berlin würden bald angreifen, heizen die Situation an. Bevor er ins Café geht, steckt er ein kleines Seitengewehr in die Manteltasche.

In Braunschweig ist die Lage der Unabhängigen gleichfalls schwierig. Nach ihrem überraschend schlechten Ergebnis der Landtagswahl am 22. Dezember 1918, bei der die bis dahin dominierende USPD nur 14 der 60 Mandate gewonnen hat, ist es zu einer schweren Regierungskrise gekommen. Präsident Merges lehnt gleiche und freie Wahlen insgesamt ab, Volkskommissar Oerter nur im Hinblick auf eine Nationalversammlung, weil dort seiner Ansicht nach die Bourgeoisie das Sagen haben werde. Eine gewählte Landesversammlung hingegen begrüßt er, schätzt allerdings die Stimmung in den ländlichen Gebieten und Kleinstädten im Braunschweigischen falsch ein: Sie ist bodenständiger, konservativer, realistischer. Die Machtaufteilung zwischen dem Arbeiter- und Soldatenrat und dem neu gewählten Landtag wird zum Streitpunkt. Die Spartakisten werfen Oerter vor, er spreche sich nicht klar genug für die Räte aus, und versuchen, die Einberufung des Landtages aufzuschieben. Radikalere Schritte wagen sie nicht. Der Volkskommissar verteidigt sich per Denkschrift, vermeidet aber eine klare Entscheidung zwischen Rätesystem und Parlamentarismus. Der Landtag solle zum Aufbau des Sozialismus verpflichtet sein. Mit den Spartakisten strebt Oerter keine Einigung an, sondern kritisiert ausdrücklich die mangelnde Disziplin im zentralen Arbeiter- und Soldatenrat. An Silvester schreibt er Kurt Eisner in München: »Wenn die Revolution scheitert, dann an der Großmäuligkeit der hiesigen Spartakusleute. Das Bürgertum überwinden wir. Es würde sich fügen. Aber die Spartakusleute machen alle positiven Arbeiten unmöglich.« Für sie sei Revolution lediglich Radau und Zerstörung: »Im steten Kampf gegen die Unfähigkeit und Dummheit reibe ich meine Kräfte auf«, klagt Oerter. »Ich möchte endlich zu positiver Arbeit kommen.«[10]

In München steht Eisner ebenfalls unter Druck, denn seine rechten Gegner haben eine Schmutzkampagne gegen ihn gestartet, und auch von links wird er kritisiert: Anarchisten wie Erich Mühsam oder der lokale Spartakusbund meinen, dass Eisner nicht radikal genug die Umgestaltung der Gesellschaft angehe. Doch der Ministerpräsident mag nicht mit Zwang regieren und glaubt fest an die Einsicht der Menschen, dem neuen Staat freiwillig zu dienen. Kritik äußern auch die SPD und die bürgerlichen Parteien, weil Eisner weiter auf ein Nebeneinander von Räten und Parlament setzt. Das entspricht seiner Überzeugung: »Demokratie heißt nichts anderes, als alle Kräfte entbinden, frei machen, jedem den Weg seiner inneren Fähigkeiten öffnen«, schreibt er. »Die Räte sollen Schulen der Demokratie werden, daraus sollen die Persönlichkeiten emporsteigen zu politischer und wirtschaftlicher Arbeit.«[11] Die SPD beklagt zudem, dass Eisner noch keinen Wahltermin für die Landtagswahl festgelegt hat. Zwar will er diese Abstimmung keineswegs verhindern, aber er fürchtet, dass die Demokratisierung noch nicht weit genug sei. Das Wahlrecht sei nur in Händen von Demokraten gut. Bayerns Sozialdemokraten teilen diese Bedenken nicht, sie rechnen vielmehr mit dem Ende der Debatte um Räte. Eisner gibt nach und legt den 12. Januar 1919 als Abstimmungstermin fest, eine Woche vor der Wahl zur Nationalversammlung.

Solche Überlegungen sind den Radikalen in Bremen fremd. Der Arbeiter- und Soldatenrat verbietet direkt nach Weihnachten die bürgerliche *Weser-Zeitung* für zwei Tage, weil sie geklagt hat, dass Bremen reichsweit als »Experimentierfeld der Spartakusgruppe« gesehen werde. Als daraufhin das *Bremer Tageblatt* in erhöhter Auflage als Alternative erscheint und auch den Abonnenten der eigentlich konkurrierenden *Weser-Zeitung* zugestellt wird, dehnt der Rat sein Verbot bis zum 1. Januar 1919 auf dieses Blatt aus – weil es sein »Papierkontingent überschritten« habe.[12]

In Köln fördern die Ungewissheit über Deutschlands künftige Gestalt und die Friedensverhandlungen sowie die Sorge vor einer Annexion durch Frankreich eine Bewegung für einen selbstständigen Rheinstaat, der sich von Preußen trennt. Beteiligt sind auch Vertreter des Zentrums, dem Oberbürgermeister Konrad Adenauer angehört. Er hält das Projekt für weit hergeholt; da er sich aber in alle Richtungen absichern will, informiert er SPD-Vertreter und Liberale von diesen Gesprächen.[13]

Am 28. Dezember 1918 tagen in Berlin der Rat der Volksbeauftragten und der Zentralrat gemeinsam. Emil Barth greift seine Kollegen von der SPD massiv an und gibt ihnen die Schuld für die Weihnachtskämpfe. Die Unabhängigen seien nicht informiert und auch noch belogen worden. Die USPD-Vertreter wollen den Zentralrat mit einem Fragenkatalog zwingen, sich zum Vorgehen der Regierung zu positionieren; die Antworten fallen beschwichtigend aus.[14] Nach kurzer Beratung erklärt Hugo Haase am späten Abend im Namen der drei USPD-Mitglieder den Austritt aus dem Rat der Volksbeauftragten. Sie könnten nicht mehr länger hinnehmen, dass »Vertretern des alten Gewaltsystems die Verfügung über das Leben der Mitmenschen übertragen« werde.[15] Auf der Arbeitsebene bleiben die USPD-Vertreter Karl Kautsky und Emanuel Wurm im Amt, Letzterer allerdings nur, bis ein Nachfolger gefunden ist. Unmittelbar vor Ende des turbulenten Jahres 1918 zerbricht die Koalition der beiden sozialdemokratischen Parteien – nach nicht einmal sieben Wochen.

Die SPD-Vertreter ziehen sich ins Büro eines Unterstaatssekretärs zurück und sind erst einmal ratlos. Friedrich Ebert sitzt grübelnd auf dem Sofa und greift sich aus einem bereitstehenden Kasten mehr als nur eine Flasche Bier. Ihnen schwant, dass es nicht leicht wird, künftig allein die Verantwortung zu übernehmen.[16] In stabilen Demokratien ist es nicht ungewöhnlich, wenn Regierungspartner im Streit scheiden. Doch in Deutschland muss zum Jahreswechsel 1918/19 der Großteil der Bevölkerung überhaupt erst für die parlamentarische Regierungsform gewonnen werden. Deshalb ist das Signal, das SPD und USPD aussenden, doppelt verheerend. All jene, die mit der Demokratie fremdeln, können sich bestätigt fühlen. Die Gegner der bisherigen Revolution werden ermuntert – die rechten, die eine Restauration der alten Verhältnisse im Sinn haben, ebenso wie die linken, die eine radikale Neuordnung der Gesellschaft wollen.

Die Gründe für den Austritt der USPD gehen über den Missmut wegen der Weihnachtskämpfe hinaus; sie sind grundsätzlicher. Zwar ist die Kooperation im Rat der Volksbeauftragten nie reibungslos gewesen, aber selbst USPD-Chef Hugo Haase konstatiert den »redlichen Willen zur Zusammenarbeit« beider Seiten.[17] Doch die praktische Erfahrung ist irrelevant im Vergleich zu den innerparteilichen Konflikten. Gerade im linken USPD-Flügel gibt es wenig Bereitschaft, von den eigenen Maximalforderungen abzugehen. Deshalb haben die drei USPD-Volksbeauftragten ständig unter dem Druck von Sozialisten wie Ernst Däumig und Georg Ledebour gestanden, zusätzlich zur radikalen Kritik vom Spartakusbund und den Revolutionären Obleuten. Früher oder später wird es zur Konfrontation kommen – und kein USPD-Politiker will dann auf Regierungsseite stehen. Dafür nähmen die Unabhängigen in Kauf, die Lage der Regierung und der jungen Republik insgesamt zu verschlechtern, moniert Eduard Bernstein: »Menschlich lässt sich der Schlag, den die drei Unabhängigen der Republik durch ihren Austritt aus der Regierung versetzten, verstehen und zum mindesten entschuldigen. Politisch bedeutete er eine unrühmliche und verderbliche Kapitulation vor Spartakus.«[18] Konsequent hat Bernstein, anderthalb Jahre zuvor ein Mitbegründer der USPD, über Weihnachten seine Wiederaufnahme in die SPD beantragt.

Die Eskalation wird unübersehbar, als die Opfer der Weihnachtskämpfe mit einer pompösen Zeremonie beigesetzt werden. Mit Rufen wie »Als Matrosenmörder klagen wir an: Ebert, Landsberg und Scheidemann!« werden die drei verbliebenen Volksbeauftragten verunglimpft.[19] Am selben Tag organisiert die SPD eine Gegendemonstration unter der Losung »Gegen die Blutdiktatur des Spartakusbundes«. Flugblätter und Plakate warnen die Bevölkerung vor Verhältnissen wie in Russland. Nach Angaben des *Vorwärts* marschieren bis zu 200 000 Bürger zum Königsplatz vor dem Reichstag und rufen dabei unter anderem: »Demokratie, nicht Diktatur«.[20]

Für die kommenden Auseinandersetzungen muss die Übergangsregierung handlungsfähig sein. Nachfolger der drei zurückgetretenen Volksbeauftragten sollen Gustav Noske, der Gewerkschaftler Rudolf Wissell und Paul Löbe werden, der Chefredakteur der Breslauer SPD-Zeitung *Volks-*

wacht. Doch obwohl Friedrich Ebert per Telefon intensiv bittet, lehnt Löbe ab. Er fühle sich der Aufgabe nicht gewachsen und werde in Schlesien gebraucht, windet er sich.[21] So bleibt der sechste Posten in der Übergangsregierung vakant. Wissell, der schon am Stinnes-Legien-Abkommen beteiligt gewesen ist, übernimmt die Verantwortung für Sozialpolitik, Noske wird zuständig für Heer, Marine und Demobilisierung.

Der Rat der Volksbeauftragten veröffentlicht in seiner neuen Zusammensetzung umgehend einen Aufruf an »Arbeiter! Soldaten! Bürger! Bürgerinnen!«, in dem er um Unterstützung bittet. »Die Reichsregierung ist neu und einheitlich gebildet«, sie kenne »nur ein Gesetz des Handelns: Über jede Partei das Wohl, den Bestand, die Unteilbarkeit der Deutschen Republik!« Als wesentliche Aufgaben nennt der Aufruf die Vorbereitung der Nationalversammlung und ihr eine ungestörte Arbeit zu gewährleisten, eine sichere Lebensmittelversorgung zu organisieren, Arbeit zu schaffen und Arbeitslose zu unterstützen. Außenpolitisch soll Frieden erreicht werden, so schnell und so günstig wie möglich. »Das ist in groben Zügen unser Programm bis zur Nationalversammlung.«[22]

Die neue Regierung braucht tatsächlich jede Hilfe, die sie bekommen kann, denn im Ruhrgebiet sind Streiks ausgebrochen und im sächsisch-thüringischen Braunkohlerevier grummelt es. Nach den ersten wegweisenden Entscheidungen im November hat sich die Regierung im Kleinklein des Alltags verfangen. Grundsatzdiskussionen und programmatische Arbeit sind auf der Strecke geblieben. Die SPD sieht dazu keine Notwendigkeit, denn nach ihrer Überzeugung hat derlei Zeit bis nach der Nationalversammlung. Doch dieses Vakuum erlaubt es linken Kräften, ihre Losungen zu radikalisieren und ihre Methoden. Die Streiks sind dafür nur ein Indiz.

Am vorletzten Tag des Jahres treffen sich im Festsaal des Preußischen Abgeordnetenhauses in Berlin Vertreter des Spartakusbundes und weitere Linksradikale, die sich seit Ende November Internationale Kommunisten Deutschlands nennen. Die Delegierten wollen eine Kommunistische Partei Deutschlands gründen. Nur zwei Wochen zuvor haben sich Rosa Luxemburg und ihr Vertrauter Leo Jogiches ebenso wie die Braunschweiger Genossen noch deutlich gegen eine neue Partei ausgesprochen und auf die Übernahme der USPD durch den Spartakusbund gesetzt. Doch nach ihrer Niederlage auf dem Rätekongress sieht Luxemburg keine andere Möglichkeit mehr als die endgültige Trennung von der USPD, ähnlich wie Karl Liebknecht. Die Internationalen Kommunisten, zu denen Johann Knief in Bremen, Otto Rühle in Dresden und Erich Mühsam in München zählen, ringen mit sich. Bislang haben sie eine Fusion mit dem Spartakusbund abgelehnt, weil sie sich nicht einer Parteilinie unterordnen wollen. Knief stört sich zudem an der zentralistischen Struktur; ihm schwebt eine regionale Parteiorganisation vor, die föderal funktioniert.[23] Beim zweiten Treffen der Internationalen Kommunisten zu Weihnachten sollen alle Fragen besprochen werden. Knief lässt sich von Karl Radek, den Lenin illegal nach Deutschland geschickt hat und den er gut aus früheren Tagen in Bremen kennt, überzeugen: Die Gegensätze zwischen Internationalen Kommunisten und Spartakusbund seien überholt. Aus Gesundheitsgründen allerdings kann er zum Jahreswechsel nicht selbst nach Berlin reisen.

Die Debatten auf dem Gründungsparteitag, den Radek mit einem Grußwort eröffnet, sind erstaunlich – vor allem, was die Nationalversammlung angeht. Die Führung des Spartakusbundes hat diese demokratische Wahl bislang vehement abgelehnt, unter anderem in der *Roten Fahne* vom 23. Dezember 1918: »Die Nationalversammlung ist eine gegenrevolutionäre Festung, die gegen das revolutionäre Proletariat aufgerichtet wird. Es gilt also, diese Festung zu berennen und zu schleifen.« In diesem Leitartikel hat Rosa Luxemburg die demokratische Arbeit noch als »parlamentarischen Kretinismus« geschmäht.[24]

Eine Woche später plädiert der führende Spartakist und Luxemburg-Anwalt Paul Levi auf dem Gründungsparteitag der KPD für das Gegenteil. Er fordert, »die Nationalversammlungswahlen nicht beiseite liegen zu lassen«. Den Delegierten schlägt er vor, in die Wahlen »einzutreten mit aller Kraft«. Seine Zuhörer reagieren entsetzt und protestieren. Einen Zwischenrufer, der den sofortigen bolschewistischen Aufstand fordert, konfrontiert Levi mit der Realität: »Woher wissen Sie, dass ganz Deutschland heute bereits in einem so vorgeschrittenen Stadium der Revolution ist, wie der Genosse es glaubt? Gewiss, es kann sein. Wir können es in Berlin machen, in Rheinland-Westfalen sind die Verhältnisse soweit, es kann auch sein, in Oberschlesien. Aber sind die drei Bezirke Deutschland? Ich sage nein!«[25] An der Ablehnung der meisten Delegierten ändert das nichts. Nicht einmal, als Karl Liebknecht Levi beispringt. Er sei bis zu seiner Verhaftung doch auch Abgeordneter gewesen und hätte »viel zur Entlarvung des Reichstages beigetragen«. Durch eine geschickte Tätigkeit könne er auch in der Nationalversammlung »viel im antiparlamentarischen Sinne« erreichen. Er sehe seine Aufgabe darin, die Arbeit des Parlaments zu stören: »Man könnte unendliches Aufsehen erregen, wenn man sich aus dem Saal entfernen ließe.« Ein Zwischenruf ist zu hören: »Wir lassen uns nicht einseifen.«[26]

Gemäßigtere Redner haben es schwer. Käte Duncker verweist darauf, dass die neue Partei keineswegs die Majorität des Volkes repräsentiere: »Wir werden die Macht nur dann ergreifen, wenn der bewusste, der klare Wille der Mehrzahl der Proletarier Deutschlands hinter uns steht. Glauben Sie, dass wir heute schon so weit sind? Oh nein!«[27] Das sei nicht einmal in Berlin der Fall. Ein aggressives Vorgehen gegen die Nationalversammlung werde vor allem Frauen abschrecken, die zum ersten Mal überhaupt wählen dürfen.

Rosa Luxemburg erklärt ihre jetzige Position, die so deutlich abweicht von dem eine Woche alten Leitartikel in der *Roten Fahne*. Man könne unmöglich den schnellsten Weg zum Ziel gehen, sondern müsse den sichersten beschreiten, um die Massen zu revolutionieren – vor allem auf dem flachen Lande. Die Aufgabe der Partei sei die Weltrevolution, aber zuvor müsse man die politisch unreife Masse schulen. Dank ihrer Unreife sei es ja der »Gegenrevolution« überhaupt erst gelungen, die Nationalversammlung »als Bollwerk ihrer kapitalistischen Interessen« auf die Tagesordnung zu bringen. »Der Weg der Spartakusbewegung hat noch mehrere Etappen, bis wir die Zügel der Herrschaft ergreifen können.«[28]

Doch Luxemburg und Liebknecht erleiden mit ihrer ausschließlich taktisch motivierten Kehrtwende eine Niederlage: Die Delegierten beschließen mit Zweidrittelmehrheit, sich an den Wahlen zur Nationalversammlung nicht zu beteiligen, sondern sie weiter zu bekämpfen. Dass ihr Bekenntnis zur Teilnahme rein taktisch ist, demonstriert Luxemburg am folgenden Tag in ihrem Referat über »Unser Programm und die politische Situation«. Man müsse zur Theorie des gewaltsamen Umsturzes zurückkehren, wie er im Kommunistischen Manifest beschrieben ist. Die Volksbeauftragten schimpft sie »Kuppler der Konterrevolution«; Gewerkschafter seien »Halunken«, die ins Zuchthaus gehörten. Erstes Ziel sei der »Sturz der Ebert-Scheidemann-Regierung und die Ersetzung derselben durch eine proletarische Regierung«.[29] Griffig formuliert auch Liebknecht das Ziel der neuen Partei: »Wir wollen nicht eine Limonadenrevolution, sondern wir sind entschlossen, die eiserne Faust zu erheben und auf jeden niederzuschmettern, der der sozialen Revolution des Proletariats Widerstand entgegensetzt.«[30] Derlei kommt bei den Delegierten an und versöhnt sie. Dennoch ist die neue KPD nur eine kleine Kadertruppe ohne Massenbasis, die innerparteilichen Differenzen sind nur notdürftig überdeckt. Eine Partei, die vor allem auf Ablehnung setzt – von Liebknechts Weigerung, in den Rat der Volksbeauftragten einzutreten, bis zum Boykott der Wahl zur Nationalversammlung. Die Linksradikalen spalten damit jene Schichten, die Anfang November die Träger des Umsturzes gewesen sind. Sie provozieren, wie schon bei den Berliner Demonstrationen von Anfang Dezember 1918, den Kampf der Revolutionäre gegeneinander. Das sehen sogar Linke wie Barth so. Er ahnt, dass Liebknecht und seine Genossen die lange geforderte, permanente Aktion starten werden, »um ihren revolutionären Glorienschein« zu erhalten.[31]

Auch andere schauen mit gemischten Gefühlen auf das neue Jahr. Ernst van den Bergh zweifelt angesichts des Misstrauens in der Welt gegenüber Deutschland und mit Blick auf das Erstarken des Bolschewismus, »der mit allen Mitteln das Land von innen« unterhöhle, ob es aufwärts gehen kann. Zugleich beklagt er ganz allgemein die »echt deutsche Eigenbrötelei und theoretisch-dogmatische Selbstzerfleischung«.[32] Käthe Kollwitz ist froh, dass der unerträgliche Kriegsdruck weg ist und das Atmen leichter wird.[33] Gertrud Völcker, Angestellte bei den Freien Gewerkschaften in Kiel, schreibt in ihr Tagebuch: »Mit dem neuen Jahr sollen andere Lebensverhältnisse aufsteigen und den Menschen freier machen, die mitmenschliche Verbundenheit, die sich zu Ende des Krieges zeigte, soll weiterwachsen.«[34]

Auch Kinder bekommen den Umsturz mit. Viertklässler einer Berliner Gemeindeschule bringen ihre Gedanken in Aufsätzen über das Thema »Was in Deutschland geschehen ist« zu Papier. Kindliche Blicke, aber erkennbar geprägt vom Urteil der Erwachsenen. Ein Junge schildert Plündereien im Schloss, mehrere Schüler berichten von Schüssen auf Straßen und einer, wie eine Menschenmenge ein Auto mit Soldaten aufhalten wollte, die daraufhin in die Menge geschossen hätten. »Ich ergriff die Flucht.« Auch weiß er: »Liebknecht hat eine Gardinenpredigt gehalten.« Ein anderer Neunjähriger schreibt, dass er Liebknecht nicht leiden kann, aber »den Kaiser auch nicht«. In einem Aufsatz heißt es, dass der Kaiser sich nicht auf der Straße sehen lassen dürfe, »denn er wird tot geschossen«. Ein Schüler hält Rosa Luxemburg für eine Hexe, ein anderer meint, dass sein Vater Mitglied im Soldatenrat sei, der aber »doof« sei. Dort trage man rote Kokarden, die ihr Hausmädchen hässlich fände.[35]

Skeptisch schaut das *Berliner Tageblatt* auf den Jahreswechsel. »Die Luft ist elektrisch geladen, eine politische Hochspannung ohnegleichen. Der Boden von Berlin glüht. So ist das alte Jahr zu Ende gegangen in fiebernder Erregung, und es scheint, als ob man von nichts anderem wüsste als von dem Ernst der Lage.«[36] Tatsächlich beginnt das neue Jahr an vielen Orten Deutschlands fiebrig erregt, nicht nur in der Reichshauptstadt.

Am 1. Januar 1919 zieht das Bremer Infanterie-Regiment 75 in die Hansestadt ein. Viele Bürger verbinden damit die Hoffnung, dass die Macht des Arbeiter- und Soldatenrats enden werde. Militärs, die sich der »revolutionären Bewegung« nicht anschließen wollen, reden offen über die Wiedereinsetzung des Senats. Bremens USPD-Chef Alfred Henke für den Arbeiterrat und Lambert Willems für den Soldatenrat einigen sich mit den Truppen: Das Regiment akzeptiert die neuen politischen Verhältnisse, dafür sichern die Rätevertreter zu, dass Senat und Bürgerschaft wieder eingesetzt werden, die Räte aber ein Vetorecht behalten. Außerdem sollen Vertreter der regulären Truppe den Arbeiter- und den Soldatenrat verstärken; das Regiment soll zudem den militärischen Wachdienst übernehmen, während den Räten polizeiliche Funktionen verbleiben. Die Offiziere sind mit dem Kompromiss zufrieden, denn die Gefahr gewaltsamer Auseinandersetzungen scheint gebannt. Auf dem Marktplatz begrüßen Willems und Zehntausende Bürger das Regiment offiziell. Man hört patriotische Reden und singt das Deutschlandlied, dann folgt der Abmarsch zum provisorischen Quartier. Doch Vertreter der Räte haben die Zeit genutzt, um bewaffnete Arbeiter zu mobilisieren. Als die Truppe anmarschiert, erscheinen Gewehrläufe an den Fenstern; die überrumpelten Soldaten müssen ihre Waffen abgeben. Die Offiziere sind empört, können aber nichts gegen den Bruch der Absprachen ausrichten. Hingegen reagiert der Senat und verweigert die Auszahlung des Soldes für das Arbeiter-Wachbataillon. Es geht um 60 000 Mark – immerhin 360 durchschnittliche Monatsgehälter.[37]

In Braunschweig nähert sich Volkskommissar Sepp Oerter der SPD an. Der 48-Jährige befürchtet, dass eine Diktatur des Proletariats, wie der Spartakusbund sie anstrebt, die konservativen Kräfte stärke und damit die Ergebnisse der Revolution gefährde. Am 2. Januar 1919 kommt es bei einer Versammlung der USPD zum offenen Streit. August Merges stoppt Oerter mit dem Argument, man solle jede zusätzliche Verwirrung vermeiden; loswerden kann er den sperrigen Mitstreiter aber nicht, weil hinter ihm die Partei und die Gewerkschaften stehen. Seinen Unmut äußert Merges zy-

nisch: »Genosse Oerter wird von vielen als der berufene Schulmeister an-
gesehen, der zu sagen hat, was geschehen soll.« Dieser Beschreibung wird
der Volkskommissar umgehend gerecht. Er erklärt die Gründung einer eigenen kommunistischen Partei für unnötig und erntet Zustimmung: »Richtig! Verbrechen!« Viele USPD-Mitglieder sehen die weitere Aufspaltung
der Linken skeptisch. Merges laviert, denn die neue KPD lehnt er auch ab,
will aber keine Resolution der örtlichen USPD gegen deren Gründung.
Braunschweigs führender Sozialdemokrat Heinrich Jasper registriert den
Zwist mit Genugtuung. Die Pläne der Linksradikalen führten sowieso nur
zu einer »Diktatur einer undemokratischen Minderheit«.[38]

In Magdeburg sorgt derweil ein nie umgesetzter Schießbefehl für Streit.
Als kurz vor dem Jahreswechsel das Gerücht aufgekommen ist, bewaffnete
Matrosen näherten sich der Stadt, hat der Sozialdemokrat Hermann Beims
am Bahnhof Geschütze und Maschinengewehre aufstellen lassen. Um die
Matrosen zu entwaffnen, dürfe von der Schusswaffe Gebrauch gemacht
werden, hat seine Anweisung am 29. Dezember 1918 gelautet. Dazu kommt
es nicht, denn es handelt sich um eine Falschmeldung. Doch am 3. Januar
1919 wird der Befehl Thema auf der zweiten Vollversammlung des Arbei-
ter- und Soldatenrates. Von der Besuchertribüne aus beschimpfen einige
Spartakisten den Sozialdemokraten lautstark als »Bluthund« und fordern
seinen Rücktritt. Zwar unterstützen nur wenige der 450 Delegierten die
Kommunisten, während sich die meisten Abgeordneten über die Art ent-
rüsten, in der die Linksradikalen ihre Vorwürfe vortragen. Dennoch bleibt
etwas hängen, denn Beims zeigt sich nicht sofort zur Stellungnahme bereit.
Die USPD-Vertreter in der Vollversammlung nennen es »ungeheuerlich«,
dass er auf politisch ihm nicht genehme Soldaten habe schießen lassen wollen. Auch Kritiker aus den Reihen der SPD ereifern sich über das eigenmächtige Verhalten ihres Parteifreundes. Eine geordnete Diskussion ist
wegen weiterer Störungen der Kommunisten nicht möglich, so wird die
Vollversammlung vorzeitig geschlossen. Vertreter beider sozialdemokratischer Parteien einigen sich auf eine Sprachregelung. Demnach habe Beims
mehrfach vergeblich versucht, die USPD-Mitglieder des Rates zu erreichen,
und sei zudem darauf bedacht gewesen, die Aufforderung des Kriegsminis-
teriums, die Matrosen zu entwaffnen, ohne Gewalt zu erreichen. Das ist jedoch eine Lüge.[39]

Einen Tag später, am 4. Januar 1919, legt in München die Verfassungs-
kommission ein vorläufiges »Staatsgrundrecht der Republik Bayern« vor,

das in einer längeren Präambel und 18 kurzen Artikeln wichtige Ergebnisse der Revolution formuliert: Bayern ist eine Republik. Frauen dürfen wählen. Die Schulen sind Sache des Staates, nicht der Kirche. Die Vorrechte des Adels sind aufgehoben. Das Staatsgrundgesetz ist die Grundlage für die für den 12. Januar angesetzte Landtagswahl. Räte kommen im Text nicht vor, was viele verwundert, da Eisner, der das Gesetz mitunterzeichnet hat, doch so viel Wert auf diese Form der Willensbildung legt und die Räte »Schulen der Demokratie« nennt.[40] Immerhin hat er durchgesetzt, dass neben dem Parlament auch das Instrument der Volksabstimmung vorgesehen ist. Mit dem Plebiszit hat die Regierung jederzeit die Möglichkeit, Beschlüsse des Landtages aufheben zu lassen und das Parlament aufzulösen.[41]

In der Reichshauptstadt spitzt sich die Situation nur Tage nach der KPD-Gründung zu. Seit dem Rücktritt der USPD-Minister auch aus Preußens Regierung am 3. Januar 1919 ist der Berliner Polizeipräsident Emil Eichhorn der letzte Unabhängige in einer wichtigen Position. Kritik an seiner Amtsführung gibt es schon länger. Ihm wird vorgeworfen, die Polizei geschwächt und eine Sicherheitswehr geschaffen zu haben, die allein ein Machtinstrument der Unabhängigen sei. Als Beleg gilt Eichhorns Kritikern, dass Teile dieser Truppe in den Weihnachtstagen die Volksmarinedivision unterstützt haben. Außerdem handle er ausschließlich nach parteipolitischen Interessen. Aus seiner Gesinnung macht Eichhorn tatsächlich keinen Hehl – er favorisiert den Anschluss aller Linken an die Spartakusbewegung. Eine groteske Situation: Der von der Regierung eingesetzte Polizeipräsident unterstützt eine Gruppe, die eben diese Regierung absetzen will. Die Presse greift ihn deshalb bereits seit Tagen an; der *Vorwärts* zum Beispiel schreibt leicht zugespitzt: »Jeder Tag, an dem Eichhorn länger in seinem Amt bleibt, bedeutet eine Gefahr für die öffentliche Sicherheit.«[42]

Doch der Polizeipräsident lässt sich nicht beeindrucken. Als er vom preußischen Ministerpräsident und Innenminister Paul Hirsch, einem Sozialdemokraten, vorgeladen wird, entzieht sich Eichhorn und kündigt an, zu den Vorwürfen schriftlich Stellung zu nehmen. Unverblümt entgegnet er zudem, dass er das Innenministerium nicht als übergeordnet anerkenne, sondern nur die Arbeiter- und Soldatenräte. Auf die Frage, wie er zur Nationalversammlung stehe, antwortet der Unabhängige patzig, dass seine politische Auffassung das Ministerium nichts angehe. Das kann Hirsch dem politischen Beamten Eichhorn nicht durchgehen lassen.[43]

Am Samstag, dem 4. Januar 1919, wird der renitente Polizeipräsident formal entlassen; die Mitteilung erfolgt allerdings in einer Kürze, die ihn provozieren muss. Der Zentralrat und der Groß-Berliner Vollzugsrat bestätigen die Entlassung, lediglich Richard Müller und Ernst Däumig stimmen dagegen. Der Beschluss wird umgehend veröffentlicht, was die Stimmung weiter anheizt. Eichhorn denkt noch immer nicht daran, nachzugeben, und versichert sich der Rückendeckung seiner Partei. Der Vorstand der Berliner USPD und die Revolutionären Obleute nennen die Ablösung einen »niederträchtigen Anschlag gegen die revolutionäre Arbeiterschaft« und rufen für den folgenden Tag zu einer Demonstration auf.[44] Als der neue Polizeipräsident Eugen Ernst im Präsidium erscheint und Eichhorn freundlich auffordert, sein Amt zu übergeben, weigert der sich. Ein Augenzeuge erinnert sich, gehört zu haben: »Den neuen Volksstaat, den baue ich!«[45] Ernst muss sich zurückziehen, weil Soldaten und erregte Demonstranten Eichhorn beistehen. Ein Desaster.

Dabei hat Gustav Noske seinem Parteifreund geraten, nur in Begleitung loyaler Truppen ins Präsidium zu gehen; alles andere würde die Autorität des Staates untergraben. Genau das ist jetzt eingetreten. Doch am 4. Januar 1919 kann Noske nicht eingreifen, denn er ist anderweitig beschäftigt: Mit Friedrich Ebert besucht er in Zossen bei Berlin Truppen. Die Soldaten sind neugierig auf die Politiker; vor allem aber wollen sie sehen, wie ihre Vorgesetzten auf die beiden Sozialdemokraten reagieren. Generalmajor Georg Maercker erweist den Volksbeauftragten wie selbstverständlich seine Ehrerbietung, versteckt aber seine monarchistische Gesinnung nicht. Er findet, ein Mann wie Noske mit festem politischen Standpunkt könne »unmöglich an politischen Chamäleons Gefallen finden«.[46] Der Sozialdemokrat wiederum weiß, dass die Regierung ohne zuverlässige militärische Macht zum Spielball radikaler Gruppen wird. Die Resonanz auf ein Gesetz über eine Freiwilligen-Volkswehr ist gering geblieben, obwohl sie alle Kriterien der neuen Zeit erfüllt – die Freiwilligen verpflichten sich durch Handschlag der sozialistisch-demokratischen Republik und wählen ihre Führer selbst. Die von der Front zurückgekehrten Soldaten des Feldheeres haben kein Interesse an einem weiteren Dienst in der Heimat. Statt für Ordnung und Sicherheit zu sorgen, wollten sie nach Hause. So kommt Noske gelegen, dass Maercker mit einem Großteil der Mannschaften seiner 214. Division das Freikorps »Landesjäger« gebildet hat, 5000 Mann stark. Sie verstehen sich nicht als paramilitärische Einheit, sondern als Teil des Reichsheeres.

Während in Berlin die Linksradikalen die Lage verschärfen, beherrscht der Wahlkampf für die Nationalversammlung in vielen Teilen Deutschlands die Gemüter. Theodor Heuss ist für die DDP in Württemberg unterwegs. Allein am 1. Januar 1919 absolviert er drei Auftritte, wie er seiner Frau stolz schreibt – in Stuttgart, Bietigheim und Bönnigheim. Die Folgen des Stresses machen sich aber bemerkbar. Er wiege nur noch 115 Pfund, also nicht einmal 60 Kilogramm. Zur Beruhigung seiner Frau ergänzt Heuss, er habe damit »eine Mitleidspropaganda bei den Parteifreunden« ausgelöst: Am nächsten Morgen würden die ersten Eier geschickt, »heute Abend esse ich dreimal zu Nacht – bei der Mutter Hirn, bei Mück Spätzle, bei Kaiser Rauchfleisch mit Eiern«. Dann berichtet Heuss noch, dass zwei Bekannte der SPD beigetreten seien: »Das ist jetzt Mode. Hoffentlich sind sie so einsichtig, mich trotzdem zu wählen.«[47]

Auch Walther Rathenau, der mitunter beklagt, dass man seine Hilfsangebote nicht annehme, greift in den Wahlkampf ein – allerdings in den für die preußische Nationalversammlung. Ihm ist vom Bezirksverband Niederschlesien der DDP die sechste Stelle der Kandidatenliste angeboten worden. Ob diese Position für ein Mandat reicht, ist ungewiss; Rathenau beschleicht zudem das Gefühl, interessant sei vor allem sein Name. Doch »um der Sache willen«, wie er dem DDP-Bezirksvorsitzenden von Niederschlesien am 2. Januar 1919 schreibt, werde er sich beteiligen. »Ich behalte mir vor, an geeigneten Plätzen in den nächsten 14 Tagen zu reden.«[48]

Entschlossenheit auch in Leipzig. Dort erklärt Victor Klemperer: »Ich werde die Demokraten wählen.« Seine Bekannten setzen auf die SPD, weil die Liberalen nicht regieren könnten. Klemperer hält dagegen, ein Liberaler könne ja auch gar nicht regieren, weil er den Einzelnen vertritt, während Regieren heiße, an die Masse zu denken. Aber er sehe sich ja selbst als Individuum. Gleichwohl hoffe er, dass die Liberalen mildernd wirken: »Der Liberale ist die Hefe im Kuchen.«[49]

Der neu gegründeten DDP geht es zunächst darum, in möglichst großer Stärke und mit dem besten Personal in die Nationalversammlung einzuziehen. Darüber hinaus aber stellt sich die Frage nach möglichen Bündnispartnern und damit der Haltung gegenüber der SPD. Seit Ende Dezember kursiert in der DDP-Spitze der Vorschlag, die demokratischen mit den sozialdemokratischen Listen zu vereinen. Die mögliche Kooperation diskutiert der geschäftsführende Ausschuss am 4. Januar 1919 heftig. Der Journalist Otto Nuschke meint, die DDP tue sich als neue Partei keinen Gefallen, gemeinsame Listen mit anderen, überwiegend kompromittierten bürgerlichen Gruppen zu bilden. Das würde die Wähler nur der SPD zutreiben. Ein Zusammengehen mit den Sozialdemokraten wiederum sei möglich und vielleicht auch wünschenswert – allerdings stünde dem die mancherorts noch anzutreffende Zusammenarbeit der SPD mit den Unabhängigen entgegen. Mit der USPD könne man unter keinen Umständen kooperieren.[50]

Inzwischen hat die KPD erkannt, dass der Streit um den Polizeipräsidenten ihr eine perfekte Gelegenheit zur Eskalation bietet. Die Personalie Emil Eichhorn ist ihr zwar gleichgültig; seine Entlassung entspricht vielmehr ihrer Überzeugung, dass kein Linker mit der SPD zusammenarbeiten könne. Doch der Vorgang lässt sich hervorragend nutzen. So wird den Lesern der *Roten Fahne* am 5. Januar 1919 offeriert, wie heimtückisch Ebert und Scheidemann den Unabhängigen aus dem Amt gedrängt hätten. Es gehe aber nicht nur um ihn: Die Arbeiter selbst sollten angeblich »um den letzten Rest der revolutionären Errungenschaften gebracht werden.«[51] Der demagogische Schachzug, der alle Fortschritte der vergangenen drei Monate ignoriert, verfängt: Zur Demonstration kommen einige Zehntausend Berliner. Eichhorn ergreift am späten Nachmittag in den Germania-Sälen an der Chausseestraße selbst das Wort und verkündet: »Ich habe mein Amt von der Revolution empfangen, und ich werde es nur der Revolution zurückgeben!«[52] Danach tagt zum ersten Mal der »Revolutionsausschuss« aus einigen Dutzend Linksradikalen, darunter Liebknecht, Eichhorn und Pieck.

Zur gleichen Zeit besetzen 500 bis 600 bewaffnete Spartakisten Schlüsselpositionen in der Stadt. Sie stürmen nicht nur die Redaktion des *Vorwärts*, sondern auch die Gebäude der Nachrichtenagentur *Wolff'sches Telegraphen-Bureau* sowie der bürgerlichen Verlage Mosse, Ullstein und Scherl. Die Aufständischen hindern die wichtigsten Blätter der Reichshauptstadt am Erscheinen – vom 6. Januar an werden für eine Woche weder das *Tageblatt* noch die *Vossische Zeitung* gedruckt, auch nicht die *Morgenpost*, die *B.Z.* oder der *Lokal-Anzeiger*. An der Besetzung des riesigen Ullstein-Verlages sind Männer von Eichhorns Sicherheitswehr beteiligt, die eigentlich die öffentliche Ordnung sicherstellen soll.

Auf den Maschinen des *Vorwärts* stellen Linksradikale in der Nacht eine zweiseitige Sonderausgabe her. Doch unter dem traditionsreichen Titel steht nun »Organ der revolutionären Arbeiterschaft Groß-Berlins« statt wie normalerweise »Zentralorgan der Sozialdemokratischen Partei Deutschlands«.[53] Die aus ihrem Verlagshaus vertriebenen sozialdemokratischen

Redakteure produzieren in einer anderen der über hundert Druckereien im Zeitungsviertel ein Protestflugblatt: »Man will die Freiheit töten und das freie Wort ersticken!«[54] Die bürgerliche *Berliner Börsen-Zeitung*, deren Gebäude nördlich der Leipziger Straße liegt und damit zu weit entfernt ist für die wenigen Spartakus-Anhänger, titelt: »Neue Vergewaltigungen von Zeitungsunternehmungen«.[55] Die Zeitungen sind nicht das einzige Ziel der Aufständischen: Einige Dutzend dringen in die SPD-Zentrale ein, werfen Werbematerial zur Wahl der Nationalversammlung auf die Straße und verbrennen es. Vor einem Büro der DDP gehen 56 000 Exemplare des Wahlaufrufes in Flammen auf. Ein Trupp von etwa 300 bewaffneten Matrosen bekommt den Auftrag, das preußische Kriegsministerium zu besetzen.[56]

Verwundert über die Zuspitzung ist der Sozialdemokrat Hermann Müller. Er hat die Berichterstattung über die Gründung der KPD wenige Tage zuvor genau verfolgt und weiß, dass im dort verabschiedeten Programm ausdrücklich steht: »Der Spartakusbund wird nie anders die Regierungsgewalt übernehmen als durch den klaren, unzweideutigen Willen der großen Mehrheit der proletarischen Masse in Deutschland.«[57] Von Millionen Spartakus-Anhängern aber kann Anfang Januar 1919 wirklich nicht die Rede sein. Warum hetzen Liebknecht und seine Genossen dann Arbeiter auf die Straße? Handelt es sich um »ein bisschen revolutionäre Gymnastik«, mit der die Regierung eingeschüchtert werden soll?[58]

Nicht alle Linksradikalen begrüßen die Eskalation. Ernst Däumig von der USPD und Richard Müller von den Revolutionären Obleuten zum Beispiel lehnen die Besetzung des Zeitungsviertels ab. Zwar befürworten beide grundsätzlich einen Aufstand gegen die Ebert-Regierung, aber sie halten den Zeitpunkt für verfrüht und die Aktion für taktisch unklug. Moderate Sozialisten wie Rudolf Breitscheid, Karl Kautsky und der ehemalige Volksbeauftragte Wilhelm Dittmann versuchen, zwischen dem »Revolutionsausschuss« und der Übergangsregierung zu vermitteln. Doch der Versuch scheitert an einer so selbstverständlichen wie nicht verhandelbaren Bedingung: Zuerst müssen die Aufständischen die besetzten Gebäude freigeben.

An einer Vermittlung ist der selbst ernannte »Revolutionsausschuss« zudem gar nicht interessiert. Er will wenigstens die Redaktionsräume des *Vorwärts* als Faustpfand behalten. Hermann Müller hält das für reichlich frech: Einer Regierung, die aus Sozialdemokaten besteht, und einem Zentralrat, den ebenfalls Sozialdemokraten führen, vorzuschlagen, die bürgerliche Presse freizugeben, das Organ der SPD aber nicht, könne nur als Provokation betrachtet werden. Die Stimmung ist aufgekratzt, fast hysterisch. Vor allem Liebknecht und Pieck von der KPD lassen alle Hemmungen fallen, ähnlich der USPD-Linksaußen Georg Ledebour. Rosa Luxemburg verfasst zur selben Zeit den Leitartikel für die nächste Ausgabe der *Roten Fahne* und bekennt sich unmissverständlich zum Aktionismus: »Handeln! Handeln! Mutig, entschlossen, konsequent – das ist die verdammte Pflicht und Schuldigkeit der Revolutionären Obleute und der ehrlich sozialistischen Parteiführer.« Sie schreibt auch klar, was sie sich vorstellt: »Die Gegenrevolution entwaffnen, die Massen bewaffnen, alle Machtpositionen besetzen.«[59] Also einen bolschewistischen Staatsstreich. Andere Linke lassen sich mitreißen, wollen offensichtlich nicht hinter den Kommunisten zurückstehen. Jedes Lager versucht, noch revolutionärer als die anderen zu sein. Liebknecht, Ledebour und der Obmann Paul Scholz verfassen einen kurzen Aufruf, mit dem sie den Rat der Volksbeauftragten kurzerhand für »abgesetzt« erklären. Die Begründung: »Die Regierung Ebert-Scheidemann hat sich unmöglich gemacht.«[60]

Gemäßigte Politiker wie Eduard Bernstein finden dagegen, dass sich der »Revolutionsausschuss« selbst unmöglich macht. Denn der wolle eine Regierung stürzen, die erst vor zwei Wochen von der Mehrheit der Delegierten der Arbeiter- und Soldatenräte im Amt bestätigt worden ist. Was die Spartakisten vorhaben, sei keine Revolution, »sondern der Versuch eines Gewaltaktes«. Es sei daher nicht nur das Recht, sondern auch die Pflicht der Regierung, den Aufstand niederzuschlagen, notfalls mit Gewalt. Sonst werde Deutschland in Anarchie stürzen. Warum erkenne der »Ausschuss« nicht, wundert sich Bernstein, dass die Mehrheit der Deutschen niemals für dieses Vorgehen sein werde? Es müsse an der »politischen Verranntheit und Kurzsichtigkeit« des Spartakusbundes liegen.[61]

Die Regierung verhält sich zunächst abwartend. Stehen ausreichend loyale Truppen zur Verfügung, um den Aufstand niederzuschlagen? Schnell strömen SPD-nahe Arbeiter herbei, die Waffen verlangen, um die demokratische Revolution gegen die Aufständischen zu verteidigen. In einem Aufruf fordert die Berliner SPD die Bevölkerung zum Protest »gegen die Gewalt der Spartakusbanden« auf: »Wir wollen uns nicht länger von Irrsinnigen und Verbrechern terrorisieren lassen. Es muss endlich Ordnung in Berlin geschaffen und der ruhige Aufbau des neuen revolutionären Deutschland gesichert werden.«[62]

Die gegenseitige Mobilisierung führt zu einer seltsamen Konfrontation. Am 6. Januar 1919 ziehen zwei große Demonstrationszüge durch die Stadt; die Teilnehmer des einen, vielleicht 20 000 Menschen, brüllen »Nieder mit Ebert und Scheidemann« und lassen die Weltrevolution hochleben. Die Teilnehmer der anderen, wesentlich größeren Kolonne skandieren Parolen gegen Liebknecht, aber für Demokratie und Sozialismus. Gegen elf Uhr vormittags begegnen sich beide Züge am Kemperplatz. Harry Graf Kessler findet die Situation grotesk: »Beide bestehen aus den gleichen, genau gleich gekleideten Kleinbürgern und Fabrikmädchen, schwingen dieselben roten Fahnen, marschieren den gleichen Familien-Marschtritt. Nur tragen sie verschiedene Inschriften, höhnen einander im Vorbeiziehen und werden heute noch vielleicht aufeinander schießen.«[63]

Der Regierung kommt entgegen, dass Liebknecht und Ledebour zwar die Arbeiter zum Aufstand aufrufen – aber nicht sagen, was genau sie tun sollen und welche konkreten Ziele anzustreben sind. So bleiben die Anhänger des »Revolutionsausschusses« ratlos zurück. Die Zusicherung, Tausende Soldaten würden nur darauf warten, zu den Spartakisten zu stoßen, erweist sich als leeres Gerede. Selbst die Volksmarinedivision, in deren Hauptquartier, dem Marstall, die Aufständischen untergekommen sind, erklärt sich auf einmal für »neutral« und wirft den »Revolutionsausschuss« mit den »gröbsten Schimpfwörtern« hinaus, wie Wilhelm Pieck vermerkt.[64] Die wenigen bewaffneten Kräfte, die überhaupt noch auf ihrer Seite stehen, sind mit der Besetzung der Redaktionen und weniger öffentlicher Gebäude gebunden.

Allerdings weiß die Regierung ihren Vorteil nicht zu nutzen. Ebert und Scheidemann zögern, ihre Anhänger zu bewaffnen. Andererseits kann sie die Aufständischen, die zu allen Gewalttaten bereit scheinen, nicht weiter gewähren lassen. Jemand muss die Initiative ergreifen. Am Vormittag des 6. Januar 1919 diskutieren die Mitglieder des Übergangskabinetts und ihre wesentlichen Mitarbeiter in der Reichskanzlei im Arbeitszimmer von Friedrich Ebert. Gustav Noske fordert, man müsse endlich eine Entscheidung treffen, wie man gegen den Aufstand vorgehen wolle. Irgendjemand aus der Runde gibt zurück: »Dann mach' Du doch die Sache!« Kurz entschlossen antwortet Noske: »Meinetwegen. Einer muss der Bluthund sein! Ich scheue die Verantwortung nicht!«[65] Arnold Brecht, Mitarbeiter der Reichskanzlei, versteht diesen Spruch nicht als Ankündigung, mit allen Mitteln durchzugreifen. Offenbar meint Noske, dass er voraussichtlich von der radikalen

Linken verunglimpft werde – ähnlich wie es in den vergangenen Tagen Otto Wels ergangen ist.[66] Als Volksbeauftragter für Militär und Sicherheit ist es ohnehin Noskes Aufgabe, für Ruhe und Ordnung zu sorgen; seine Ernennung zum Oberbefehlshaber aller bewaffneten Kräfte liegt nahe.

Er macht sich gleich auf den Weg zum Gebäude des Generalstabs im Spreebogen. An der Kreuzung Wilhelmstraße / Unter den Linden trifft er auf Aufständische und gewinnt den Eindruck, dass die wenigen sicher regierungstreuen Truppen in Berlin vielleicht nicht ausreichen werden, den Aufstand unter Kontrolle zu bringen. Ähnlich denkt Oberst Walther Reinhardt, der erst wenige Tage zuvor von der Demobilisierungsabteilung im Kriegsministerium auf den vakanten Posten des preußischen Kriegsministers aufgerückt ist und nun vor seiner ersten Bewährungsprobe steht. Reinhardt und Noske wollen sich nicht vorwerfen lassen, die Gefahr unterschätzt zu haben. Beide wissen: Gegen bewaffnete Scharen kann man nur etwas mit einer disziplinierten Truppe ausrichten. Der neue Oberbefehlshaber requiriert kurzerhand ein Mädchenpensionat in einem südwestlichen Vorort Berlins als Hauptquartier und macht sich daran, die Niederschlagung des Aufstandes zu organisieren.

Die Stimmung im Regierungsviertel ist angespannt; es fallen Schüsse unter anderem auf das Kriegsministerium. Ernst van den Bergh, wie viele Beamte am 6. Januar 1919 sicherheitshalber nach Hause geschickt, notiert: »Heute beginnt der zweite Akt der Revolution.« Er ist besorgt, denn er weiß: »Der ›revolutionäre‹, schlagkräftige Gedanke, die suggestive Massenparole ist drüben« – also aufseiten der Aufständischen. Mit seinem Sohn streift er herum, um sich das Geschehen im Tiergarten, dann am Potsdamer Platz und schließlich Unter den Linden anzusehen. Das ist riskant, denn überall kann jederzeit geschossen werden. Die van den Berghs sind nicht die einzigen Schaulustigen. Auf der Heimfahrt herrscht in der Hochbahn »lebensgefährliches Gedränge«.[67]

Tatsächlich sind die Berliner aufgeschreckt. »Die Zeiten sind über die Maße unruhig, fortwährend Putsche und Krawalle, wer weiß, was wir noch erleben«, notiert Betty Scholem am 7. Januar. »Während ich hier schreibe, knattern die Maschinengewehre! Die Spartakusleute haben alle großen Zeitungen besetzt, soeben sagt mir Vater, ein Garderegiment sei zu ihnen übergegangen.« Die Kämpfe im Zeitungsviertel belasten die Familie Scholem ganz direkt. Mit 65 Mitarbeitern ist ihre Druckerei kein kleiner Betrieb; hier ist ebenfalls die politische Unruhe zu spüren. »Gestern haben auch bei uns die Arbeiter um zehn Uhr aufgehört, um die Straßendemonstrationen mitzumachen«, informiert die 52-Jährige ihren Sohn. »Heute früh waren alle wieder da, um nach einer halben Stunde durch den Mund ihres Vertrauensmannes, eines Spartakiden, wieder um Demonstrationsurlaub zu ersuchen.« Als Arthur Scholem ablehnt, berufen die Arbeiter eine Versammlung ein, »in der die alten, vernünftigen Leute, besonders die aus dem Feld zurückgekehrten, den Spartakusonkel beinahe totschlugen und mit allen gegen vier Stimmen (also vier ›Spartakusse‹ im Betrieb!) die weitere Arbeitsniederlegung ablehnten.«[68]

Am gleichen Tag sitzen Kabinett und Zentralrat zusammen. Die Regierung sei dabei, verkündet Ebert, geeignete Kräfte zur Herstellung der Ordnung aufzustellen. Eduard Bernstein analysiert, dass die gewaltbereite Linke systematisch daran arbeite, die Republik nicht zu einer ruhigen Entwicklung als demokratisches Gemeinwesen kommen zu lassen.[69] Dem glauben Ebert und Noske nur mit Gegendruck begegnen zu können. Sie sind bereit, dafür Kräfte im Innern einzusetzen, die der neuen demokratischen Entwicklung im besten Falle abwartend gegenüberstehen. Aber die Spartakisten haben mit der Bewaffnung ihrer Anhänger und dem erklärten Ziel, die Regierung zu stürzen, eine solche Reaktion geradezu provoziert. Hinzu kommt: Der Aufstand ist der Höhepunkt einer Kette von Demütigungen, die Ebert nicht mehr länger hinnehmen kann. Da sind die versuchte Verhaftung der Volksbeauftragten am 6. Dezember durch einen Feldwebel und zwei Wochen später das Eindringen von Linksradikalen in den Rätekongress, der den Störern auf dem Podium Rederecht einräumen muss. Es folgen die Weihnachtsausschreitungen und die Aufrufe zum Sturz der Regierung, in der *Roten Fahne* ebenso wie auf dem KPD-Gründungsparteitag. Schließlich Polizeichef Eichhorns Weigerung abzutreten. Ebert weiß, dass er den diversen revolutionären Verbänden nicht trauen kann. Ihnen mangelt es ganz einfach an Loyalität gegenüber der Regierung, sie lassen sich von Linksradikalen instrumentalisieren. Ein unkalkulierbares Risiko sind auch die vielen Waffen, die in der Bevölkerung kursieren, und die Bereitschaft, sie zu benutzen.

Gerüchte über die Ereignisse in Berlin haben sich wie ein Lauffeuer in ganz Deutschland verbreitet. In Magdeburg versuchen rund 30 Spartakus-Anhänger, das Gerede für sich zu nutzen: Auf mehreren öffentlichen Veranstaltungen machen sie ihrem Unmut über die Regierung und die demnächst zu wählende Nationalversammlung Luft. Doch die Stimmung der Bevölkerung ist überwiegend gegen sie. Mindestens zwei Spartakisten, die zur Unterstützung aus der Reichshauptstadt anreisen, werden direkt zum Bahnhof zurückgebracht und in den nächsten Zug gesetzt. Eine gezielte Solidaritätsaktion für die Berliner Aufständischen verläuft ebenfalls im Sande. Die örtliche SPD schafft es, ihre Anhänger unter den Soldaten in drei öffentlichen Veranstaltungen zu versammeln und sie zu bewegen, der Reichsregierung ihre Unterstützung zuzusichern.

Scheinbar gut läuft es für die SPD in Bremen. Am 6. Januar 1919 steht die Neuwahl des Bremer Arbeiterrates an. Die Sozialdemokraten sehen die Chance, wieder Einfluss zu gewinnen. Da zur Wahl nur Mitglieder der beiden Arbeiterparteien und der freien Gewerkschaften zugelassen sind, wirbt man unter Angestellten und Beamten um neue Mitglieder, die sofort wahlberechtigt werden. Die Taktik geht auf: Die SPD erringt fast die Hälfte der abgegebenen Stimmen, auch wenn USPD und KPD zusammen knapp die Mehrheit verteidigen. Aufgebracht über das Vorgehen der Sozialdemokraten beantragt die USPD jedoch, nur ihre Mandatsträger und die der KPD in den Arbeiterrat aufzunehmen: Demokratische Voten akzeptieren beide Parteien nur, wenn sie ihren Vorstellungen entsprechen. Johann Knief liegt derweil mit einer bereits vereiterten Blinddarmentzündung in einer Privatklinik, betreut von seiner Lebensgefährtin Lotte Kornfeld.

In Braunschweig sind die Spartakisten noch immer uneins, wie es weitergehen soll. Am 5. Januar haben sie beschlossen, einen KPD-Ortsverband zu gründen; am nächsten Tag folgt der Rückzieher. Eine Solidaritätsdemonstration für die Berliner Aufständischen am 7. Januar führt zum nächsten Meinungswechsel: Der Arbeiter- und Soldatenrat erklärt, man werde jeden preußischen Truppentransport entwaffnen, der das Land Braunschweig Richtung Berlin durchquere. Am Rand der Demonstration wird das SPD-Büro verwüstet, ebenso die Redaktionen bürgerlicher Zeitungen; Wahlversammlungen zur Nationalversammlung werden gesprengt. In den Büssing-Lastwagenwerken beschließen Spartakus-Anhänger, ab dem 15. Januar keine SPD-Mitglieder mehr im Betrieb zu dulden.

Politische und ökonomische Forderungen werden in den ersten Januar-Tagen 1919 im Ruhrgebiet vermischt, wo für bessere Arbeitsbedingungen gestreikt wird. Die Bergarbeiter wollen die Verstaatlichung großer Betriebe durchsetzen, wie das der Rätekongress beschlossen hat. In eine ähnliche Richtung gehen Proteste in München, die Erich Mühsam und seine Mitstreiter von den Internationalen Kommunisten Deutschlands vorbereitet haben. Am 7. Januar demonstrieren Tausende Erwerbslose auf der Theresienwiese; anschließend kommt es zu Übergriffen auf das Ministerium für soziale Fürsorge. Drei Menschen sterben.

Auch in Leipzig spitzt sich die Lage zu. Victor Klemperer hält »Deutschland für endgültig verloren«, falls nicht die Regierung mit Noske als »Diktator« durchgreife.[70] In der Messestadt sorgt eine gut ausgerüstete Sicherheitswehr des Arbeiter- und Soldatenrats für Ordnung. Den Kern bilden 500 Matrosen, deren Anführer am Umsturz in Kiel teilgenommen hat. Sie sehen in der Bildung von Volkswehren den Weg zum Aufbau einer demokratischen Armee; Freikorps, also Freiwilligenverbände unter dem Kommando bisheriger Offiziere, lehnen sie ab. Am 8. Januar fordert der Leipziger Rat, deren Werbebüros zu schließen. Die Interessenten der Freikorps sind ehemalige Offiziere und andere arbeitslose Ex-Soldaten, patriotische Studenten, verarmte Bauern und Handwerker, aber auch Kriminelle. Antrieb ist vielfach materielle Not und die Aussicht auf einen geregelten Tagesablauf. Am gleichen Mittwoch beschließt der Arbeiter- und Soldatenrat aus Solidarität mit den Aufständischen in Berlin, keine Militärtransporte dorthin passieren zu lassen. Als einen Tag später ein Zug aus Süddeutschland eintrifft, gibt es beim Gefecht mit der Leipziger Sicherheitswehr auf dem Bahnhof Leutzsch sechs Tote.

Aus den Meldungen über diese und weitere Unruhen andernorts in Deutschland, etwa in Halle, zieht Werftingenieur Nikolaus Andersen in Kiel den Schluss: »Die Situation ist ziemlich kritisch für Ebert.« Am folgenden Tag fügt er hinzu: »In Berlin wächst die Spannung, und die Kämpfe werden ernst. Zahlreiche Tote und Verwundete. Die Regierung wird energisch und sammelt ergebene Truppen.« In seiner Heimatstadt sieht Andersen neu eingekleidete Soldaten, die zum Bahnhof eilen: »Von Kiel sollen mehrere tausend Mann Deckoffiziere und Unteroffiziere in Feldgrau und Stahlhelm als ›Eiserne Brigade‹ nach Berlin.«[71] Die Gerüchte um einen solchen Einsatz der Kieler Soldaten ebben nicht ab, obwohl die Regierung zusichert, die Einheit werde beim Grenzschutz im Osten eingesetzt. Ihr wahrer Auftrag werde bewusst verschleiert, weil klar sei, dass der Oberste Soldatenrat in Kiel dem nicht zustimmen werde, heißt es. Sein Chef, Karl Artelt, beschwert sich, ein Einsatz in Berlin widerspreche »den Abmachungen«.[72] Es ist seine letzte Aktion. Aufgerieben vom Streit mit Noske und isoliert wegen seiner Agitation für die neue KPD, resigniert Artelt und geht in seine Heimatstadt Magdeburg zurück.

Gemäßigter geht es in Baden zu. So breit die provisorische Regierung dort mit ihrem politisch aus nahezu allen Lagern kommenden Ministern aufgestellt ist, fehlt es ihr doch an Legitimation. Das hat bislang nicht wirklich gestört, Innenminister Ludwig Haas hat Baden wiederholt als ein »Musterland« bezeichnet. Doch Regierungschef Anton Geiß ahnt, dass sich die Frage der Rechtmäßigkeit auch im Süden Deutschlands stellen wird.[73] Die Wahl zur badischen Nationalversammlung am 5. Januar 1919 bringt jede Menge Überraschungen. Sieger wird das Zentrum mit 36,6 Prozent und 39 Sitzen; im Amtsbezirk Offenburg kommt die katholische Partei sogar auf 58,8 Prozent, in Freiburg auf 40,4 Prozent. Die SPD erzielt 32,1 Prozent und 36 Sitze, die DDP 22,8 Prozent und 25 Sitze. Wenigstens in ihrer Hochburg Mannheim kommen die Sozialdemokraten mit 50,9 Prozent auf die absolute Mehrheit. Großer Verlierer ist die USPD, die keinen einzigen Sitz erhält. Die beiden unabhängigen Minister treten daher zwei Tage nach der Wahl zurück. Bei der Zusammensetzung der badischen Nationalversammlung sei es nicht möglich, »dass die Errungenschaften der Revolution gewahrt und weiter ausgebaut werden«.[74] Dass genau diese demokratische Wahl eine der wichtigsten Erfolge des Umsturzes ist, ignorieren die beiden Ex-Minister.

Der Sozialdemokrat Anton Geiß setzt als Regierungschef mit den anderen Parteien seine Arbeit fort, Ferdinand Kopf von der Zentrumspartei wird der erste demokratisch legitimierte Parlamentspräsident Badens. Erstmals ziehen Frauen mit in die Versammlung ein, bei der DDP beispielsweise Marianne Weber, die Frau des Soziologen Max Weber. Die neue Abgeordnete, die auch Schriftführerin wird, erlebt die konstituierende Versammlung am 15. Januar voller Stolz, weil die weiblichen Abgeordneten »es durchgesetzt hatten, gleich bei dieser Gelegenheit als Rednerinnen auftreten zu dürfen«.[75]

Wenig an der Lage geändert hat sich in der Reichshauptstadt. Die Redaktionen der bedeutendsten Zeitungen sind weiterhin von Spartakisten besetzt, »offenbar, um das Recht des freien Wortes zu betonen«, wie Ernst van den Bergh sarkastisch bemerkt.[76] Das Regierungsviertel entlang der Wilhelmsstraße sperrt eine Postenkette ab, die teilweise mit nackten Fäusten Attacken von Spartakus-Anhängern abwehren muss. Friedrich Ebert fürchtet, dass die Aufständischen die Reichskanzlei besetzen könnten. Deshalb wendet sich die Regierung noch einmal an die Öffentlichkeit: »Mitbürger! Spartakus kämpft jetzt um die ganze Macht. Die Regierung, die binnen zehn Tagen die freie Entscheidung des Volkes über sein eigenes Schicksal herbeiführen will, soll mit Gewalt gestürzt werden. Das Volk soll nicht sprechen dürfen, seine Stimme soll erstickt werden.« An Klarheit lässt es der Text nicht mangeln: »Gewalt kann nur mit Gewalt bekämpft werden.« Der »Anarchie« werde ein »Ende gemacht«. Der Aufruf endet mit der Ankündigung: »Die Stunde der Abrechnung naht.«[77]

Tatsächlich herrscht am 8. Januar in Teilen der Berliner Innenstadt Anarchie. Am Brandenburger Tor gibt es bei Schießereien Tote, ebenso am Anhalter Bahnhof; im Zeitungsviertel errichten Spartakisten Barrikaden aus großen Papierrollen. Käthe Kollwitz sieht bewaffnete Arbeiter, abgerissene Soldaten, Halbwüchsige. Ein alter Zeitungsverkäufer preist das USPD-Blatt *Freiheit* an, flüstert einem Käufer aber zu, unter dem Kaiser sei es doch besser gewesen, um dann wieder zu skandieren: »Die *Freiheit*! Die *Freiheit*!«[78] Hans Kollwitz denkt darüber nach, sich für die Regierungstruppen anwerben zu lassen; seine Mutter ist zu aufgeregt, um im Atelier zu arbeiten.

Für den nächsten Tag sind neue Vermittlungsversuche angesetzt. Doch weitere Schießereien stören die Atmosphäre. Regierungsnahe Pioniereinheiten stürmen die besetzte Eisenbahndirektion; darin sehen die Aufständischen einen Bruch der Abmachungen aus vorherigen Schlichtungsgesprächen. Das KPD-Blatt *Rote Fahne* heizt die Stimmung weiter an, Rosa Luxemburg fordert im Leitartikel: »Zu den Waffen!« In kraftvollen Worten verlangt sie die »Abrechnung« mit den andersdenkenden Anhängern der Übergangsregierung, und weil sie gerade dabei ist, auch gleich noch die »Liquidierung der USPD, die als Schutzwand der Ebert-Scheidemann fungiert«.[79]

Doch die radikale Botschaft verfängt nicht. Allerorten stoßen die Aufständischen auf Widerstand. Die Mitarbeiter der besetzten Druckereien weigern sich, deren Pamphlete herzustellen. Überhaupt zeigen viele Arbeiter aus Berliner Großbetrieben, dass sie wenig von dem Aufstand halten; sie wollen Ruhe und Ordnung statt Blutvergießen. Gerüchte kursieren, nach denen sich die Arbeiter der Reichshauptstadt in einer großen Demonstration versöhnen könnten, ohne Rücksicht auf ihre Anführer. Käthe Kollwitz fallen Plakate mit der Parole »Einigkeit!« auf. Doch sie kauft sich auch einen *Roten Vorwärts*, das von Aufständischen auf den Maschinen des SPD-Verlages gedruckte Blatt. Darin wird zum »Kampf bis zum Letzten« aufgerufen.[80] Das USPD-Blatt *Freiheit* fordert: »Ende dem Brudermord!«, während die *Rote Fahne* titelt: »Auf zum Generalstreik!«[81]

In der Nacht zum 10. Januar 1919 trifft die »Eiserne Brigade« aus Kiel in Berlin ein; die Noske-treuen Matrosen werden im Umland untergebracht. Auch Sozialdemokraten, meist mit Fronterfahrung, bilden Freiwilligen-Einheiten, um die Regierung zu verteidigen. Die Schutzwehr hat bald eine Stärke von drei Regimentern. Doch Ebert zögert, sie einzusetzen. Soll der Aufstand der Linksradikalen wirklich mit militärischer Gewalt beendet werden? Ist das die einzige Möglichkeit?

In anderen Regionen Deutschlands ist die Lage an diesem Freitag sehr unterschiedlich. Während in Leipzig die Bürger in Cafés, Konzerten oder der Bibliothek sitzen, viele auch über die bevorstehende Wahl zur National-versammlung nachdenken, herrscht in Bremen Ausnahmezustand. Die ört-liche SPD hat ihren Erfolg bei der Wahl des Arbeiterrates nur drei Tage lang genießen können, denn am 10. Januar rufen KPD-Anhänger bei einer Mas-sendemonstration die Räterepublik aus. Vorsitzender des dreiköpfigen Ra-tes der Volkskommissare wird Bremens USPD-Chef Alfred Henke, der das Amt aber nur widerwillig annimmt, weil er sich überrumpelt fühlt. An seine Seite wird der schwer kranke Johann Knief gewählt, der frisch operiert im Krankenhaus liegt – und der seine Genossen vor isolierten Aktionen aus-drücklich gewarnt hat. Zu den ersten Handlungen der »Selbstständigen Sozialistischen Republik« Bremen gehört es, Telegramme zu verschicken: Eines geht an die Regierung Ebert in Berlin, die zum Rücktritt aufgefordert wird; ein anderes ist eine Grußadresse an die Räteregierung in Moskau. Au-ßerdem werden Bremens Senat und Bürgerschaft für endgültig abgesetzt erklärt, die SPD-Vertreter müssen den Arbeiterrat verlassen. Das Bürger-tum soll ent- und die Arbeiterschaft bewaffnet werden. Bürgerliche Zeitun-gen dürfen fortan erst nach Zensur erscheinen, die Sperrstunde wird auf 21 Uhr vorgezogen. Die Familie von Gabriele Kaetzler nimmt die Bremer Räterepublik mit Begeisterung auf; die Mutter schreibt aus Bayern an ihre Tochter Wise: »Nun höre: In Bremen ist der Kommunist am Ruder.« [82] Und da Wise mit einer Reise nach Bremen liebäugelt, will Gabriele Kaetzler gleich ihre Freundin Lotte Kornfeld informieren, die noch immer Johann Knief pflegt.

Um eine ähnliche Aktion in München zu verhindern und die für den 12. Januar 1919 geplante Landtagswahl nicht zu gefährden, lässt Minister-präsident Kurt Eisner prominente Linke verhaften, darunter den KPD-Mit-gründer Max Levien, Erich Mühsam und Hilde Kramer, die Pflegetochter von Gabriele Kaetzler. Die junge Frau wird nach Stadelheim gebracht, jenes

Gefängnis, aus dem Eisner wenige Monate zuvor selbst entlassen worden war. Diese Wendung ist für Hilde eine herbe Enttäuschung; »die kleine vergitterte Zelle, der stinkende Toiletteneimer, die Rücksichtslosigkeit, mit der mir sofort nach Ankunft alle meine persönlichen Besitztümer, einschließlich Armbanduhr und Handtasche, entrissen wurden«, schockieren sie.[83] Demonstranten ziehen vor Eisners Amtssitz und fordern die Freigabe der Festgenommenen. Er muss schließlich nachgeben und verkündet den Protestierenden vom Balkon: »So holt sie euch, in Gottes Namen! Sie sind enthaftet!«[84]

Gustav Landauer hängt weiter der Idee von Vereinigten Republiken Deutschlands nach, worin Berlin keine zentrale Rolle mehr spielen soll. Eine solche Konstruktion könne die Wahl einer Nationalversammlung noch überflüssig machen, hofft er. An Eisner schreibt Landauer, die Revolution brauche eine neue große politische Parole, um nicht zwischen Parteiparlamentarismus und sozialem Aufruhr zerrieben zu werden. Bayern müsse die Führung übernehmen: »In dieser Sache ist alles, echte Demokratie und echter Sozialismus verbunden, alles, was wir retten und bauen wollen.« Eisner könne so auch die Spartakusleute zurückgewinnen, »es sind führerlose oder übel missgeleitete Radikalinskis, aber wir werden sie brauchen«. Für einen Unsicherheitsfaktor hält er die erstmals stimmberechtigten Frauen. »Die Weiber werden das Zentrum zum Sieg führen«, sagt er mit Blick auf die Wahl in Baden.[85] Landauer befürchtet, dass durch die Landtagswahl in Bayern reaktionäre Kräfte ans Ruder kommen: »Ein Parlament dieser Art muss aber auseinandergejagt werden.«[86]

Tatsächlich auseinandergejagt werden in der Nacht zum 11. Januar 1919 die Aufständischen in Berlin. Regierungstruppen beginnen mit dem Sturm auf das *Vorwärts*-Gebäude. Schüsse fallen, Dutzende Menschen sterben. Darunter sind einige Parlamentäre der Besetzer, die über Bedingungen für einen Abzug verhandeln wollen, aber gefangen genommen und erschossen werden – ein schwerer Verstoß gegen jedes geschriebene und ungeschriebene Gesetz: Die Saat der Gewalt geht auf. Bald wird an verschiedenen Brennpunkten der Stadt um besetzte Gebäude gerungen. Anders als bei den Weihnachtskämpfen um Stadtschloss und Marstall sind die Regierungstruppen diesmal vorbereitet und absolut überlegen ausgerüstet; die Aufständischen haben keine Chance. An der Spitze einer neu zusammengestellten Freiwilligentruppe marschiert Gustav Noske in die Innenstadt. Ihr Einsatz ist nicht nötig, doch er will Macht demonstrieren. In einem

Aufruf wirbt er für Verständnis für sein hartes Vorgehen: »Ich bürge dafür, dass kein unnützes Blut vergossen wird. Ich will säubern, nicht vernichten. Ich will Euch mit dem jungen republikanischen Heere die Freiheit und den Frieden bringen. Die Einigung der Arbeiterklasse muss gegen Spartakus erfolgen, wenn Demokratie und Sozialismus nicht untergehen sollen.«[87]

Am längsten wird um das Polizeipräsidium am Alexanderplatz gekämpft. Die Zugänge sind mit Möbeln, Aktenbündeln und Steinen verbarrikadiert. 30 Maschinengewehre stehen den Besetzern zur Verfügung, die Regierungstruppen setzen dagegen Artillerie ein. Emil Eichhorn hat sich abgesetzt und verhandelt von seinem neuen Hauptquartier aus, einer nahe gelegenen Brauerei, zum Beispiel mit Druckern in besetzten Verlagshäusern, denen er die Freigabe der bürgerlichen Presse anbietet, sofern er einen Zensor einsetzen darf und niemand dessen Arbeit behindert. Angesichts der Lage ein absurdes Angebot, auf das niemand eingeht.

Am Sonntag, dem 12. Januar 1919, ist der Aufstand endgültig gebrochen. Allerdings zu einem hohen Preis: Rund 160 Menschen haben ihr Leben verloren, etwa 1000 Aufständische werden inhaftiert – darunter Georg Ledebour. Karl Liebknecht, Rosa Luxemburg und Wilhelm Pieck dagegen entziehen sich der Festnahme zunächst, bleiben aber bei ihrer aufrührerischen Propaganda. Denn die Regierungstruppen verhindern zunächst eben nicht das Erscheinen des KPD-Blattes *Rote Fahne*, dessen Schriftleitung laut eigenen Angaben im Zeitungskopf weiterhin die untergetauchten Liebknecht und Luxemburg innehaben. »Und dennoch siegt die Revolution!«, lautet die relativ klein gesetzte Überschrift am 12. Januar 1919 – eine erstaunliche Behauptung angesichts der Niederschlagung des Aufstandes.[88]

Bei den meisten Berlinern sitzt das Erschrecken tief. »Rot-Kreuz Flaggen werden über das Kampffeld geschwenkt. Essenholer schleichen gedeckt vorüber und werden beschossen. Feldküchen rollen an. Nur die Erdrinnen der Gräben fehlen«, beschreibt die *Vossische Zeitung* in ihrer ersten Ausgabe nach dem Ende der Besetzung des Ullstein-Verlages die Szenerie wie nach einem Frontbesuch. »Mitten in der Friedrichstadt erinnert man sich der wohlvertrauten Inschriften: ›Eingesehene Stelle!‹, ›Achtung! Flankenfeuer!‹ Die Berliner haben sich schnell an diese neuen Einrichtungen gewöhnt. Im ersten Augenblick waren sie verblüfft, aber nach ein paar Tagen nahmen sie Deckung, sprangen, liefen, duckten sich. Schüsse imponierten ihnen nicht mehr. Augen und Ohren begannen bereits abgestumpft zu werden.«[89]

Betty Scholem informiert ihren Sohn Gerhard: »Wir haben eine unbeschreibliche Woche hinter uns, unheimlich im größten Grade. Es scheint jedoch, als sei Spartakus jetzt überall vertrieben, diese Schreckensherrschaft war furchtbar.« Ein Detail betont sie besonders: »Unsere gute alte Normal-Uhr auf dem Spittelmarkt hat auch einen Schuss ins Zifferblatt und ins Herz gekriegt, und unserem Wurscht-Maxe Kretschmer sind zwei Kugeln in den Laden geflogen und durchbohrten seine Milz, zum Glück nur die auf dem Ladentisch.« Betty Scholems Meinung über die Aufständischen ist eindeutig: »Unter den Spartakisten sind nur Verbrecher, Wirrköpfe und Jungvieh, das mitläuft!«[90]

Nicht nur in der Reichshauptstadt erleidet die radikale Linke am 12. Januar 1919 eine schwere Niederlage. Auch in München erlebt sie an diesem Sonntag eine Überraschung. Bei der Landtagswahl erringt die Bayerische Volkspartei, der regionale, gleichzeitig konservativere wie sozialere Ableger des Zentrums, mit 35 Prozent den Sieg. Sie erhält 58 Sitze, während die SPD mit 52 Mandaten zweitstärkste Fraktion wird. Liberale Parteien erzielen 27 Sitze, vier Fünftel davon gehen an die DVP. Der Bauernbund zieht mit 16 Abgeordneten in den Landtag ein, während die USPD nur 2,5 Prozent der Stimmen erhält und damit drei Sitze; die bayerische KPD ist gar nicht erst angetreten, sondern verweigert sich dem parlamentarischen System komplett.[91] Wie Gustav Landauer befürchtet hat, sind offenbar besonders viele Frauen tatsächlich der Empfehlung ihrer Dorfpfarrer gefolgt. Damit ist klar: Die Zeit des Ministerpräsidenten Kurt Eisner läuft ab, auch wenn er vorerst im Amt bleibt, weil sich die Koalitionsverhandlungen zwischen SPD, DVP und Bauernbund hinziehen. Gabriele Kaetzler deprimiert diese Entwicklung, zumal sie sich auch um den kranken Freund Knief in Bremen und die Liebknechts in Berlin sorgt. Am 13. Januar schreibt sie ihrer Tochter Wise: »Ich hab heute früh im Zug die Nachrichten aus Berlin gelesen: Spartakus diesmal geschlagen.«[92]

Nur vermeintlich einen Erfolg erzielen am 12. Januar die Linksradikalen in Bremen. Denn zwar beschließt die selbst ernannte Übergangsregierung unter Alfred Henke, dass Bremen am kommenden Sonntag nicht an der Wahl der Nationalversammlung teilnehmen solle. Doch schon am nächsten Tag kippt der Arbeiter- und Soldatenrat diese Entscheidung, mit den Stimmen der USPD und unterstützt von nicht parteigebundenen Soldaten, die sich zudem an der zunehmenden Zahl bewaffneter Arbeiter stören. Uniformierte der Bremer Garnison besetzen Brücken, den Marktplatz und den

Hauptbahnhof; Marinesoldaten stoßen zur Großwerft AG Weser vor, unter deren Belegschaft die Kommunisten viele Anhänger haben. Auf dem Betriebsgelände kommt es zu Schießereien zwischen Soldaten und bewaffneten Arbeitern; es gibt Tote und Verletzte. Bremen steht kurz vor einem Bürgerkrieg. Lotte Kornfeld berichtet Gabriele Kaetzler: »In Bremen sind gestern die ersten Schüsse gefallen. Ich höre sie von Kniefs Krankenzimmer aus. Die Kämpfe waren wenige Meter von uns. Es geht um die Bewaffnung des Proletariats, für und wider.« Die Arbeiter wollen ihre Waffen »um keinen Preis« abgeben. Kornfeld rechnet mit einer Eskalation: »Am Wahltag wird der Kampf entbrennen, riesenhaft, überall im Reich. Das scheint mir gewiss.«[93] Angesichts solcher Zustände führen Vertreter der Bremer Bürgerschaft und des abgelösten Senats in Berlin insgeheim Verhandlungen über ein eventuelles Eingreifen des regulären Militärs. Doch bis zum 19. Januar will niemand Verantwortung übernehmen und gegen die Aufständischen vorgehen.

Auch in Kiel zeigt sich der geringe Rückhalt der Linksradikalen. Als Nikolaus Andersen aus Neugier eine Versammlung von Spartakus-Anhänger besucht, fällt ihm auf, dass der Saal nur mäßig besucht ist; umso wütender treten die Redner auf. Am 13. Januar 1919 kann die USPD rund 3000 Anhänger zu einer Protestkundgebung gegen die Niederschlagung des Berliner Aufstandes mobilisieren, auf der Plakate mit Aufschriften wie »Generalhenker Noske« oder »Fort mit Brudermord« für Aufsehen sorgen. Gleichzeitig schiebt sich jedoch ein »Riesendemonstrationszug« durch die Stadt. Mehr als 30 000 Teilnehmer sind dem Aufruf der SPD, die Andersen scherzhaft in Abgrenzung von den Unabhängigen Sozialdemokraten die »Abhängigen« nennt, und der DDP gefolgt.[94]

Braunschweig ist in diesen Tagen die der Reichshauptstadt nächstgelegene Hochburg der Linksradikalen. Deshalb flieht Emil Eichhorn hierher, nachdem seine Position in Berlin unhaltbar geworden ist. Und er mischt gleich mit: Sepp Oerter verfolgt die Idee, eine »Nordwestdeutsche Bundesrepublik« mit zehn Freistaaten als sozialistisches Gegengewicht zur Politik der Reichsregierung zu gründen; Eichhorn liefert den Entwurf einer Verfassung. Für den 25. Januar werden Vertreter von Arbeiter- und Soldatenräten aus dem gesamten Norden und dem Ruhrgebiet eingeladen.

In der Reichshauptstadt läuft derweil die Suche nach den Verantwortlichen für den Spartakus-Aufstand. Georg Ledebour von der USPD sitzt seit dem 12. Januar in Haft, der Kommunist Paul Levi ist einen Tag später verhaftet worden. Nach den übrigen Köpfen der KPD wird gefahndet, neben Wilhelm Pieck besonders nach Karl Liebknecht und Rosa Luxemburg. Die beiden sind untergetaucht, verstecken sich zunächst in Neukölln und anschließend, als sie dort auffallen, im bürgerlichen Wilmersdorf. Ihr Quartier ist die Wohnung des Kaufmanns Siegfried Marcusson, eines USPD-Mitglieds, dessen Sohn zu den Aufständischen gehört hat.

In der Reichshauptstadt laufen wilde Gerüchte um, darunter die Behauptung, auf die Köpfe ihrer Anführer seien 100 000 Mark ausgesetzt – tot oder lebendig. Auch kursieren Flugblätter, auf denen es heißt: »Das Vaterland ist dem Untergang nahe. Rettet es! Es wird nicht von außen bedroht, sondern von innen: von der Spartakusgruppe. Schlagt ihre Führer tot! Tötet Liebknecht.«[95] Verantwortlich für diesen Mordaufruf ist eine »Antibolschewistische Liga«, die nicht nur gegen Linksradikale hetzt, sondern ebenso gegen die demokratische Revolution und die SPD. Das ist typisch für den aufgeschaukelten Hass der linken und rechten Extremisten aufeinander.

Offiziell gibt es keine Belohnung, doch tatsächlich hat der für die Sicherheit zuständige Volksbeauftragte Gustav Noske rund 50 loyale Offiziere in die Postämter Berlins und der Vorstädte geschickt, um nach den gesuchten Spartakus-Anführern zu suchen. Er weiß, dass die Untergetauchten Kontakt halten zu ihren Anhängern, zum Beispiel mit der Redaktion der *Roten Fahne*. Das KPD-Blatt veröffentlicht in seiner Ausgabe vom 15. Januar 1919 einen namentlich gezeichneten Leitartikel von Karl Liebknecht mit der Überschrift »Trotz alledem!« Darin steigert er in der Niederlage die Botschaft des Hasses noch, die seit Wochen die Propaganda der KPD bestimmt: »Jawohl! Sie wurden geschlagen. Denn sie wurden verlassen von den Matrosen, von den Soldaten, von den Sicherheitsmannschaften, von der Volkswehr, auf deren Hilfe sie fest gebaut hatten.« Eine »ungeheure gegenrevolutionäre Schlammflut aus den zurückgebliebenen Volksteilen und den besitzenden Klassen« habe die Aufständischen »ersäuft«. Von Einsicht in den grundsätzlichen Irrtum des Aufstandes gibt es keine Spur – stattdessen hebt Liebknecht seine ganz persönliche Fehlentscheidung, die Proteste gegen Eichhorns Absetzung zu eskalieren, in den Rang einer höheren Wahrheit. »Jawohl, sie wurden geschlagen. Und es war historisches Gebot, dass sie geschlagen wurden. Denn die Zeit war noch nicht reif.«[96]

Für eine andere Forderung scheint die Zeit reif zu sein – das glauben zumindest die Linksradikalen: die Verstaatlichung ganzer Industriezweige.

»Die Arbeitslosigkeit ist immens. Die Arbeitsunlust auch. Spartakistische Ideen stecken immer neue Kreise von Menschen an«, konstatiert Käthe Kollwitz. Überall werde gestreikt, in den Bergwerken des Ruhrgebietes und Schlesiens, in der Reichshauptstadt. Kollwitz notiert verbittert: »Dieselbe Profitgier, die die Bürgerlichen aus der Kriegsnot Gewinn schlagen ließ, zeigen jetzt die Arbeiter. Kein Gemeinsinn und keine Einsicht.«[97]

In Braunschweig haben vor allem Frauen in der Metallindustrie nach der Demobilisierung des Heeres ihre Arbeitsplätze verloren. Streiks um Lohnerhöhungen, die Abschaffung der Akkordarbeit und mangelnde Versorgung mit Rohstoffen beeinträchtigen die Produktion zusätzlich. Sepp Oerter entwirft einen Sozialisierungsplan und bringt eine Kontrolle der Unternehmen durch Betriebsräte ins Spiel, doch nur eine Firma greift die Idee auf. In der Germaniawerft in Kiel wird für eine Arbeitszeit von sieben Stunden oder 7,5 Stunden gestreikt. Außerdem beschäftigt die Belegschaften der Unternehmen in der Stadt das Gerücht, sie sollen drei Prozent vom Gehalt für die Gekündigten zahlen.[98] In Sachsen verpufft die Erhöhung der Löhne angesichts steigender Lebenshaltungskosten. Lohnkämpfe gibt es auch in Magdeburg, nachdem einige Arbeitgeber die Einführung des Achtstundentages hinauszuzögern versucht haben. Als die letzten Frontsoldaten empfangen werden, stürmen Hunderte Arbeitslose den Platz und drängen zum Rednerpult des Empfangskomitees, um auf ihre Lage aufmerksam zu machen.[99]

Im Ruhrgebiet ist es Bergleuten aus Duisburg-Hamborn gelungen, ihre zum Teil gewaltsamen Proteste auf das westliche Ruhrgebiet auszuweiten und Anhänger vor allem bei jungen Arbeitern und Zuwanderern, überwiegend aus Polen, zu finden. Am 10. Januar streiken mehr als zehn Prozent der Bergleute aller Zechen, was zu Engpässen bei der Versorgung führt.[100] Daher wird der Essener Arbeiter- und Soldatenrat aktiv und setzt eine Kommission ein, die diese wilden Streiks eindämmen soll, paritätisch besetzt mit je drei Mitgliedern aus SPD, USPD und KPD. Die ungewöhnliche Einheit der drei Arbeiterparteien folgt allein dem Bemühen, den Einfluss auf die Arbeiter nicht zu verlieren. Die Vorschläge der Kommission sehen ein hierarchisch strukturiertes Rätesystem in den Zechen und mehr Mitspracherechte vor, um Produktion und Absatz der Kohle zu kontrollieren. Gewerkschaften, selbst liberale und christliche, unterstützen den Kurs, weil es offensichtlich noch gar nicht um die Sozialisierung gehen soll, die sie ablehnen, sondern um Kontrolle. Das kommt beim Zechenverband jedoch nicht gut an, dessen Vorsitzender Alfred Hugenberg sich weigert, mit dem von der Kommission eingesetzten Volkskommissar für Sozialisierung überhaupt zu sprechen. Ihm Einblick in den Geschäftsbetrieb zu ermöglichen, lehnt Hugenberg erst recht ab. Auch die Regierung in Berlin ist gegen die geplanten Steiger-, Revier- und Zechenräte. Rudolf Wissell, im Rat der Volksbeauftragten für Wirtschaft zuständig, nennt ein solches Ansinnen »naiv«.[101] Der Schriftsteller Heinrich Mann hat dagegen Verständnis für den Traum einer anderen Wirtschaftsordnung, hinter dem der Wunsch nach mehr Gerechtigkeit stehe. Gleichwohl warnt er die Sozialisten, selbst ungerecht zu werden. »Wolltet ihr die Sozialisierung nur Eurer zufälligen Macht verdanken, anstatt der Einsicht und dem Gewissen der Meisten, ihr würdet nichts gewonnen haben.« Die Durchsetzung gegen den Willen der Mehrheit sei nichts anderes als Diktatur.[102] Die Lage bleibt angespannt, weil Delegierte aller Arbeiter- und Soldatenräte aus dem rheinisch-westfälischen Industriegebiet am 13. Januar beschließen, die Sozialisierung des Bergbaus doch sofort zu beginnen. Zwar kehren die meisten Streikenden zu ihrer Arbeit zurück, weitere Aktionen sind aber nur eine Frage der Zeit. In München wird ebenfalls über die Sozialisierung gestritten. Kurt Eisner will Schlüsselbetriebe durchaus enteignen, aber angesichts der prekären Situation nicht sofort. Bei einer Zwangssozialisierung rechnet er mit neuen Unruhen.

Andere Gründe hat die angespannte Wirtschaftslage in Bremen. Dort ziehen Banken ihre wirksamste Karte, um der Räteregierung etwas entgegenzusetzen: Sie lassen den Geldfluss versiegen. Am 12. Januar teilt der Direktor der Generalkasse der Räteregierung mit, dass die Mittel nur noch für zwei Wochen reichen, die Kommune stehe vor der Zahlungsunfähigkeit. Eine Enteignung der Goldvorräte und die Ausgabe eigener Bremer Geldscheine werden verworfen. Einzige Lösung: Kredite. Am 16. Januar verkünden jedoch die Landes- und die Berliner Banken, dass Bremen keine Darlehen erhalte. Zwei Tage später erklären auch die Bremer Institute, dass sie kein Vertrauen in die Räteregierung hätten. Bedingungen für ein Entgegenkommen sind die freie Wahl einer Volksversammlung, ein Ende der Zensur der bürgerlichen Presse und des Belagerungszustands. Die linksradikale Regierung beugt sich und ruft für den 9. März zur Wahl auf – gegen die KPD. Das Rätesystem hat auf ganzer Linie versagt.

In Berlin will der Rat der Volksbeauftragten die Anführer des Aufstandes, vor allem Liebknecht und Luxemburg, baldmöglichst vor Gericht stellen lassen. Am Abend des 15. Januar verschaffen sich fünf Männer der wenige Tage zuvor gegründeten inoffiziellen »Bürgerwehr Wilmersdorf« Zutritt zur Wohnung Marcussons; sie kommen auf einen mysteriösen Hinweis hin. Liebknecht versucht noch, sich als Siegfried Marcusson auszugeben und die Wohnung zu verlassen, doch er trägt einen Ausweis auf seinen eigenen Namen bei sich. Rosa Luxemburg dagegen bekennt sich geradezu trotzig – als einer der Bürgerwehr-Männer sie mit »Fräulein Luxemburg« anspricht, antwortet sie: »Nicht Fräulein Luxemburg, sondern Frau Luxemburg.«[103] Wenig später klingelt Wilhelm Pieck an der Wohnungstür, um den beiden KPD-Anführern falsche Papiere zu bringen. Auch er wird festgenommen.

Alle drei werden ins Eden-Hotel gegenüber dem Zoologischen Garten gebracht, das Hauptquartier der Garde-Kavallerie-Schützen-Division, einer Mischung aus regulärer Truppe und Freikorps. Hier werden sie auf Anweisung von Hauptmann Waldemar Pabst, des Stabschefs und eigentlichen Kopfes der Division, vernommen und gedemütigt sowie misshandelt. Pieck, obwohl ein führender Funktionär der KPD, kommt frei. Entweder es gelingt ihm, sich selbst als unbedeutenden Kurier darzustellen – oder er verrät den Gardeoffizieren im Austausch für seine Freiheit andere Verstecke.[104] Liebknecht und Luxemburg sollen beide ins Zellengefängnis Moabit gebracht werden, um hier auf ihren Prozess zu warten.[105] Doch die mit dem Transport beauftragten Soldaten töten sie kurz vor Mitternacht. Liebknechts Körper wird als angeblich »unbekannter Toter« abgeliefert, Luxemburgs Leiche in den Landwehrkanal geworfen.[106] Die Behauptung, Liebknecht sei auf der Flucht erschossen und Luxemburg von Passanten vor dem Hotel Eden gelyncht worden, erweist sich als frei erfunden; allerdings wird diese vorsätzliche Lüge vorher noch als amtliche Version verbreitet.[107]

Am folgenden Morgen erfährt die Regierung, dass die beiden Festgenommenen nicht im Gefängnis angekommen sind. Vormittags kommt Noske in die Reichskanzlei und findet den Volksbeauftragten Otto Landsberg »ganz verstört« vor. Er ist der Ansicht, der gewaltsame Tod von Liebknecht und Luxemburg sei »überhaupt nicht zu überstehen«. Der robustere Noske beurteilt die Lage »sehr viel kühler«. Allerdings erwartet auch er, dass der Doppelmord ein »Höchstmaß an Agitation und Aufreizung durch die eben geduckten Unabhängigen und Spartakusleute« erwarten lasse.[108] Das ist untertrieben: Durch ihren gewaltsamen Tod werden die beiden Spartakus-Anführer noch am selben Tag zu Märtyrern, deren Verantwortung für die blutigen Kämpfe während des Aufstandes mit rund 160 Toten völlig in den Hintergrund tritt. Käthe Kollwitz eilt ins Leichenschauhaus, um Liebknecht auf dem Totenbett zu zeichnen; sie nennt die Tat »niederträchtig« und »empörend«.[109]

Philipp Scheidemann erfährt von Liebknechts und Luxemburgs gewaltsamen Ende in Kassel. In einer SPD-Versammlung reagiert er unmittelbar darauf: »Ich bedaure den Tod der beiden aufrichtig.« Zugleich hält er aber fest: »Sie haben Tag für Tag das Volk zu den Waffen gerufen und zum gewaltsamen Sturz der Regierung aufgefordert. Sie sind nun selbst Opfer ihrer eigenen Terrortaktik geworden.«[110] Ganz ähnlich urteilt Harry Graf Kessler: »Nicht der Tod selbst, aber die Art des Todes wirkt konsternierend. Sie haben durch den Bürgerkrieg, den sie angezettelt haben, so viele Leben auf dem Gewissen, dass an sich ihr gewaltsames Ende logisch erscheint.«[111]

Trotzdem ist der Doppelmord genau das Signal, das die Regierung unmittelbar vor den Wahlen zur Nationalversammlung nicht braucht. Denn sie lässt die Hoffnung auf einen reibungslosen Ablauf der Abstimmung schwinden. In Leipzig sorgt sich Victor Klemperer: »Die jetzige Regierung wird zerrieben werden im Aufeinanderprallen linker Verzweiflung und rechter Erbitterung. Mir ahnt eine Militärdiktatur.«[112] Die örtliche USPD ruft für den 18. Januar zum Protest auf; nahezu alle Leipziger Betriebe folgen: Fast 100 000 Menschen strömen auf den Augustusplatz. In Magdeburg bekommt die recht reibungslose Zusammenarbeit von SPD und USPD nach Liebknechts und Luxemburgs Ende Risse. Den Unabhängigen gelingt es, gegen SPD und Gewerkschaften einen Sympathiestreik für die Ermordeten zu organisieren. Bis zu 20 000 Menschen nehmen teil, darunter viele SPD-Anhänger, die allerdings die Kundgebung verlassen, als dazu aufgefordert wird, zum Verlagsgebäude der SPD-Zeitung *Volksstimme* zu ziehen.[113] Denn das erinnert doch zu sehr an das Vorgehen der Aufständischen in der Reichshauptstadt. Auch andernorts treibt der Doppelmord die beiden sozialdemokratischen Parteien noch einmal weiter auseinander. Der allgemein abgelehnte Berliner Aufstand hat in Braunschweig zunächst zu einer Annäherung von SPD und USPD geführt, doch damit ist es am 16. Januar 1919 vorbei. Einen Tag später ruft in Bremen ein Soldat einer Trauerversammlung zu: »Wir wollen dem Bürgertum bekannt geben: Wenn einer der Unseren fällt, werden zehn dieser Konterrevolutionäre fallen.«[114] Am

Das durch Beschuss beschädigte Berliner Stadtschloss.

Barrikadenkämpfe in Berlin auf der großen Frankfurter Straße.

Straßenkämpfe in Berlin.
Zerstörungen am Marstallgebäude.

Zerstörungen am Marstall, der heutigen Musikhochschule »Hanns Eichler«.

Straßenkämpfe in Berlin.
Zerschossene Säulen des Nationaldenkmals.

Zerstörte Säulen am Kaiser-Wilhelm-Nationaldenkmal.

selben 17. Januar muss Bremens USPD-Volkskommissar für Presse und Propaganda Alfred Faust sein Amt aufgeben, denn er hat nicht auf einen Artikel der *Weser-Zeitung* reagiert, in dem das gewaltsame Ende Liebknechts und Luxemburgs begrüßt wurde.

Die vorläufige Reichsregierung arbeitet ungeachtet der Aufregung und des Misstrauens weiter, etwa an der Kooperation zwischen den Volksbeauftragten und den Fachministern. Staatssekretär Hugo Preuß schlägt häufigere Konferenzen vor, denn ohne regelmäßigen Austausch mangele es den Ressorts an Kenntnis der Lage und Absichten der politischen Leitung. Zudem ist sein Verfassungsentwurf ein Thema, dessen erste Fassung Preuß dem Rat der Volksbeauftragten am 3. Januar 1919 vorgelegt hat. Der Verfassungsrechtler hat Respekt vor seiner Aufgabe, der durch Krieg und Umsturz tief gespaltenen Nation eine neue Ordnung zu geben, in der sich möglichst alle wiederfinden sollen.

Das ist in diesen Tagen jedoch schwer vorstellbar. Trotz des Mordes an ihren Anführern haben die Radikalen ihr wesentliches Ziel erreicht: Mit dem Januaraufstand beginnt im revolutionären Deutschland der latente Bürgerkrieg. Aber nicht jeder Linke sieht darin einen Erfolg. Emil Barth glaubt, dass der »völlig dilettantische Angriff der Spartakisten« die Gegenseite stärker gemacht habe.[115] Für einen »blödsinnigen Putsch« hält den Aufstand auch Lothar Popp, Anfang November 1918 der Anführer des Kieler Matrosenaufstandes. Tatsache sei doch, dass selbst erfolgreiche Räte ihre Macht gar nicht behalten wollten: »Das können wir nicht ändern, deshalb sollten wir sehen, dass wir unsere Leute in der Nationalversammlung sitzen haben.«[116] Auf die Nationalversammlung setzt auch der SPD-Politiker Hermann Müller, allerdings in entgegengesetztem Sinne. Die Kampfkraft der Putschisten sei völlig zerbrochen; dadurch könnten die Wahlen ungestört stattfinden: »Die Demokratie hat freie Bahn.«[117]

Verfassung

Die geistige Erneuerung Deutschlands, unsere natürliche Aufgabe, wird uns durch die Revolution erleichtert. Wir gehen endlich mit dem Staate Hand in Hand.

Heinrich Mann[1]

Die erste wirklich demokratische Wahl in Deutschland verläuft ruhig: So gut wie nirgendwo gibt es am 19. Januar 1919 nennenswerte Übergriffe. Das ist durchaus überraschend. Mehr als 36 Millionen Deutsche, nämlich alle Männer und Frauen, die das 20. Lebensjahr vollendet haben, dürfen ihre Stimme abgeben.[2] Bei der vorangegangenen nationalen Wahl, der zum Reichstag 1912, sind dagegen nur 14,4 Millionen Männer über 25 Jahre wahlberechtigt gewesen. Für etwa 20 Millionen Menschen ist die Abstimmung über die Nationalversammlung also die erste Wahl, an der sie teilnehmen können. Wählerinnen haben ein deutliches Übergewicht – 54 zu 46 Prozent. Besonders krass fällt dieses Missverhältnis bei den jüngeren Deutschen aus, denn fast zwei Millionen Männer sind in den vorangegangenen Kriegsjahren gefallen: Bei den 21- bis 25-Jährigen kommen auf 100 männliche Wahlberechtigte nicht weniger als 140 Frauen.[3]

Eine irgendwie damit vergleichbare Abstimmung hat es in Deutschland nie zuvor gegeben. Entsprechend angespannt ist der Wahlsonntag erwartet worden – nicht nur das Ergebnis, sondern auch der Verlauf. Nur eine Woche vor dem Stichtag ist in Berlin noch heftig gekämpft worden. Dann hat der Doppelmord an Rosa Luxemburg und Karl Liebknecht für Protest unter ihren Anhängern gesorgt: In vielen Städten versammeln sie sich am 17. oder 18. Januar 1919 zu Kundgebungen, in Bremen ebenso wie in München und Kiel. Angesichts dessen scheinen die Sorgen berechtigt, es könne zu Behinderungen der Wahl kommen. In Magdeburg, wo bis zu 20 000 Demonstranten vor das Haus der SPD-Zeitungen gezogen sind und linksradikale Parolen skandiert haben, lässt der Exekutivausschuss des Arbeiter- und Soldatenrates mehr als 2000 Mann loyale Truppen vor den 150 Abstimmungslokalen Aufstellung nehmen, teilweise mit gepanzerten Fahrzeugen.

Doch alles bleibt ruhig, nicht nur in Magdeburg. In Berlin geht Harry Graf Kessler zu seinem Wahllokal am Potsdamer Platz. »Polonaise von Wählerinnen und Wählern«, hält der 50-Jährige in seinem Tagebuch fest. »Alles ruhig und grau in grau; weder Aufregung noch Begeisterung.« Damit hat er nicht gerechnet und fügt deshalb erstaunt hinzu: »Alles untheatralisch wie ein Naturereignis, wie ein Landregen.«[4] In München ist der Ablauf so wenig spektakulär, dass Josef Hofmiller geringschätzig notiert: »Die Sozialdemokraten zogen wieder mit Musik und roten Fahnen auf. Schade, dass sie keine Juxnasen hatten, sonst wäre die Fastnachtsgaudi vollständig gewesen.«[5]

Vielen Wahlberechtigten fällt die Entscheidung nicht leicht, wem sie ihre Stimmen geben sollen. Victor Klemperer schreibt: »Wir wählten beide die demokratische Liste, rasch und sensationslos« – um Leipzig willen, »das man vor den Unabhängigen bewahren möchte«. Anschließend im Caféhaus schnappt der Literaturwissenschaftler beunruhigendes Gerede auf: »Tumult werde entstehen, wenn sich am Abend etwa eine Niederlage der Unabhängigen herausstelle.«[6] Käthe Kollwitz verspürt im Wahllokal »Unentschlossenheit und halbes Gefühl«. Sie macht ihr Kreuz bei der SPD und rechtfertigt sich vor sich selbst: »Nicht für die Person Scheidemann, die zuoberst auf der Liste stand. Aber für das Prinzip des Mehrheitssozialismus. Meinem Gefühl nach stehe ich mehr links, kann aber nicht unabhängig wählen, schon weil als Kandidat Eichhorn aufgestellt ist.«[7] Der abgesetzte Polizeipräsident ist zwar untergetaucht und wird mit Haftbefehl gesucht, steht aber trotzdem an der Spitze der USPD-Liste in Berlin; seine Wahl verspricht ihm Immunität, was ihm entgegenkommt.

Wie Kollwitz hat auch Oberstleutnant Ernst van den Bergh gezaudert: »Grete und ich haben demokratisch gewählt«, schreibt er. »Nicht weil wir diese Partei lieben oder ihr beitreten wollen, sondern um sie im jetzigen richtigen Augenblick zu stützen, wo es gilt, neben die Sozialdemokraten eine bürgerliche Partei zu setzen, die mit ihr gemeinsam regieren kann.«[8] Aber auch der Verzicht auf die Teilnahme an der Abstimmung ist legitim. Knapp jeder sechste Wahlberechtigte entscheidet sich so – unter anderem die Haushaltshilfe Henriette Schneider in Ostpreußen. Sie weiß zwar um die Bedeutung des Tages: »Heute tritt zum ersten Mal die deutsche Frau zur

*»Arbeiter, Bürger, Bauern, Soldaten aller Stämme Deutschlands
vereinigt Euch zur Nationalversammlung«. Plakat mit Aufruf zur Wahl 1919
(Entwurf Cesar Klein).*

Wahlurne.« Trotzdem schreibt die 46-Jährige in ihr Tagebuch: »Ich tat
nicht mit, fühle mich politisch nicht reif genug.«[9]

Es dauert drei Tage, bis einigermaßen vollständige Ergebnisse aus den
37 Wahlkreisen vorliegen, in die das Reich provisorisch eingeteilt worden
ist. 30,5 Millionen Deutsche haben von ihrem Wahlrecht Gebrauch gemacht; gewählt werden nach reinem Verhältniswahlrecht ausschließlich
Parteilisten. Die SPD verfehlt die im Stillen erhoffte absolute Mehrheit
deutlich, wird aber trotzdem mit 11,5 Millionen Stimmen und damit fast 38
Prozent bei Weitem die stärkste Partei. Zusammen ungefähr genauso stark
wie die Sozialdemokratie sind die Demokraten und das als Christliche
Volkspartei angetretene katholische Zentrum. Mit jeweils knapp sechs Millionen Stimmen und etwas unter 20 Prozent besetzen sie die Plätze zwei
und drei. Diese bürgerlich-liberale Mitte ist damit fast viermal so stark wie
die monarchistischen Konservativen, die nur gut zehn Prozent erzielen.

Deutlich abgeschlagen auf dem fünften Platz landet die USPD, mit gerade 2,3 Millionen Stimmen und 7,6 Prozent; sie ist nahezu ausschließlich in Großstädten gewählt worden, auf dem Land dagegen kaum. Die nationalliberale Deutsche Volkspartei erhält enttäuschende 1,35 Millionen Stimmen und damit 4,4 Prozent, zieht aber trotzdem mit 19 Abgeordneten in die Nationalversammlung ein – eine Fünf-Prozent-Sperrklausel gibt es nicht.

Das Ergebnis zeigt eine erstaunliche Stabilität der politischen Verhältnisse über die Erschütterungen von Weltkrieg und Revolution hinweg, obwohl die Wahlberechtigten enorm zugenommen haben und nicht mehr nach reinem Mehrheitswahlrecht gestimmt wird: SPD und Zentrum haben gegenüber der Reichstagswahl 1912 leicht zugelegt, die Demokraten sogar deutlich. Insgesamt stimmen drei Viertel der Bürger für diese drei Lager, die seit 1917 gemeinsam die reformorientierte Politik vorangetrieben haben und die Anfang Oktober 1918 in die Übergangsregierung des Prinzen Max von Baden eingetreten sind. Was die Beteiligten an dieser informellen Koalition für eine Bestätigung halten, erbost Wilhelm Dittmann. Der ehemalige Volksbeauftragte der USPD moniert, dass nach der Revolution dieselben Parteien am Ruder sein werden wie zuvor im Krieg – und ignoriert damit das Reformprogramm des Kabinetts unter Reichskanzler Max von Baden.[10]

Nur ein knappes Fünftel der Stimmen ist auf die Parteien des linken und des rechten Randes entfallen, Sozialisten und Deutschnationale. Deutlicher kann ein Wählerauftrag kaum ausfallen: Die Deutschen wollen mehrheitlich in einer parlamentarischen Demokratie leben, nicht in einer sozialistischen Räterepublik und auch nicht in einer restaurierten Monarchie. Gerade die mehr als 17 Millionen Erstwählerinnen jedes Alters haben für dieses Ergebnis gesorgt: Sie stimmen deutlich häufiger als männliche Deutsche für die Parteien der Mitte.

Die Ergebnisse in den Regionen bestätigen das reichsweite Ergebnis. Nur in zwei Wahlkreisen überhaupt, im mitteldeutschen Industriegebiet um Merseburg und in Westsachsen rund um Leipzig, erzielt die USPD mehr Stimmen als die SPD. Überall sonst sind die Sozialdemokraten den Sozialisten voraus – in Berlin zwar nur um relativ knappe 100 000 Stimmen, dafür etwa in der Provinz Anhalt um gewaltige fast 470 000 Stimmen. Die Bremer erteilen bei leicht überdurchschnittlicher Wahlbeteiligung von 84,1 Prozent der erst neun Tage zuvor ausgerufenen Räterepublik eine klare Absage: Die USPD bekommt zwar 18,7 Prozent der angegebenen Stimmen, die SPD aber mehr als doppelt so viel, nämlich 41,5 Prozent. In Oberbayern bestätigt sich das Ergebnis der vorangegangenen Landtagswahl weitgehend: Die katholische Bayerische Volkspartei liegt leicht vor SPD; das dritte Drittel der Stimmen teilen sich Demokraten und Bauernbund – die USPD spielt mit 3,7 Prozent keine Rolle und kann keines der 15 Mandate in diesem Wahlkreis erringen. Im nahezu rein protestantischen Magdeburg erzielt die SPD 58,6 Prozent, die DDP kann nahezu das gesamte Bürgertum mobilisieren und kommt auf überragende 25,5 Prozent; die USPD erhält lediglich sechs Prozent, die anderen Parteien teilen sich den Rest.

Hinter den politischen Niederlagen der Parteien stehen auch persönliche Enttäuschungen von Kandidaten. Der ehrgeizige Theodor Heuss etwa hat es in Württemberg nicht geschafft; Platz sechs auf der DDP-Parteiliste im Südwesten reicht nicht für den Einzug in die Nationalversammlung. Aber der Journalist hat die aktive Politik für sich entdeckt: Im Februar reist er nach Wien, um den Wahlkampf der Bürgerlich-Demokratischen Partei zu unterstützen, anschließend wird er nach kurzem Wahlkampf in die Stadtverordnetenversammlung des Berliner Vorortes Schöneberg gewählt. Angesichts seiner Ambitionen ist das kaum mehr als ein Trostpflaster.[11]

Auch der Reichskanzler kann nicht zufrieden sein. Die Ergebnisse sind für Friedrich Ebert einerseits enttäuschend, denn die Januar-Unruhen in Berlin und ihre gewaltsame Niederschlagung haben die Sozialdemokratie gewiss Stimmen gekostet. Andererseits erleichtert ihn das Wahlergebnis: Nicht einmal rechnerisch könnten SPD und USPD gemeinsam die Nationalversammlung dominieren. Umgekehrt gibt es keine Mehrheit gegen die Sozialdemokratie, denn die liberalen Demokraten können niemals eine Koalition mit den monarchistischen Deutschnationalen bilden. Die enge Zusammenarbeit der SPD mit den bürgerlichen Abgeordneten von Zentrum und DDP, die er ebenso anstrebt wie andere prominente Sozialdemokraten, etwa Philipp Scheidemann und Eduard David, ist alternativlos.

Nicht alle Sozialdemokraten sehen das so pragmatisch. Eduard Bernstein, der zeitweise zur USPD gewechselt, zu Weihnachten 1918 aber wieder in die SPD zurückgekehrt ist, hat wohl von einer deutlich weiter links stehenden Mehrheit aus beiden sozialdemokratischen Parteien und den »radikaleren Elementen« von DDP und Zentrum geträumt. Er bedauert, dass die »Zwistigkeiten unter den Sozialisten« das unmöglich gemacht haben. Ohne sie wäre auch das Ergebnis für SPD und USPD besser gewesen. Gleichzeitig erkennt Bernstein aber, dass Deutschlands wirtschaftliche Lage und gesellschaftliche Gliederung eine »unmittelbare Umwälzung in ein völlig sozialistisches Gemeinwesen« ausschließen. Abgesehen von einer starken Bauernschaft, die nicht nach Laune mit sich umspringen lasse, gebe es eben Millionen von bürgerlichen Gewerbetreibenden, die man nicht verprellen dürfe. »Selbst unter normalen Verhältnissen wäre angesichts dieser Sachlage der Ausschluss des gesamten Bürgertums von der Teilnahme an der Regierung ein Fehler gewesen, der sich bald bitter gerächt hätte.«[12]

Positiv beurteilt dagegen Walther Rathenau die Lage. »Die Entwicklung in Deutschland wird, wie ich glaube, ihren demokratischen und sozialen Zug beibehalten; rein äußerlich gesprochen wird also der Kompass unseres Kurses sich etwa auf die Lücke zwischen bürgerlicher Demokratie und Sozialdemokratie einstellen. Diese Erwägung genügt mir für allgemein politische Orientierung«, schreibt der Industrielle am 22. Januar 1919 an eine Bekannte. Er lehnt die »Herrschaft einer jeglichen Schicht im Staate« scharf ab und kündigt an, »jede neue Schicht zu bekämpfen, die sich zur Herrschaft drängt«.[13]

Ebert will ausdrücklich keine »Herrschaft einer Schicht«, auch nicht der Arbeiterschaft. Deshalb hat der Rat der Volksbeauftragten bereits im November 1918 wichtige Funktionen prominenten Politikern des Zentrums und der Demokraten überlassen – beispielsweise Matthias Erzberger die Leitung der Waffenstillstandsdelegation und Hugo Preuß das Reichsamt des Inneren mit der Verantwortung für den Entwurf der künftigen Reichsverfassung. Dessen Veröffentlichung steht am Tag nach der Abstimmung über die Zusammensetzung der Nationalversammlung an; die Übergangsregierung hat auf Vorschlag von Preuß bewusst beschlossen, den Wahlkampf, in dem es um die grundsätzliche Richtung der Politik in Deutschland geht, nicht mit absehbarem Streit um die Inhalte der Verfassung zu belasten, die ja gerade erst beraten werden sollen. Trotzdem sind Details durchgesickert – so haben verschiedene Zeitungen wenige Tage vor dem 19. Januar berichtet, dass »die volle Glaubens- und Gewissensfreiheit« garantiert werde und Minderheiten ihre »Volkssprache« weiterhin pflegen dürften.[14] Ebert ist verärgert über diese Indiskretion, und zwar besonders, weil Passagen aus dem ersten, längst überarbeiteten Entwurf »durchgestochen« worden sind.

Am Montag, dem 20. Januar 1919, bittet Preuß die Hauptstadtjournalisten in sein Amt, um den aktuellen Stand der Verfassungsvorbereitungen vorzustellen. Ausdrücklich verweist er darauf, dass sich die Regierung bisher noch nicht festgelegt habe, tatsächlich diesen Entwurf der Nationalversammlung vorzulegen. Keinesfalls soll der Eindruck entstehen, es seien bereits Vorentscheidungen gefallen. Denn klar ist, dass nicht von den Abgeordneten der gerade gewählten Versammlung die heftigste Kritik zu erwarten ist, sondern von den Vertretern der einzelnen Staaten. Ausdrücklich betont Preuß deshalb, dass der Verfassungsentwurf nicht »unitaristisch« sei. Gerade das aber ist der erste Kritikpunkt der liberal-demokratischen Presse, die einen »Einheitsstaat« präferiert, weil »Kleinstaaten politisch und wirtschaftlich unmöglich geworden« seien.[15]

Noch am selben Abend muss der Rat der Volksbeauftragten eine wichtige Entscheidung treffen: Wo sollen die Abgeordneten der Nationalversammlung tagen? Gegen Berlin sprechen die erst kurz zurückliegenden Straßenkämpfe, obwohl ausgerechnet Preuß in der recht schnellen Niederschlagung des Aufstandes ein Argument für die Reichshauptstadt sieht: »Wenn allerdings die Regierung die Maßnahmen weiter so energisch wie bisher durchführt, dürfte Berlin gegenwärtig eine der sichersten Städte sein«, hält der Protokollant der Reichskanzlei seine Worte fest. Andererseits wissen alle Regierungsmitglieder, dass die Gefahr von Ausschreitungen in kleineren Städten geringer ist, denn hier gibt es weniger Industriearbeiterschaft, die sich nach den Erfahrungen der vergangenen Wochen am schnellsten und heftigsten mobilisieren lässt. Infrage kommen zum Beispiel Bayreuth, Nürnberg und Jena. Der zentral gelegene Tagungsort der Nationalversammlung von 1848/49, Frankfurt am Main, scheidet hingegen aus, denn die alte Reichsstadt liegt nur wenige Kilometer von den französisch besetzten Teilen des Volksstaates Hessen um Wiesbaden entfernt.

Am besten sind die lokalen Voraussetzungen ohnehin im thüringischen Weimar: »Das Theater ist ein sehr moderner, freistehender Bau, das Parkett steigt terrassenförmig an und würde eine vorzügliche Verbindung zwischen Regierung und Parlament gestatten«, berichtet der mit der Begutachtung möglicher Tagungsorte beauftragte Beamte der Reichskanzlei. »Der erste Rang käme für die Abgeordneten, der zweite für die Presse infrage; der dritte ist vollständig isoliert im Aufgang und könnte für das Publikum frei sein.« Außerdem stehen nicht nur im Theater selbst mindestens 20 bis 30, vielleicht sogar 40 Büros zur Verfügung, sondern auch im nahe gelegenen Landgericht weitere 40 bis 50 Räume sowie sechs bis sieben zu Fuß erreichbare Tagungssäle für die Fraktionen. Da die Hotels für den Fremdenverkehr frei gehalten werden müssten, schlägt der Beamte vor, die mehr als 420 Abgeordneten in Bürgerwohnungen zur Untermiete wohnen zu lassen. Es dürften sich wohl genügend interessierte Vermieter finden, hat ihm der Oberbürgermeister der 37 000 Einwohner großen, vorwiegend bürgerlich-liberal gestimmten Stadt bestätigt.

Ein Problem allerdings gibt es: Ausgerechnet in Weimar mauern die lokalen Behörden. Man sorge sich vor »bolschewistischen und spartakistischen Elementen«, die wegen der Nationalversammlung zu Protesten in die Stadt kommen könnten.[16] Doch dieses Problem besteht an jedem möglichen Tagungsort, und deshalb entscheidet die Regierung am Abend des 20. Januar 1919 zugunsten von Weimar. Das *Berliner Tageblatt* macht für die Auswahl neben dem Sicherheitsaspekt auch Widerwillen der süddeutschen Länder, vor allem Bayerns, gegen Berlin verantwortlich; andererseits spricht sich die preußische Regierung »in letzter Stunde« entschieden für Potsdam aus. Den Ausschlag gibt schließlich die Empfehlung von Gustav Noske. Er referiert die besorgte Mitteilung von Generälen, die in und um Berlin stationierten Soldaten würden durch USPD und Spartakus-Anhänger »derartig intensiv« agitiert, dass für die Loyalität der Truppen keine Garantien mehr bestehe. Weimar sei dagegen »verhältnismäßig leicht zu schützen«.[17] Also berufen Ebert und Preuß als zuständige Mitglieder der Übergangsregierung die Versammlung für den 6. Februar 1919 nach Weimar ins Nationaltheater ein. Zwei Wochen Vorbereitung – eine kaum zu bewältigende Aufgabe.

Bevor aber die Nationalversammlung zusammentritt, muss die Lage in Bremen geklärt werden. Zwar ist der Versuch der linksradikalen Räteregierung gescheitert, in der Hansestadt die Wahl zur Nationalversammlung zu unterbinden. Doch können die Volksbeauftragten in Berlin nicht hinnehmen, dass offen gegen eine demokratische Abstimmung opponiert worden ist – umso weniger angesichts des klaren Wahlergebnisses, das die USPD um Alfred Henke abgeschlagen auf den dritten Platz hinter SPD und Demokraten verwiesen hat. Vorgeschoben ist dagegen das Argument, die Hafenkapazitäten der Hansestadt würden gebraucht, um die Versorgung Deutschlands mit Lebensmitteln zu verbessern – denn noch gilt die britische Seeblockade, die nahezu jeden Schiffsverkehr mit Handelspartnern verhindert. »Bremen werden wir im Laufe der Woche in Ordnung bringen«, kündigt Gustav Noske am 21. Januar 1919 in der Reichskanzlei an.[18]

Aus der Perspektive des Offiziers Ernst van den Bergh muss der Rat der Volksbeauftragten so handeln: »Die einzige Stütze der Regierung sind die

Freiwilligen-Truppen, die ein Fremdkörper in dem anderen, immer noch nicht aufgelösten sogenannten Heere sind. Die Kraftprobe in Berlin haben sie bestanden. Die Kraftprobe gegen Bremen steht vor der Entscheidung, weitere gegen Hamburg, Braunschweig, vielleicht auch Weimar werden folgen müssen.«[19]

Ganz so schnell wie von Noske angekündigt beginnt die Aktion gegen die linksradikale selbst ernannte Regierung in Bremen dann aber doch nicht. Der für Sicherheit zuständige Volksbeauftragte stellt zunächst Alfred Henke am 25. Januar 1919 informell ein Ultimatum: Die Übergangsregierung in Berlin werde militärisch einschreiten, wenn die Räteregierung nicht freiwillig zurücktrete. Dann ergeht an eine von der Obersten Heeresleitung gestellte Division der Befehl, Bremen zu besetzen und eine fünfköpfige provisorische Regierung einzusetzen.

Am 30. Januar wird der Bremer Räteregierung der bevorstehende Einmarsch offiziell mitgeteilt; sie solle dafür sorgen, dass die bewaffneten Arbeiter ihre Gewehre abgeben. Henke protestiert und verweist darauf, dass doch Ruhe herrsche, der Einmarsch also unnötig sei. Dass die Politik seiner Räteregierung die Hansestadt in den finanziellen Kollaps treibt, ignoriert er. Schließlich lenken die Revolutionäre ein und stimmen einer friedlichen Übergabe zu. Nikolaus Andersen freut sich. »In Bremen scheint eine Einigung erzielt zu sein«, schreibt der Kieler Ingenieur in sein Tagebuch.[20] Auch Johann Knief begrüßt die Bereitschaft, die Konfrontation zu meiden; immer noch liegt der Rädelsführer in Bremen im Krankenhaus; Vertreter der Räteregierung geben einander die Klinke in die Hand, um seinen Rat einzuholen. Die erzwungene Untätigkeit nagt an den Nerven; Lotte Kornfeld, die Knief rund um die Uhr betreut, kommt sich wie interniert vor. Die beiden fürchten zudem, was aus ihnen werden soll, wenn die Noske gegenüber loyalen Truppen in Bremen einmarschiert sein werden.

Gleichzeitig bauen jedoch Arbeiter- und Soldatenräte in anderen norddeutschen Städten Druck gegen die friedliche Lösung auf, in der sie ein Zurückweichen sehen. Aus Hamburg wird mit der Mobilisierung von 40 000 bewaffneten Arbeitern gedroht; außerdem stünden 100 000 Soldaten bereit, eine eventuelle Militäraktion gegen Bremen zu bekämpfen. Im gerade wenige Tage zuvor besetzten Cuxhaven erscheint ein Flugblatt, in dem es heißt: »Der Kampf gegen Bremen soll die vollständige Niederlage der Arbeiterschaft und der vom Militarismus befreiten Soldaten besiegeln. So haben die reaktionären Gewalten des Kapitals und der Militärautokratie beschlossen.« Am 2. Februar 1919, einem Sonntag, drohen Abgesandte aus Hamburg in der Reichskanzlei mit einem »furchtbaren Blutvergießen«, falls die Regierung gegen Bremen vorgehe. Das lässt Noske gar keine andere Möglichkeit mehr, als seine Drohung umzusetzen, denn wenn er nachgibt, wird er keinerlei Autorität mehr haben. Dennoch versucht der Rat der Volksbeauftragten es erneut mit einem, nun offiziellen Ultimatum: Die Bremer Räteregierung solle sofort zurücktreten und eine Neubildung aufgrund des Wahlergebnisses vom 19. Januar 1919 nicht behindern. Noch wichtiger aber: »Ablieferung der Waffen hat sofort an die neugebildete Regierung zu erfolgen.«[21] Dann werde Bremen nicht besetzt.

Henke und seine Anhänger, die sich von der Unterstützung aus Hamburg gestärkt fühlen, antworten mit einem Gegenvorschlag: Man sei bereit zurückzutreten, aber die neue Regierung solle nicht nach dem Ergebnis der Wahl zur Nationalversammlung gebildet werden, sondern entsprechend der Abstimmung über den Arbeiterrat vom 6. Januar, zu der nur Partei- und Gewerkschaftsmitglieder zugelassen gewesen sind und die eine knappe gemeinsame Mehrheit von USPD und KPD ergeben hat, während die SPD stärkste Partei geworden ist. Außerdem sollen Freiwillige aus Cuxhaven und Hamburg in Bremen einziehen, nicht reguläre Truppen. Das ist natürlich nicht akzeptabel; Noske befiehlt, unverzüglich durchzugreifen.

Am Vormittag des 4. Februar 1919 schlagen die regulären Truppen und ein Freiwilligenverband vorwiegend aus Bremer Bürgern los: Beiderseits der Weser rücken sie nach Norden vor. Bewaffnete Arbeiter leisten Widerstand und töten mehrere Regierungssoldaten; bei den anschließenden Feuergefechten kommen insgesamt rund 75 Menschen ums Leben, darunter 30 an den Kämpfen unbeteiligte Zivilisten. Am Abend enden die Auseinandersetzungen; ein Trupp linker Freiwilliger aus Bremerhaven kommt zu spät in Bremen an, um noch einzugreifen. Die regulären Truppen nehmen nun möglichst viele Anführer der niedergeschlagenen Räterepublik fest.

Johann Knief, dem es vorübergehend besser geht, kann sich der Verhaftung entziehen. Lotte Kornfeld hat ein Auto organisiert, das beide nach Worpswede bringt, wo der Grafiker Heinrich Vogeler und seine Frau Martha in einer Künstlerkolonie leben. Die beiden, überzeugte Anhänger des Sozialismus, gewähren politisch Verfolgten Unterschlupf und pflegen enge Kontakte zu den Linksradikalen in der Hansestadt. Knief und Kornfeld beziehen bei ihnen ein Zimmer, unter dem ein Keller als Versteck liegt. Doch

Verfassung

Kniefs Wunde verheilt nicht, und als die Schmerzen zunehmen, muss er in die Bremer Klinik zurückgebracht werden.²²

Ernst van den Bergh in Berlin freut sich über den Erfolg: »Die Tat hat gewirkt!« Das Vorgehen der Regierungstruppen gegen Bremen habe besser funktioniert als jede »Überredungskunst«. Die Linkssozialisten, die bereit gestanden haben »zu einem großen, gemeinsamen Schlage, von Hamburg bis Thüringen«, und die hinter ihnen lauernden Spartakisten haben einen Dämpfer bekommen, konstatiert er erleichtert. Aus dem Erfolg in Bremen schließt er: »Also ist die erste Gefahr beseitigt. Man sieht immer wieder: Es steckt viel Vernunft und Tüchtigkeit in unseren Massen. Die Führung muss nur einigermaßen vorhanden sein.«²³ Der höchste Repräsentant der nun niedergeschlagenen Bremer Räterepublik bestätigt van den Bergh durch sein Verhalten, denn er tut genau das Gegenteil von Führung: Alfred Henke hat die Hansestadt am Abend des 3. Februar 1919 verlassen, um nach Weimar zu reisen, denn er ist für die USPD in die Nationalversammlung gewählt worden.

In Braunschweig setzen die Spartakisten und die örtliche USPD weiter auf die Devise »Weg von Berlin«, was zugleich heißt: »Heraus aus dem Reich«. Am 25. Januar treffen sich Vertreter zehn sozialistisch dominierter Städte, um über die Gründung einer »Nordwestdeutschen Republik« zu beraten, die von Cuxhaven bis in den Harz reichen soll. Neben den Braunschweigern nehmen Vertreter aus Oldenburg, Bremen, Hamburg und Hannover teil, aber auch aus Düsseldorf, Essen und sogar Leipzig. Es bleibt jedoch bei den Beratungen, denn außer der USPD will niemand mitziehen.

Gerüchte schwirren durch die Stadt. Über willkürliche Verhaftungen wird spekuliert, wogegen sich der Braunschweiger Arbeiter- und Soldatenrat am 29. Januar 1919 mit einer amtlichen Bekanntmachung wehrt. Das Verhältnis zwischen den beiden sozialdemokratischen Parteien ist seit dem Doppelmord an Liebknecht und Luxemburg weiter abgekühlt, und es wird geradezu eisig, als der lokale SPD-Vorsitzende Heinrich Jasper am 2. Februar 1919 von linksradikalen Soldaten festgenommen wird, obwohl er als gewählter Abgeordneter der Nationalversammlung Immunität genießt. Vorgeworfen wird ihm, an Putschplänen beteiligt gewesen zu sein. Einen Tag später kommt Jasper wieder frei, denn die Vorwürfe entbehren jeder Grundlage.

Die Besetzung Bremens durch Truppen der Reichsregierung wirkt sich auch in Braunschweig aus. Vor allem der gemäßigte USPD-Vertreter Sepp

135

Oerter geht noch stärker auf die SPD zu; er schafft es, den Einfluss der Spartakusleute auf seine eigenen Parteifreunde einzudämmen. Der Arbeiter- und Soldatenrat, der noch am 4. Februar 1919 beschlossen hat, notfalls auch einen bewaffneten Kampf mit Berlin zu wagen, beruft einen Tag später den gewählten Landtag für den 10. Februar ein. Allerdings nicht aus politischer Einsicht, denn die USPD-Basis und die Linksradikalen sind weiter gegen das demokratisch gewählte Parlament. Es ist eher ein taktischer Schritt, wie Oerter einräumt: »Wir dürfen uns nicht stärker glauben, als wir in Wirklichkeit sind. Wir müssen in Etappen gehen zum Wege des Sozialismus.«[24]

In München gibt Kurt Eisner trotz des doppelt verheerenden Wahlergebnisses seine Hoffnung auf eine tief greifende Umgestaltung der Gesellschaft noch nicht auf. Zwar akzeptiert er, dass ein gleichberechtigtes Nebeneinander von Parlament und Räten als politisches Konzept kaum mehr durchsetzbar sein wird. Doch es gibt noch andere Hebel: Am 23. Januar diskutiert der Ministerpräsident mit dem Nationalökonomen Otto Neurath dessen Idee einer nach Branchen geordneten Planwirtschaft, die von Räten verantwortet wird. Diese Räte sollen die Macht über die Ökonomie erhalten, nicht aber politisch aktiv sein. Eisner zeigt sich begeistert, denn: »Wir haben keine Geduld mehr, unsere Träume vom Sozialismus in ferne Zeiten zu stellen; heute leben wir und heute wollen wir handeln.«[25]

Eine Hochburg der USPD bleibt Leipzig. Die Wahl zur Stadtverordnetenversammlung am 26. Januar 1919 bestätigt weitgehend die Ergebnisse eine Woche zuvor: Die Unabhängigen erringen 33 der 72 Sitze, die SPD lediglich sechs. Das bleibt aber auch in Sachsen eine Ausnahme; in Dresden etwa kommt die SPD auf 39, die USPD auf gerade vier Sitze. Die rechnerische Mehrheit der beiden Arbeiterparteien im Leipziger Stadtparlament führt wegen ihrer intensiven Abneigung nicht zu einer Koalition. Vielmehr unterstützen die Sozialdemokraten die bürgerlichen Parteien. Es sei zu erwarten, »dass die Unabhängigen sich in lebenswichtigen Fragen einem geschlossenen Block gegenübersehen werden«, erwarten die *Leipziger Neuesten Nachrichten*.[26]

Ähnlich ist die Lage auf Landesebene nach der Wahl zur Sächsischen Volkskammer am 2. Februar 1919: Theoretisch gäbe es eine Mehrheit aus SPD und USPD, die 41,6 und 16,3 Prozent erhalten haben. Doch die Unabhängigen verlangen für eine Zusammenarbeit weiterhin ein Nebeneinander von Parlament und Räten sowie die Verstaatlichung der Industrie –

Forderungen, die zu einer offenen Konfrontation mit den Bürgerlichen führen müssen. Weil aber die SPD-Genossen auch keine Koalition mit den
Demokraten der DDP schließen wollen, muss der neue Ministerpräsident
Georg Gradnauer ein Minderheitskabinett bilden. Dabei gibt es viele Probleme, die nur eine jederzeit handlungsfähige Regierung lösen kann – wenn
überhaupt. Allein in Leipzig suchen 40 000 Menschen Arbeit. Nennenswerte Unterstützung gibt es für sie nicht, im Gegenteil: Die Kartoffelratio-
nen müssen erneut gekürzt werden, Kohlen sind ebenfalls knapp, die Preise
für sonstige Waren steigen. Am 5. Februar 1919 versuchen Arbeitslose, das
Leipziger Rathaus zu stürmen. Im Arbeiter- und Soldatenrat der Stadt
setzen sich die Radikalen durch; in manchen Versammlungen der USPD
werden Anträge gestellt, sich von der USPD-Fraktion in der Sächsischen
Volkskammer loszusagen und zur KPD überzutreten. Ein Warnsignal.

In den wenigen Tagen zwischen der Festlegung auf Weimar als Tagungsort der Nationalversammlung und deren Beginn verändert sich die Stadt
rasch: Fast schlagartig nach Bekanntgabe sind alle Hotels auf Monate hinaus ausgebucht, oft von Pressevertretern; die Preise für untervermietete
Zimmer in besseren Wohnquartieren steigen ebenfalls rapide. Das ist allerdings zum Teil auch berechtigt, denn in ganz Thüringen explodieren zeit-
gleich die Preise für die Mangelware Kohlen. Weimar wird zum Anzie-
hungspunkt für Schwarzmarkthändler, die sich durch den absehbaren
Ansturm gut bezahlter Abgeordneter, ihrer Mitarbeiter und der Journalisten lukrative Geschäfte erhoffen. Aber es gibt auch Bewohner, die sich
ernsthaft freuen.

Die »willkommenen Gäste« kommen ganz unterschiedlich unter. Der
DDP-Politiker Conrad Haußmann ist zufrieden mit seinem Zimmer im
Hotel Erbprinz, mit Blick auf den Garten. Seinen Parteifreund Friedrich
von Payer hat es schlechter getroffen, er ist »mäßig einquartiert«, wie
Haußmann seiner Tochter am 4. Februar schreibt.[27] Gar nicht wohl fühlt
sich USPD-Chef Hugo Haase, was auch daran liegt, dass er die Einberufung der Nationalversammlung nach Weimar für eine »richtige Kateridee«
hält und findet, dass bei den Debatten hier wohl nur eine alte Denkweise
herrschen werde. Über seine Unterkunft schreibt er seiner Frau: »Ich frie-
re, da die Wohnung auf Kälte nicht eingerichtet ist, möchte sie aber nicht
aufgeben, weil meine Wirtin, eine alte jüdische Dame, für mich sehr
sorgt.« Haase stört auch der Mangel an geeigneten Räumen für die Parla-
mentsarbeit.[28]

Gravierender sind die Einschränkungen durch die Sicherheitsvorkehrungen: Die Reichsregierung schickt das Landesschützen-Korps unter General Georg Maercker mit mehreren Tausend Mann nach Weimar, die sich in den umliegenden Dörfern einquartieren, um die Stadt schützen zu können, falls sich etwa aus dem benachbarten Erfurt die bis zu 12 000 Arbeiter der örtlichen Gewehrfabrik aufmachen sollten. Als aber das Vorauskommando aus 120 Landesschützen, das für die nachfolgenden sechs Bataillone Quartiere auftreiben soll, von Mitgliedern des Weimarer Arbeiter- und Soldatenrates entwaffnet wird, entscheidet sich Maercker, seine Truppen massive Präsenz zeigen zu lassen: »Sollten sich also ähnliche Vorgänge und Schwierigkeiten nicht wiederholen, so musste von vorneherein rücksichtslos vorgegangen werden.«[29]

Die Entwaffnungsaktion ist eine Folge der Verärgerung des Weimarer Soldatenrates über den Einmarsch »landesfremder Truppen«. Man empfindet darin eine Zurücksetzung, denn »Thüringens kampferprobte Truppen, die den Boden der revolutionären, sozialistischen Forderungen nicht verlassen, sind bereit und gewillt, den Schutz der Nationalversammlung selbst zu übernehmen«.[30] Doch die Regierung ignoriert das Telegramm des Soldatenrates. Statt zu antworten, erlassen die Volksbeauftragten am 1. Februar eine scharfe Verordnung über die »Beschränkung des Aufenthalts in Weimar während der deutschen verfassungsgebenden Nationalversammlung«. Ab dem 5. Februar, dem Vorabend der Eröffnung, darf sich niemand mehr in der Stadt aufhalten, der nicht dort ansässig ist oder eine ausdrückliche Genehmigung der Reichsbehörden hat. Als Strafen sind Geldbußen bis 150 Mark, ersatzweise Haft sowie in jedem Fall die »Abschiebung aus dem Gebiet der Stadt Weimar« vorgesehen.[31] Der Volksbeauftragte und Rechtsanwalt Otto Landsberg bedauert, dass eine solche »Aufhebung des Freizügigkeitsgebotes durch die Hintertür« nötig sei, akzeptiert aber schließlich.[32]

Rechtlich derart abgesichert, richten Maerckers Truppen um die Residenzstadt Weimar einen Kontrollring ein. Doch der General weiß um die mangelnde Wirkung seiner Maßnahme, denn nachts kann die Postenkette fast überall, bei Tage zumindest in den Bergwäldern nördlich der Stadt »ohne Schwierigkeiten umgangen werden«.[33] Lediglich den Auto- und Lastwagenverkehr können Maerckers Truppen einigermaßen vollständig überwachen. Der 17-jährige Schüler Wolfgang Cartellieri aus Jena gelangt auf besonders freche Art nach Weimar. Nachdem zunächst ein Versuch über die Landstraße fehlgeschlagen ist, schreibt er sich selbst einen Ausweis, gibt ihm mit dem Stempel des Geschichtsvereins seines Gymnasiums einen offiziellen Anstrich und lässt das Papier von einem Mitschüler mit bekanntem Namen unterschreiben. Damit ist es keine Schwierigkeit, am Jenaer Bahnhof eine Fahrkarte nach Weimar zu bekommen. Dort angekommen, wird Cartellieri zwar auf dem Bahnsteig kontrolliert, doch der Wachposten zeigt sich von dem Ausweis beeindruckt und lässt den dreisten Schüler passieren.[34]

Ein weiteres Problem kommt für Maercker hinzu: Weil sieben Kilometer entfernt der kleine Fliegerhorst Nohla liegt, dessen unzuverlässige Besatzung angeblich in Verbindung mit den Spartakisten in Braunschweig steht, richtet der General sogar einen »Luftbeobachtungsdienst« ein, weil er Bombenangriffe auf das Nationaltheater fürchtet; außerdem stehen einige Jagdflieger seines Korps in ständiger Bereitschaft, um eventuelle Angreifer abzufangen.[35]

Es bleibt Gustav Noske überlassen, den Weimarer Soldaten die Entscheidung der Regierung mitzuteilen. Am 3. Februar, am Tag seiner Ankunft in der Residenzstadt, macht er das unmissverständlich: Es werde »schwerste Vergeltung« geübt, falls noch ein Soldat von Maerckers Truppen »angetastet oder behindert werde«.[36] Noskes Durchgreifen in Berlin drei Wochen zuvor lässt seine unverhüllte Drohung glaubwürdig erscheinen. Gleichzeitig kommt er den Soldatenvertretern entgegen und bietet an, in Absprache mit Maerckers Offizieren Mannschaften für gemeinsame Patrouillen zu stellen. Das Interesse daran bleibt gering. Aber immerhin gibt es in den folgenden Wochen keinerlei Störung der Nationalversammlung, weder von thuringischen Einheiten noch von Erfurter Arbeitern oder irgendjemandem sonst.

Am Donnerstag, dem 6. Februar 1919, tritt das Plenum der Verfassungsgebenden Versammlung zum ersten Mal zusammen. Rund 400 der 423 Abgeordneten erscheinen gegen 14.30 Uhr im Weimarer Nationaltheater. Nur knapp ein Drittel von ihnen hat schon zuvor im Reichstag gesessen; am geringsten ist der Anteil bei den Demokraten, von deren Fraktionsmitgliedern 80 Prozent erstmals einem Parlament angehören, am größten bei der USPD, deren Vertreter immerhin fast zur Hälfte bereits politische Erfahrung in der höchsten Volksvertretung gesammelt haben. Trotzdem beschwert sich ausgerechnet der Sozialist Wilhelm Dittmann, selbst seit 1912 Abgeordneter, dass er im Plenum »viele Gesichter aus dem alten Reichstag« sehen müsse; von einem »neuen Geist« könne daher nicht die Rede sein.[37] Insgesamt 37 Abgeordnete sind weiblich, also knapp jedes zwölfte Mitglied; USPD und SPD haben eine etwa doppelt so hohe Frauenquote wie die bürgerlichen Parteien.

Speziell an die weiblichen Abgeordneten wendet sich Friedrich Ebert gleich am Anfang seiner Rede, die er als Vorsitzender des Rates der Volksbeauftragten um 15.15 Uhr beginnt: »Meine Damen und Herren, die Reichsregierung begrüßt durch mich die Verfassungsgebende Versammlung der deutschen Nation. Besonders herzlich begrüße ich die Frauen, die zum ersten Mal gleichberechtigt im Reichsparlament erscheinen.«

Doch mit langen Vorreden will sich Ebert in seiner weitgehend abgelesenen Erklärung nicht aufhalten. Deshalb gibt er gleich im nächsten Satz eine wesentliche Selbstverpflichtung ab: »Die provisorische Regierung verdankt ihr Mandat der Revolution; sie wird es in die Hände der Nationalversammlung zurücklegen.« Der Stenograf verzeichnet als Reaktion: »Bravo!« Auf unbedingte Zustimmung des gesamten Hauses legt es der Redner nicht an. Mit den Worten: »In der Revolution erhob sich das deutsche Volk gegen eine veraltete, zusammenbrechende Gewaltherrschaft« provoziert er laut Protokoll »heftigen Widerspruch rechts«. Einige weitere klare Feststellungen lässt Ebert zum Ärger vor allem der Opposition aus Deutschnationalen und der Nationalliberalen folgen. »Mit den alten Königen und Fürsten von Gottes Gnaden ist es für immer vorbei«, sagt er, und: »Wir haben den Krieg verloren. Diese Tatsache ist keine Folge der Revolution.« Daher trage die Revolution nicht die Verantwortung »für das Elend, in das die verfehlte Politik der alten Gewalten und der leichtfertige Übermut der Militaristen das deutsche Volk gestürzt haben«.

Ebert zählt die Schwierigkeiten auf, denen sich der Rat der Volksbeauftragten hat stellen müssen, den er »Konkursverwalter des alten Regimes« nennt, und die alle Arbeit der Versammlung bestimmen werden ebenso wie der kommenden, von ihr zu wählenden Reichsregierung: die weitere Umsetzung der harten Waffenstillstandsbedingungen, die Friedensverhandlungen, die Sicherung der Lebensmittelversorgung und »die Wiederbelebung der Produktion«. Deutschland braucht, davon ist Ebert überzeugt, nicht nur eine neue staatsrechtliche Verfassung, sondern auch eine neue Wirtschaftsordnung. Er nennt sie Sozialismus und definiert: »Sozialismus ist nach unserer Auffassung nur möglich, wenn die Produktion eine genügend hohe Stufe der Arbeitsleistung innehält. Sozialismus ist uns Organisation, Ordnung und Solidarität, nicht Eigenmächtigkeit, Egoismus und Zerstörung.«[38] Die SPD-Abgeordneten applaudieren ihrem Vorsitzenden.

Zum Ende seiner Ansprache spannt Ebert den Bogen zum Tagungsort der Nationalversammlung und verweist auf die Klassiker, die in Weimar gewirkt haben, auch wenn das mit der Auswahl nichts zu tun gehabt hat: »Wir müssen die großen Gesellschaftsprobleme in dem Geiste behandeln, in dem Goethe sie im zweiten Teil des *Faust* und in *Wilhelm Meisters Wanderjahren* erfasst hat. Nicht ins Unendliche schweifen und sich nicht im Theoretischen verirren! Nicht zaudern und schwanken, sondern mit klarem Blick und fester Hand ins praktische Leben hineingreifen! ›Denn der Mensch, der zur schwanken Zeit auch schwankend Gesinnung ist, / Der vermehrt das Übel und leitet es weiter und weiter / Aber wer fest auf dem Sinne beharrt, der bildet die Welt sich.‹« Das Zitat stammt zwar aus *Hermann und Dorothea* und lautet eigentlich auch minimal anders. Doch die Botschaft kommt dort an, wo sie ankommen soll: bei den Sozialisten der USPD, die unruhig scharren. Sie wissen, dass sie gemeint sind, weil sie sich in den vergangenen Wochen nicht klar für den demokratischen Weg und gegen den Putschismus haben entscheiden können. Die SPD-Abgeordneten reagieren mit lebhaftem »Bravo«. Nach einem kurzen Atemholen schließt Ebert: »So wollen wir an die Arbeit gehen, unser großes Ziel fest vor Augen, das Recht des deutschen Volkes zu wahren, in Deutschland eine starke Demokratie zu verankern!« Das Plenum reagiert mit »stürmischem Beifall«.[39]

Erst nach dieser Eröffnungsrede übernimmt, ungewöhnlich für die erste Sitzung eines neu gewählten Parlaments, der Alterspräsident die Leitung und begrüßt seinerseits die Abgeordneten, stellt formell ihre Anwesenheit fest und redet ihnen ins Gewissen, um dann die Sitzung auf den folgenden Tag zur Wahl des Präsidiums zu vertagen. Nach 70 Minuten endet die erste Zusammenkunft eines wirklich demokratisch gewählten nationalen Parlaments in der deutschen Geschichte.[40] Diesen denkwürdigen Tag begeht auch die Familie Kollwitz in Berlin – allerdings auch mit einem weinenden Auge. Denn dieser 6. Februar wäre zugleich der 23. Geburtstag ihres im Krieg gefallenen Sohnes gewesen. So notiert Käthe Kollwitz: »Abends tranken wir Wein. Auf den Jungen. Und auf die Nationalversammlung.«[41]

Friedrich Eberts Rede führt zu unterschiedlichen Reaktionen. Der *Vorwärts* lobt den SPD-Vorsitzenden erwartungsgemäß, die *Rote Fahne* attackiert ebenso voraussehbar zum wiederholten Male den angeblichen »Verrat der Ebert-Scheidemann am Proletariat«.[42] Doch auch bei weniger festgelegten Beobachtern fallen die Urteile unterschiedlich aus. Harry Graf Kessler nennt die Rede schlicht »schön und würdig«.[43] Die Ehefrau eines demokratischen Abgeordneten aus Hamburg, die vom dritten Rang aus zugehört hat, beschreibt in einem Brief an ihre Mutter Eberts Wort als »sehr anständig. Mit dem Verstande beurteilt, lässt sich daran nicht viel aussetzen.« Allerdings vermerkt sie auch, die Erklärung habe »etwas matt, zögernd« gewirkt: »Wo prophetische Äußerungen getan wurden, wollten sie aus diesem Munde nicht recht überzeugen.«[44] Theodor Wolff fühlt sich durch Eberts Hinweis auf Goethe leicht genervt; er spießt in seinem Leitartikel im *Berliner Tageblatt* den »in dieser Stadt wohl unvermeidlichen Hinweis auf den Geist Weimars« auf und knüpft daran eine klare, durchaus skeptische Erwartung: »Wir wollen hoffen, dass die Nachwelt mit gleicher Dankbarkeit die eigenen Worte und vor allem die Taten der Nationalversammlung zitieren wird.«[45] Privat wird er noch deutlicher; in sein Tagebuch notiert er: »Spießbürgerlich und im Verlauf schwunglos. Ebert wirkt wie ein braver Handwerksmeister.«[46] Der demokratische Abgeordnete Erich Koch diagnostiziert ebenfalls eine »fast handwerkliche Biederheit und journalistische Geschäftsmäßigkeit, die von revolutionärer Größe ebenso weit entfernt ist wie von staatsmännischer Klugheit«. Ebert habe »zu wenig zu bieten«, um zu vollbringen, worauf es ankomme.[47] Ernst van den Bergh dagegen ist vor allem froh, »dass dieser Augenblick wenigstens ungestört erreicht ist«, bleibt aber vorsichtig, denn »noch immer« besteht die Spannung Rätesystem – Demokratie«.[48]

Zu Beginn der dritten Sitzung der Nationalversammlung zeigt sich, dass es noch ungewohnt ist, Frauen im Parlament zu haben. Die anderen Fraktionen lehnen die Düsseldorfer USPD-Abgeordnete und Frauenrechtlerin Lore Agnes als Schriftführerin im Präsidium ab, weil sie dort keinen Unabhängigen sitzen haben wollen. Da sie selbst aber keine Frau aus ihren Reihen benennen können, machen sich die Frauen aller Fraktionen für Lore Agnes stark. Man einigt sich, dass sich die Männer restlos der Stimme enthalten sollen. Am Ende stimmen aber auch mindestens 24 Männer für die USPD-Politikerin, die 61 Stimmen erhält und damit in den Kreis der acht Schriftführer gewählt ist.[49]

Zum Parlamentarismus gehört das Bilden von Koalitionen. Ausgehend von den Fraktionen in der Nationalversammlung gibt es dazu zwei Möglichkeiten: SPD und DDP haben gemeinsam eine rechnerische Mehrheit von

240 der 423 Mandate – an sich komfortabel. Doch die Demokraten wollen nicht als alleiniger Juniorpartner mit der großen Sozialdemokratie regieren, sondern verlangen, als dritten Partner das Zentrum zu gewinnen: die einzige echte Volkspartei in Deutschland, die von Arbeitern bis zu Großgrundbesitzern und Industriellen alle Gruppen der Gesellschaft umfasst, sofern sie katholisch sind. Dem Demokraten und Vizepräsidenten der Nationalversammlung Conrad Haußmann ist klar, dass dies für die SPD nicht leicht zu schlucken ist, wie er seiner Tochter schreibt: Das Zentrum wäre wegen der laufenden Friedensverhandlungen gegenüber der Haltung der Entente günstig, wenngleich »innenpolitisch für die Sozialdemokratie eine Belastung«. Andererseits sei ein Zusammengehen mit der USPD wegen deren Unberechenbarkeit keine Option für die SPD. Haußmann selbstbewusst: »Wir unsererseits sind bei dieser Lage recht wichtig.«[50]

Der Idee, zusammen mit der USPD und linken Vertretern der DDP sowie des Zentrums eine Koalition ohne Rücksicht auf Parteigrenzen zu bilden, hat Ebert auf der konstituierenden Sitzung der SPD-Fraktion eine klare Absage erteilt: »Denn wäre es nach ihrem Willen gegangen, wären wir hoffnungslos und widerstandslos in vollständige Anarchie hineingeraten.«[51] Das Parteiblatt *Vorwärts* sekundiert am 5. Februar 1919: »Die der Demokratie feindlichen Umtriebe auf dem linken Flügel des Sozialismus haben breite Wählerschichten von der Sozialdemokratie abgestoßen, die Uneinigkeit hat den Sieg verhindert.«[52]

Umgekehrt ist die Stimmung eher noch schärfer. Von der gleichzeitig stattfindenden ersten Zusammenkunft europäischer Sozialisten seit 1914 in Bern schreibt der USPD-Vorsitzende Hugo Haase seiner Frau: »Die Anwesenheit deutscher Rechtssozialisten in diesem Augenblick macht allerdings die Konferenz zur Qual, ich könnte es verstehen, dass ich in dieser Atmosphäre moralisch ersticke.« Mit »Rechtssozialisten« meint er SPD-Vertreter wie Hermann Müller und Otto Wels, die sich in den vergangenen drei Monaten klar gegen Putschismus und für eine geordnete Reformpolitik eingesetzt haben. Sie sitzen mit ihm auch in der Nationalversammlung, Müller sogar als SPD-Fraktionsvorsitzender. Von der Nationalversammlung hält Haase generell wenig; das Beste, was er über sie zu sagen hat, ist, dass sie »auch nicht zu stören braucht«. Erstaunlich ist, dass Haase trotz seiner klaren Ablehnung der SPD gegenüber meint, die Koalitionsbildung kritisieren zu müssen. Ihm missfällt, dass die Sozialdemokraten neben den Demokraten auch das Zentrum gewinnen wollen: »Damit sind sie in allen Kulturfragen zur Untätigkeit verdammt und auch sonst gefesselt.« Haase bekennt deutlich, dass er weiter auf eine potenziell gewalttätige Umgestaltung der deutschen Gesellschaft setzt. Die SPD bilde »sich wirklich ein, die Revolution sei abgeschlossen, während es nur zweifelhaft ist, wann und unter welchen Formen die zweite Phase anheben wird«.[53]

Auch Kurt Eisner nimmt an dem Kongress in Bern teil. Er hält inzwischen eine Herrschaft der sozialistischen Massen für illusorisch und schimpft: »Wenn wir nicht den verfluchten Parlamentarismus hätten, könnten wir aus Bayern einen ganz anständigen Volksstaat machen.« Sein Pessimismus fußt natürlich auf der eigenen Lage, denn er ist ein Regierungschef auf Abruf. Als er im Hotel vergeblich nach Zeitungen sucht, scherzt der Ministerpräsident: »Ich muss doch einmal nachsehen, ob ich nicht schon abgesetzt worden bin.«[54]

Zwischen den drei potenziellen Koalitionspartnern SPD, DDP und Zentrum gibt es Abstimmungsbedarf. Zwar sind die Abgeordneten der katholischen Partei mit überragender Mehrheit von über 90 Prozent bereit, die künftige Regierung zu unterstützen und damit Deutschlands neue Staatsform als Republik anzuerkennen. Doch die Verteilung der führenden Positionen führt zu Gezänk. Dabei geht es nicht so sehr um persönliche Ambitionen, sondern darum, die verschiedenen gesellschaftlichen Kräfte abzubilden. Die Demokraten wollen zunächst die Funktion des Reichspräsidenten für sich beanspruchen, wenn die SPD den künftigen Regierungschef stellt und das Zentrum den Vorsitzenden der Nationalversammlung. Doch eine gleichberechtigte Aufteilung der drei wichtigsten Ämter der anstehenden Übergangszeit kommt für die SPD nicht infrage. Also bescheidet sich die DDP als schwächster der drei Partner damit, dass ein bürgerlicher Politiker als Präsident der Nationalversammlung amtieren soll. Weil gerade erst in der zweiten Sitzung der allgemein anerkannte Sozialdemokrat Eduard David in dieses Amt gewählt worden ist, einigt man sich, nach der anstehenden Wahl des Reichspräsidenten eine Personalrochade zu machen: David wird in die Regierung wechseln und an seiner Stelle der ebenfalls allgemein anerkannte Zentrumspolitiker Constantin Fehrenbach, 1918 der letzte Präsident des Reichstages im Kaiserreich, den Vorsitz der Nationalversammlung übernehmen. Damit steht die Koalition.

Ihre erste wichtige Aufgabe ist es, Deutschland eine demokratisch legitimierte Notverfassung zu geben. Ein Statut, das an die Stelle der lediglich durch die »normative Kraft des Faktischen« legitimierten bisherigen Ordnung tritt.[55] Denn der Rat der Volksbeauftragten ist zwar am 10. November 1918 ausdrücklich von der Vollversammlung der Berliner Arbeiter- und Soldatenräte anerkannt worden und erneut fünf Wochen später durch den Allgemeinen Rätekongress. Doch beide Gremien sind nicht auf demokratische Weise zustande gekommen, sondern haben nur einen kleineren oder größeren Teil der Bevölkerung repräsentiert. Jetzt aber gibt es mit der Nationalversammlung eine wirklich demokratisch zusammengesetzte Versammlung, die bis zum Erlass der künftigen Verfassung ein Staatsgrundgesetz verabschieden kann, das der Arbeit einer Übergangsregierung Rechtmäßigkeit verleiht.

Doch auch ein solches Statut muss abgestimmt werden – und vor allem besteht die Gefahr, dass einmal getroffene Grundsatzentscheidungen nicht mehr rückgängig gemacht werden können. Deshalb opponieren die Länder gegen einige der Vorschläge, die Hugo Preuß neben dem Entwurf für die eigentliche Verfassung ausgearbeitet hat. Der Staatssekretär bedauert, dass die schließlich von den Ländern akzeptierte Version »nicht mehr die klare Linienführung unseres ersten Entwurfes« enthält; es handele sich eben um einen Kompromiss, der zudem nur gegen Bayerns Stimme angenommen worden ist.[56] Vor allem geht der Streit um die Rolle, die künftig die Länder spielen sollen. Alle Freistaaten wehren sich gegen eine Zentralisierung, ganz gleich ob sie eine sozialdemokratisch dominierte Regierung haben wie Preußen, eine links geführte wie Bayern oder eine bürgerliche wie Baden. Preuß, der die Gelegenheit der Verfassungsgebung nutzen will, einen ebenso effizienten wie demokratischen Staat in Deutschland zu begründen, ist verärgert. Immerhin stellt Bayern die Souveränität der gerade gewählten Nationalversammlung infrage; Eisner behauptet zwar das Gegenteil, widerspricht sich aber im selben Atemzug: »Die Souveränität der Nationalversammlung bestreiten wir an sich nicht, unter der Voraussetzung, dass sie vermeidet, uns Unmögliches zuzumuten.«[57] Ähnlich argumentiert sein Berater Gustav Landauer: »Der alte Parlamentarismus ist wieder da, und zu ihm kommt durch die Preuß'sche Verfassung der unitarische Zentralismus: lauter Auskunftsmittel der Durchschnittlichkeit, die auch vorher schon Deutschland zu einem öden Land gemacht hat.«[58] Seine Hoffnung sind die Sezessionsbestrebungen der Linkssozialisten im Nordwesten, »die föderalistische Bewegung, deren Mittelpunkt Braunschweig ist«. Deren vorrangiges Ziel lautet jedoch, die Regierung Ebert zu stürzen; Landauer fürchtet daher, dass diese Bewegung niedergeschlagen wird, »mit militärischer Gewalt natürlich«. Durch das Vorgehen in Bremen fühlt er sich bestätigt. Landauer hadert: Man hätte die Berliner Zentralregierung nie anerkennen dürfen, »das hätte uns den Bürgerkrieg und die Nationalversammlung erspart«.[59]

Trotz aller Zentripetalkräfte können sich die Volksbeauftragten und die Länder auf einen Entwurf mit zehn Paragrafen und gerade einmal 550 Wörtern verständigen, den Ebert der Nationalversammlung als Drucksache Nr. 3 vorlegt. In einer gut halbstündigen Rede geht Hugo Preuß ausführlich auf die einzelnen Bestimmungen ein; eigentlich hält er im Ton eines Professors, der er ja ist, eine staatsrechtliche Grundlagenvorlesung. Besonders ausführlich spricht er über die Rechte der einzelnen Freistaaten, offenbar, um ihre wiederwilligen Regierungen zu besänftigen. Von den Abgeordneten liegen keine Wortmeldungen vor, sodass sich die Nationalversammlung vertagt.

Bei der nächsten, der vierten Sitzung kommen die Bedenkenträger zu Wort. Vertreter von DNVP, DVP und Bayerischer Volkspartei, aber auch der USPD lehnen den Entwurf ab, teilweise grundsätzlich, teilweise wegen angeblich zu geringer Rücksichtnahme auf die Interessen der Einzelstaaten. Der ehemalige Vizekanzler Friedrich von Payer appelliert hingegen an die Demokraten, rasch zu handeln; die Nationalversammlung habe »ein Vorbild an Arbeitswillen zu geben«. Drei Stunden lang diskutieren die Abgeordneten den kurzen Entwurf, wägen kleinere Umformulierungen ab, die schließlich fast alle verworfen werden. Dann lässt Eduard David per Erheben abstimmen. Das Ergebnis ist laut Gegenprobe »einstimmig«, was bedeutet, dass sich Dutzende Gegner entweder der Abstimmung verweigert oder den Sitzungssaal vorher verlassen haben.[60]

Laut dem nun also gültigen »Gesetz über die vorläufige Reichsgewalt« ist die Nationalversammlung gleichzeitig Verfassungsgeber und als normales Parlament für die reguläre Gesetzgebung zuständig. Außerdem wird der Dualismus von Ländern und Reich fortgeschrieben, den Hugo Preuß eigentlich hat abschaffen wollen. Eine wichtige Vorentscheidung ist, dass die Exekutive ein starkes Haupt haben wird: »Die Geschäfte des Reiches werden von einem Reichspräsidenten geführt«, heißt es in Paragraf 6. Er wird mit absoluter Mehrheit von der Nationalversammlung gewählt und soll im Amt bleiben, bis aufgrund der künftigen ordentlichen Verfassung ein Nachfolger bestimmt wird. In Anlehnung an die Reformgesetzgebung, die der letzte Reichstag des Kaiserreiches Ende Oktober 1918 verabschiedet hat, soll der Reichspräsident die Minister ernennen, die allerdings des Vertrauens der Mehrheit der Abgeordneten bedürfen; ein Reichskanzler ist nicht vorgesehen, die Ministerrunde wird von einem Kabinettsmitglied als *primus inter pares* geleitet. Vorgesehen ist also eine über die Wahl des Reichspräsidenten durch die Verfassungsgebende Versammlung parlamentarische Regierung.[61]

Dafür muss man aber erst einmal einen Präsidenten bestimmen. Ebert erwartet, dass es kein Problem geben wird, verfügt doch die Koalition aus SPD, DDP und Zentrum über eine komfortable Mehrheit von 330 der offiziellen 423 Mandate – also 78 Prozent. Am 11. Februar 1919 ist es so weit. Zwar reichen für die Wahl Eberts 212 Stimmen, doch allgemein wird als entscheidend bewertet, wie viele Abgeordnete der beiden Koalitionspartner er gewinnen kann. Da es sich um die fünfte Abstimmung der Nationalversammlung mit Wahlzetteln handelt, zu der die Abgeordneten namentlich aufgerufen werden, beginnen die Schriftführer den Aufruf beim Buchstaben »E«. Deshalb muss ausgerechnet Ebert selbst als Erster seinen Stimmzettel abgeben. Am Ende sind nur 379 Zettel in der Urne, obwohl lediglich 21 Abgeordnete regulär beurlaubt sind – die übrigen sind, was sie dürfen, der Abstimmung ferngeblieben.

Auf den ersten Blick ist das Ergebnis eindrucksvoll: 277 Parlamentarier haben »Ebert« auf ihre Zettel geschrieben. 49 Stimmen bekommt der Kandidat der Deutschnationalen, Arthur Graf Posadowsky-Wehner. 51 Zettel sind weiß abgegeben worden, auf je einem steht Scheidemann und Erzberger, obwohl die beiden sich gar nicht zur Wahl gestellt haben – als Versammlungspräsident David das mitteilt, kommt »Heiterkeit« auf. Dann fragt er Ebert, ob der die Wahl zum Reichspräsidenten annehme? Erwartungsgemäß stimmt der Gewählte zu, woraufhin Eduard David pathetisch verkündet: »Zum ersten Mal hat sich das deutsche Volk ein Oberhaupt aus freier Selbstbestimmung gegeben. Der neue Reichspräsident ist der Erkorene der breiten Mehrheit des deutschen Volkes. Die einzige Quelle seines Rechts ist der Wille des Volkes.«[62]

Wer allerdings genauer hinschaut, erkennt, dass es sich eigentlich um ein schlechtes Ergebnis handelt. 13 Abgeordnete von SPD, DDP und Zentrum sind krankheitsbedingt oder aus anderen Gründen für die Abstimmung entschuldigt sowie acht von anderen Fraktionen. Tatsächlich hätte Ebert also von diesen drei Parteien maximal 317 von 402 Stimmen erhalten können. 23 Volksvertreter haben ihre Stimme jedoch gar nicht abgegeben, weitere 51 mit unbeschriebenen Zetteln ihren Protest ausgedrückt. Darun-

Präsident Dr. David verkündet in der Nationalversammlung
die Wahl des Volksbeauftragten Ebert zum Reichspräsidenten.

Die Wahl Friedrich Eberts zum ersten Reichspräsidenten am 11. Februar 1919:
Der Präsident Eduard David verkündet vor der Nationalversammlung im Neuen
Theater in Weimar das Wahlergebnis.

ter sind, so vermuten Beobachter, wohl die meisten der 18 teilnehmenden
USPD-Abgeordneten, aber eben nicht nur sie. Der Ausgang der Abstimmung spricht nicht für eine andere Politik – der Zählkandidat Posadowsky-Wehner hat bei 40 anwesenden Abgeordneten seiner DNVP nur neun
Stimmen aus anderen Fraktionen erhalten, vor allem wohl aus der DVP.
Vielmehr spricht das Wahlergebnis gegen Ebert: Nicht weniger als 40 Koa-
litionsabgeordnete haben ihm ihre Stimme verweigert. Die meisten dürften
weiße Zettel abgegeben haben, aber auch die unsinnigen Voten für den
Zentrumspolitiker Erzberger und den Sozialdemokraten Scheidemann gehören dazu. Vermutlich stammt der Großteil der Verweigerer aus der DDP.
Manche Abgeordnete sprechen ihren Ärger ziemlich offen aus, etwa Otto
Nuschke, der am Tag zuvor gesagt hat, »jeder von unserer Fraktion« sei
»besser als Ebert«, oder Wilhelm Vershofen, der Eberts Wahl eine »Tragö-
die« nennt.[63]

Das Ergebnis ist eine »peinliche Überraschung«, wie der USPD-Politiker Walter Oehme mit Häme feststellt.[64] Ebert aber lässt sich nicht aus dem
Tritt bringen. Er will die Gratwanderung bestehen, Präsident aller Deutschen zu sein, ohne seine Herkunft aus der Arbeiterklasse zu verleugnen:
»Mit allen meinen Kräften und mit voller Hingabe werde ich mich bemühen, mein Amt gerecht und unparteiisch zu führen«, verspricht er zu Beginn seiner Dankesrede. Er sehe sich als »Beauftragter des gesamten Volkes«, nicht als »Vormann einer einzigen Partei«. Über sein innenpolitisches
Grundprinzip sagt er: »Freiheit und Recht sind Zwillingsschwestern. Die
Freiheit kann sich nur in fester staatlicher Ordnung gestalten.« Was er damit meint, unterstreicht Ebert gleich im Anschluss noch einmal: »Jede Gewaltherrschaft, von wem sie auch komme, werden wir bekämpfen bis zum
Äußersten.« Während die Mehrheit der Abgeordneten klatscht, verzeichnet der Protokollant an dieser Stelle »Unruhe bei den Unabhängigen Sozialdemokraten.« Denn die wissen, wen der neue Reichspräsident meint. Mit
einem dreifachen »Hoch« auf das Vaterland und Jubel der Mehrheit der
Abgeordneten endet die Sitzung.[65]

Manche Beobachter, die Eberts Eröffnungsrede fünf Tage zuvor noch
kritisiert oder ignoriert haben, fühlen sich von seinen Worten nach der Wahl
angetan. Theodor Wolff nennt sie »sehr warm und schön«; zum ersten Mal
sei »etwas Schwung« im Weimarer Theater zu spüren gewesen.[66] Thomas
Mann, dem die Eröffnungssitzung kein Wort wert gewesen ist, notiert nun:
»Ebert zum Reichspräsidenten gewählt. Seine Ansprache sympathisch,
endend in ein stehend und begeistert aufgenommenes Hoch auf Vaterland und Volk.« Mann, der zu Weihnachten 1918 ein Gerücht über Eberts
Sturz noch begrüßt hat, hofft nun: »Mutet doch an wie ein erster Gehver-
such nach dem Kollaps, wie Wiederkehr von Würde und Selbstgefühl.«[67]
Knapper hält es Nikolaus Andersen in Kiel – er schreibt einfach in großen
Buchstaben zwei Wörter in sein Notizheft: »Ebert Reichspräsident.«[68]

Mehrere demokratische Abgeordnete, obwohl inzwischen in einer Koalition mit Eberts SPD, bleiben allerdings bei ihrer Ablehnung. Erich Koch
meint, dem neuen Staatsoberhaupt sei »die neue Würde zu sehr zu Kopf
gestiegen«, und kritisiert zugleich dessen Ungelenkheit, »die man in dieser
ernsten Zeit nicht einmal belächeln kann«.[69] Sein Fraktionskollege Anton
Erkelenz hält fest: »Seine Rede war sehr schwach. Handwerkliche Bieder-
keit. Nichts mehr.« Hochnäsig fügt er hinzu, »in weinseliger Stimmung«
solle Ebert »geistreicher sein«.[70]

Nur wenige Tage später kommt es in München zu einer handfesten Regierungskrise. Ein SPD-Minister hat am 13. Februar alle wehrfähigen Männer Bayerns eigenmächtig aufgerufen, einem »Volksheimatschutz« beizutreten. Es kracht im Kabinett, und trotzdem stellt sich USPD-Regierungschef Eisner öffentlich vor seinen Minister: »Alle militärischen Maßnahmen und Verordnungen der letzten Zeit bezwecken lediglich, die revolutionären Errungenschaften zu sichern und das demokratische und soziale Werk der Revolution in ruhiger und stetiger Entwicklung zu vollenden.«[71] Die Volkswehr solle aus möglichst älteren, gewerkschaftlich organisierten Arbeitern bestehen.

Doch die Arbeiter- und Soldatenräte nehmen Eisner die Umwidmung des »Volksheimatschutzes« in eine Arbeitermiliz nicht ab und fordern ultimativ, den Erlass zu annullieren. Der Revolutionäre Arbeiterrat, dem Erich Mühsam vorsteht, ruft für Sonntag, den 16. Februar 1919, zur Demonstration auf der Theresienwiese auf. Sie wird zum Misstrauensvotum gegen Eisners Regierung. Die Teilnehmer fordern den Rücktritt der wichtigsten SPD-Minister, darunter Erhard Auer. Um Schlimmeres zu verhindern, setzt sich Eisner mit einem Auto an die Spitze des Zuges, der gegen ihn selbst protestiert. Als er bemerkt, wie lächerlich das ist, lässt er sich ins Büro fahren.[72] Hier erwartet der Ministerpräsident eine Abordnung der Demonstranten, die ihre Forderungen vortragen soll. Es erscheint ausgerechnet Eisners Berater Gustav Landauer.

Indes zieht der Zug unter Parolen auf Sowjetrussland weiter durch München. Augenzeuge dieses Marsches ist der 22-jährige Jura-Student und ehemalige Leutnant Graf Arco-Valley. Er sieht den Demonstrationszug und Eisner im Auto an der Spitze, liest die Schilder »Nieder mit Auer, nieder mit Ebert«. Ihm fallen Attacken auf Soldaten in Uniform auf. Arco packt unbändige Wut, am liebsten würde er auf Eisner losgehen, der seiner Ansicht nach dabei ist, Bayern »an Spartakus zu verraten«.[73]

Genau das will Eisner nicht, sondern im Gegenteil geordnete Verhältnisse, wie er zum Abschluss des Kongresses der Münchner Räte am 20. Februar 1919 erklärt. Angesichts der gegen ihn gerichteten Stimmung ist das mutig. Eisner sagt: »Die Mehrheit, die Bürgerlichen sollen nun bürgerliche Politik treiben. Wir werden sehen, ob sie regierungsfähig sind. Inzwischen sollen die Räte ihr Werk tun, die neue Demokratie aufzubauen.« Und dann äußert er einen Wunsch für die Zukunft: »Ich sehne mich danach, dass die Sozialisten ohne Unterschied der Richtung wieder Opposition werden.

Vielleicht ist die Entscheidung, während ich hier rede, schon gefallen.« Am folgenden Tag soll der neu gewählte Landtag zusammentreten: »Dann werden wir sehen, wo Lebenskraft und wo Zuckungen einer dem Tode geweihten Gesellschaft zu finden sind.«[74]

Mit dem Erlass eines vorläufigen Staatsgrundgesetzes am 10. Februar 1919 und der Wahl des Oberhaupts der Exekutive einen Tag später hat die Nationalversammlung in Weimar erst die Voraussetzungen geschaffen, ihre eigentliche Aufgabe anzugehen: eine Verfassung auszuarbeiten. Natürlich kann ein Parlament von mehr als 400 Abgeordneten einen solchen Text nicht gemeinsam schreiben; es kann nur über vorliegende Entwürfe beraten, sie mehr oder weniger modifizieren, vielleicht auch grundsätzlich verwerfen. Hugo Preuß hat sich ganz auf die künftige Struktur Deutschlands konzentriert. Sein ursprünglicher, gerade einmal 68 Paragrafen kurzer und knackig-klarer Entwurf vom 3. Januar 1919 enthält deshalb nichts über die Grundrechte der Bürger, was Ebert ausdrücklich kritisiert. Daraufhin schlägt ein Mitarbeiter der Reichskanzlei vor, diese Garantien aus der »48er-Verfassung abzuschreiben, soweit sie heute noch passen«.[75] Tatsächlich lehnen sich die zunächst elf, dann zwölf Artikel über die Grundrechte teilweise wörtlich an die nie in Kraft getretene Verfassung der Revolution 1848/49 an. Doch im Mittelpunkt stehen sie nicht – der Abschnitt mit den Grundrechten wandert im Verlauf der Verfassungsberatungen von der zweiten Stelle in der Gesamtverfassung nach der Struktur des Reiches an die achte Position, selbst hinter die Regelungen der Reichsverwaltung. Um das auszugleichen, einigt man sich, die Grundrechte an die Spitze eines »zweiten Hauptabschnitts« zu stellen, in dem »Grundrechte und Grundpflichten der Deutschen« geregelt werden.[76]

Auch die Länder sind an den Grundrechten weniger interessiert und umso mehr an den Vorschriften zu einer möglichen Neugliederung des Reiches. Dabei ist die Regierung bei der Überarbeitung des am 20. Januar 1919 veröffentlichten zweiten Entwurfes den Wünschen der einzelnen Gliedstaaten schon weit entgegengekommen: Nicht mehr dem deutschen Volk an sich, sondern nun den einzelnen Ländern selbst soll das Recht zustehen, eine Umstrukturierung einzuleiten. Doch auch dieses Zugeständnis genügt den Ländervertretern im neu eingerichteten Staatenausschuss nicht; sie versehen den am 18. bis 20. Februar beratenen und redigierten, nun schon vierten Entwurf mit Anmerkungen zur Frage möglicher Neugliederungen, zu den Abstimmungsmodalitäten in der künftigen Ländervertretung, dem

Reichsrat, und zu den garantierten Rechten fremdsprachlicher Volksgruppen. Eigentlich aber geht es ihnen darum, der Reichsregierung keine Regelungskompetenz zuzugestehen für den Fall, dass sich die Einzelstaaten nicht einigen können.

Die Verhandlungen sind geprägt von drei widerstreitenden Interessen: Hugo Preuß versucht weiter, die Bedeutung der Länder zurückzudrängen und ihren Einfluss zu begrenzen. Der mit Abstand größte Einzelstaat Preußen, der an Fläche wie an Bevölkerung jeweils fast zwei Drittel des gesamten Deutschen Reiches umfasst, muss sich gleichzeitig mit separatistischen Tendenzen vor allem der Rheinprovinz herumschlagen, seines westlichsten Teils. Im Zentrum dabei steht Oberbürgermeister Konrad Adenauer aus Köln. Im Dezember 1918 hat er das Gefühl gehabt, dass Frankreich den Streit über die Annexion des Rheinlandes gewinnen würde und von Berlin wenig Hilfe zu erwarten sei. Daher hat Adenauer Kontakt zu den Separatisten aufgenommen. Auf Anraten moderater Kräfte wie des Liberalen Bernhard Falk hat er die Sache dann aber ruhen lassen. Falk misstraut allerdings dem Frieden und vor allem Adenauer, der zwar »mit einem gesunden Misstrauen an fremde Personen« herangehe, sich dann aber mitunter sein Urteil »wohl zu schnell« bilde.[77] Tatsächlich hat Adenauer Ende Januar 1919 für den 1. Februar einflussreiche Kräfte eingeladen, über eine Abkehr von Preußen zu diskutieren: den Vorsitzenden des Provinzialausschusses, die Oberbürgermeister größerer Städte links des Rheins – von Aachen und Bonn über Saarbrücken bis Koblenz – sowie alle rheinländischen Abgeordneten der Nationalversammlung und der preußischen Landesversammlung; darunter ist auch Bernhard Falk. Inzwischen hat sich der Eindruck verstärkt, Frankreich betrachte die Rheingrenze als Ziel seiner Politik. Die *Kölnische Volkszeitung* jubelt; sie glaubt Adenauer an ihrer Seite und die Stunde der Separatisten gekommen. Der Kölner erstaunt jedoch alle Zuhörer mit seinen mehr als dreistündigen Ausführungen für ein Festhalten am föderalen Deutschland, zu dem allerdings eine »Westdeutsche Republik« beiderseits des Rheins gehören sollte, also ein Ausscheiden dieser Gebiete aus Preußen. Falk hält dagegen: »Ich betone als unabweisliches Gebot, wir Rheinländer hätten Sorge zu tragen, dass keine Klammer gelöst werde, die uns mit unseren deutschen Brüdern verbinde.« Ähnlich argumentiert er in der Nationalversammlung, wo ihn seine DDP-Fraktion bei der Aussprache über die Regierungserklärung bewusst als Redner ins Rennen schickt, damit er die Lösungsbestrebungen des Rheinlandes verurteilen und die

Reichstreue betonen kann. Seine Rede wird mit lautem »Bravo« begleitet, vor allem bei Sätzen wie: »Wir sind stolz auf den grünen Rhein, den der Zauber der Romantik mit seinen goldenen Fäden umsponnen hat und der das Lebensmark und die Lebensstraße für uns und darüber hinaus für ganz Deutschland geworden ist.« Als Anerkennung betrachtet Falk, dass die britischen Besatzungsbehörden den Abdruck seiner Rede in den Kölner Zeitungen unterbinden.[78] Die Auseinandersetzung endet wie so manche zuvor: Ein Ausschuss in Köln soll die Pläne je nach Entwicklung in Weimar weiter bearbeiten – anders ausgedrückt, auf die lange Bank schieben. Dafür sorgt Adenauer persönlich, der den Vorsitz des Ausschusses übernimmt.

Angesichts solcher Debatten besteht Preuß auf möglichst umfassenden Kompetenzen der Landesregierungen und umgekehrt begrenztem Initiativrecht der jeweiligen Bevölkerung für mögliche Neugliederungen. Die süddeutschen Freistaaten und hier vor allem Bayern wiederum wollen die Zentralgewalt des Reiches so schwach wie möglich halten, um sich selbst maximale Gestaltungsspielräume zu sichern. So gibt es erheblichen Beratungsbedarf in der Nationalversammlung, der Preuß am 21. Februar 1919 den vierten Entwurf für die Reichsverfassung in die Nationalversammlung formell weiterleitet.

Am selben Tag steht in München die konstituierende Sitzung des fünf Wochen zuvor gewählten bayerischen Landtages an. In den bewegten Zeiten seit dem Umsturz im November 1918 ist das erstaunlich lang, doch hat Kurt Eisner die Differenzen zwischen der SPD und der größten Fraktion im künftigen Landesparlament, der Bayerischen Volkspartei, genutzt, um möglichst lange auf die Verfassungsberatungen Einfluss zu nehmen. Nun allerdings ist klar, dass seine Amtszeit zu Ende geht und er künftig höchstens noch als Hinterbänkler eine Rolle spielen wird. Gegen 9.45 Uhr verlässt Eisner die Dienstwohnung im zentral gelegenen Palais Montgelas, in der er seit November wohnt. Er will die wenigen Dutzend Meter hinüber in die Prannerstraße, zum Tagungsort des Landtages, zu Fuß gehen. Begleitet wird er von zwei Vertrauten; vor den drei Männern gehen zwei Polizisten, die Eisner in der aufgeladenen politischen Atmosphäre schützen sollen.

Jedoch fällt weder den beiden Personenschützern noch Eisner und seinen Begleitern der junge Mann in Zivil auf, der sich auf der anderen Seite der Promenadenstraße im Eingang einer großen Bank herumdrückt. Nicht einmal, als er über die Straße kommt und sich der Gruppe um Eisner von hinten nähert, werden sie aufmerksam. Dabei zögert der Mann sogar kurz, als sei er unschlüssig, wohin er gehen müsse. Dann aber schließt er rasch zu den gemächlich gehenden Männern auf, reißt eine Pistole hervor und schießt Kurt Eisner zweimal in den Nacken. Der Ministerpräsident ist auf der Stelle tot. Jetzt erst reagieren die Polizisten: Sie reißen den Attentäter zu Boden und schießen mehrfach auf ihn. Zwei Kugeln treffen und verletzen ihn schwer; gerettet wird Anton Graf Arco nur durch eine Notoperation.

Als Motiv für den Mord gibt der Ex-Offizier an: »Ich habe seit Langem den Ministerpräsidenten weghaben wollen.« Am besten durch freiwillige Abdankung, um blutige Auseinandersetzungen zu vermeiden. Dies sei aber nicht geschehen: »Freiwillig ist er nicht weggegangen.« Weiter sagt Arco aus, das Volk habe keine Mittel gehabt, ihn zu zwingen. Also habe sich einer »hergeben« müssen, »ihn zu beseitigen«.[79] In Wirklichkeit mindestens genauso wichtig ist die Wut des gerade erst 22-jährigen Monarchisten auf den »Bolschewisten« Eisner, dem er zugleich seine jüdische Herkunft vorwirft – eine Kompensation für Arcos Selbsthass, dessen Mutter aus der jüdischen Bankiersfamilie Oppenheim stammt und der deshalb von antisemitisch eingestellten Offizierskameraden geschnitten wird.[80] Als die tödlichen Kugeln Eisner treffen, trägt er seine vorbereitete Rücktrittserklärung bei sich. Denn er ist entschlossen, bei der konstituierenden Sitzung des Landtages sein Amt zur Verfügung zu stellen. Davon haben ihn auch nicht die Forderungen radikaler Anhänger eines Rätesystems wie Eugen Leviné abgebracht, die am 16. Februar 1919 auf der Theresienwiese die Ausrufung einer Räterepublik verlangt haben.

Die Reaktionen auf den Mord fallen unterschiedlich aus: Die vorwiegend monarchistisch-patriotisch eingestellten Schüler an Josef Hofmillers Gymnasium in München-Sendling jubeln und schreien »Hurra«.[81] Thomas Mann dagegen notiert im Tagebuch: »Erschütterung, Entsetzen und Widerwille gegen das Ganze. Welches werden die Folgen sein?«[82] In ganz Deutschland löst die Nachricht vom Attentat Sorgen aus: »Große Aufregung in München«, registriert in Kiel Nikolaus Andersen und kommentiert: »Ziemlich ernste Situation.«[83]

Eisners Vertrauter Gustav Landauer erfährt von dem Mord beim Verlassen des Zuges in Krumbach, wo er zusammen mit seinen Kindern seiner Frau an deren erstem Todestag gedenken will. Sofort versucht er nach München zurückzukommen, doch der Bahnverkehr in die Metropole ist gesperrt. Dem Philosophen Ludwig Berndl schreibt Landauer: »Der 21. Februar ist nun zum zwiefachen Trauertag geworden.«[84] Victor Klemperer, der in München an der Universität lehrt und seine Studenten mit Aufsatzthemen wie »Freiheit, die ich meine« überrascht, sitzt im Lesesaal, um sich auf ein Seminar vorzubereiten. Gegen elf Uhr stürmt ein Diener herein und berichtet von der Ermordung Eisners. Eine Stunde später bittet der Bibliothekar die Nutzer zu gehen, die Universität werde geschlossen.[85] Klemperer würdigt das Opfer in seinem Korrespondentenbericht für die *Leipziger Neuesten Nachrichten*: »Es ist trivial, dass politischer Mord, abgesehen von aller sittlichen Verwerflichkeit, eine Dummheit ist; trivial, dass die Dummen nie alle werden. Aber eine erbitterndere Sinnlosigkeit als der Mord an Eisner ist selbst in diesen letzten Monaten kaum jemals begangen worden.« Schon einen Tag später notiert der Literaturwissenschaftler: »Deshalb hat der tote Eisner heute unendlich viel mehr Anhänger, als der lebende je besessen. Er ist ein Märtyrer, sagen die einen; bedauernswert nennen ihn die anderen, und die meisten meinen, dass mit ihm und wahrscheinlich über ihn, den Lebenden, sehr bald hinweg eine ruhige Entwicklung möglich gewesen wäre.«[86]

Tatsächlich hat Eisners Tod unmittelbar blutige Folgen: Im Landtag stürmt ein Mitglied des Revolutionären Arbeiterrates in den Plenarsaal und schießt Bayerns SPD-Vorsitzenden Erhard Auer nieder, den er irrtümlich für den Drahtzieher des Mordes hält. Einen Major, der sich ihm in den Weg stellt, tötet der Attentäter sogar, bevor er schwer verletzt festgenommen wird; außerdem kommt ein Abgeordneter der BVP ums Leben. Auer überlebt, gerettet vom selben Arzt wie Anton Graf Arco.

Als Reaktion auf den Mord an Eisner ruft die Münchner USPD reflexartig den politischen Generalstreik aus. Angeblich aus Sorge vor einem Putsch reaktionärer Monarchisten besetzen revolutionär gesinnte Soldaten die Redaktionen der bürgerlichen Zeitungen. Die Regierungsgewalt übernimmt provisorisch ein vom Rätekongress eingesetzter »Zentralrat der bayerischen Republik«; der demokratisch gewählte Landtag wird bis auf Weiteres ausgeschaltet. Dabei stört die bayerischen Sozialisten nicht, dass Arco ein Einzeltäter gewesen und die Eskalation durch die Schüsse im Plenarsaal von einem Linksradikalen verursacht worden ist. Eisners Beisetzung wird zur Demonstration der Linken; rund 100 000 Menschen nehmen daran teil, darunter ein Gefreiter namens Adolf Hitler. Die Trauerrede hält Gustav Landauer, der noch wenige Tage zuvor Eisner die Forderungen der Demonstranten von der Theresienwiese überbracht hat.

So ist die Stimmung höchst angespannt, als Hugo Preuß am folgenden Montag im Weimarer Nationaltheater den vierten Entwurf zur künftigen Verfassung vorstellt und begründet. In den Mittelpunkt stellt er das Bekenntnis zur Einheit des Reiches – eine klare Absage an die partikularistische Tendenz der süddeutschen Länder und der Rheinprovinz. Um dagegen das Nationalgefühl zu stärken, geht Preuß auf die vorgeschlagenen Reichsfarben Schwarz-Rot-Gold ein, die in Anlehnung an die gescheiterte Verfassung von 1849 in den ersten Artikel des vierten Entwurfs aufgenommen sind. Ausdrücklich kritisiert er hingegen den Föderalismus, dessen »partikularistische Verankerungen und Verflechtungen« als »Erbschaften aus der früheren Verfassung des Kaiserreichs« übernommen worden seien. Erstaunlich offen spricht Preuß, immerhin offiziell Verantwortlicher der Regierung für den Verfassungsentwurf, dessen Schwächen an; die Schuld weist er den Einzelstaaten zu. Dass ihm die nun in die Beratungen eingebrachte Fassung des Artikels über die Neugliederung des Reichsgebietes nicht gefällt, kann nicht überraschen, hat er doch ursprünglich eine gänzlich andere Regelung vorgeschlagen. Doch auch vor der zu hohen Hürde ausdrücklicher Verfassungsänderungen warnt er: Die Länder haben durchgesetzt, dass dafür sowohl im Reichstag als auch im Reichsrat eine Zweidrittelmehrheit nötig sein soll. Preuß sieht darin ein Hemmnis, die Verfassung auf demokratische Weise weiterzuentwickeln.[87]

Die Opposition stellt sich, wenig überraschend, gegen den Verfassungsentwurf. Der deutschnationale Abgeordnete Clemens von Delbrück erklärt, dass die Reformen des Oktober 1918 »völlig ausreichend gewesen« wären, Deutschland also eine demokratische Monarchie hätte werden sollen. Nach diesem Bekenntnis geht der ehemalige Staatssekretär des Inneren und Vizekanzler zur Detailkritik über und spießt die Schwächen des Entwurfes aus konservativer Sicht treffsicher auf. Delbrück führt Preuß wegen dessen Verzichts auf die ursprünglich vorgesehene Neugliederung des Reiches geradezu vor. Außerdem kritisiert er die schwache Position des künftigen Reichskanzlers zwischen Reichspräsident und Reichstag; er verlangt, eine Richtlinienkompetenz des Regierungschefs in der Verfassung zu verankern.[88]

Kaum knapper, aber inhaltlich weit weniger gehaltvoll fällt die Kritik der USPD am Verfassungsentwurf aus. Im Wesentlichen beschränkt sich ihr Hauptredner Oskar Cohn darauf, den Verzicht auf die »Wiedergeburt des deutschen Volkes im Sozialismus« zu geißeln. Das müsse aber das Ziel aller

Gesetzgebung und also auch der Verfassung sein. Er ruft den Abgeordneten der Versammlung entgegen: »Sie kommen an der Sozialisierung nicht vorbei!«[89] Die in allgemeinen, freien, geheimen und gleichen Wahlen ermittelten Mehrheitsverhältnisse, die eben nicht für einen revolutionären Weg zum Sozialismus stehen, sondern für eine friedliche Reformpolitik mit dem Ziele einer parlamentarischen Demokratie, interessieren ihn nicht.

Nach vier Tagen intensiver Beratungen über den Verfassungsentwurf schließt Parlamentspräsident Constantin Fehrenbach Anfang März 1919 die erste Lesung; die weiteren Beratungen finden im Verfassungsausschuss statt, den der Demokrat Conrad Haußmann leitet und der jeden Artikel genau erörtert. Die Nationalversammlung, die neben ihrer Hauptaufgabe als Verfassungsgeber eben auch reguläres Parlament des Deutschen Reiches ist, konzentriert sich in den folgenden Tagen auf aktuelle Probleme und dafür notwendige Gesetzgebung, vor allem auf die Sicherstellung der Lebensmittelversorgung - und auf die Unruhen, die in vielen Teilen Deutschlands gerade ausbrechen.

Bürgerkrieg

Jetzt hat das Proletariat die Macht. Dies ist die Diktatur
des Proletariats! Wir spaßen nicht!

Marie-Amelie von Godin[1]

Am 2. März 1919 nehmen rund 200 Delegierte der Unabhängigen Sozialdemokraten Platz im Sitzungssaal des früheren preußischen Herrenhauses in
Berlin. Die USPD hat zum zweiten Parteitag geladen, ausdrücklich einem
»Revolutionsparteitag«. Fünf Tage lang soll über die allgemeine Lage in
Deutschland und die Stellung der Partei diskutiert werden. Wilhelm Dittmann leitet als politischer Sekretär das Treffen. Die USPD befindet sich
in einer schwierigen Lage: Nach den Niederlagen bei der Wahl zur Nationalversammlung sowie in Preußen und einigen Freistaaten ist sie aus
nahezu allen Regierungen verschwunden. Gemessen an den Wahlergeb-
nissen sind die Unabhängigen nicht mehr als eine Splitterpartei. Das hat
ihre inneren Konflikte deutlich verschärft; die Ränder beginnen abzubrö-
ckeln: Gemäßigte Genossen der einstige Ko-Regierungschef Preußens,
Heinrich Ströbel, sind schon zur SPD zurückgekehrt. Linke USPD-Politiker
hingegen wandern zur KPD ab. So erklärt auf dem Parteitag eine Ikone der
Sozialdemokratie, die 62-jährige Clara Zetkin, ihren Abschied und Wechsel
zu den Kommunisten.

Heftig streiten die Delegierten über den Sinn der Regierungsbeteiligun-
gen seit November 1918. Andererseits hat sich seitdem die Zahl der
USPD-Mitglieder von rund 100 000 auf 300 000 verdreifacht, die Partei
verfügt inzwischen über 47 Zeitungen. Daher stehe sie vor der Aufgabe, wie
Dittmann darlegt, ihre Strukturen systematisch den neuen Verhältnissen
anzupassen: durch eine Stärkung des gesamten Apparates mit weiteren
Blättern, etwa für Frauen, durch Druck von Parteiliteratur und einen Parla-
mentsdienst, aber auch durch den Aufbau einer Jugendbewegung sowie
durch ausformulierte Richtlinien für die Kommunalpolitik und eine engere
Zusammenarbeit mit Gewerkschaften.

Zu den Neulingen in der Partei gehört der 23-jährige Werner Scholem, der Delegierter des Parteitages ist. Während die SPD neue Mitglieder in ihren Reihen abschätzig »Novembersozialisten« nennt, denen man die politische Arbeit wegen ihrer Unerfahrenheit noch nicht zutraut, lässt die USPD junge Genossen in den Provinzen agieren – allerdings auch mangels Alternativen. Scholem ist Lokalredakteur beim *Braunschweiger Volksfreund* in Hannover; eine Stellung »ganz nach meinem Herzen«, schreibt er seinem Bruder Gerhard. Werner Scholem tritt auch als Agitator und Stadtverordneter auf, »sodass ich also vormittags als mein eigener Berichterstatter, nachmittags als Redakteur und abends als Redner tätig sein muss«. Vor dem Spiegel übe er, sein Gesicht »in parlamentarische Falten zu legen«. Den Bruder amüsiert das. Seinen Freunden gegenüber nennt er Werner scherzhaft, aber auch mit etwas Stolz, den »unabhängigen schreienden Löwen der ganzen Provinz«.[2]

Im Aufwind sieht sich die USPD durch die Ereignisse seit Einberufung der Nationalversammlung. Friedrich Ebert und Philipp Scheidemann wähnen sich am Ziel, sie haben Deutschland nach dem Umsturz ohne Umwege in eine parlamentarische Demokratie geführt. Doch vielfach beherrscht die Sorge den Alltag der Deutschen, dass ihr Leben sich weiter verschlechtern könne. Es gibt zu wenig zu tun und viel zu viele Menschen, die nach Beschäftigung suchen – beides macht Arbeitnehmern wie Arbeitgebern zu schaffen. In Kiel muss sich Nikolaus Andersen mit dem Thema beschäftigen: Gerüchte über bevorstehende Entlassungen schwirren durch die Büros, auf den angeblich bereits geschriebenen Listen soll auch sein Name stehen. Der Missstand ist Folge des Krieges, wie Ebert bei der Eröffnung der Nationalversammlung betont hat; er wird jedoch der aktuellen Regierung angelastet. Die Lage verschärft sich durch Streiks, an denen sich nahezu alle Berufsgruppen beteiligen, in Magdeburg zum Beispiel Kellner ebenso wie Metallarbeiter. Die Domstadt hat im Februar auch Plünderer ertragen müssen, die teilweise bewaffnet Warendepots und Kaufhäuser gestürmt haben.[3]

Für die linken Gegner der parlamentarischen Demokratie ist es leicht, den Unzufriedenen einzureden, sie seien abgehängt worden und die Errungenschaften der Revolution in Gefahr. Ein Gespräch der Reichsregierung mit Vertretern der Arbeiter- und Soldatenräte aus dem Ruhrgebiet und Mitteldeutschland Mitte Februar 1919 über deren künftige Stellung ist ergebnislos geblieben. Die Regierung ist zwar bereit, die Mitbestimmung der Arbeiter in den Firmen zu verstärken, doch Räte sind aus ihrer Sicht ein

Relikt der Umbruchzeit, auch wenn gerade die Soldatenräte darauf pochen, Teil einer demokratischen Armee zu sein. Wo es Widerstand gegen ihre Auflösung gibt, setzt Wehrminister Gustav Noske Militär ein, etwa in Münster, wo die Mitglieder des General-Soldatenrates verhaftet werden.

Sein Vorgehen signalisiert, dass weitergehende Ziele nicht in Verhandlungen und mit guten Worten zu erreichen sein werden. Die Folge sind gewaltige Streiks: Am 20. Februar haben fast 200 000 Bergarbeiter im Ruhrgebiet ihre Arbeit niedergelegt, drei Tage später ruft ein Bergarbeiterkongress in Halle den Generalstreik für Mitteldeutschland aus. Treibende Kraft dort ist der USPD-Politiker Wilhelm Koenen, Redakteur des *Halleschen Volksblattes* und Mitglied der Nationalversammlung. Dem Streik im Industrierevier Halle-Merseburg-Leuna schließen sich Arbeiter aus Chemiebetrieben, Kraftwerken, Verkehrsunternehmen und der Metallindustrie an – in anderen Regionen. Am 26. Februar steht in Leipzig das öffentliche Leben still, Anfang März sind drei Viertel aller Arbeiter in Sachsen, Thüringen und Anhalt im Ausstand. Das geschieht nahe Weimar, wo das Parlament tagt und die Regierung amtiert. Vor der Haustür der politischen Macht also.

Gemäßigte Politiker versuchen, der Streikbewegung entgegenzuwirken. In Magdeburg nennt der SPD-Funktionär Hermann Beims die Lohnforderungen der Unabhängigen überzogen und mahnt, die Wirtschaft nicht nachhaltig zu schädigen. In Dresden schmettert der neue Wirtschaftsminister Max Heldt, ein Gewerkschafter, das von den Räten in Auftrag gegebene Gutachten des österreichischen Ökonomen Otto Neurath zur »Sozialisierung in Sachsen« ab, das ein zentrales Wirtschaftsamt als Institution und einen zentralen Wirtschaftsplan als Instrument vorschlägt, außerdem die Verstaatlichung des Bergbaus und der Verkehrsbetriebe fordert. Die sächsische Regierung stehe »diesen Bestrebungen fern«, so der Sozialdemokrat Heldt.[4] Selbst der linke Leipziger USPD-Politiker Richard Lipinski, nun Vize im Präsidium der sächsischen Volkskammer, bezeichnet jede Hoffnung auf ein Rätesystem als illusorisch.[5]

So unangenehm schon die Generalstreiks im Februar 1919 gewesen sind: Als echte Bedrohung muss die Reichsregierung Versuche in München und Braunschweig betrachten, autarke Räterepubliken zu gründen. In der bayerischen Metropole regiert seit dem Tod Eisners ein »Zentralrat der Bayerischen Republik«, dem Vertreter von SPD, USPD, KPD und der Bauernräte angehören. Vorsitzender ist der linke SPD-Mann Ernst Niekisch, ein Anhänger des Rätesystems. So eine Chance lässt sich Erich Mühsam nicht entgehen: Er ruft am 28. Februar in Bayern eine sozialistische Republik aus. Das wird zwar abgelehnt, heizt die Stimmung in München jedoch an. Mühsam meidet seine Wohnung aus Angst vor Anschlägen, Gustav Landauer beruhigt seine Kinder und seine Freunde; er sei nicht in so großer Gefahr, wie sie vielleicht meinten: »Ich habe nicht das Gefühl, gehasst zu werden; ich erhalte auch fast keine anonymen Briefe.«[6]

In Braunschweig haben sich die Obleute der bewaffneten revolutionären Einheiten zusammen mit ihren Kollegen aus Wolfenbüttel Ende Februar 1919 zur Räterepublik bekannt. Zur Überraschung aller hat der USPD-Linke August Merges abgeraten, weshalb der Beschluss gleich wieder kassiert wird. Der ehemalige Präsident der Sozialistischen Republik Braunschweig sieht, dass nur ein kleiner Teil der Arbeiterschaft folgen will. Die Mehrheit steht hinter dem Landtag und der Landesregierung. Für den *Braunschweiger Volksfreund* kommt der Kurswechsel zu spät – und so feiert das Blatt am 1. März auf dem Titel die gar nicht erfolgte Gründung einer Räterepublik als historisches Ereignis. Der Spott darüber ist nur kurz. Nicht nur Sepp Oerter, Merges' Nachfolger als Regierungschef, sieht Gefahren, falls der Weg des demokratischen Parlamentarismus torpediert werde. Das könne die Reichsregierung provozieren.

Die Unzufriedenheit reicht bis weit in die SPD. Selbst das für Kritik an den führenden Genossen nicht bekannte Zentralblatt *Vorwärts* stimmt mit ein; nicht näher genannte »Parteikreise« werden zitiert: »Wenn unsere Genossen in der Regierung trotz der demokratischen Mehrheit nicht mal die demokratischen Forderungen während der verflossenen Wochen klar präzisiert bekanntgeben konnten, dann ist es an der Zeit offen auszusprechen, dass die Regierungsmitglieder zurücktreten müssen.«[7] Gerüchte kommen auf, die Regierung könne wie im Herbst 1918 paritätisch mit SPD- und USPD-Mitgliedern besetzt werden, mit Hugo Haase an der Spitze. Außenminister Ulrich von Brockdorff-Rantzau ist Teil des Gerüchts, weil er sich mit Haase und Rudolf Breitscheid getroffen hat – er gerät im Reichskabinett in Erklärungsnot.

Doch zu einem Regierungsbeitritt sind die Unabhängigen nicht mehr bereit, wie der USPD-Parteitag Anfang März 1919 zeigt: Die Delegierten streiten im Prinzip noch immer um die Positionen aus Zeiten des Umsturzes. Haase fordert ein Nebeneinander von Parlamentarismus und Rätesystem, Ernst Däumig, der schon auf dem Ersten Rätekongress im Dezember

Straßenschlacht in Berlin.

Schwere Minenwerfer in den Straßen von Berlin.

März / April 1919: Als Reaktion gegen den Generalstreik der Arbeiter mobilisiert Reichswehrminister Gustav Noske (SPD) Anfang März Truppen und verhängt den Belagerungszustand: Stellung der Regierungstruppen mit schwerem Minenwerfer auf dem Alexanderplatz.

Ausrufung der Räterepublik Bayern am Stachus 7. April 1919.

»Aushebung eines Spartakistennestes« – Regierungstruppen mit Geschützwagen in einer Münchner Straße.

Nach dem Einmarsch von Freikorpstruppen werden in Braunschweig Spartakisten verhaftet.

1918 vehement für ein reines Rätesystem eingetreten ist, verwirft in seinem Ko-Referat den Parlamentarismus gänzlich. Wilhelm Dittmann, solcher Diskussionen überdrüssig, moniert den fast »mystischen Glauben« seiner Genossen an das Rätesystem. Es sei doch kein »politisches Allheilmittel«.[8] Doch die Räteanhänger finden Zustimmung, denn die Enttäuschung über die Nationalversammlung und die Aktionen des Militärs ist groß. Während die Delegierten tagen, hat General Georg Maercker auf Noskes Befehl hin Halle besetzt, unterstützt von einem einheimischen Freikorps, dem überwiegend Studenten angehören. Eine wütende Menge hat daraufhin einen Oberstleutnant gelyncht, der als Vertreter der Reichsregierung in Zivil die Lage in der Stadt erkundet hat. Streikführer Wilhelm Koenen redet sich damit heraus, dass erst Maerckers Truppen das »Lumpenproletariat« provoziert hätten; bis zu ihrem Eintreffen habe in der Stadt Ruhe geherrscht.[9]

Das ist nicht die einzige störende »Begleitmusik« beim USPD-Parteitag. Am zweiten Tag, dem 3. März 1919, verliest Ko-Versammlungsleiter Lipinski ein Telegramm, wonach es im westfälischen Münster nach der Verhaftung des Soldatenrates Unruhen gegeben hat. In der Selbstständigen Republik Oldenburg-Oldenburg sei Präsident Bernhard Kuhnt im Anschluss an eine Ministerratssitzung verhaftet und über Bremen nach Berlin gebracht worden. Doch er entkommt und taucht kurz auf dem Parteitag auf. Am Nachmittag erfahren die Delegierten, dass die Berliner Arbeiterschaft in den Generalstreik getreten sei. Die Initiative kommt von der USPD-Fraktion in der Vollversammlung der Berliner Räte, um deren Ausschaltung zu verhindern. Sie kann für den Ausstand selbst Gewerkschaftsmitglieder und Teile der SPD-Basis gewinnen, trotz weitgehender Forderungen: Auflösung der Freikorpsverbände, Freilassung der Inhaftierten des Aufstandes vom Januar, Bildung revolutionärer Arbeiterwehren und Wiederaufnahme diplomatischer Beziehungen zur Sowjetunion.

Auf Beobachter macht der Generalstreik zunächst »keinen sehr überwältigenden Eindruck«, wie *Tageblatt*-Chefredakteur Theodor Wolff bemerkt.[10] Die Geschäfte seien geöffnet, Verkehrsmittel fahren noch. Die Künstlerin Käthe Kollwitz stört sich an Plünderein, in der Nähe ihrer Wohnung sind allein drei Geschäfte davon betroffen.[11] Tatsächlich bricht die Streikfront so schnell zusammen, wie der Ausstand begonnen hat. Weil SPD-Mitglieder mitmachen, bilden die KPD-Leute ein eigenes Streikkomitee; sie wollen den Januar-Aufstand fortführen. Die SPD wiederum stellt ihre Mitarbeit ein, als der Generalstreik auf Gas-, Wasser- und Elektrizitätswerke ausgedehnt werden soll, also auf die lebenswichtigen Betriebe der Stadt.

Die Regierung greift energisch ein. Gustav Noske hat schon am ersten Tag den Belagerungszustand verhängt und das Generalkommando Lüttwitz mit rund 32 000 Mann nach Berlin geschickt. Umgehend nach deren Eintreffen am 4. März 1919 kommt es zu Gefechten mit Teilen der republikanischen Soldatenwehr und der Volksmarinedivision; Brennpunkte sind der Alexanderplatz und Arbeiterviertel in Neukölln sowie der Vorort Lichtenberg. Die Regierungstruppen fahren im Wortsinne schwere Geschütze auf und setzen selbst Flugzeuge ein. Nach den Regeln des Belagerungszustandes werden Freiheitsrechte eingeschränkt, darunter die Unverletzbarkeit von Wohnungen. Auch die USPD-Parteizeitung *Freiheit* wird besetzt.

Während Noske das Militär auf der Straße Härte zeigen lässt, geht die Reichsregierung auf die Kritiker zu. Eine Abordnung der SPD-Arbeiterräte trifft sich in Weimar mit Regierungsvertretern. Arbeitsminister Gustav Bauer wird eindringlich gebeten, durch neue Gesetze ein Zeichen der Entspannung zu setzen. Die Regierung lenkt ein und erklärt, dass Betriebsräte künftig als wirtschaftliche Interessenvertretung grundsätzlich anzuerkennen und ihre Rechte in der Verfassung zu verankern sind. Die Vorschläge der Sozialisierungskommission, welche Branchen zuerst in Gesellschaftseigentum zu überführen seien, sollen sofort veröffentlicht werden. Ihre Berichte liegen bislang unter Verschluss; offiziell, um die Unternehmen vor Gerüchten und Spekulationen auf dem Finanzmarkt zu schützen. Schließlich bestätigt die Regierung, dass sie das Gesetz zur Sozialisierung an die Nationalversammlung weitergeleitet hat. In einem ersten Schritt sollen der Bergbau und der Energiesektor in öffentliche und genossenschaftliche Bewirtschaftung übergehen. Die erste Lesung findet nur wenige Tage nach der Übereinkunft in Weimar statt. Die Entscheidung, ein schnelleres Tempo einzuschlagen, signalisiert der Aufruf der Regierung: »Die Sozialisierung marschiert«.[12]

Doch im Kabinett herrscht Unbehagen. Wirtschaftsminister Rudolf Wissell beschwert sich, dass die Arbeit der Sozialisierungsbeauftragten öffentlich gemacht werde, »ohne dass die Kommission mit mir ins Benehmen getreten ist«. Deren Mitglieder sehen ihre Arbeit derart deskreditiert, dass sie zurücktreten. Niemand in der Regierung hat bis dahin ernsthaft erwogen, das Rätesystem in irgendeiner Form in den Verwaltungsapparat einzugliedern, geschweige denn in die Verfassung. Nun zeigt sich das Scheidemann-Kabinett sogar bereit, einem Reichswirtschaftsrat aus Vertretern der Arbeiterschaft und der Unternehmer ein Vetorecht zu geben. Dieses Gremium soll »vor der Beschlussfassung des Reichstages über sozialpolitische und wirtschaftspolitische Gesetzentwürfe von der Reichsregierung gehört werden«. Der Reichstag wiederum soll Vorlagen von ihm wie Vorlagen der Regierung behandeln. Vielen geht das zu weit, etwa dem DDP-Abgeordneten Erich Koch. Er hofft, dass dem »großen Wirtschaftsparlament« nur so viel Mitwirkung gestattet wird, »wie es mit demokratischen Grundsätzen noch vereinbar ist«.[13]

Zwar sind die Sozialisierungsversprechen lediglich ein Appell; für den Augenblick überzeugen sie jedoch: Die Streikenden nehmen die Arbeit wieder auf und bis Ende der ersten Märzwoche 1919 endet der Generalstreik in Mitteldeutschland. Zum Ende kommt auch ein zweitägiger Ausstand in Bremen, weil seine wesentliche Forderung erfüllt wird: Die seit den Februarkämpfen gefangenen Arbeiter und Soldaten kommen frei. In Oberschlesien überzeugt der frühere USPD-Volksbeauftragte Barth die Bergarbeiter, ihren Generalstreik abzubrechen, da eine isolierte Aktion nichts bringe.

Der *Vorwärts* wirbt um Verständnis für die Proteste: »Der Wille der Arbeiterschaft, die Errungenschaften der Revolution zu sichern, ist sehr geschlossen.« Der Arbeiterschaft sei klar, »dass das neue Deutschland in wirtschaftlicher Hinsicht nicht ein bloßer Abklatsch des alten kapitalistischen Wirtschaftssystems sein kann«. Man müsse es schrittweise abbauen und sozialistisch neu ordnen: »Nicht nur die politische, auch die wirtschaftliche Demokratie soll die Zukunft Deutschlands überstrahlen.« Allerdings sei es in der Politik leichter, Mitwirkungsrechte umzusetzen als im komplizierten System der Ökonomie. Eindringlich bittet das SPD-Blatt seine Leser um Geduld. Jeder vernünftige Mensch im Staate könne sich vorstellen, dass die Tausenden neuer Forderungen, die an das neue Deutschland gestellt würden, nicht im Handumdrehen zu erfüllen seien und in Rechtsform gegossen werden könnten: »Auch die Gesetzgebungsmaschine kann nur eins nach dem anderen leisten.« Mit einem Generalstreik könne man zwar alles Mögliche fordern, aber nichts erzwingen.[14]

Das Problem der Geduld beschäftigt auch USPD-Chef Haase auf dem Parteitag. »Wir sind alle ungeduldig, uns gehen die Ereignisse nicht schnell genug, wir sind mit dem heißen Sehnen erfüllt, den Tag zu erleben, wo wir die Alleinherrschaft haben, wo wir an eine gründliche Umgestaltung der

Gesellschaft im Geiste des Sozialismus gehen können«, sagt er. Als Politiker vergesse man aber oft, »dass man im Leben der Völker, in der Weltgeschichte nicht nach Tagen und Monaten rechnen kann«.[15] Doch das Argument überzeugt die Delegierten nicht: Sie beschließen ein neues Programm, das die Diktatur des Proletariats vorsieht. Hakeleien gibt es bei der Wahl der Parteiführung. Haase ist erbost über Däumig, der wie der inhaftierte Anführer des Januar-Aufstandes Georg Ledebour die Zusammenarbeit mit ihm verweigert und die Gründung einer neuen linksradikalen Partei in Aussicht stellt. Haase kann nur mit Mühe zum Weitermachen überredet werden. Däumig verzichtet auf den Ko-Vorsitz, obwohl ihm viel daran liege, »die Partei nach links, mehr als bisher auf die revolutionäre Seite zu treiben«.[16] Ko-Vorsitzender wird als Vertreter der Parteilinken Arthur Crispien aus Württemberg. Er ist nicht der einzige Linke, der in die Führungsspitze aufsteigt – auch der Streikführer Wilhelm Koenen aus Halle wird belohnt. Bei der Wahl sind nicht mehr alle Delegierten im Saal, ein Viertel ist wegen der bürgerkriegsähnlichen Zustände vorzeitig in die Heimatprovinzen zurückgeeilt. Hugo Haase beschließt den Parteitag daher mit einer düsteren Prognose: Was jetzt geschehe, sei ein Vorspiel der schweren Kämpfe, »die uns bevorstehen«.[17] Ähnlich sieht es Harry Graf Kessler, der von den »ernstesten Kämpfen« seit Herbst 1918 ausgeht: »Das könnte der Anfang der zweiten Revolution sein.«[18]

Tatsächlich gibt es inzwischen nicht nur in Berlin »bedenkliche Unruhen«, wie Ingenieur Andersen in Kiel notiert. In der Küstenstadt selbst glimme es ebenfalls, es gebe sogar Pläne für eine Beamtenwehr. Ein »blödsinniger Mist«, findet er.[19] Mehr als Glimmen ist in Baden festzustellen: Truppen marschieren in Mannheim ein, denn dort hat sich nach der Ermordung Kurt Eisners eine kleine Räterepublik gegründet. In Ostpreußen wird Königsberg von Regierungstruppen besetzt, die den Arbeiter- und Soldatenrat entmachten. Seine Mitglieder werden festgenommen, darunter auch Sozialdemokraten. Es kommt in der Stadt zu blutigen Kämpfen; allein am ersten Tag sterben 25 Zivilisten. Der Rat beschwert sich bei der Reichsregierung. Unter seiner Obhut seien selbst in bewegten Zeiten lediglich zwei Menschen ums Leben gekommen. Die gezielte Festnahme der SPD-Ratsmitglieder sehe man als »Begünstigung der diktatorischen Handlungen der Truppen«.[20] Im Tagebuch der Hauswirtschafterin Henriette Schneider klingt das alles ganz simpel: »Böse Nachrichten aus Königsberg. Die Spartakisten wurden bekämpft, die ›Treuen‹ blieben Sieger.«[21] Auch in Emden rückt Militär ein, um den von der SPD dominierten Arbeiter- und Soldatenrat aufzulösen. Und zwar »ohne ersichtlichen Grund«, wie sich Emdener Sozialdemokraten in einem Telegramm an die Reichsregierung beschweren.[22]

In Leipzig eskaliert seit dem Einmarsch von Maerckers Truppen im nahe gelegenen Halle die Lage. Der Bürgerausschuss beantwortet den General-streik des Arbeiter- und Soldatenrates mit einem Gegenstreik, an dem sich Handwerker, Ärzte, Apotheker und Verwaltungsbeamte beteiligen. Der Leipziger Kreishauptmann nutzt als leitender Beamter die Situation, um in Telegrammen an Sachsens Gesandte bei der Nationalversammlung Stim-mung zu machen. Er erfindet Geiselnahmen und warnt, Gebäude könnten gesprengt werden; die Stadt sei völlig von Spartakisten beherrscht. Doch weder Noske noch die sächsische Regierung glauben diese Berichte. Lan-desarbeitsminister Albert Schwarz kommt am 7. März nach Leipzig und drängt die Räte wie den Bürgerausschuss, die Streiks zu beenden – unter Androhung von Sanktionen, vor allem gegen die Beamten.[23]

In anderen Regionen Deutschlands bleibt es weitgehend ruhig, auch wenn in Braunschweig Landwirtschaftsminister Heinrich Jasper am 9. März auf dem SPD-Landesparteitag vor einem Putsch der Spartakus-Anhänger warnt. Danach sieht es in Bremen nicht aus, die Wahl zur dortigen Verfas-sungsgebenden Versammlung findet statt; es siegt die SPD mit 32,7 Prozent. Mit den bürgerlichen Parteien DDP und DVP bilden die Sozialdemokraten den neuen Senat.

In Berlin wird am selben Sonntag dagegen in verschiedenen Vierteln noch hart gekämpft, Regierungstruppen setzen sogar schwere Artillerie und Minenwerfer ein. Das *Berliner Tageblatt* schildert die Vorgänge in Lich-tenberg: »Im Südosten war bis Sonnabend alles ruhig. Am Wendenplatz vergnügten sich die Kinder in Scharen. Plötzlich ändert sich das Bild. Ein Trupp Noske-Garden kommt an: Sturmhelmbedeckt mit Maschinenge-wehren und sonstigen Kulturkampfmitteln. Voilweg fünf bis sechs Mann mit schussbereiten Parabellumpistolen in der Hand, fortwährend Schreck-schüsse abfeuernd und ›Straße frei!‹ brüllend. In wildem Entsetzen flüch-tet alles in die Häuser. Resultat: die Frau eines Destillateurs am Wenden-platz und ein Kind tot«.[24]

Am 10. März 1919 echauffiert sich der *Vorwärts* über einen schrecklichen Vorgang. Die *B.Z. am Abend* und das *Wolff'sche Telegraphenbüro* haben ver-breitet, Spartakusleute hätten in dem Vorort und einem nahen Omnibusde-pot 60 Kriminalbeamte und weitere Gefangene brutal ermordet. Andere

Bürgerkrieg

Zeitungen greifen den Bericht auf, nachdem er vom preußischen Innenministerium bestätigt ist. Der *Vorwärts* schreibt: »Trotz des Blutes, das die Spartakistenbewegung in Berlin auf ihrem Gewissen hat, haben wir uns gehütet, nach Art der *Roten Fahne* über Mord und Mörder zu schreien.« Aber was nun geschehen sei, »das ist kein politisches Verbrechen, sondern ein gemeiner Massen- und Meuchelmord«. Geschmacklos bemerkt das SPD-Blatt: »Man muss fast glauben, dass die Nähe des Zentralschlachthofes auf die Fantasie der Mörder erregend eingewirkt hat.«[25] Die Erzählung vom Lichtenberger Geiselmord verbreitet sich umgehend bis in die Provinz. »In Lichtenberg sind leider schwere Ausschreitungen vorgekommen«, notiert der Kieler Ingenieur Nikolaus Andersen. »Etwa 37 Polizisten und Soldaten wurden ermordet. Auch viele Einzelfälle von Bluttaten liegen vor.«[26] Selbst im tiefsten Ostpreußen kommt die Meldung binnen weniger Stunden an. »In Berlin geht es geradezu entsetzlich zu, die gefangenen Regierungstruppen werden alle hingemordet«, notiert Henriette Schneider am 11. März 1919.[27]

Wer der Urheber der Gräuelmeldung ist, bleibt unklar; vermutlich stammt sie aus Kreisen der Garde-Kavallerie-Schützen-Division. Noske erteilt, nachdem er von dem »Massenmord« erfahren hat, den Befehl, dass jede Person, die mit einer Waffe in der Hand gegen Regierungstruppen kämpfend angetroffen wird, sofort zu erschießen sei. Waldemar Pabst, der den Befehl für Noske formuliert hat, ergänzt eigenmächtig die Weisung: Aus Häusern, aus denen auf Soldaten geschossen werde, seien alle Bewohner auf die Straße zu holen und ihre Wohnungen nach Waffen zu durchsuchen; »verdächtige Persönlichkeiten, bei denen tatsächlich Waffen gefunden werden«, seien zu erschießen.[28] Damit wird die eigene Wohnung zur Gefahrenzone für alle, die tatsächlich Revolver oder Gewehre im Hause haben. Dabei gibt es viele, die ihre Dienstwaffen von der Front als Andenken mit nach Hause genommen haben; das ist nun lebensgefährlich. Denn Freikorps und Polizisten machen, dabei heftig attackiert von bewaffneten Arbeitern, versprengten Spartakisten und Plünderern, reichlich Gebrauch von diesem Freibrief. So wird ein junger Mann in seiner Wohnung erschossen, als die Soldaten den Karabiner seines Vaters finden. Der Erklärung der Mutter, ihr Mann habe es aufgrund der Straßensperren nicht geschafft, die Waffe abzuliefern, glauben sie nicht. Einem Arbeiter wird zum Verhängnis, dass Soldaten den Ring einer Granate bei ihm finden.[29] In Lichtenberg sind die Straßen wie leergefegt. »Niemand wagt sich aus den Häusern heraus.

Man sieht lediglich bewaffnete Banden, die Plätze und Straßen beherrschen und ohne Losungswort keinen passieren lassen«, schreibt das *Tageblatt*.[30] Auch in anderen Teilen Berlins kommt es zu blutigen Übergriffen. Leo Jogiches, langjähriger Gefährte Luxemburgs und nach ihrer Ermordung am 15. Januar 1919 führender Kopf der KPD, wird am 10. März in seiner Neuköllner Wohnung festgenommen und bei der Ankunft im Gefängnis Moabit hinterrücks erschossen.

Am 13. März sind die Kämpfe vorbei. Doch sie bleiben Gesprächsstoff. Mehrere Zeitungen teilen mit, dass alle Berichte über die angebliche Massenerschießung in Lichtenberg unwahr seien. Allein 20 tot geglaubte Polizeibeamte erscheinen wieder auf dem Präsidium. Im Ganzen seien fünf Beamte getötet worden, wobei nicht einmal feststehe, »ob man diese bedauernswerten Männer an die Wand gestellt hat oder ob sie bei den vorhergegangenen Kämpfen gefallen sind«. Es seien sehr wohl Beamte von Spartakus-Anhängern verschleppt, aber wenig später wieder laufen gelassen worden. Eine dramatische Panne für Politik wie Medien. Die *Vossische Zeitung* kann »das lebhafte Bedauern nicht unterdrücken«, einer Falschmeldung aufgesessen zu sein.[31] Der *Vorwärts* schaut lieber nach vorn. Niemand könne sich eine Wiederholung dessen, was man in Deutschland erlebt habe, wünschen, »die Sozialdemokratie nicht, weil sie den Bürgerkrieg verabscheut, und auch Spartakus nicht, weil er allgemach die Aussichtslosigkeit seiner Versuche, mit Gewalt etwas auszurichten, einsehen muss«.[32]

Am gleichen Tag rechtfertigt Noske in der Nationalversammlung seinen Schießbefehl als Gebot der Staatsräson, um möglichst rasch für Ruhe und Ordnung zu sorgen. »Rote Hetze« sei erneut gegen die Regierung und nicht zuletzt gegen die Truppen betrieben worden. Auf seine Mitteilung hin, dass der Aufstand niedergeschlagen sei, gibt es aus den Reihen der Abgeordneten Beifall und Bravo-Rufe. Wer Schuld an der Eskalation trägt, steht für den Minister außer Frage: Sie sei zum Großteil auf das Wirken einiger Zeitungen zurückzuführen, speziell der *Roten Fahne* der KPD und der *Freiheit* der USPD. Diese Blätter hätten die Berliner in skrupelloser Weise aufgepeitscht. Anschließend geht Noske zum Beleg Phase für Phase der Ereignisse durch. Er äußert sich auch zum Gerücht über die Toten in Lichtenberg. Die Zahl der Opfer sei erfreulicherweise geringer, »als eine gewissenlose Sensationspresse« behauptet habe, meint der Minister – er vergisst wohl einen Augenblick lang, dass auch die SPD-Zeitung genau das getan hat.

Als Noske hinzufügt, es hätten sich »Bestien in Menschengestalt« ausgetobt wie »Amokläufer«, ruft die USPD-Abgeordnete Luise Zietz dazwischen: »Noske vor allen Dingen!« Dafür kassiert sie einen Ordnungsruf des Präsidenten.[33] Schon bei der Nennung der *Freiheit* hat es lebhaften Widerspruch aus der USPD-Fraktion gegeben: »Unverschämte Lüge!«, »Schamlose Verleumdung!«, »Unverschämter Geselle!« Der Tumult schwillt an, als Noske beginnt, aus dem Blatt zu zitieren. Erregt beklagt er: »Sie hören, dass die Mitglieder der Unabhängigen-Fraktion dieses Hauses all diese Gemeinheiten und Schamlosigkeiten sich zu eigen machen.« Zweifel an der Rechtmäßigkeit seines Vorgehens bügelt er mit der Bemerkung ab, er lasse sich auf »juristische Tüfteleien« nicht ein.[34] Das Kabinett muss sich mit dem Vorgang beschäftigen, denn Hugo Haase stellt eine Kleine Anfrage, ob es eine Beschwerdeinstanz wegen Fehlverhaltens von Reichsministern gebe. Das wird ernsthaft geprüft, die Sache jedoch bis zur Gründung eines Staatsgerichtshofes vertagt.

Noskes Argumentation überzeugt wenige. Die amtlich bestätigten Berichte über Gräuel in Lichtenberg hätten einen Zweck gehabt: Standrecht zu verhängen, hält Käthe Kollwitz fest.[35] Die Regierung spiele »leichtsinnig und frech mit dem Leben ihrer Mitbürger«, notiert Harry Graf Kessler. »Die letzten acht Tage haben sie durch ihre Schuld, durch ihr leichtfertiges Lügen und Blutvergießen einen in Jahrzehnten nicht zu heilenden Riss in das deutsche Volk gebracht.«[36] Das Eingeständnis, eine Falschmeldung verbreitet zu haben, nützt fast tausend Berlinern nichts mehr – sie haben ihr Leben bei den Kämpfen verloren.

Auch Gerüchten über angebliche Putschvorbereitungen in Magdeburg hat Noske geglaubt, obwohl das Generalkommando des dort stationierten 4. Armeekorps widerspricht. Der Sicherheitsminister will jedoch keinen weiteren Unruheherd riskieren. Außerdem sieht er eine gute Gelegenheit, den am 6. März 1919 beschlossenen Aufbau einer vorläufigen Reichswehr voranzubringen. Nicht nur die Soldatenräte sollen endgültig verschwinden; ebenso sind neue Grenzschutzverbände sowie Einwohnerwehren vorgesehen. Noske fordert die Militärs in Magdeburg auf, mit 500 Mann aus der Garnison eine solche Wehr aufzubauen. Der Arbeiter- und Soldatenrat protestiert, der Minister habe kein Recht, einen Sicherheitsdienst zu installieren, der Aufgaben der städtischen Polizei übernehmen soll. Außerdem sei die Lage in der Stadt völlig ruhig. Vermittlungsversuche blockt Noske ab und versucht, seinen Willen am Rat vorbei durchzusetzen. Als das herauskommt, sieht er sich gezwungen, der *Magdeburger Volksstimme* einen offenen Brief zu schreiben. Darin streitet er alle Vorwürfe ab – wider besseres Wissen.[37]

Stürmisch geht es auch in Bayern zu. Obwohl der Landtag behindert wird, wählen die Abgeordneten am 17. März den ehemaligen Kultusminister der Eisner-Regierung Johannes Hoffmann zum neuen Ministerpräsidenten einer Alleinregierung der SPD. Seine erste Bewährungsprobe folgt schon vier Tage später. In Ungarn proklamiert der Bolschewik Bela Kun eine Räterepublik, was die Fantasien der Münchner Linksradikalen beflügelt. Erich Mühsam schickt im Namen des Revolutionären Arbeiterrates ein Glückwunschtelegramm an Kun und verspricht, nicht nachzulassen, »ehe nicht auch in Bayern das arbeitende Volk souverän die sozialistische Gerechtigkeit und die Verbrüderung mit den Proletariern Russlands und Ungarns hergestellt hat«. Die Botschaft schließt: »Es lebe die Weltbefreiung.«[38]

Noch ist es nicht so weit, doch die Regierung in München erklärt sich bereit, einen Zentralwirtschaftsrat zu schaffen, der die Verstaatlichung der Industrie vorantreiben soll. Die Leitung wird dem Ökonomen Otto Neurath übertragen, der in Dresden nicht zum Zuge gekommen ist und nun in München alle Vollmachten erhält, wie die *Bayerische Staatszeitung* berichtet.[39] Zu einer Besprechung Anfang April 1919 reist aus Berlin auch Walther Rathenau an, selbst Verfechter einer moderaten Planwirtschaft. Doch Neurath und er zerstreiten sich: Rathenau will Industriezweig für Industriezweig vorgehen, während Neurath für die »Vollsozialisierung« plädiert.[40] Zudem solle den Kommunisten ein abgegrenztes Gebiet Bayerns überlassen werden, um ihre Pläne zu realisieren. Der Staat müsse alles Eigentum enteignen und das Experiment mit Mitteln und Zuschüssen für drei Jahre ausstatten. Wer sich dem verweigert, werde als »wirtschaftlicher Deserteur« ohne Abfindung entlassen.[41] Ministerpräsident Hoffmann droht angesichts solcher Vorhaben mit Rücktritt, bürgerliche Kräfte machen mobil und verlangen die erneute Einberufung des Landtages. Der preußische Geschäftsträger in München schildert die Zustände: »Hier sind durch Budapester Ereignisse radikale Tendenzen stark gewachsen.« Es handele sich um eine »dritte Revolution«, die voraussichtlich eine »deutliche Spitze gegen das Reich haben wird«.[42]

In Braunschweig wertet die USPD ihren Sieg bei der Neuwahl des Landes-Arbeiterrats als Zeichen, dass die Wähler nach dem Militäreinsatz in Berlin und der nur zögerlich angegangenen Sozialisierung von den Sozialdemokraten enttäuscht seien. Auch die Anhänger der Räterepublik fühlen sich gestärkt. Mit Verweis auf Bayern und die beendeten Generalstreiks behaupten sie, in ganz Deutschland würden die Arbeiter rebellieren. Davon kann keine Rede sein, doch in Braunschweig motiviert das Budapester Geschehen: »Ungarn Sowjet-Republik – die Weltrevolution bricht an«, meldet der *Volksfreund* am 24. März 1919. Einen Tag später versammeln sich linke USPD-Mitglieder und Spartakus-Anhänger; ein Großteil der 400 Teilnehmer tritt sofort in die KPD ein, darunter der bekannte USPD-Funktionär August Merges.

Es sind aber vor allem die Jungen, die sich zur Spartakusbewegung hingezogen fühlen, wie Erich Maria Remarque in Osnabrück. Einer Bekannten berichtet er, für Spartakus zu arbeiten, sei »das Beste und Menschlichste augenblicklich«. Er werde zwar »öfters zu der Klasse der Raubmörder« gerechnet, aber »man kümmert sich nicht um das Gerede der Leute«. Ende März schwärmt Remarque in einem Brief an den Schriftsteller Karl Henckell regelrecht von seinen neuen politischen Freunden. Von der depressiven Stimmung, die den Kriegsteilnehmer noch im September 1918 im Lazarett gequält hat, ist nichts mehr zu spüren. Damals hat er sich im plötzlichen Frieden »einsam und zerrissen« gefühlt. Jetzt klingt das ganz anders: »Ich bin wieder leidlich gesund und fühle die berauschende Fülle meiner zwanzig Jahre. Es ist fast zu viel. Immerfort möchte ich die Arme breiten und die Brust, dem Leben entgegenatmen.« Seine Jugend scheint ihm »Waffe« zu sein im »Sturm gegen Alter und Weisheit« und gegen die »Neunmalweisen«. Er wolle alle Kraft einsetzen für ein Ziel, »obschon man erkennt, dass es unmöglich oder vergeblich ist; oder: weil es unmöglich ist! Das ist jung und groß!«[43]

Die Reichsregierung ist beunruhigt über die Lage in der Region. Aus Militärkreisen hat sie erfahren, dass die Braunschweiger USPD-SPD-Regierung aus Depots Waffen und Munition entwendet hat: Tausende Gewehre und Handgranaten, Hunderttausende Schuss Munition, 25 Geschütze. Das Kabinett verlangt Auskunft. Zur gleichen Zeit meldet sich Berlins früherer Polizeipräsident Emil Eichhorn aus Braunschweig, der nach dem Ende des Januar-Aufstandes bei kommunistischen Freunden untergetaucht ist. Inzwischen gewählter Abgeordneter der Nationalversammlung, scheut er die Reise nach Weimar. Zwar würde er gern an den Sitzungen teilnehmen, schreibt er an den Parlamentspräsidenten Fehrenbach – aber nur, wenn ihm freies Geleit zugesagt werde. Er traut seiner Immunität nicht.[44] Die Sorge ist nicht unbegründet: Im Kabinett diskutieren die Minister, ob der Haftbefehl gegen Eichhorn nicht vollstreckt werden könne, da er vor seiner Wahl zum Abgeordneten erlassen worden ist.

Im äußersten Süden Deutschlands empfindet Max von Baden kein Bedürfnis, ins politische Leben zurückzukehren. Dank einer großzügigen Abfindung und einer Vereinbarung, die ihm seine Güter und Ländereien am Bodensee als Privateigentum sichern, führt der einstige Reichskanzler ein auskömmliches Leben. Einem Freund schreibt er: »Ich bin heute stolzer denn je, ein Badener zu sein. Von allen Seiten sieht man den guten Willen, sich nicht unnötig weh zu tun.«[45] Gestritten wird trotzdem, vor allem über die künftige badische Verfassung. Die Zentrumspartei will die traditionell engen Beziehungen zwischen Staat und katholischer Kirche unangetastet lassen und besteht auf Religion als Pflichtfach. Die SPD plädiert für eine strikte Trennung und Freiwilligkeit. Man einigt sich: Religion bleibt in Baden ordentliches Fach, dafür kommt das Zentrum den Sozialdemokraten bei der Religionsfreiheit der Beamten und der Gleichstellung aller Konfessionen entgegen. Die Verfassung selbst, über die am 13. April 1919 abgestimmt werden soll, sieht Volksinitiativen vor, um Gesetze auf den Weg zu bringen. Auch Volksabstimmungen soll es geben.[46]

Als der Frühling in Deutschland anbricht, scheinen sich die Ereignisse der vergangenen Wochen zu wiederholen: Im Ruhrgebiet wird erneut gestreikt; bei Auseinandersetzungen um die Verkürzung der Arbeitszeit sind Demonstranten und Polizei aneinandergeraten. Die Schichten von acht auf 7,5 Stunden zu verkürzen, genügt den Bergleuten jetzt nicht mehr. Sie fordern die Sechsstundenschicht sofort und gleichzeitig eine 25-prozentige Lohnerhöhung. Die Reichsregierung lehnt die ökonomisch absurden Forderungen ab. Der Ausstand sei unnötig, immerhin seien doch die Stärkung der Betriebsräte und bessere Arbeitsbedingungen beschlossene Sache, über das Sozialisierungsgesetz berate gerade das Parlament. An dem Generalstreik, der am 1. April 1919 beginnt und den gesamten Monat anhalten soll, beteiligen sich bis Mitte des Monats drei Viertel aller Bergarbeiter, 372 000 Männer in 221 Zechen, dazu die gesamte Arbeitnehmerschaft der Rheinisch-Westfälischen Elektrizitätswerke.[47] Die Regierung verhängt den Belagerungszustand und ernennt Carl Severing, einen SPD-Abgeordneten der Nationalversammlung, zum Staatskommissar für das Ruhrgebiet. Seine Taktik: flexibel bei Forderungen zu Arbeitsbedingungen, unnachgiebig bei politischen Forderungen. Die *Rheinische Zeitung*

warnt, der Belagerungszustand könne »zwar als Hilfsmittel in verzweifel-
ten Situationen zum Schutz der Bevölkerung nicht entbehrt werden«, er
dürfe »aber niemals ein Mittel werden [...], um die Regierung gegen den
erklärten Volkswillen zu schützen«.[48] Doch welche andere Möglichkeit
bleibt der Reichsregierung?

Diese Frage stellt sich auch angesichts der Entwicklung in München. Am
3. April fordert der Augsburger Arbeiterrat den Vorsitzenden des neuen
Zentralrats Ernst Niekisch auf, die Räterepublik auszurufen. Die legitime
Regierung Hoffmann deutet vage ein Entgegenkommen an, nimmt aber die
Einberufung des Landtages nicht zurück. Daraufhin versammeln sich am
Abend des 6. April Räteanhänger in den Schlafgemächern der geflohenen
bayerischen Königin, um über die Proklamation der Räterepublik zu verhandeln. Was für ein Ort für diesen Schritt! Den Text formuliert federfüh-
rend Landauer, Mühsam entwirft einen Aufruf an alle Räte in Bayern sowie
ein Telegramm nach Moskau. Niekisch unterzeichnet ein Papier, in dem
der Landtag aufgelöst, der Rücktritt Hoffmanns verkündet und jede Zusammenarbeit mit Berlin abgelehnt wird.

Hoffmann gibt nicht nach, sondern weicht mit seinem Kabinett nach
Bamberg aus. Dort muss er am 7. April 1919 zur Kenntnis nehmen, dass die
Räterepublik ausgerufen wird – auf den Tag fünf Monate nach Beginn der
Revolution in München. Gustav Landauer dagegen hat doppelten Grund
zur Freude: Er feiert an diesem Tag seinen 49. Geburtstag und kann seinen
Töchtern mitteilen, dass er »Volksbeauftragter für Volksaufklärung« geworden sei.[49] Allerdings wollen sich die Kommunisten an dieser Räteregierung nicht beteiligen. Bayerns KPD-Chef Max Levien und der aus Berlin
entsandte Eugen Leviné sprechen von einer »Scheinräterepublik«; ihnen
passt nicht, dass linke Sozialdemokraten und Intellektuelle dominieren.
Ernst Niekisch, der die Kommunisten im Boot haben will, tritt daraufhin
zurück. Die Schlagzeilen der Zeitungen müssen die Verantwortlichen in
Weimar und Berlin das Schlimmste denken lassen. So titelt die *Berliner
Volks-Zeitung*: »Bayerische Räterepublik ausgerufen: Verkündung der Diktatur des Proletariats, Bündnisangebot an Russland und Ungarn, Bruch mit
der Regierung Ebert-Scheidemann.«[50]

Victor Klemperer empfindet die Proklamation als »Bruch mit Weimar«.
Auch sonst ist er skeptisch. Landauers Überlegungen, die Ludwig-Maximi-
lian-Universität zu einer Volkshochschule zu machen, kann der Dozent
wenig abgewinnen. Deklassiert zum »Lehrer an der Volkshochschule

München?«, fragt er sich. »Dann gehe ich lieber.«[51] So viel Entschlossenheit kann der Literaturwissenschaftler in seiner Umgebung aber nicht feststellen. Der gute Bürger denke, er habe sich lange genug politisch aufgeregt, und einmal müsse der Mensch auch »sei Ruh« haben. Also kümmere er sich »um Butter und Eier, statt um Mühsam und Landauer«.[52]

Die von Harry Graf Kessler befürchtete »zweite Revolution« erfasst weitere Teile des Reiches. Sie ist allerdings keine Revolution, sondern der Versuch, den im November 1918 eingeleiteten Umbau des Staates in eine radikale Richtung zu drehen und dafür bürgerkriegsähnliche Zustände in Kauf zu nehmen. In Oberschlesien kommt es zu Demonstrationen, Streiks und Unruhen – Auslöser ist die stockende Versorgung mit Lebensmitteln. Auch Württemberg erlebt einen Generalstreik; es gibt blutige Kämpfe in Stuttgart. Ebenso erneut in Berlin und Frankfurt am Main. In sächsischen Kohlegruben legen die Kumpel wieder die Arbeit nieder. Der Kieler Ingenieur Andersen kommt mit dem Führen seines Tagebuches kaum hinterher. Bezeichnend für die Stimmung ist, dass ein Freund sich bei ihm ein Buch über Robert Blum und die Revolution von 1848 ausleiht.[53] Damals war im Deutschen Bund politische Freiheit und die Vereinigung Deutschlands angestrebt worden. Der Aufstand erzwang Wahlen, eine neue Nationalversammlung sowie die Aufhebung von Pressezensur. Dennoch scheiterte die Revolution.

In Magdeburg sitzen am 1. April 1919 Vertreter der beiden sozialdemokratischen Parteien mit Rätevertretern zusammen. Selbst die SPD-Vertreter kritisieren die geforderte Auflösung der Soldatenräte; man werde das Thema auf dem bevorstehenden zweiten nationalen Rätekongress ansprechen. Doch nur zwei Tage nach dieser Zusammenkunft trifft sich Wehrminister Noske mit seinen Magdeburger Genossen, wirbt für Einwohnerwehren und überzeugt die Skeptiker, dies mit zwei Maßnahmen durchzusetzen: dem Einmarsch von Regierungstruppen, offenbar seinem Mittel der Wahl, und der Verhaftung der Einwohnerwehr-Gegner. Als Anlass dient erneut ein Putschgerücht: Das Treffen der USPD- und SPD-Vertreter sei eine »Verschwörersitzung« der Spartakusbewegung gewesen.

Am 6. April werden drei USPD-Politiker verhaftet und nach Berlin gebracht. Das ist durchaus begründet, denn sie haben nicht nur den Sturz der Reichsregierung verlangt, sondern auch die Absetzung aller Reichsbeamten in Magdeburg. Die Reaktion auf ihre Festnahme ist gleichwohl heftig. Linksradikale Soldaten nehmen am kommenden Tag den zufällig in der

Stadt weilenden SPD-Reichsjustizminister Otto Landsberg als Geisel und fliehen mit ihm Richtung Braunschweig. Ein Wachtmeister und ein Polizeidiener befreien ihn vor Helmstedt an einer eilig errichteten Barriere aus zwei Leitern mit vorgehaltener Waffe. Der Minister übersteht die Sache glimpflich, seine beiden Retter werden jedoch wenig später von Spartakisten verschleppt und misshandelt.[54]

Nun erlebt Magdeburg tatsächlich den Putschversuch, von dem seit Tagen geredet wird. Ermuntert durch ein Telegramm des Münchner Arbeiterrates, greift die KPD nach der Macht, um zum Sturz der Regierung Scheidemann beizutragen. Der aus Kiel heimgekehrte Karl Artelt ruft zur Besetzung wichtiger öffentlicher Gebäude in der Stadt auf. Gleichzeitig plündern KPD-Anhänger Gewehre und Handgranaten aus einer Waffenkammer. Bei Kämpfen in der folgenden Nacht kommen 19 Menschen ums Leben, Dutzende weitere werden schwer verletzt.

Zu diesem Zeitpunkt hat General Maercker schon Truppen aus Halle losgeschickt, die am 9. April in Magdeburg ankommen und den Soldatenrat auflösen. Auf dem Domplatz kommt es zu Rangeleien mit Demonstranten, das Militär verschafft sich mit aufgepflanzten Bajonetten Respekt. Aus einem Flugzeug lässt Maercker Flugblätter abwerfen, auf denen ein Satz steht: »Nicht stehen bleiben, sonst wird scharf geschossen.«[55] Die Militärs setzen die von Noske angewiesene Gründung einer Einwohnerwehr durch, doch die Rekrutierung unter den Einwohnern geht nur zäh voran. Artelt verlässt Magdeburg und versteckt sich in Anhalt. Ruhe tritt erst ein, als der SPD-Politiker Hermann Beims zum Oberbürgermeister von Magdeburg wird. Maerckers Truppen halten sich nicht lange in der Stadt auf, denn ihr Einsatz ist weiter westlich gefragt – in Braunschweig.

Dort haben die Linksradikalen am 7. April 1919 einen Generalstreik für die Errichtung einer Räterepublik in ganz Deutschland beschlossen, der am 9. April beginnt. Lokale und Geschäfte bleiben weitgehend geschlossen, nach 20 Uhr darf nur noch auf der Straße sein, wer einen Ausweis des »revolutionären Aktionsausschusses« vorweisen kann. Der *Volkfreund* verkündet, die Entscheidungsschlacht habe begonnen. Die Nationalversammlung werde aufgelöst und Braunschweig werde sich mit der ungarischen und russischen Räterepublik verbünden. Diese Forderungen verliest August Merges auf dem Schlossplatz. Sie sind Punkt für Punkt reine Provokation – und ein Versuch der äußersten Linken, ihre Bedeutungslosigkeit gegenüber der SPD-USPD-Regierung um Sepp Oerter zu kompensieren.

Die Aktion ist vorbereitet. Man hat sich bewaffneter Arbeitermilizen ebenso versichert wie vieler Beschäftigter in den Betrieben. Überall werden durchfahrende Züge angehalten oder zurückgeschickt, Chaos ist die Folge: Tausende Güterwagen stauen sich oder müssen weit um Braunschweig herumgeführt werden, um die Versorgung des Reiches mit Lebensmitteln und Kohle halbwegs aufrechtzuerhalten. Wie zuvor in Leipzig, Bremen oder Magdeburg reagieren nahezu alle Behörden, Banken, dazu Lehrer, Ärzte und Freiberufler mit einem Gegenstreik und kopieren damit sehr effektiv das Instrument der Linksradikalen. Denn mit ihren Aktionen erzwingt das Bürgertum den Ausnahmezustand, den auch die Arbeiter inzwischen vermeiden wollen, weil er den Alltag noch mehr belastet. Die »Gegendemonstranten« geben auch nicht auf, als die linke Streikleitung droht, ihnen die Lebensmittelkarten zu entziehen: Kein Beamter ist bereit, diese Weisung umzusetzen.

Die Reichsregierung verhängt am 13. April den Belagerungszustand über Braunschweig. Oerter bittet Maercker, auf einen Einmarsch zu verzichten, doch der General zeigt sich unnachgiebig. Berlin verlangt die Ablieferung sämtlicher Waffen, die sofortige Auflösung der Volkswehr, die Verhaftung führender Personen, die Neuwahl des Arbeiterrates, den Rücktritt der braunschweigischen Regierung und deren Neubildung auf parlamentarisch-demokratischer Grundlage.[56] Letzteres ist erstaunlich, denn Oerters Kabinett stützt sich auf eine Mehrheit im Landtag.

Der Grund für das harte Durchgreifen ist die Summe der Braunschweiger Ereignisse seit November 1918, die die Reichsregierung auflistet und der Landesregierung zukommen lässt. Darin heißt es: »Braunschweig erwies sich seit dem Ende des vorigen Jahres politisch als Mittelpunkt der kommunistischen Bewegung und tatsächlich als der Herd aller Schwierigkeiten für die Durchsetzung der laufenden Arbeiten der Reichsregierung.« Das klingt angesichts anderer wesentlicher Zentren wie Kiel, Berlin und München auf den ersten Blick übertrieben. Dennoch ist die Argumentation der Reichsregierung durchaus plausibel: Die Bestrebungen zuerst für eine Sozialistische Republik Braunschweig und dann für eine separatistische Nordwestdeutsche Republik und dann die Blockade der wichtigen Bahnstrecken sprechen für sich. Braunschweig habe von Anfang an gegen eine einheitliche Reichspolitik gearbeitet und die Tätigkeit von Reichsbehörden behindert. Der Arbeiter- und Soldatenrat habe zum Beispiel die notwendige Anwerbung von Soldaten für den Schutz der Ostgrenze verhindert und Freiwilligen mit Anklagen wegen Hochverrats gedroht. Auch nach dem Ausscheiden von August Merges habe die Regierung die Zustände nicht geändert. Die Vorwürfe gipfeln in dem Satz: »Im Ganzen ergab sich ein Zustand, der für die Reichsverwaltung Braunschweig zu einer isolierten Insel mitten im Reiche machte, die das ganze Reich gefährdete.«[57]

Maerckers Truppen treffen am 17. April 1919 ein. Während es in Helmstedt Schießereien und Tote gibt, erfolgt der Einmarsch in Braunschweig friedlich. Die Bevölkerung begrüßt die Soldaten sogar mit Jubel und Blumen; offenkundig herrscht Erleichterung, dass Blutvergießen ausbleibt. Der General nimmt Quartier im Hotel Deutsches Haus und setzt die angekündigten Maßnahmen um. Die Landesregierung wird abgesetzt. Oerter und weitere Minister kommen in Schutzhaft, was dramatischer klingt, als es ist, denn sie erhalten Zimmer im Deutschen Haus. Maercker weist die Bildung bürgerlich geführter Einwohnerwehren und die Entwaffnung der Arbeitermilizen an, sofern sie ihre Gewehre nicht längst irgendwo entsorgt haben. August Merges taucht ab und flieht später nach Berlin.

In Bremen stirbt zur gleichen Zeit ein anderer prominenter Linksradikaler. Johann Knief erliegt in der Nacht vom 5. auf dem 6. April in einer Klinik seiner zu spät behandelten Blinddarmvereiterung; er wird 38 Jahre alt. Die von ihm gegründete Zeitung *Kommunist* widmet die gesamte Titelseite der nächsten Ausgabe einem Nachruf. In einem letzten Brief hat Knief seine Genossen gebeten, die Arbeiter weiter auf die Revolution vorzubereiten, die Staatsmacht aber noch nicht zu übernehmen. Es ist sein politisches Vermächtnis. Am 9. April wird er beigesetzt. Sein Freund Heinrich Vogeler aus Worpswede fertigt vor der Einäscherung eine Federzeichnung des Toten an. Neben der Familie und engen Freunden nehmen auch Matrosen in Galauniform und Abgesandte der Gewerkschaften und Betriebe sowie KPD-Abordnungen aus Braunschweig, dem Ruhrgebiet, Hamburg und Dresden teil. Ein Kranz mit Maiglöckchen stammt angeblich von Lenins Gesandtem Karl Radek.[58]

Einen weiteren prominenten Toten gibt es in Dresden: Am 12. April wird der sächsische Minister für Militärwesen Gustav Neuring von aufgeputschten Massen ermordet. Der SPD-Politiker hat vor allem aus Unteroffizieren das »Regiment Ordnung« aufgestellt, das den Arbeiter- und Soldatenrat in Pirna auflöst. Bei Kriegsbeschädigten und Verwundeten in Dresden kursieren daraufhin Gerüchte, ihre Pensionen sollten gekürzt werden. Einige passen den Minister vor seinem Amtssitz ab, werfen ihn in die Elbe und schießen gezielt, als er an Land schwimmen will. Die Reaktion der sächsischen Regierung folgt prompt: Belagerungszustand für Dresden, der einen Tag später auf ganz Sachsen ausgedehnt wird.[59] In Leipzig findet die traditionelle Frühjahrsmesse trotzdem statt; lediglich die Universität wird geschlossen. Doch die Angst vor militärischer Besetzung schwebt noch immer über der Stadt. Dem versucht die örtliche *Volkszeitung* am 16. April entgegenzuwirken: »In Leipzig herrscht Ruhe und Ordnung. Der Belagerungszustand ist in Leipzig überflüssig.«[60]

Weitgehend ruhig findet in Baden die Abstimmung über die Verfassung statt. Gleichwohl gibt es auch im Südwesten weiter Unruhepotenzial, vor allem um Mannheim. Innenminister Adam Remmele erinnert sich an die Vorwürfe aus der Bevölkerung, die Regierung hätte gegenüber den Radikalen dort Schwäche gezeigt, statt unverzüglich einzuschreiten. Die Entgegnung des Sozialdemokraten: Das sei alles leichter gesagt als getan. Die Regierung verfüge nicht über die Militär- und Polizeimacht, »auf die mit absoluter Sicherheit allen Eventualitäten gegenüber zu bauen gewesen wäre«.[61]

So froh viele Braunschweiger sind, dass es während des Ausnahmezustandes in ihrer Stadt friedlich bleibt, so unzufrieden sind sie mit dem Vorgehen der Militärs. Georg Maercker bekommt das zu spüren. Die SPD und selbst die bürgerlichen Parteien bestreiten, dass der General und die Reichsregierung rechtmäßig handeln. Die Landesregierung ist verfassungsgemäß gebildet worden, der Arbeiter- und Soldatenrat, den Maercker ebenfalls aufgelöst hat, amtiert in Braunschweig als Verfassungsorgan. Die DDP nimmt sogar den festgehaltenen Regierungschef Oerter in Schutz: Seit Januar 1919 habe sich seine Politik zum Besseren gewandelt; zudem genieße er Immunität. Auch der Ältestenrat des Landtages missbilligt einstimmig Maerckers Vorgehen. Und weil sich der Braunschweiger SPD-Chef und Volksbeauftragte Karl Jasper sperrt, gelingt es dem General nicht, eine neue Regierung zu bilden. Jasper lehnt es ab, eine Koalition mit bürgerlichen Parteien und ohne die USPD zu bilden. So bleibt das alte Kabinett geschäftsführend im Amt, mit ihm an der Spitze.

Die USPD befriedigt dieses Verhalten des Sozialdemokraten. Oerter ist nach dem Ende seiner Schutzhaft am 22. April wieder obenauf, seinen Parteifreunden versichert er, »im Grunde« habe sich »an dem Bestehenden nichts geändert«.[62] Der Aufbau des Sozialismus sei noch immer möglich, allerdings nur durch einen »langsamen, organischen Aufbau«. Generalstreiks jedoch verurteilt er: Die Arbeiterschaft habe vergessen, dass auf Gewalt allein kein Rechtszustand aufzubauen sei. Entgegen Oerters Behauptung hat sich in Braunschweig aber einiges geändert: Die Gewerkschaften, seit Monaten von den Räten kaltgestellt, mischen wieder mit; den bürgerlichen Fraktionen im Landtag gelingt es, das Parlament bis Ende April zu blockieren, um so eine weitere rein sozialdemokratische Regierung zu verhindern. Am 30. April wird Jasper zum Präsidenten und Chef einer Regierung aus SPD, USPD und nun der DDP gewählt; Sepp Oerter bleibt außen vor. Die Einbeziehung der Liberalen geht nicht ohne Streit bei den Sozialdemokraten über die Bühne. Landtagsabgeordnete geben der Reichsregierung die Hauptschuld dafür, dass die Sozialisierung so schleppend vorangehe. Und die regiert auch mit den Liberalen.

In bürgerlichen Kreisen diskutiert man über die »wirtschaftliche Demokratisierung«. Walther Rathenau beschäftigt die Frage, auf welche Kräfte man sich stützen könne: »Ich halte es für ebenso schwer, die Massen des Bürgertums zu überzeugen wie die Massen des äußeren Umsturzes.« Er selbst lehne eine radikale Sozialisierung nicht grundsätzlich ab, versichert der Unternehmer einem Bekannten. Seine Überlegungen zu einer Reform des Wirtschaftssystems ließen jedes Maß von Vergesellschaftung zu. Allerdings zweifelt er, ob die Reichsregierung dazu in der Lage sei. Er sieht in ihr ein »Kompromissprodukt aus den kämpfenden Gegensätzen, die sich demnächst, wie ich glaube, zu offenem Kampfe entfesseln werden«.[63] Nach einem Gespräch mit Eduard Bernstein bekräftigt er: »Eine Kompromisspolitik ist an und für sich schon schlimm, aber es wird ein ewiger Vorwurf gegen die Sozialdemokratie bleiben, dass sie fünf Monate schon die Herrschaft in Deutschland inne und noch keinen Schritt getan hat, der sie über die billigste Fortschrittsarbeit hinausführt.« Die SPD solle nicht zu sehr Rücksicht auf andere Kräfte wie die Demokraten nehmen, sondern sich sehr wohl auf die Gesamtstimmung des Landes stützen.[64]

Das sehen die meisten Liberalen ganz anders als ihr prominenter Parteifreund Rathenau. Sie kritisieren in mehreren Zusammenkünften, dass die Sozialdemokraten sie kaum einbezögen. Gleichzeitig aber sei die DDP als Regierungspartei mitverantwortlich, gerade in der Frage der Sozialisierung. An der Basis wachse der Unmut – man stelle sich die Frage, »ob tatsächlich die demokratischen Minister sich als Vertrauensmänner ihrer Partei fühlen«. Im Wahlaufruf zur Nationalversammlung sei davon die Rede gewesen, dass nur in Ausnahmefällen Industriezweige sozialisiert würden, erinnert ein Vorstandsmitglied am 13. April. Seit der Erklärung der Reichsregierung vom März hieße es nun, dass »im Allgemeinen sozialisiert« werden solle. »Wir möchten jetzt gern die Gründe hören, die dazu geführt haben, in so einem wichtigen Punkte die Ansichten von heute auf morgen zu ändern und in die Reihen der demokratischen Wähler eine außerordentliche Verwirrung zu tragen.« Dahinter steht die Befürchtung, die Demokratische Partei könnte zu einer bürgerlichen Splittergruppe herabsinken, anstatt den »größten Teil der Wählerschaft rechts von der Sozialdemokratie« zu umfassen. Georg Bernhard, Chefredakteur der *Vossischen Zeitung*, kritisiert hingegen, man hinke den Ereignissen hinterher und mache zu spät Zugeständnisse. Die Partei habe sich dadurch als »Hemmschuh der Regierung bei der Sozialisierung erwiesen«; daher habe die SPD allein entschieden. Die Sozialisierung selbst, argumentiert Bernhard, könne man nicht aufhalten. Aufgabe der DDP sei es, zu einem geordneten Übergang beizutragen. Zu diesem Zweck ist der Chefredakteur sogar bereit, den Räten politische Rechte zuzugestehen: »Das ist die einzige Rettung der Demokratie.« Mit den Auswüchsen »unserer Privatwirtschaft« sei »Schluss zu machen«.

Das geht dem früheren Reichstagsabgeordneten Otto Keinath zu weit. Der Verbandsfunktionär lehnt es ab, »den wechselnden Tagesmeinungen widerstandslos Folge zu leisten. Das würde nur zur Herrschaft des Pöbels führen«. Wenn man den Willen des Volkes respektiere, müsse man die Sozialisierung ablehnen, denn die Mehrheit der Bevölkerung wolle sie nicht; das hätten die Wahlen zur Nationalversammlung gezeigt. »Gerade in unruhigen Zeiten ist es die Pflicht jedes Politikers, das zu betonen, was er für richtig hält, gleichgültig, was die augenblickliche Meinung des Tages ist.«[65] Keinath bestreitet nicht, dass die Wirtschaft sich verändern musse, das System an sich sei jedoch lebensfähig – durch Arbeiter, Angestellte und Unternehmer gleichermaßen. Ähnlich sieht es der liberale Journalist Richard A. Bermann, der einen »fast religiösen Irrationalismus gegen die nüchterne Vernunft« diagnostiziert: Die Propaganda der Sozialisierungsverfechter »verheißt ein holdes Wunder, an das man nur zu gern glauben möchte. Sie malt die enteignete Fabrik, die zehnmal mehr und besser produzieren wird, und dies gleich, morgen«. Es sei schwer, realistisch dagegenzuhalten.[66]

Genau das kann man in München beobachten. An der Spitze der Räterepublik steht als neuer Vorsitzender des Zentralrates der 26-jährige Schriftsteller Ernst Toller, seit Eisners Tod Vorsitzender der USPD in München.

Die zwölf Volksbeauftragten fühlen sich offenbar zu Experimenten berufen. Landauer schafft an den Schulen sofort den Geschichtsunterricht ab und fordert mehr Sport und Kunst. An der Universität sollen die Theologische und die Juristische Fakultät abgewickelt werden. Dabei zählt Landauer noch zu den Gemäßigten. Der für Außenpolitik zuständige Volksbeauftragte Franz Lipp bricht als Erstes die diplomatischen Beziehungen zu Preußen ab und erklärt Württemberg sowie der Schweiz den Krieg, weil sie sich weigern, ihm leihweise 65 Lokomotiven zu überlassen. »Der Wahnsinnige«, so Toller, wird abgesetzt – wegen psychischer Erkrankung. Der parteilose Anarchist Silvio Gesell will seine Theorie umsetzen, der zufolge das Geld wie die menschliche Arbeitskraft und die Waren mit der Zeit an Wert einbüße. Um dieser Wertminderung zu entgehen, werde jeder »Geldbesitzer« seine Mittel ausgeben oder verleihen. Am 12. April sendet Gesell ein Telegramm an die Reichsbank in Berlin und kündigt an, den »Weg der systemlosen Papiergeldwirtschaft zu verlassen«. Die Bayern reagieren mit Panik und stürmen die Banken.[67] Daraufhin begrenzt Toller die Summe der Abhebungen auf 600 Mark täglich. Zudem richtet er Revolutionstribunale ein, denen zwingend eine Frau angehören muss. Sie sollen Preiswucher und Schwarzhandel eindämmen. Mit Entsetzen erkennt die Bevölkerung, wie krude die führenden Köpfe der neuerlichen Revolution denken. Heitere Momente sind selten: Eine Frau möchte sofort getraut werden, doch bislang fehlten dafür einige Papiere; die Räterepublik soll nun ihr Lebensglück retten. Ein Mann verlangt, dass man seinen Hauswirt zwinge, ihm die Miete zu erlassen. Eine Gruppe Bürger fordert die Verhaftung aller persönlichen Feinde und früherer Kegelbrüder. »Jeder glaubt, die Räterepublik sei geschaffen, um seine privaten Wünsche zu erfüllen«, stellt Ernst Toller frustriert fest.[68]

Der legitime Regierungschef Johannes Hoffmann bringt sich von Bamberg aus mit Erklärungen in Erinnerung, die er zum Teil als Flugblätter über München abwerfen lässt. Seine Regierung bleibe einzige Inhaberin der Gewalt in Bayern. Die Reichsregierung bestätigt Hoffmann. Sie hat nicht nur einen regelmäßigen Kurierdienst eingeführt, sondern Wirtschaftsminister Rudolf Wissell beauftragt, das *Bamberger Tageblatt* mit mehr Papier zu versorgen, offenbar um eine »publizistische Offensive« zu ermöglichen. Ultimativ droht Friedrich Ebert zudem am 12. April mit wirtschaftlichem Boykott und militärischem Engreifen, falls Bayern nicht zum legalen Zustand zurückkehre. Eine Intervention des Reiches aber will Hoffmann ausdrücklich nicht. Am 13. April 1919 besetzen regierungstreue Truppen, verstärkt mit nordbayerischen Freiwilligen, in München das Wittelsbacher Palais sowie den Bahnhof und verhaften mehrere Mitglieder des Zentralrates, darunter Erich Mühsam. Gustav Landauer kann sein Hotel gerade noch verlassen. »Was immer an Gerüchten Euch zugehen mag«, schreibt er seinen Töchtern, »es geht mir gut, ich bin in Freiheit und in Sicherheit.«[69] Bewaffnete Arbeitermilizen eilen herbei, es kommt zu Gefechten, die Hoffmanns Truppe zwingen, sich zurückzuziehen, denn die Münchner Garnison stellt sich nicht wie erwartet auf die Seite der legitimen Regierung.

Die Kommunisten beenden nach diesem Militäreinsatz das einwöchige Experiment linker Intellektueller und übernehmen selbst die Macht. Darauf haben sie sich vorbereitet – sie bringen gleich eigene Stempel für Dokumente mit. Toller, den KPD-Chef Max Levien als »König von Südbayern« verhöhnt hat, wird abgesetzt.[70] Ein Aktionsausschuss mit Eugen Leviné an der Spitze tritt an die Stelle des Zentralrates, eine Rote Armee wird formiert. Ein Aufruf verkündet am 14. April 1919 das Ziel: »Die Sonne der Weltrevolution ist aufgegangen! Es lebe die bayerische Räterepublik! Es lebe der Kommunismus!« Einen Tag später werden die Soldatenräte neu gewählt. Zum Ersatzmitglied eines solchen Rates wird auch Adolf Hitler gewählt, 19 Stimmen entfallen auf ihn.

Victor Klemperer ist bedient. »Seit dem 7. April haben wir Räterepublik, seit dem 14. das Chaos«, notiert er.[71] Zufällig begegnet er Landauer, der schwankt, ob er der neuen Räteregierung beitreten soll. Ihre Ziele teilt er eigentlich nicht, dennoch engagiert er sich schließlich im Aktionsausschuss. Nach drei Tagen aber scheidet er wieder aus, weil die KPD-Führung sein Kulturprogramm verwirft. Landauer erkennt, dass die Abneigung »gegenseitig ist«.[72]

Die zweite, kommunistische Räterepublik in München verändert das Leben in der Stadt erneut: Auf einmal ähnelt es wieder den bewegten Wochen von November 1918 bis Januar 1919. Bewaffnete Milizen fahnden nach Gegnern, ob nun vermeintlichen oder echten. Bei Durchsuchungen werden gehamsterte Lebensmittel beschlagnahmt; sie sollen an Bedürftige verteilt werden, doch meist bedienen sich die selbst ernannten Rotarmisten. Streiks gegen alles Mögliche bringen die Wirtschaft und das öffentliche Leben zum Erliegen. Zeitungen werden zensiert oder verboten, Milizionäre öffnen gewaltsam Banksafes. Klemperer, nebenbei freier Journalist für die *Leipziger Neueste Nachrichten*, beschreibt es sarkastisch: »Eines muss man der neuen

Regierung bewundernd zugestehen – sie gibt der Stadt ein überaus kriegerisches Gepräge. Sie versteht es, die Bevölkerung zu beeindrucken.«[73]

Jedoch können die kaum 2000 aktiven Anhänger der Räterepublik den Alltag der mehr als eine halbe Million Münchner zwar lahmlegen, die Stadt aber nicht wirklich unter Kontrolle bringen. Als in ärmeren Vierteln Plakate auftauchen, denen zufolge die Bewohner leerstehende Wohnungen in besseren Stadtteilen besetzen und Nahrung bei »Reichen« requirieren sollen, verbarrikadieren sich die wohlhabenderen Bürger – zu ausgedehnten Plünderungen kommt es nicht.

Ministerpräsident Hoffmann übertreibt, als er per Proklamation zur Befreiung der Hauptstadt aufruft: »Bayern! Landsleute! In München rast der russische Terror, entfesselt von landfremden Elementen. Diese Schmach Bayerns darf keinen Tag, keine Stunde weiterbestehen. Hierzu müssen alle Bayern helfen, ohne Unterschied der Partei!«[74] In Wirklichkeit hat von den Revolutionsgarden nicht allzu viel zu befürchten, wer nicht auffällt. »München nimmt sein tragikomisches Schicksal passiv hin, auch das scheinbar herrschende Proletariat ist ganz passiv, es lässt sich da- und dorthin schieben«, findet Klemperer.[75]

Von Berlin aus betrachtet handelte es sich jedoch um einen »Karneval des Wahnsinns«, wie Wehrminister Noske formuliert.[76] Und weil nun auch Johannes Hoffmann zustimmt, setzt er reguläre Verbände in Marsch. Zuerst kommen württembergische Regimenter in Oberbayern an, die den kürzesten Weg haben, dann preußische Soldaten; regierungstreue bayerische Einheiten sind kaum beteiligt. Den Interventionstruppen schließen sich einheimische Freikorps an, die überwiegend aus demobilisierten Heeresangehörigen bestehen; zusammen mehr als 30 000 Mann gegen die zusammengewürfelte Rote Armee unter dem Kommando des einstigen Kieler Matrosen Rudolf Egelhofer. Es ist für die Regierungstruppen ein Leichtes, München von der Lebensmittelzufuhr und vom Verkehr abzuschneiden. Ernst Toller will das unvermeidliche Ende verzögern, doch selbst ein Misstrauensvotum gegen die KPD-Funktionäre hilft nicht. Niemand will mit ihm reden, da die KPD noch immer die Rote Armee auf ihrer Seite hat. Ende April 1919 verbarrikadieren sich wenige Hundert kommunistische Milizionäre in der Innenstadt, doch ihre Chancen sind gering.

Erich Mühsam, der bereits seit dem 13. April in Haft sitzt, schreibt regelmäßig Briefe an Ministerpräsident Hoffmann, dessen Autorität er wenige Tage zuvor noch bestritten hat. Darin protestiert er gegen seine Festnahme, die allein aus politischen Gründen erfolgt sei. Mühsam leugnet nicht, dass er an der Proklamation der Räterepublik beteiligt gewesen ist, verweist aber darauf, dass Minister aus Hoffmanns Kabinett ihr Einverständnis gegeben und eine Mitarbeit nicht ausgeschlossen hätten. Warum seien sie nicht in Haft?[77] Als seine Haftbeschwerden abgelehnt werden, weil gegen ihn der Verdacht des Hochverrats bestehe, reagiert Mühsam mit einer gleichlautenden Anzeige gegen vier Minister der bayerischen Regierung.[78]

Unterstützer findet er in der aufgewühlten Atmosphäre Oberbayerns kaum – und die wenigen geraten in die Mühlen der Justiz. Wie der 28-jährige Dichter Klabund, eigentlich Alfred Henschke, der in der Schweiz lebt und sich von Freunden hat überreden lassen, für den Bekannten aus Münchner Studententagen einzutreten. Doch kurz nach seiner Ankunft in Passau wird Klabund festgenommen und auf eine Reise durch mehrere Haftanstalten geschickt, deren kalte und feuchte Zellen Gift für seine kranke Lunge sind. Noch mehr schockiert ihn die Mitteilung, man wolle ihn wegen »Beziehungen zur Räterepublik« anklagen. Seine Schwiegereltern bittet er inständig, seine Freilassung gegen Bürgschaft zu fordern: »Meine Existenz steht auf dem Spiel: meine Wohnung, meine Arbeit, meine Gesundheit.«[79] Klabund kennt die »Bolschewistenfurcht« der Schweizer und sorgt sich, dass sie ihn nicht wieder einreisen lassen könnten. Als harmlos eingestuft, kommt er schließlich frei, ein »Gefängnistagebuch« als literarisches Ergebnis im Gepäck und geheilt von seiner naiven Hilfsbereitschaft: »Was Putsch! Was Revolution! Ich will erst einmal atmen und lächeln dürfen.«[80]

Wenige Tage später marschieren die Regierungstruppen in München ein. Letzter Anstoß ist, dass Rotgardisten am 30. April zehn Geiseln im Luitpold-Gymnasium erschossen haben.[81] In Schwabing, dem vormaligen Zentrum der Räterepublik, werden die anrückenden Württemberger und Preußen mit Geschenken und Blumen begrüßt. »Heute sieht man keinen Soldaten mehr mit roter Binde. Sie sind alle wie durch Zauber über Nacht verschwunden«, schreibt Josef Hofmiller in sein Tagebuch. Stattdessen sieht er einen einzelnen Soldaten der Regierungstruppen die Straße entlangkommen, gefolgt von einer Menschenmenge. »Alles ruft ›Hoch!‹, ›Bravo!‹, die Leute winken mit den Tüchern, alles sieht aus den Fenstern, applaudiert, die Begeisterung könnte nicht größer sein.«[82]

So weit ist es in anderen Regionen des Reiches Ende April noch nicht. In Bremen belasten ein erneuter Generalstreik, initiiert von USPD und KPD, sowie eine Gegenbewegung, organisiert vom bürgerlichen »Streikabwehrausschuss«, das öffentliche Leben. Hamburg ist ebenfalls von Unruhen betroffen. »Plünderungen auf offener Straße«, notiert der Kieler Ingenieur Nikolaus Andersen. »Es wird Standrecht verkündet. Regierungstruppen ziehen ein.« Über das Ruhrgebiet, Schlesien und Preußen weiß er zu berichten, dass die Streiks abflauen. Dagegen herrschen seiner Wahrnehmung nach weiter »unhaltbare Zustände in München. Die Stadt steht vor dem Fall«.[83]

Tatsächlich toben am 1. und 2. Mai blutige Straßenkämpfe, denen etwa 140 Revolutionskämpfer sowie mindestens 335 Zivilisten zum Opfer fallen.[84] Mehr als hundert weitere Rotgardisten sterben in den folgenden Tagen, als die Sieger Rache üben. Unter den Toten sind zum Beispiel Rudolf Egelhofer, aber auch Gustav Landauer. Freunde haben ihn in den Tagen zuvor bedrängt, die Stadt zu verlassen. Doch Landauer ist unsicher; mal hat er zugestimmt, über den Bodensee in die Schweiz zu fliehen, mal hat er seine Töchter gebeten, zu ihm zu kommen. Am Ende ist der hochgewachsene Intellektuelle in München geblieben, wo er von einem Denunzianten verraten, in der Nacht zum 2. Mai von Freikorps festgenommen und Stunden später bei seiner Einlieferung ins Gefängnis Stadelheim grausam umgebracht wird. Mühsam, der verschont bleibt, weil er bereits einsitzt, hat das Schicksal seines Freundes kommen sehen.[85] Inhaftiert werden an Landauers Todestag in München auch Gabriele Kaetzler und ihre Tochter Wise, beide seit März 1919 Mitglied der KPD. Die Pflegetochter Hilde Kramer ist untergetaucht, sie wird erst eine Woche später verhaftet. Sie ist als linksradikale Aktivistin stadtbekannt, zuletzt hat sie Egelhofer als Sekretärin geholfen. In der Wohnung der Kaetzlers beschlagnahmen Soldaten körbeweise schriftliches Material, darunter auch den Briefwechsel mit ihrer Freundin Lotte Kornfeld in Bremen. Vorläufig entkommen kann Ernst Toller, allerdings wird er fünf Wochen später in Schwabing festgenommen.

Nach dem Ende der Kämpfe sorgen bayerische Offiziere für Sicherheit und Ordnung in München, denn die Stimmung hat eine unerwartete Wende genommen: »Wegen des Einschreitens preußischer Truppen macht sich schon wieder eine ganz bedenkliche Preußenhetze bemerkbar«, berichtet Württembergs Gesandter in München nach Stuttgart – selbst unter konservativ gesinnten Arbeitern und Handwerkern.[86] Der Grund dafür ist wohl die verbreitete Scham vieler Münchner, die Herrschaft der Rätekommunisten nicht selbst abgeschüttelt zu haben.

Schlimmer noch: Die sozialdemokratisch dominierte Reichsregierung hat die Truppen in Marsch gesetzt.

Angesichts der Unruhen gehen die Mai-Feiern fast unter. Dabei hat die Nationalversammlung in Weimar mit den Stimmen von SPD, DDP und Teilen des Zentrums den 1. Mai 1919 zum Feiertag unter anderem des Weltfriedens erklärt. Nicht ohne Widerspruch, denn die USPD hätte das Gesetz gern auf den 9. November als Revolutionsfeiertag ausgeweitet. Die bürgerlichen Parteien monieren hingegen die weltanschauliche Prägung dieses Datums, das die Arbeiterbewegung seit Jahrzehnten feiert. Friedrich von Payer hat einen Änderungsvorschlag eingebracht, der die Einführung eines »Weltfriedenstages« auf die Zeit nach Abschluss eines Friedensvertrages verschieben soll. Aus Weimar schickt der liberale Abgeordnete Conrad Haußmann einen Brief an seinen Sohn und berichtet, dass 1500 Demonstranten am 1. Mai vor dem Rathaus skandiert hätten: »Nur Worte, keine Taten haben die Leute in der Nationalversammlung.« Haußmann hält in seinem Brief dagegen, wenn siebzig Millionen Menschen etwas wollen, müssen sie das Parlament beauftragen, sich darüber zu einigen. Das könne immer nur durch Worte erfolgen, »und wenn sie nicht das Gleiche wollen und zum Teil nur wissen, was sie möchten, und nicht sagen können, wie es zu machen sei, so werden die Worte nur teilweise Handlungen werden und diese einen imaginären Wunsch nicht erfüllen können«.[87]

Viele Worte macht auch die Reichsregierung. Seit Mitte April 1919 geht es in den Sitzungen sehr oft um die Friedensbedingungen und die Vollmachten der deutschen Delegation. Das Kabinett steht unter Druck. Die rheinisch-westfälische Industrie etwa warnt, unterstützt von Kommunalpolitikern, »dass bei Verhandlungen zur Neugestaltung des Reichs oder Preußens von irgendwelchen amtlichen oder privaten Stellen über den Industriebezirk wie über eine Ware verfügt« werde. Die Region mit ihrer Kohle und Unternehmen sei »das wirtschaftlich wertvollste Kernstück« des Reiches und müsse als Einheit erhalten bleiben.[88] Die Friedensverhandlungen bewegen auch Hugo Haase. Der USPD-Chef ist total erschöpft, er sehnt sich nach ein paar Tagen Erholung, wie er seiner Frau schreibt. Daran sei jedoch nicht zu denken, denn gerade jetzt sei politische Arbeit gefragt: »Der Torheit, den Friedensvertrag nicht zu unterschreiben, dürfen wir nicht Vorschub leisten.«[89]

Frieden

Wir: nur Verlust. Sie: nur Gewinn.
Und in meinem patriotischen Sinn
trete ich vor Ludendorffs Bildnis hin:
»Danke«

Kurt Tucholsky[1]

Auf die Erleichterung folgt der Schock. Kaum hat sich die Nachricht vom
blutigen Ende der Münchner Räterepublik im ganzen Land verbreitet, steht
in Versailles ein mit Spannung erwarteter Termin an: Am 7. Mai 1919 sollen
die Friedensbedingungen der Siegermächte an den Verlierer, die deutsche
Republik, übergeben werden. Das Datum ist bewusst gewählt: der vierte
Jahrestag der Versenkung des britischen Passagierdampfers RMS »Lusita-
nia« durch ein kaiserliches U-Boot, die 1915 die USA zum ersten Mal fast
zum Eintritt in den Krieg gebracht hat. An den Verhandlungen haben die
Deutschen nicht teilnehmen dürfen, nicht einmal als Zaungäste; lediglich
schriftlich haben sie sich zu einzelnen Fragen geäußert. Die rund 180 Personen starke Delegation, die zur Übergabe des Vertragsentwurfes nach
Versailles kommt, wird zudem vorsätzlich gedemütigt: Ihr Zug fährt auffallend langsam, viel langsamer, als es aus technischen Gründen nötig wäre:
»Die Absicht der Franzosen war, den deutschen Friedensdelegierten stundenlang die Zerstörungen vor Augen zu führen, die der Krieg in Nordostfrankreich angerichtet hatte«, fällt dem Journalisten Victor Schiff auf.[2] Immer wieder sind bei der »Bummelfahrt« entlang der Strecke deutsche
Kriegsgefangene mit Aufräumungsarbeiten beschäftigt. Die französische
Armee hat eigens für die Fahrt Kontingente internierter Soldaten in Sicht-
weite des Diplomatenzuges eingesetzt.

Die deutschen Delegierten können also ahnen, was ihnen in Versailles
bevorsteht. Viel mehr wissen auch die meisten der englischsprachigen Delegierten nicht. Erst am Dienstag, dem 6. Mai 1919, wird ihnen eine Zusam-
menfassung des Vertragsentwurfes mündlich und auf Französisch vorge-
tragen; viele nicken während des monotonen Verlesens ein. Der Chef des

britischen Generalstabes Henry Wilson übertreibt nur geringfügig, als er in sein Tagebuch notiert: »Die Friedensbedingungen wurden überreicht, obwohl sie niemand von uns je ganz gelesen hat.«[3]

Als am 7. Mai 1919 um 15.30 Uhr die Zeremonie in einem Luxushotel nahe des Schlosses Versailles beginnt, wird sehr schnell klar, dass sich jede pessimistische Erwartung übertreffen lässt. »Es ist hier weder der Ort noch die Stunde für überflüssige Worte«, eröffnet Frankreichs Premierminister Georges Clemenceau seine kurze Ansprache. »Die Stunde der Abrechnung ist da. Sie haben uns um Frieden gebeten. Wir sind geneigt, ihn Ihnen zu gewähren.« Verhandlungen über die Bedingungen sind nicht vorgesehen; die deutsche Delegation darf nur binnen 14 Tagen schriftliche Einwände formulieren, über die dann die Siegermächte beraten. Das Ergebnis werden sie mitteilen, woraufhin Deutschland binnen einer gesetzten Frist zu entscheiden hat, ob es einwilligen will oder ob der Waffenstillstand beendet werden soll. Nicht ausdrücklich, aber unmissverständlich weist Clemenceau die alleinige Schuld für den Krieg dem Verlierer zu.[4] Viel aggressiver kann man auf einer Friedenskonferenz kaum auftreten.

Der Leiter der deutschen Delegation, Außenminister Ulrich von Brockdorff-Rantzau, hat nun eine fast unlösbare Aufgabe: Er muss den deutschen Standpunkt klarmachen und eine Teilverantwortung übernehmen, gleichzeitig aber den Vorwurf der Alleinschuld zurückweisen. Er sagt, dass Deutschland die 14 Punkte von US-Präsident Woodrow Wilson aus dem Januar 1918, modifiziert durch zwei längst erfüllte zusätzliche Bedingungen, nämlich das Ende der Hohenzollernmonarchie und eine demokratisch legitimierte Regierung, als »bindend« und als Grundlage für den Friedensschluss ansehe. Deutschland sei bereit, den Wiederaufbau in Belgien und Nordostfrankreich nach Kräften zu leisten, benötige dafür aber die Unterstützung der Siegermächte. Offensichtlich als Erkenntnis der demonstrativ langsamen Zugfahrt nach Versailles setzt er hinzu: »Die schlechteste Methode wäre, die Arbeit weiter durch deutsche Kriegsgefangene besorgen zu lassen.« Dafür hat er ein durchaus überzeugendes Argument: »Gewiss, diese Arbeit ist billig. Aber sie käme der Welt teuer zu stehen, wenn Hass und Verzweiflung darüber das deutsche Volk ergreifen würde.« So könne man nicht zu einem »dauernden Frieden gelangen«.[5]

Ausdrücklich hat Brockdorff-Rantzau nicht provozieren wollen. Doch das Gegenteil tritt ein: Frankreichs Premierminister bekommt einen hochroten Kopf vor Empörung, sein britischer Kollege David Lloyd George, der

7. Mai 1919: »La seance historique de Versailles«. Generalsekretär Paul
Eugène Dutasta übergibt der deutschen Delegation die Friedensbedingungen
der Alliierten. Le Petit Journal, 25.5.1919.

an Clemenceaus Seite sitzt, zerbricht während der Erwiderung des Außenministers vor Wut einen Brieföffner; zu einem Vertrauten sagt er später, zum ersten Mal habe er Frankreichs Hass auf Deutschland verstanden. Auch Feldmarschall Henry Wilson ist empört. »Das ist die taktloseste Rede, die ich je gehört habe«, notiert er.[6]

Das Scheitern des deutschen Delegationsleiters beim wichtigsten Auftritt seines Lebens hat mehrere Gründe. Zwar spricht Brockdorff-Rantzau als Diplomat mit 25 Jahren Berufserfahrung selbstverständlich fließend französisch und englisch, dennoch trägt er seine Erwiderung auf Deutsch vor; sie wird jeweils satzweise in die Sprachen der wichtigsten Siegermächte übersetzt. So geht die rhetorische Kraft verloren, die sein Text durchaus hat. Zweitens bleibt der noch nicht einmal 50-jährige Brockdorff-Rantzau bei seiner Rede sitzen, während der 28 Jahre ältere Clemenceau stehend gesprochen hat. Drittens wirkt der schnarrende Tonfall des deutschen Außenministers abschreckend. Viertens bestätigt er den negativen Eindruck der anderen Seite, als er wenig später, zurück im Quartier, der deutschen Presse berichtet. Der übergebene Vertragsentwurf werde »in diesem Augenblick geprüft«, sagt er und fügt hinzu: »Er übertrifft schon nach kurzer Durchsicht die schlimmsten Befürchtungen.« Damit gibt er die Interpretation vor, die sich in Deutschland umgehend durchsetzt: »Unannehmbar!« Und noch eine kraftvolle Formulierung kreiert Brockdorff-Rantzau, indem er über den voluminösen, zweisprachigen Entwurf sagt: »Das dicke Buch war ganz überflüssig. Es wäre einfacher gewesen, man hätte erklärt: ›Deutschland entsagt seiner Existenz.‹«[7]

Der sozialdemokratische *Vorwärts* titelt am Morgen danach entsprechend: »Frieden der Vernichtung«, die *Münchner Neuesten Nachrichten* beschränken sich auf das Wort »Vernichtung«. Theodor Wolff setzt über seinen Leitartikel im *Berliner Tageblatt* ein schlichtes »Nein!« und schreibt: »Dieser Entwurf ist ein Dokument der ältesten, von allen Völkerbundsideen weltweit entfernten, von keinem neuen Geist auch nur leise berührten, Gewalt an die Stelle des Rechts setzenden Unterjochungspolitik.«[8] Ähnlich sieht es das deutsche Publikum – zum Beispiel notiert Käthe Kollwitz in ihr Tagebuch: »Heute sind die Friedensbedingungen raus. Furchtbar.«[9] Thomas Mann fühlt sich »müde und erregt«; die Bedingungen »erreichen und übertreffen alle Träume«, schreibt er und meint »Albträume«. Er hat Brockdorff-Rantzaus Erwiderung in der Zeitung gelesen und lobt diese »sanfte Rede«.[10] Der SPD-Fraktionsvorsitzende Hermann Müller spricht von der Fortsetzung des Krieges mit anderen Mitteln, Gustav Stresemann stellt für die nationalliberale DVP-Fraktion fest: »Was dieser Vertrag aus Deutschland macht, ist ein zerstückeltes Reich, machtlos, auf ewige Zeit zur Fronarbeit verurteilt, von Fremdvölkern wie von Sklavenhaltern regiert.«[11] Die 440 Artikel erlegen Deutschland nicht nur politisch, sondern auch wirtschaftlich drastische Einschnitte auf. Es muss auf sämtliche Kolonien verzichten, dazu auf 13 Prozent seines Vorkriegsterritoriums mit zehn Prozent der Gesamtbevölkerung sowie wesentlichen Rohstoffvorkommen und Industrien. So sind die Hälfte der Eisenerzversorgung und ein Viertel der Steinkohleförderung abzutreten, voraussichtlich ein Sechstel der Kartoffel- und ein Achtel der Weizenernte werden verloren gehen. Reparationen sind zu zahlen, deren Höhe erst noch festzulegen ist. Eingeschränkt werden die Lufthoheit und die Stärke des Heeres. Verlangt wird die Auslieferung des Kaisers als Kriegsverbrecher und verboten die Vereinigung mit Deutsch-Österreich. Rechts des Rheins und des weiterhin von belgischen, britischen, amerikanischen und französischen Truppen besetzten Rheinlandes soll eine 50 Kilometer breite entmilitarisierte Zone eingerichtet werden, die Verwaltung des Flusses wie auch jene der Donau, der Elbe, der Oder und der Memel sollen internationale Gremien übernehmen. Am meisten für Empörung aber sorgt der Artikel 231: »Die alliierten und assoziierten Regierungen erklären, und Deutschland erkennt an, dass Deutschland und seine Verbündeten als Urheber für alle Verluste und Schäden verantwortlich sind, die die alliierten und assoziierten Regierungen und ihre Staatsangehörigen infolge des Krieges, der ihnen durch den Angriff Deutschlands und seiner Verbündeten aufgezwungen wurde, erlitten haben.«[12]

Der Liberale Conrad Haußmann hat als einer der Ersten von den Bedingungen erfahren; er ist zufällig im Auswärtigen Amt, als die Depeschen von der Delegation aus Versailles einlaufen. Haußmann schildert seinem Sohn am 8. Mai seine Gemütslage: »Der Friedensvorschlag beherrscht jeden Gedanken in mir. Er haucht einen Vernichtungswillen, der gleichzeitig erschreckt und aufpeitscht.« Besonders kritisch sieht der Liberale die geforderten Gebietsverluste. Schon Tage zuvor hat er analysiert: »Wenn sie das linke Rheinufer annektieren, so ist man machtlos; wenn sie die Polen loslassen, die unter französischen Offizieren stehen, so wird ein Volkskrieg beginnen. Wenn sie die Kohle der Ruhr wegnehmen, dann steht die Wirtschaft still – dann liegt der weltgeschichtliche Tatbestand der Erpressung vor.« Bei einer Abendveranstaltung trifft Haußmann seinen Abgeordnetenkollegen Georg Gothein. Sie beschließen, wie er seiner Frau schreibt, »eine Eidgenossenschaft gegen den Friedensvertrag zu bilden.« Andere schließen sich »dem Rütlischwur« an.[13] Harry Graf Kessler, der französisch und englisch ebenso gut spricht wie seine Muttersprache Deutsch und in allen westeuropäischen Hauptstädten enge Freunde hat, verliert vor Schreck die Lust am Schreiben und gewinnt sie erst fünf Wochen später wieder.[14]

Eine Position finden muss die Reichsregierung. Am 8. Mai 1919 kommen die Minister um Philipp Scheidemann in der Berliner Reichskanzlei zusammen, auch Reichspräsident Friedrich Ebert nimmt zum ersten Mal seit dem 22. März 1919 wieder an einem solchen Treffen teil, führt selbst den Vorsitz und bittet, trotz »der Erregung, die alle Anwesenden [...] durchzittert, das, was z. Z. vorliege, mit Ruhe zu prüfen«. In der Aussprache erklären laut Protokoll alle Kabinettsmitglieder, dass die Bedingungen »die schlimmsten Erwartungen« weit übertreffen und dass sie für Deutschland »nicht nur psychisch, sondern auch wirtschaftlich unerträglich« seien. Sie könnten niemals »die Grundlage für einen Völkerfrieden von Dauer« bilden. Dennoch empfehle es sich nicht, die Verhandlungen sofort mit der Feststellung »unannehmbar« abzubrechen. Brockdorff-Rantzau, der in Versailles auf Weisung wartet, wird beauftragt, »in einer Note gegen die unerträglichen und unerfüllbaren Bedingungen – unter Benutzung dieser Worte – Stellung zu nehmen«.[15] In ihren Morgenausgaben publizieren viele deutsche Zeitungen einen Aufruf der Reichsregierung, in dem es heißt: »Gewalt ohne Maß und Grenzen soll dem deutschen Volk angetan werden. Aus solchem aufgezwungenen Frieden müsste neuer Hass zwischen den Völkern und im Verlauf der Geschichte neues Morden erwachsen.«[16]

Damit allerdings bleibt das Kabinett immer noch sowohl hinter den Erwartungen der öffentlichen Meinung als auch der Haltung in Teilen der Regierungskoalition zurück. Mit Ausnahme der radikalen und der extremen Linken lehnen es alle politischen Lager ab, über die Friedensbedingungen der Entente überhaupt zu diskutieren. So stark sind die spontanen Proteste, dass die Ministerrunde schon am folgenden Tag ausführlich erörtert, wie »auf die Äußerungen der Entrüstung der Bevölkerung« einzuwirken sei. Man einigt sich: »Die Ausdrücke der allgemeinen Empörung sollen grundsätzlich nicht gehindert werden, soweit sie sich auf Proteste in Schrift und Wort beschränken. Auch Versammlungen und Umzüge sollen, soweit es die innere Sicherheit zulässt, nicht unterdrückt werden.«[17] Ziel solle sein, dass Arbeiter, Bürger und Beamte die Regierung bei ihren Bemühungen unterstützen, einen anderen Frieden zu erlangen.

Vor allem die SPD hat sich verkalkuliert. Durch die häufige Berufung auf Wilsons 14-Punkte-Programm hat sie die Erwartung genährt, Frieden sei zu diesen Bedingungen zu bekommen. Außerdem sind die Sozialdemokraten seit Eintritt in das Kabinett Max von Badens davon ausgegangen, dass sie einen zu harten Frieden vermeiden könnten. Die Entente werde den Wandel von der Monarchie zur Republik honorieren. Ein Irrtum.[18]

In die nächste Sitzung der Nationalversammlung, diesmal nicht in Weimar, sondern am 12. Mai 1919 in der Friedrich-Wilhelms-Universität an Berlins Boulevard Unter den Linden, will Reichsministerpräsident Philipp Scheidemann mit einer zwar klaren Ablehnung der Friedensbedingungen gehen, jedoch möchte er das Wort »unannehmbar« vermeiden. Dagegen rebellieren Teile der DDP. Otto Nuschke, ohnehin kein Freund der Zusammenarbeit mit den Sozialdemokraten, geht zu *Tageblatt*-Chef Theodor Wolff und teilt ihm mit, dass die Demokraten sich wohl aus der Koalition zurückziehen werden, wenn Scheidemann das binnen Tagen zur Formel geronnene »unannehmbar« nicht ausspreche.[19] Tatsächlich setzen die liberalen Minister sich durch. »Das Kabinett schreibt meine Rede um«, charakterisiert Scheidemann den Vorgang treffend.[20]

Dennoch gelingt ihm ein eindrucksvoller Auftritt. »Welche Hand müsste nicht verdorren, die sich und uns in diese Fesseln legt?«, fragt er die versammelten Abgeordneten in der Neuen Aula der Universität rhetorisch. Dann benutzt er das seinen Koalitionspartnern so wichtige Wort: »Dieser Vertrag ist nach Auffassung der Reichsregierung unannehmbar!« Das Protokoll vermerkt: »Minutenlanger brausender Beifall im Hause und auf den Tribünen. Die Versammlung erhebt sich. Erneutes stürmisches Bravo und Händeklatschen.«[21] Nur die Abgeordneten der USPD bleiben sitzen. Nie zuvor hat Scheidemann so breite Zustimmung bekommen. Theodor Wolff, Augenzeuge der Rede, fragt einen befreundeten US-Korrespondenten, ob man durch die Aufwallung der Gefühle im Ausland wohl Eindruck machen werde? Der als deutschfreundlich bekannte Korrespondent antwortet, »ein wenig schon«, doch es komme »nun darauf an, bei dem Nein zu bleiben«.[22] Tatsächlich kritisiert zum Beispiel US-Außenminister Robert Lansing in einer internen Denkschrift: »Die Friedensbedingungen erscheinen unsagbar hart und demütigend, wobei viele von ihnen unerfüllbar sind.«[23]

In dieser Frage sind sich die Reichsregierung und ein Großteil der Bevölkerung einig. Der Kieler Werftingenieur Nikolaus Andersen notiert in seinem Tagebuch: »Wut wegen Friedensbedingungen. Eine allgemeine Trauerwoche soll angeordnet werden.«[24] Vier Tage später ziehen zahlreiche Arbeiter protestierend durch die Stadt. In Magdeburg folgen am 12. Mai rund 30 000 Menschen einem gemeinsamen Aufruf von Parteien, Stadtverordnetenversammlung und Arbeiterrat. Die USPD beteiligt sich nicht, obwohl auch sie gegen das Vertragswerk ist. Aber die Unabhängigen sind der Meinung, dass die Alliierten sowieso nicht von ihren Forderungen abrücken würden. Man könne doch bei nüchterner Überlegung nicht davon ausgehen, »dass der Sieger den Besiegten mild und großmütig entgegentreten werde«, konstatiert Parteichef Hugo Haase am 13. Mai in Berlin. Nicht nach diesem Krieg und dem Leid, das deutsche Truppen der Bevölkerung der überfallenen Länder angetan hätten. Doch auch Haase, der sich wundert, dass selbst Teile des Proletariats entrüstet seien, rät zur Ablehnung – allerdings aus anderen Gründen als das Regierungslager. Er verweist darauf, dass sich die USPD als Gegner des Krieges immer dafür stark gemacht habe, die andere Seite fair und nach Recht zu behandeln. Die vorgelegten Friedensbedingungen stünden im schroffen Widerspruch zu diesen Grundsätzen. »Wir verurteilen es deshalb mit vollem Recht, dass die Entente das Selbstbestimmungsrecht der Völker, das sie feierlich proklamiert hat, in geradezu schnöder Weise zum Nachteil des deutschen Volkes verletzt hat.«[25] In Kiel registriert Andersen aufmerksam diese Debatte. An eine totale Ablehnung glaubt er nicht: »Vielleicht zwacken wir ein wenig ab und unterschreiben doch.«[26] Victor Klemperer in München notiert: »Was aus dem Frieden werden soll, davon kann ich mir kein Bild machen. Ich lebe so hin, abwartend, über nichts in Verwunderung.«[27]

Abwarten will die DDP nicht, doch die Partei ist auch zehn Tage nach Eingang der Bedingungen noch ratlos. Man liefere sich der Entente völlig aus, meint der Kölner Liberale Bernhard Falk, der den Frieden ebenfalls für »unannehmbar« hält und eine harte Haltung verlangt. An den Vorstand appelliert er am 18. Mai: »Scharen Sie sich hinter der Fraktion und sorgen Sie dafür, dass der Geist, von dem wir uns leiten lassen, im Volk lebendig bleibt.«[28] DDP-Vorstandsmitglied Otto Fischbeck stimmt Falk zu; man sei bereit, Lasten zu tragen, um einen Frieden des Rechts zu schaffen und zur Versöhnung beizutragen, »aber ein Frieden der Gewalt soll uns aufgenötigt werden«. Dieser werde die Ursache für künftige Kriege sein – und zugleich innenpolitischer Sprengstoff. Eine Regierung, die versuchte, diese Bedingungen umzusetzen, würde keine zwei Wochen überdauern. Das einzige Druckmittel aus Fischbecks Sicht: »Wir sagen unseren Gegnern: ›Wir unterzeichnen nicht, treibt selbst eure Forderungen ein.‹«[29] Ähnlich denkt auch Walther Rathenau. Reichspräsident Ebert solle die Nationalversammlung auflösen und sein Amt niederlegen, die Friedensdelegation solle dann die Alliierten einladen, selbst die Verwaltung Deutschlands zu übernehmen. Auf diesen abstrusen Vorschlag reagiert USPD-Chef Haase belustigt. Es lohne sich nicht, darüber ernsthaft nachzudenken, schreibt er seiner Frau. Doch dann hört er aus der Delegation, »dass jene Idee nicht einem krausen Gehirn entsprungen sei, sondern vielfach erwogen werde«.[30]

Bei all den Diskussionen über die Friedensbedingungen geht fast unter, dass Maerckers Freikorpstruppen am 10. Mai 1919 Braunschweig verlassen haben, um am folgenden Tag mit mehr als 10 000 Soldaten in Leipzig einzumarschieren. Warnungen hat es gegeben, doch die hat niemand richtig ernst genommen. Maercker begründet die Aktion mit der »undemokratischen Zusammensetzung« des Arbeiterrates und lässt dessen Mitglieder verhaften. Der prominenteste USPD-Führer der Stadt, der Abgeordnete Curt Geyer, bleibt verschont, er ist zuvor nach Berlin abgereist. Maercker kann sich auf ein Freiwilligenregiment stützen, das aus Studenten, Angestellten und Beamten Leipzigs besteht und ortskundig ist. Es gibt keinen Widerstand, auch nicht, als die Sicherheitswehr des Arbeiterrates entwaffnet wird. Mit der Besetzung hat die radikale Linke ihre letzte Bastion in Mitteldeutschland verloren.[31]

Für Georg Ledebour ist es hingegen ein Glück, dass das Strafverfahren gegen ihn wegen der Rädelsführerschaft beim Januaraufstand in Berlin ab dem 19. Mai 1919 stattfindet, während die Friedensbedingungen der Siegermächte noch die deutsche Öffentlichkeit aufwühlen. So bekommt der Prozess, in dem die Anklage auf Landfriedensbruch und Aufruhr lautet, weitaus weniger Aufmerksamkeit als in ruhigeren Zeiten. Natürlich spielt auch eine Rolle, dass Ledebour zwar zur Spitze der Aufständischen gehört hat, deren eigentlicher Kopf Karl Liebknecht aber schon vor Monaten zusammen mit der wortgewaltigen Propagandistin Rosa Luxemburg ermordet worden ist. Ihnen gegenüber erscheint der linke USPD-Politiker weniger bedeutsam.

Gerade deshalb aber geht der 69-Jährige vor Gericht entschlossen auf Konfrontationskurs; als hervorragender Redner vermag er viele Zuhörer für sich einzunehmen. Schon in seiner Vorbemerkung macht Ledebour klar, dass er das amtierende sozialdemokratisch geführte Kabinett »an den Pranger« stellen will: »Die Rechtfertigung für mein Verhalten liegt in der Tatsache, dass die Regierung Ebert-Scheidemann ein schweres Unrecht am deutschen Volke begangen hat, dass sie eine vollkommen verkehrte Politik treibt, die Deutschland noch tiefer ins Unglück bringt.« Es handele es um einen »rein politischen Prozess«. Er kündigt an, »rückhaltlose Auskunft zu geben über die Vorgänge, die sich im Januar abgespielt haben«.[32]

Richter und Staatsanwälte sind ihm und seinen Verteidigern, darunter Karl Liebknechts Bruder Theodor, nicht ansatzweise gewachsen. Gleich nach dem Geplänkel am ersten Verhandlungstag bekommt Ledebour am 20. Mai 1919 die Gelegenheit, seine eigene, geschlossene Darstellung des Januaraufstandes darzulegen. Der Gerichtsreporter des *Vorwärts* rettet sich in Zynismus: »Vor dem Schwurgericht hat am Dienstag Georg Ledebour fünf Stunden lang über ›seine‹ Revolution gesprochen. Etwa in der Art, in der Wilhelm II. von ›meinem Volke‹ sprach, mit dem Tonfall des einzigen und allein berechtigten Eigentümers: ›Das ist meine Revolution, die habe ich gemacht. Was geht Euch die überhaupt an?‹« Ledebour sei der »festen und durch nichts zu erschütternden Überzeugung, dass er allein mit einem Häuflein Mitverschworener die Revolution vom 9. November gemacht« habe. »Diese Auffassung verrät zwar eine starke Dosis Selbstbewusstsein, aber wenig historische Einsicht.«[33]

Die Staatsanwaltschaft findet kein Rezept gegen Ledebours Strategie. Mit Zeugenaussagen über mutmaßliche Sprengstoffverbrechen und ähnliche Vorwürfe ist seiner großen Erzählung über den angeblichen Verrat der SPD an der Revolution nicht beizukommen. Auch die Behauptung des Angeklagten, »meine ganze Tätigkeit ging darauf hinaus, Blutvergießen zu verhindern und eine Verständigung herbeizuführen«, kann nicht widerlegt werden, obwohl er doch eingestandenermaßen einer der Anführer der gewaltsamen Besetzung des Zeitungsviertels gewesen ist.[34] Am 27. Mai 1919 kapituliert die Staatsanwaltswalt weitgehend: Viele Vorwürfe seien nur in die Anklage aufgenommen worden, weil Ledebour in der Voruntersuchung die Aussage verweigert habe, meldet die *Berliner Volks-Zeitung*.[35]

Zur gleichen Zeit unternimmt die deutsche Delegation in Versailles mit Unterstützung des Auswärtigen Amtes in Berlin eine Gratwanderung: Sie ist einerseits gebunden an den Beschluss der Reichsregierung, die den Vertragsentwurf für »unannehmbar« erklärt hat, andererseits muss sie eine

Grundlage für Verhandlungen schaffen, um die Bedingungen abzumildern. Also entwirft sie einen fast komplett neuen Entwurf für einen Friedensvertrag, der am 29. Mai, dem letzten Tag der zugestandenen Bearbeitungszeit, dem Sekretariat der Konferenz übergeben wird. Als Delegationsleiter erläutert Ulrich von Brockdorff-Rantzau: »So soll ein ganzes Volk seine eigene Ächtung und sein Todesurteil unterschreiben.« Formulierungen wie diese richten sich vor allem an die Heimat, um die mutmaßliche Wirkungen anderer Sätze auszugleichen: »Deutschland weiß, dass es Opfer bringen muss, um zum Frieden zu kommen. Deutschland weiß, dass es solche Opfer vertragsmäßig zugesichert hat, und will darin an die äußerste Grenze dessen gehen, was ihm möglich ist.«[36] Erwartungsgemäß schäumt die französische Presse; das *Berliner Tageblatt* bringt Auszüge, und Theodor Wolff bilanziert: »Die ersten Kommentare zu den deutschen Gegenvorschlägen, die aus Paris kommen, lauten völlig ablehnend und verhöhnend. Das war vorauszusehen.«[37]

Dennoch gibt es Grund zur Hoffnung. Denn die Reaktionen in Großbritannien und den USA fallen ganz anders aus. Henry Wilson notiert: »Die Deutschen haben das getan, was ich vorausgesehen hatte: Sie haben einen vollständigen eigenen Entwurf vorgelegt, der sich auf die 14 Punkte stützt und viel einheitlicher ist als unserer.«[38] Wie sein Generalstabschef zeigt sich auch der britische Premierminister David Lloyd George beeindruckt; die Deutschen würden den Siegermächten sagen: »Ihr habt eine Reihe von Prinzipien, die ihr anwendet, wenn es zu Eurem Vorteil ist, aber ignoriert, wenn sie uns begünstigen.«[39] Das ist zwar richtig, ändert aber nichts an der Entschlossenheit Frankreichs und besonders des Premierministers Georges Clemenceau, rücksichtslos die eigenen Interessen durchzusetzen.

Die Ausweglosigkeit der deutschen Lage fasst Matthias Erzberger am 1. Juni 1919 in einer vertraulichen Denkschrift für Reichspräsident und Reichsregierung zusammen. »Wenn der Frieden unterzeichnet wird«, beginnt der Zentrumspolitiker, kämen »ungeheuer schwere Lasten« auf das deutsche Volk zu. Die Steuerlast werde drückend sein. Aber der Kriegszustand und damit die Blockade werde aufgehoben, die Wirtschaft könne wieder in Gang kommen. Es sei allerdings möglich, dass es zu einem Militärputsch gegen die Regierung komme, vermutlich aus dem Osten. Als positive Folge stellt Erzberger fest: »Der Bolschewismus verliert an Werbekraft.« Wenn dagegen »der Friede nicht unterzeichnet wird«, sieht der ehemalige Leiter der deutschen Waffenstillstandsdelegation noch weitaus schlimmere Folgen auf Deutschland zukommen: »Der Kriegszustand wird wieder aufgenommen, und zwar wahrscheinlich sofort mit dreitägiger Kündigung des Waffenstillstandes. Die Alliierten, und zwar sämtliche, auch die Amerikaner, rücken in breiter Front vor; wie weit, ist nicht bekannt, aber mindestens bis zu einer Linie, die durch Kassel parallel des Rheins läuft. Insbesondere wird das Ruhrgebiet besetzt.« Außerdem, warnt Erzberger, könne ein Korridor von Frankfurt am Main bis nach Prag besetzt werden, um Nord- und Süddeutschland zu trennen. Die Blockade werde verschärft, die Außengrenzen Deutschlands werden geschlossen. Innenpolitisch werde allgemeine Not in Deutschland die Folge sein, schließlich die »Atomisierung Deutschlands«. Separatisten werden sich durchsetzen, in Bayern und dem Rheinland zuerst. In diesem Fall droht laut Erzberger das »Überhandnehmen des Bolschewismus, der seine Zeit gekommen sieht. Plünderung, Mord und Totschlag werden an der Tagesordnung sein.« Das Schreckensszenario gipfelt in der Vision: »Wir werden dann wirklich russische Verhältnisse bekommen.«[40]

In München erleidet der Bolschewismus zunächst einmal einen empfindlichen Verlust. Das Sondergericht verhängt gegen Eugen Leviné, den prominentesten Führer der kommunistischen Räterepublik, die Todesstrafe. Das Urteil ergeht in voller Übereinstimmung mit der Regierung des sozialdemokratischen Ministerpräsidenten Johannes Hoffmann, der inzwischen mit der Bayerischen Volkspartei und der DVP koaliert. Hoffmann selbst ist zu diesem Zeitpunkt in der Schweiz, daher kann ihn Philipp Scheidemann auch nicht erreichen, um über das erste politisch motivierte Todesurteil im Zuständigkeitsbereich einer SPD-Regierung zu sprechen. Als Hoffmann nach München zurückkehrt, ist Leviné bereits tot. Der Schuldspruch hat Auswirkungen bis nach Berlin: Ein Generalstreik aus Protest gegen die Hinrichtung legt unter anderem die wieder florierende Druckerei der Familie Scholem lahm, »weil wir leider einen Hetzer im Arbeiterrat haben«, schreibt Betty Scholem ihrem Sohn Gerhard aufgebracht. Sie versteht nicht, warum in Berlin die Leute »ohne jede vernünftige Begründung« die Arbeit niederlegen würden, aber in München »streiken sie nicht«. Betty Scholem schwant, »dass es am Freitag zur Beerdigung von Rosa Luxemburg wieder Klamauk gibt«.[41] Die Leiche der KPD-Funktionärin ist Ende Mai im Landwehrkanal in Berlin gefunden worden. Kurz zuvor sind die Offiziere, die sich wegen des Doppelmordes an ihr und Karl Liebknecht vor dem Gericht der eigenen Division zu verantworten haben, schon mit geringen Strafen wegen »Beseiteschaffung einer Leiche« und »vorsätzlicher unrichtiger Abstattung einer dienstlichen Meldung« davongekommen – oder sogar ganz freigesprochen worden.[42]

Levinés Hinrichtung schreckt im Gefängnis von Stadelheim auch andere Akteure und Helfer der Räterepublik auf, etwa Gabriele Kaetzler. Ihr Sohn Stasi kann sie mehrmals besuchen und berichtet darüber seinen gleichfalls inhaftierten Schwestern Wise und Fite. In einer Zelle sitzt auch ihre Pflegetochter Hilde Kramer, die sich in einem Brief an ihre ehemaligen Lehrerinnen über die Anklage gegen sie wundert, denn wie Gabriele Kaetzler wird ihr Beihilfe zum Hochverrat vorgeworfen: »Ich bin doch noch ein so untergeordnetes Wesen in der Partei und war es auch in der Räterepublik, dass ich mich eigentlich geehrt fühlen darf, dass man von mir so viel Notiz auf der Seite der Gegner nimmt.«[43] Als Gegner betrachtet sie die parlamentarische Demokratie. Doch so ein kleines Licht ist die stadtbekannte Linksradikale gerade nicht. Zuletzt hat sie als Sekretärin von Rote-Armee-Kommandant Rudolf Egelhofer gearbeitet.

Der Umgang mit den Aufständischen, gerade im aufgeheizten Klima der Friedensverhandlungen, führt zu Konflikten, die bis in Familien reichen. Der Dichter Klabund schreibt seiner Schwiegermutter am 2. Juni 1919 entrüstet: »Es ist entsetzlich, wie dieses arme Deutschland zerfleischt wird – außen von Schakalen und innen von den Aasgeiern des alten Systems.«[44] Drei Tage später schildert er, dass er täglich die *Deutsche Zeitung* lese, das Blatt des Alldeutschen Verbandes, eines Sammelbeckens nationalistischer und teilweise antisemitischer Kräfte. Er empfiehlt die Lektüre auch seinem Schwiegervater, dem er vorwirft, immer noch in den Gedankengängen Bismarckscher Politik zu leben. »Da wird er erfahren, was diese Herren sich leisten dürfen«, ohne von Gustav Noske, dem »Schuhputzer der Alldeutschen«, behelligt zu werden. Was sie sich leisten, fasst Klabund so zusammen: »Der Kaiser wird glorifiziert. Die Aufnahme des Kriegs, seine Rückberufung, gefordert und die Revolutionäre des 9. November (also Scheidemann usw.) werden schon ›Verräter‹ genannt.«[45]

Streit erlebt auch Victor Klemperer. Einem Bekannten, der die Meinung vertritt, die Geiseln im Mai seien zu Recht von der Roten Armee erschossen worden, die wahren Mörder seid »Ihr Weißen«, droht er erregt, ihn verhaften zu lassen, sollte er wieder auftauchen. Als Klemperer sich beruhigt hat, notiert er, der Bekannte habe zum Glück einen journalistischen Posten im badischen Mannheim »und verschont also München noch«. Ein paar Tage später erklärt eine Dame am Tisch voller Überzeugung, Graf Arco, der Mörder Kurt Eisners, müsse freigesprochen werden, er habe ja »eine Befreiungstat vollzogen«. Ein anderer verteidigt den KPD-Führer Leviné: Selbst, wenn er Anstifter des Geiselmordes sei, sei er kein Mörder; wer nur anstifte, beweise, »dass er selber nicht töten könne«. Klemperer hält frustriert fest: »Den Menschen aller Parteien ist das Rechtsgefühl ganz abhanden gekommen.«[46]

In der Familie Scholem ist die Harmonie ebenfalls gestört. Werner Scholem hat seine Stelle als Journalist in Hannover mit einer Anstellung beim *Halleschen Volksblatt* getauscht, inzwischen eines der größten USPD-Blätter. Er hofft, seine politische Karriere fortsetzen zu können. Wie in Hannover ist Werner Scholem viel unterwegs, bei Auftritten redet er über die Friedensfrage und die »Schuld« der SPD. Seinem 21-jährigen Bruder Gerhard lässt er das *Volksblatt* zukommen, er soll die Ausgabe »mit Verstand« lesen. Gerhard tut wie geheißen und ist entsetzt. Er habe darin »die traurigsten und niederdrückendsten Beweise von Verlogenheit« gefunden, dazu eine »erschreckende Gemeinheit« in der Sprache, Phrasen und den sinnlosen Gebrauch der »Superlative für die läppischsten Dinge«, lautet sein vernichtendes Urteil. Bei einem Besuch in Halle beobachtet er auch einen Auftritt seines Bruders. Gerhard Scholem erlebt, wie es Beifall gibt, wenn sein Bruder die erwarteten politischen Parolen von sich gibt. Noch mehr stört ihn, was er neben sich einen Arbeiter zu einem Kollegen sagen hört: »Der Jude redet ja schön.« Gerhard Scholem schreibt an Werner: »Sie klatschen nach deiner Rede, aber hinter deinem Rücken bleibst du, was du bist.«[47]

So ist der Frieden, um den im Großen gerungen wird, selbst im Kleinen gestört. Im deutschen Bürgertum hält sich noch Hoffnung, es werde schon nicht so schlimm werden. »In den Nachrichten optimistische Meldungen über den Stand der Friedensfrage«, notiert Thomas Mann. »Es werde zum Einmarsch nicht kommen. Das glaube ich auch nicht.«[48] In Wirklichkeit geben die Regierungschefs der vier Siegermächte in Versailles dem Oberbefehlshaber ihrer Truppen Ferdinand Foch vertraulich die Weisung, einen Vormarsch auf Berlin zumindest vorzubereiten. Der französische Marschall hält diesen Befehl jedoch nicht für realistisch und überwirft sich mit der politischen Führung beinahe. Aus militärischer Sicht hat er recht, wie sein britischer Kollege Henry Wilson notiert. Deutschland bis hin zur Reichshauptstadt zu besetzen, würde »reifliche Erwägung erheischen [...], da ja alle Eisenbahnen in den Händen der Deutschen« seien.[49] Doch einen Vormarsch bis zur Weser hält er für realistisch. Das ist ziemlich genau die Linie, die Erzberger in seinem internen Vermerk beschrieben hat.

Diese Gefahr bewegt auch Kölns Oberbürgermeister Konrad Adenauer, der schon genug mit Problemen des Alltags zu tun hat, die sich aus der Isolierung des besetzten Rheinlandes vom nicht besetzten Ruhrgebiet ergeben. Dass die Siegermächte Truppen an den rechtsrheinischen Brückenköpfen zusammenziehen, ist für ihn ein schlechtes Zeichen. Zudem verfolgen Separatisten noch immer ihre Pläne, die von den französischen Besatzern gefördert werden, wie Adenauer aus Gesprächen weiß. Die Franzosen seien der Meinung, dass das Rheinland und das Saargebiet definitiv vom Deutschen Reich abgetrennt und als unabhängige Staaten unter die Kontrolle des künftigen Völkerbundes oder unter ihre gestellt werden sollten. Anfang Juni 1919 proklamieren die Separatisten tatsächlich eine »Selbstständige Rheinische Republik« – einen Tag, nachdem der von Adenauer ins Leben gerufene Ausschuss zu dieser Frage das erste und letzte Mal ergebnislos getagt hat. Der Kölner Oberbürgermeister ist brüskiert. Wenig amüsiert sind auch die Briten, die ihrerseits die Kölner Zeitungen anweisen, ohne Schlagzeilen und Kommentar über das Ereignis zu berichten und zu betonen, dass ohne Zustimmung der Siegermächte nichts am Status verändert werde. Adenauer begrüßt diese Haltung und zieht erneut den Zorn der Separatisten auf sich. Eine Art Tribunal erklärt ihn in Koblenz des Hochverrats für schuldig und verurteilt den Oberbürgermeister zum Tode. Adenauer nimmt das nicht ernst, »das Urteil ist mir mehr wert als ein Orden«.⁵⁰ Der Liberale Falk wettert dagegen am 8. Juni unter der Schlagzeile »Verfluchtes Bilsenkraut« im *Kölner Tageblatt*: »Wichtigmacher und Wirrköpfe sind am Werke, um die gefährliche Hohlheit ihrer eigenen armen Gedankengänge in das rheinische Volk zu ergießen.« Deutschland brauche Ruhe, Selbstdisziplin und Vertrauen. »Das Gift des Bilsenkrautes darf keinen Einzug bei uns finden.«⁵¹

Doch vergiftet ist die Atmosphäre längst. Dazu trägt auch Max von Baden bei. Der frühere Reichskanzler empfindet die Friedensbedingungen als Angriff; die Erinnerungen an den für ihn erniedrigenden Notenwechsel mit US-Präsident Wilson ein Dreivierteljahr zuvor beim Waffenstillstand holen ihn wieder ein. Ausdruck seiner Gekränktheit ist sein Aufruf zum Kampf, den er im Juni veröffentlicht. Darin mahnt der Privatier die Deutschen, die Unterzeichnung zu verweigern und die Folgen auf sich zu nehmen. Nötigenfalls, so sein Appell, »müssen wir die Feinde in die Zwangslage versetzen, die letzte unmenschliche Konsequenz aus ihrer Gesinnung zu ziehen«. Der Versailler Vertrag, so schreibt Max von Baden auch an den schwedischen Bischof Nathan Söderblom, beruhe auf einer Lüge, womit er wohl die Festlegung der Alleinschuld meint. Er sei nur »pharisäisch verhüllte Räuberei«; dies verpflichte zum Kampf »gegen die Lüge mit allen uns zu Gebote stehenden Mitteln«.[52]

Die Friedensbedingungen und die Diskussion, was zu tun sei, schaden der SPD. Längst hadern selbst viele Sozialdemokraten mit ihrer eigenen Rolle – das zeigt sich auf dem Parteitag in der Pfingstwoche in Weimar. Ein geradezu vernichtendes Urteil formuliert Reichswirtschaftsminister Rudolf Wissell: »Trotz der Revolution sieht sich das Volk in seinen Erwartungen enttäuscht. Es ist nicht das geschehen, was das Volk von der Regierung erwartet hat. Wir haben die formale politische Demokratie weiter ausgebaut. Gewiss!« Doch werde weiter in den alten Formen staatlichen Lebens regiert; neuer Geist sei nicht hinreichend entfacht worden. Die Bevölkerung nehme die Errungenschaften der Revolution überwiegend negativ wahr.[53] Das ist ungerecht, zeigt aber die tiefe Unzufriedenheit in der SPD.

Ein Gefühl des Unbehagens spürt dagegen der Theologe und liberale Kulturphilosoph Ernst Troeltsch. Mit dem »unannehmbar« verbreite sich wieder ein heroischer Klang, »bei dem nationales Ehrgefühl aufflammen und die Stimmung der Einigkeit von 1914 wiederkehren könnte«. Man höre auch schon wieder die Klagen, die Regierung habe sich von Wilsons Friedensphrasen betören lassen. Die ganze Legende komme hoch, »dass nur die Flaumacher der Heimat, die Juden und Sozialdemokraten dem stolzen Heere das Rückgrat gebrochen hätten und dass bei weniger Sentimentalität der herrlichste Sieg unser gewesen wäre«. Man spreche vom Sturz der Regierung, der zu erhoffen sei, »als ob ein Staat ohne Regierung stärker wäre und eine zweite Revolution der Unabhängigen und Kommunisten dem deutschen Reiche eine nationalere Vertretung gewähren würde«.[54]

Die Gefahr eines neuen Krieges sieht auch Ernst van den Bergh, der inzwischen in Weimar direkt der Reichsregierung zuarbeitet. Im Gegensatz zu seinen Vorgesetzten und vielen Offizierskameraden spricht er sich für die Unterzeichnung selbst eines unmöglich erscheinenden Friedens aus. Seine Begründung überrascht für einen Militär: »Jetzt ist die sittliche Kraft unseres Volkes erschöpft. Dass das Volk diese in Zukunft wiederfindet, glaube ich fest. Und – so tief schmerzlich es ist – die nationale Idee kann uns jetzt ebenso wenig hochbringen. Die Entwicklung internationaler und sozialer Ideen und Ideale kann uns jetzt nur weiterhelfen. Sie liegen uns, sie müssen unsere Kraft und unsere Waffe werden.« Mit Verweis auf Reformation und Französische Revolution spricht er von einem neuen, in Weltwehen geborenen Internationalismus, der einen neuen, besseren Nationalismus hervorbringen könne.[55]

Auf Internationalität, Verständigung und Versöhnung setzt auch Adenauer mit der Neugründung der Kölner Universität. Beim offiziellen Festakt am 12. Juni 1919 betont der Zentrumspolitiker: »Wie auch der Friedensvertrag aussehen mag, hier am Rhein, an der alten Völkerstraße, werden während der nächsten Jahrzehnte die deutsche Kultur und die Kulturen der westlichen Demokratien zusammenstoßen.« Wenn die Versöhnung nicht gelinge, wenn die europäischen Völker nicht lernten, »über der berechtigten Eigenart das aller europäischen Kultur Gemeinsame zu erkennen und zu pflegen«, und wenn es nicht gelinge, durch kulturelle Annäherung einen neuen Krieg unter den europäischen Ländern zu verhindern, »dann ist Europas Vormacht in der Welt dauernd verloren«. Zweitens solle nach Ansicht Adenauers die Universität das Geistige betonen helfen in einer Zeit, in der das Materielle im Vordergrund stünde. Nur durch eine derartige Reinigung werde Deutschland wieder zu sich selbst finden und ein geachtetes Mitglied der europäischen Völkerfamilie werden.[56]

Noch aber sind die meisten Menschen pessimistisch, auch Oberstleutnant Bergh. »Wie der Krieg die Überspannung der bisherigen Kriegsmethoden, so wird dieser Frieden – den man wirklich in Anführungszeichen schreiben sollte – die Überspannung der bisherigen Friedensmethoden bringen«, notiert er am 13. Juni 1919.[57] Tatsächlich bestätigt die Antwortnote der Siegermächte auf die deutschen Einwendungen drei Tage später die schlimmsten Befürchtungen. Zwar gibt es einige winzige Zugeständnisse, allerdings stets eingeleitet mit demütigenden Formulierungen, die deutsche Delegation habe den Vertragsentwurf »in erheblichem Maße« oder »in erheblichen Punkten falsch verstanden«. In der Sache folgt die Note eisenhart der Linie von Georges Clemenceau: Die alleinige Kriegsschuld wird weiter Deutschland zugewiesen, die vorgeschlagenen Bedingungen begründeten einen »Frieden des Rechtes«. Zwar beglückwünschen die Siegermächte das deutsche Volk zur Revolution, jedoch könne der Sieg der Demokratie »die Liquidierung des Krieges selbst nicht berühren«. Das deutsche Volk könne nicht erwarten, dass ihm die Folgen des Krieges erspart blieben, nur weil es seine Regierung ausgetauscht habe, nachdem der

Krieg faktisch verloren war. Die Antwort schließt mit einem harten Ultimatum. Eine Annahme müsse binnen fünf Tagen erfolgen. Geschehe das nicht, werde damit der Waffenstillstand ohne weitere Frist beendet sein. »Die Alliierten und die assoziierten Mächte werden diejenigen Schritte ergreifen, die sie zur Erzwingung ihrer Bedingungen für erforderlich halten«.[58] Frustriert notiert Thomas Mann: »Nie hat sich ein Volk und Land in einer Lage befunden wie jetzt Deutschland; sie ist nervenzerreißend.«[59] Brockdorff-Rantzau verfasst eine Denkschrift, die an Deutlichkeit nicht zu übertreffen ist. Clemenceaus Text sei »unerträglich«, »unerfüllbar«, »rechtsverletzend« und »unaufrichtig«.[60] Auf dem Weg zum Bahnhof ist die deutsche Delegation mit Steinen beworfen und angepöbelt worden: »Das alles sieht nach neuem Krieg aus«, vermerkt Harry Graf Kessler düster.[61]

Doch zu irgendeinem militärischen Widerstand ist das Deutsche Reich nicht in der Lage, wie Paul von Hindenburg, formal immer noch Chef der Obersten Heeresleitung, am 17. Juni 1919 in einem Telegramm an die Reichsregierung mitteilt. »Bei einem ernstlichen Angriff unserer Gegner« sei »angesichts der numerischen Überlegenheit« kaum mit einem Erfolg zu rechnen. Verklausuliert rät Hindenburg zur Annahme der Bedingungen, verpackt diese Empfehlung aber in die Ankündigung eines Selbstopfers: »Ein günstiger Ausgang der Gesamtoperationen ist daher sehr fraglich, aber ich muss als Soldat den ehrenvollen Untergang einem schmählichen Frieden vorziehen.«[62]

Tatsächlich hat Generalquartiermeister Wilhelm Groener Offiziere in die Provinzen geschickt, um auszuloten, wie die Bevölkerung über eine mögliche Fortsetzung des Krieges denkt. Das Ergebnis ist eindeutig: Die überwiegende Mehrheit der Deutschen ist nach Ansicht der regionalen Generalkommandos dagegen, auch mit hinreichend Freiwilligen sei nicht zu rechnen. In der Militärspitze macht sich Enttäuschung über das hohe Maß an »nationaler Gleichgültigkeit« breit und der Eindruck, das deutsche Volk werde zu allem Ja und Amen sagen, wenn der Feind sich leidlich behandle und reichlich zu essen bereitstelle.[63] Dass eine Mehrheit der Bevölkerung ein »Ja« zur Unterzeichnung wünscht, vermitteln auch die Ministerpräsidenten aus Baden, Württemberg und Bayern, Sachsen äußert Bedenken, die Bedingungen abzulehnen, lediglich Preußen will nicht nachgeben. USPD-Chef Hugo Haase kommentiert die Debatte spöttisch: »Katzenjammer, wohin man blickt.«[64]

Es gibt also keine Alternative zur Annahme – aber das Kabinett zerbricht dennoch. In der entscheidenden Sitzung in der Nacht vom 18. auf den 19. Juni votieren Ministerpräsident Scheidemann und Außenminister Brockdorff-Rantzau, außerdem alle drei DDP-Minister einschließlich Hugo Preuß und zwei weitere Sozialdemokraten gegen die Annahme, aber Gustav Bauer, Eduard David, Rudolf Wissell und Gustav Noske sowie die drei Zentrumsminister mit Matthias Erzberger an der Spitze dafür: ein Patt, sieben zu sieben Stimmen; zudem sprechen sich Vertreter der süddeutschen Länder, des Heeres und der Marine für die Annahme aus. Ein Vermittlungsversuch, den Noske und Brockdorff-Rantzau unternehmen, scheitert. Also tritt die erste demokratisch legitimierte Regierung Deutschlands geschlossen zurück.

Die schwierigste Aufgabe hat nun Reichspräsident Friedrich Ebert, der eigentlich ebenfalls gegen die Annahme der Friedensbedingungen ist. Auch er hat sie auf einer Protestveranstaltung in Berlin Mitte Mai als »unerfüllbar, unerträglich und unannehmbar« bezeichnet.[65] In der nächtlichen Sitzung hat er jedoch geschwankt. Brockdorff-Rantzau notiert ein paar Tage später über Eberts lange Ausführungen: »Die Rede war so unklar, dass ich nicht verstand, was der Präsident persönlich beabsichtigte.«[66] Die DDP-Vertreter sind nicht bereit, in ein neues Kabinett einzutreten, das den Friedensbedingungen zustimmt. Über die Taktik seiner Partei ist Walther Rathenau unzufrieden; er wirft ihr vor, inaktiv zu sein und sich »ihres behäbigen Daseins« zu erfreuen. Dabei hat Rathenau selbst Bernstorff einen Korb gegeben, als der ihn eingeladen hat, über die deutschen Gegenvorschläge zu beraten. Rathenau, der seit geraumer Zeit mit seiner Partei hadert und sogar überlegt auszutreten, vermisst fundierte politische Konzepte und attestiert der DDP, sie benehme sich, »als gelte es nicht, ein verendendes Volk zu retten, sondern ein friedliches Land, etwa die Schweiz oder Holland, zu verwalten«.[67]

Reichsarbeitsminister Bauer erhält den Auftrag, mit SPD und Zentrum eine neue Regierungsmehrheit zu bilden. Noske, der andere mögliche Kandidat für die Funktion des Regierungschefs, könne »auf die Arbeiterschaft provozierend wirken«, erklärt Ebert Generalquartiermeister Groener, der nach Weimar gekommen ist, um die Sicht der Obersten Heeresleitung zu vertreten.[68] Dahinter aber steht mehr: Der Reichspräsident ahnt, dass das neue Kabinett nur von kurzer Dauer sein könne, gerade weil es die Friedensbedingungen annehmen werde. Wenn Noske dieser Regierung vorstehe, wäre er für die Zukunft verbrannt. Gustav Bauer ist bereit, in diesem Spiel mitzuspielen.

Am 21. Juni 1919 konstituiert sich sein Kabinett und beschließt sogleich, den Siegermächten eine Note über die bedingte Annahme des Friedensvertrages zu senden. Binnen zwei Jahren sollen die am meisten umstrittenen Artikel über die Kriegsschuld und die Auslieferung der verantwortlichen Staatsmänner vom Völkerbund überprüft werden; in den Beratungen dazu solle Deutschland »dieselben Rechte und Vorrechte genießen« wie die Siegermächte. Es ist der Versuch, die Frage aus der aktuellen Zuspitzung zu befreien.[69] Die Idee dazu stammt von Matthias Erzberger, doch sein Kabinettskollege Noske ist skeptisch und spottet, ohne einen Namen zu nennen, über den »Optimisten«, der in Aussicht gestellt habe, dass sich die alliierten Regierungen »mit einem solchen Vorbehalt abfinden« würden.[70]

So schnell wie möglich bringt die neue Regierung ihren Vorschlag in die Nationalversammlung. Schon am Sonntag, dem 22. Juni 1919, wird darüber erregt diskutiert. Gustav Bauer verteidigt den Vorschlag einer bedingten Annahme, der bisherige Koalitionspartner DDP und die nationalen Parteien sprechen sich dagegen aus. Schließlich stimmen 237 Abgeordnete für und 138 gegen die Annahme, fünf Stimmenthaltungen werden gezählt. Der letztlich genehmigte Beschluss ist so vage formuliert, dass die Regierung auch berechtigt wäre, den Friedensvertrag zu unterzeichnen, falls die Siegermächte nicht bereit sein sollten, auf das deutsche Nachbesserungbegehr einzugehen.[71] Am selben Tag wendet sich ein preußischer General an Paul von Hindenburg und bittet ihn, sich an die Spitze eines Putsches führender Militärs gegen die Nationalversammlung und die neue Reichsregierung zu stellen. Jetzt zeigt sich, dass die Ankündigung des Generalfeldmarschalls, lieber ehrenvoll unterzugehen als den »Schmachfrieden« zu akzeptieren, nur eine Floskel gewesen ist: Der renitente General wird umgehend abgesetzt.[72] Damit erstickt Hindenburg zwar alle ähnlichen Versuche effektiv, quittiert jedoch kurz darauf den Dienst.

Natürlich akzeptieren die Siegermächte die Bedingung nicht, die Erzberger erdacht hat und auf die Bauer gehofft hat; die »Zeit der Erörterungen« sei »vorbei«.[73] So sieht sich Gustav Bauer gezwungen, am 23. Juni 1919 der Nationalversammlung die bedingungslose Annahme der Friedensbedingungen zu empfehlen. Abgestimmt wird aber nur, ob die bereits am Vortag beschlossene Ermächtigung des Kabinetts weiter gelte. Die Sitzung ist kurz, nicht einmal 20 Minuten, dann lässt Parlamentspräsident Constantin

Fehrenbach durch Erheben abstimmen und stellt fest: »Das ist die große Mehrheit.«[74]

Am selben Tag, also abermals zu einem Zeitpunkt, zu dem die Öffentlichkeit ganz andere Fragen beschäftigt, kommt der Ledebour-Prozess zum Ende. Die Staatsanwaltschaft hat an ihrem zentralen Vorwurf des Aufruhrs festgehalten, will aber »mildernde Umstände« anerkennen. Der Angeklagte hingegen setzt voll auf Attacke: »Es ist ein Jammer für Deutschland gewesen, dass unsere Erhebung im Januar nicht geglückt ist!« Dann sagt er den Geschworenen noch, dass ihr Spruch ihn eigentlich nicht interessiert: »Das Urteil werden die kommenden Geschlechter der Menschheit fällen, denen wir revolutionären Sozialisten endgültig Frieden, Freiheit und Glück geschaffen haben werden.«[75] Ledebour weiß, dass er eigentlich nur noch gewinnen kann: Wird er verurteilt, steht er als Märtyrer da; entscheiden die Geschworenen auf Freispruch, triumphiert er sofort.

Der *Vorwärts* berichtet am 24. Juni über das Urteil erst auf der dritten Seite: »Der Freispruch, den die Geschworenen gestern im Ledebour-Prozess fällten, war nach dem Gang der Beweisaufnahme vorauszusetzen.« Zwar habe sich der Angeklagte ohne Zweifel »an einem Versuch beteiligt, die staatlichen Machtverhältnisse umzustoßen«. Dennoch sei der Tatbestand des Hochverrates nicht gegeben gewesen, »da die damaligen Machtverhältnisse noch nicht auf verfassungsmäßigen Zuständen« beruht haben. Der Bericht ist der Versuch, die Niederlage der Regierung schönzureden. Das SPD-Blatt liegt richtig mit seiner spitzen Bemerkung: »Ledebour ist ein geschickter Volks- und Parlamentsredner, der aber automatisch sofort versagt, wo es noch anderes zu leisten gibt als oppositionell-witzige Kritik.«[76] Die Folgen, die nachhaltige Diffamierung der demokratischen Revolution und die Verherrlichung des radikalsozialistischen Aufstandes dagegen, können die Parteijournalisten noch nicht absehen.

Höchst unterschiedlich gehen die Prozesse gegen die Akteure der Münchner Räterepublik aus. Anders als beim Januaraufstand haben im Frühjahr 1919 »verfassungsmäßige Zustände« geherrscht, denn das vorläufige Staatsgrundgesetz ist am 10. Februar 1919 formal korrekt verabschiedet worden. Fortan kann man eine parlamentarisch gestützte Regierung wie die von Johannes Hoffmann in Bayern nicht einfach und ungestraft absetzen und durch ein selbst ernanntes Regime ersetzen. Dennoch haben die weiblichen Angeklagten Glück: Wise und Fite Kaetzler werden am 29. Juni aus dem Frauengefängnis Aichbach entlassen und ziehen umgehend nach Berlin. Nachbarn und Freunde setzen sich erfolgreich auch für die Freilassung ihrer Mutter ein. Kaum wieder in Freiheit, kümmert sich Gabriele Kaetzler wie zuvor um verfolgte Linksradikale. Ihre politischen Ansichten legt auch Pflegetochter Hilde Kramer nicht ab. Nach ihrer Entlassung berichtet sie als Korrespondentin für die *Neue Zeitung* und die *Leipziger Volkszeitung*, beides USPD-Blätter, über weitere Prozesse gegen Initiatoren der Räterepublik und arbeitet für die KPD. Kramer ist sicher, dass eine neue Räterepublik kommen werde, »trotz aller Noskeschen Maschinengewehre«. Und, da gibt sie sich kompromisslos: »Um dieses Ziel vorzubereiten und anzubahnen, brauchen wir den Bürgerkrieg, da er sich eben nicht umgehen lässt.«[77]

Weniger Glück hat Ernst Toller, zeitweise Vorsitzender des Zentralrats der Räterepublik. Dabei kann er prominente Fürsprecher aufbieten: Der Soziologe Max Weber bittet um Nachsicht; lediglich der Zorn habe den Dichter zum Politiker gemacht. Autoren wie Thomas Mann, Max Halbe und Carl Hauptmann loben Tollers Dichtungen, um ein milderes Urteil zu erwirken. Sein Verteidiger, USPD-Chef Haase, findet die Strategie perfekt. Durch die Betonung des Künstlers trete der Politiker Toller zurück. Der übernimmt im Schlussplädoyer die Verantwortung für sein Handeln. »Wir Revolutionäre anerkennen das Recht zur Revolution, wenn wir einsehen, dass Zustände nach ihren Gesamtbedingungen nicht mehr zu ertragen, dass sie erstarrt sind. Dann haben wir das Recht, sie umzustürzen.«[78] Sein Verteidiger argumentiert, Gerichte hätten in der Umsturzzeit Verordnungen der Volksbeauftragten als rechtsgültig anerkannt, die ihre Befugnis vom Vollzugsrat der Arbeiter- und Soldatenräte – einem revolutionären Organ – hergeleitet hätten. Anders sei auch die Münchner Räterepublik nicht zu werten. Es sei zudem ein Nonsens, »dass die Regierung, die selbst durch eine Revolution zur Herrschaft gekommen ist, diejenigen als Hochverräter ins Zuchthaus oder gar aufs Schafott schickt, die nichts Anderes tun, als sie selbst getan haben.« Toller habe keinen Hochverrat begangen, und er sei »von jener Verrohung frei geblieben«.[79]

Ähnlich argumentiert Ernst Niekisch. Er sei rechtmäßig gewählter Vorsitzender eines Rates gewesen, einer revolutionären Institution. Er habe auch nicht gegen ein Gesetz verstoßen, sondern im politischen Machtkampf verloren. »Ich fühle mich als Besiegter, nicht als Verbrecher.«[80] Doch das alles nützt nichts. Niekisch wird am 23. Juni wegen Beihilfe zum Hochverrat zu zwei Jahren Festungshaft verurteilt, Ernst Toller zu fünf Jahren. Sogar 15

Jahre bekommt der Dichter und Anarchist Erich Mühsam, der sich ob der harten Strafe in Sarkasmus flüchtet. Einen ebenfalls inhaftierten Bekannten erinnert er nämlich an die versprochene Flasche Rotwein. Wer hätte gedacht, dass in ihm neben dem sozialen und revolutionären Drange auch noch Platz sei für »ein liebendes Verständnis für eine Flasche guten Bordeauxwein«?[81] Zudem weckt die Aufmerksamkeit für den Prozess seinen Geschäftssinn. »Wollen Sie nicht den Gedichtband, der mir mehr am Herzen liegt als alles, was ich sonst geschrieben habe, ein wenig forcieren?«, fragt er seinen Verleger Kurt Wolff.[82] An ihn schreibt auch Ernst Toller, nachdem er wochenlang mit dem Staatsanwalt um einen chirurgischen Eingriff gestritten hat, den dieser wegen der – möglicherweise übertriebenen – Sorge vor einer Flucht hinausgezögert hat: »Stille und sanfte Schwestern pflegen mich, und draußen den Mann mit Handgranaten an der Tür und die Schutzleute spüre ich kaum.«[83] Nachsicht können Aufständische auch in einer Demokratie nicht erwarten.

Derweil steigen in Braunschweig die letzten USPD-Minister aus einer Regierung aus. Dabei hat SPD-Ministerpräsident Heinrich Jasper nach dem Abzug der Maercker-Truppen gegenüber der Reichsregierung die Aufhebung des Belagerungszustandes und die Wiederbelebung des Landes-Arbeiterrates durchgesetzt. Er hat die provozierenden Zwischenfälle der Freikorps, die etwa in einer belebten Straße einem Zivilisten hinterherschießen, der sie als »Noske-Knechte« beschimpft hat, als »politisch unklug« gegeißelt und Maercker widersprochen, der behauptet, es hätten sich wieder »zweifelhafte Gestalten« in Braunschweig breitgemacht. Doch das reicht der USPD nicht, die Jasper nachsagt, keine sozialistische Politik mehr zu betreiben. Als der Regierungschef auf Gerüchte, die KPD bereite seinen Sturz vor, seinerseits den Belagerungszustand verhängt und den Garnisonskommandeur um eine Razzia bei den Kommunisten ersucht, ist der Bruch unvermeidlich. Das USPD-Blatt *Volksfreund* bezeichnet Jasper als »Braunschweigs Noske«. Sein einstiger Kabinettskollege Sepp Oerter wirft ihm vor, er habe die Gerüchte gar nicht erst überprüfen wollen, »weil er glaubte, die Zeit sei gekommen, um mit den Bürgerlichen zusammenzugehen und die revolutionäre Arbeiterschaft niederzuwerfen«.[84] Die USPD hat sich noch immer nicht zwischen parlamentarischer Demokratie und ihrem Traum einer Räterepublik entschieden.

Ein Ende finden auch die Arbeiterräte, die eine wichtige politische Institution der Umbruchzeit gewesen sind. Überall werden diese Kontrollinstanzen abgebaut, in Magdeburg wie in Kiel und in Baden. Nicht ganz ohne Widerspruch, denn noch immer herrscht in einigen Räten die Meinung vor, auch nach demokratischen Wahlen und unter der künftigen Verfassung würden sie gebraucht, um die Arbeit der Regierung kritisch zu begleiten. Doch reichsweit werden ihnen die Zuschüsse für Sach- und Personalkosten entzogen. Die preußische Regierung hat den Kommunen freigestellt, die Räte weiterzuführen – allerdings auf eigene Kosten. Nicht nur deshalb besteht daran kaum Interesse. Ein Entgegenkommen gibt es: Wer von den Mitgliedern geeignet ist, soll in die städtische Verwaltung übernommen werden, den anderen wird die Rückkehr in ihr früheres Arbeitsverhältnis zugesichert. Der Arbeiterrat in Freiburg schließt sich den örtlichen Gewerkschaften an und nennt sich fortan »Arbeiter- und Volksbüro«.[85]

Das badische Staatsministerium wiederum stimmt die Bevölkerung am 23. Juni nach der Rückkehr einiger ihrer Minister aus Weimar auf die bevorstehende Zustimmung zum Friedensvertrag ein und auf die zu erwartenden Einschnitte. In den Tagen zuvor hat es Proteste in Karlsruhe gegeben und in Mannheim sogar Auseinandersetzungen zwischen Polizei und Linksradikalen. Am gleichen Tag starten die Franzosen gezielte Provokationen, lassen Truppen am linken Rheinufer aufmarschieren und schicken Offiziere ins Mannheimer Rathaus, die verlangen, dass der Oberbürgermeister sie an der Rheinbrücke empfangen und mit einer weißen Fahne durch die Stadt geleiten soll; sonst drohe der Einmarsch.[86] Ein Machtspiel.

Die Zeremonie der formellen Unterzeichnung des Friedensvertrages am 28. Juni inszenieren die französischen Gastgeber bewusst demütigend: Die beiden Vertreter der deutschen Regierung, der SPD-Vorsitzende und neue Reichsaußenminister Hermann Müller sowie Johannes Bell für das Zentrum, werden von sechs niedrigen Offizieren in den überfüllten Spiegelsaal des Schlosses von Versailles geleitet, in den auch etwa 150 Damen in Festgarderobe gekommen sind; der britische Generalstabschef Henry Wilson notiert, das sei »nicht richtig« gewesen.[87] Kaum sitzen die beiden Deutschen, erhebt sich Ministerpräsident Clemenceau und fordert sie zur Unterschrift und zur getreulichen Umsetzung der Bedingungen auf. Bell und Müller müssen als Erste unterschreiben, um dann stumm zu verfolgen, wie rund 70 Delegierte der Siegermächte und der assoziierten Nationen ebenfalls ihre Paraphen unter die Dokumente setzen. Dann dürfen sie gehen, während draußen Böllerschüsse ertönen und Clemenceau sich von einer Menschenmenge feiern lässt.

Victor Klemperer erlebt im München, dass die Bevölkerung den Friedensschluss »stumpf und beinahe wortlos« hinnimmt.[88] In Magdeburg mobilisieren die Parteien nur wenige Tausend Menschen zum Protest. In Kiel wird die bedingungslose Annahme der Friedensbedingungen von den *Kieler Neuesten Nachrichten* per Anschlag angezeigt. »Es bilden sich kleine Arbeitergruppen, doch mehr enttäuschte Gesichter wie fröhliche«, registriert Ingenieur Andersen.[89] Käthe Kollwitz überlegt sich, für den »Tag des schluchzenden Erkennens« eine weiße Fahne rauszuhängen, »auf der sollte groß mit roten Buchstaben stehn: Friede.« Als es so weit ist, zögert die Künstlerin.[90] Der Vizepräsident der Nationalversammlung, der Württemberger Liberale Conrad Haußmann, kann dies nicht nachvollziehen. Er meint, »dass wir kein Recht haben, unberührt zu bleiben. Wer davon nicht geschüttelt wird, verdient, anders geschüttelt zu werden.«[91]

Henriette Schneider notiert in Ostpreußen lakonisch: »Ein Tag der Schmach mehr in Preußens Geschichte.«[92] Mehr interessiert die Haushaltshilfe das Gerücht, dass an der Ostgrenze Schützengräben ausgehoben würden: »Ich fürchte, die Polen kommen herein.« Ein anderer Punkt des Friedensvertrages treibt den Liberalen Theodor Heuss um: das Verbot des Anschlusses des verbliebenen Österreich, das sich als Teil einer »deutschen Republik« sieht. Heuss befürwortet den Anschluss auf dem DDP-Parteitag und dringt darauf, die Beziehungen nach Österreich »möglichst aufrechterhalten und pflegen«. Und er fordert das Bekenntnis, »dass der Friede [...] für die Österreicher ebenso wenig dauernd verbindlich sein kann wie für uns«.[93]

Johann Heinrich von Bernstorff hat sich dagegen mit den Bedingungen abgefunden. Der frühere Botschafter in den USA, der im Herbst 1918 Prinz Max von Baden in Fragen des Waffenstillstands beraten und bis zuletzt auf das Angebot einer »goldenen Brücke« durch die Alliierten gehofft hat, sagt: »Wir dürfen nicht außer Acht lassen, dass eine Weltpolitik, wie sie vor dem Kriege betrieben wurde, jetzt unmöglich ist. Der Friedensvertrag ist von der Regierung unter Protest unterschrieben worden, weil er unerträglich und unerfüllbar ist. Dieser Protest gilt. Aber die Loyalität und Ehrlichkeit, die fortan die Losung der deutschen Außenpolitik sein sollen, erfordern, dass wir den Vertrag nach bestem Können ehrlich erfüllen.« Bernstorff schließt einen Revanchekrieg aus. An die Stelle der Macht und der Rache sollte das Streben nach Gerechtigkeit und Sittlichkeit treten. »Dieser Weg führt zum Völkerbund und zur Revision des Friedensvertrages durch friedliche diplomatische Mittel.«[94]

Hugo Preuß im August 1919.

Nach vorn schaut auch der Theologe Ernst Troeltsch: »Das Traumland der Waffenstillstandsperiode, wo sich jeder ohne die Bedingungen und realen Sachfolgen des bevorstehenden Friedens die Zukunft phantastisch, pessimistisch oder heroisch ausmalen konnte, ist geschlossen.« Notwendig sei nun eine sittliche und geistige Erneuerung aller Klassen, Stände und Parteien – »und zwar von Grund auf«.[95]

Dafür hat der Schriftsteller Richard Dehmel einen ganz profanen Rat: »Fange jeder mit der Weltverbesserung bei sich selber an. Wer in seinen Grenzen, seien sie noch so eng, ein vorbildliches Leben führt, wirkt über alle Grenzen hinaus.« Darüber hinaus ist er der Meinung, dass die Bevölkerung nur auf pädagogischem Wege zur »willigen Arbeit für die bessere Zukunft« gebracht werden könne. Dafür müsse das Erziehungswesen umgeformt werden, um »selbstsichere Menschen auszubilden, die nicht bedingungslos ihren Begierden und jedem verführerischen Schlagwort nachrennen«. Dafür würde man aber mindestens 30 Jahre brauchen; deshalb müsse schon jetzt begonnen werden. Dehmel glaubt: »Auch die jetzige Regierung hat den besten Willen dazu.«[96] So stellt sich trotz allerlei depressiver Äußerungen und düsterer Vorahnungen doch vorsichtiger Optimismus ein oder zumindest die Erkenntnis, dass sich mit dieser Situation etwas anfangen lässt. Ernst van den Bergh allerdings hadert in Weimar noch mit den Umständen: »Verständnislosigkeiten und Fehler von rechts geben der zerwühlenden Agitation von links leider manche Angriffspunkte, und die Regierung hat es seit Beginn der Umwälzung leider immer noch nicht verstanden, geistige Sammlungspaniere aufzupflanzen, Ziele und neue Ideale zu zeigen.«[97] Der Pessimismus ist der Situation jedoch nicht angemessen, denn trotz der extremen Herausforderungen, im Inneren durch den Bürgerkrieg und von außen durch die unkluge Vorgehensweise der Siegermächte bei den Friedensverhandlungen, trotz vieler Regierungskrisen und des Zerbrechens der Koalition hat es die Republik geschafft, dass die Nationalversammlung am 2. Juli 1919 mit der zweiten Lesung des Verfassungsentwurfes beginnt.

28 Abgeordnete haben seit dem Frühjahr die in erster Lesung verabschiedete Fassung gründlich beraten, überarbeitet und teilweise neu formuliert. Haußmann, der den Verfassungsausschuss leitet, schreibt seiner Frau ganz unbescheiden: »Gott sei gedankt. Es war das schärfste Rennen in der parlamentarischen Geschichte Deutschlands, und der Ausschuss, den ich meinen nennen darf, schlug den Rekord.«[98]

Nur einige wenige Streitfragen sind offengeblieben, die das Plenum entscheiden muss; vor allem geht es dabei um das Verhältnis von Staat und katholischer Kirche sowie die Schulpolitik. Es wird engagiert gestritten, mitunter so hart, dass es zeitweise scheint, als könnten sich die SPD-Abgeordneten hier dem Entwurf doch noch verweigern. Doch schließlich finden am 31. Juli in einer zwölf Stunden langen Sitzung die dritte Lesung und die Schlussabstimmung statt. Zwar verweigert sich jedes vierte Mitglied der sozialdemokratischen Fraktion und bleibt der Abstimmung fern; dennoch votieren am Ende 262 Abgeordnete von SPD, DDP und Zentrum für und nur 75 Mitglieder der nationalen und linksradikalen Opposition gegen die Annahme des Kompromissentwurfs.[99] Damit hat Deutschland zum ersten Mal in seiner Geschichte eine voll gültige Verfassung, die auf dem Prinzip der Volkssouveränität beruht. »Verfassungsvater« Hugo Preuß bedauert ein wenig, dass dieser Akt von der Debatte um den Friedensvertrag überschattet wird: »Die Verfassung von Weimar ist nicht im Sonnenglanz des Glücks geboren.«[100] Ernst van den Bergh sieht nun, langsam versöhnt: »In dem Chaos ist wieder erste Ordnung entstanden, eine erste Grundlage ist gelegt, auf der nach Zerstörung und Einreißen wieder das Aufbauen beginnen kann.«[101] Weitaus euphorischer zeigt sich Reichsinnenminister Eduard David in der Nationalversammlung, der nach der formellen Verabschiedung ausruft: »Die deutsche Republik ist fortan die demokratischste Demokratie der Welt.« Daraufhin schallen »Bravo!«-Rufe durch das Weimarer Nationaltheater.[102]

Dolchstoß

Denn ich, die, was sie hatte, hingegeben,
ich, deutsche Mutter, hab' die Front erdolcht.

Max Mackens[1]

Anfang November 1919 ahnt Walther Rathenau noch nicht, dass er bald
Teil einer antirepublikanischen Inszenierung werden wird. Der Industrielle
hat in den vergangenen Monaten eine Reihe von Aufsätzen und Broschüren
zu Wirtschaft und Politik veröffentlicht. Seiner Auffassung nach hat die
Marktwirtschaft unter den Bedingungen des Krieges versagt, riesige Profite
stehen sozialem Elend gegenüber. Rathenau glaubt, dass Markt und zentrale staatliche Planung doch zusammenpassen. So könnten soziale Schiefla-
gen vermieden werden, ebenso Rohstoff- und Ressourcenverschwendung.
In seiner Abhandlung »Autonome Wirtschaft« fordert der Konzernlenker
die Abschaffung des »Unternehmers«. Seine Partei, die DDP, lehnt diese
»Ketzerei« entrüstet ab und schweigt das Werk tot. Dem liberalen Sozialpo-
litiker Heinz Potthoff schreibt Rathenau, dass Kritiker sein Werk abschätzig
ein »Schriftchen« schimpften. Er leiste doch im Interesse der Gesellschaft
»Gedankenarbeit« und versuche, »der deutschen Zukunft ein wirtschaftli-
ches, politisches und geistiges System zu schaffen«. Im Ausland immerhin
schätze man sein Wirtschaftsprogramm.[2] Enttäuscht kündigt er seinem
Verleger Samuel Fischer am 7. November 1919 an, als Publizist zu pausie-
ren. »Zu den großen Fragen der Zeit habe ich mich geäußert, Tagesereig-
nisse interessieren mich nicht.«[3] Das ändert sich bald.

Am selben Freitag gegen neun Uhr vormittags stirbt der USPD-Vorsitzende Hugo Haase im Alter von 56 Jahren an den Folgen eines Attentats. Er
ist einen Monat zuvor auf dem Weg in den Reichstag von dem Arbeiter
Johann Voß angeschossen worden, der sich nach der Tat widerstandslos
festnehmen lässt.[4] Eigentlich hat keine Lebensgefahr bestanden, doch
beim Entfernen der drei Kugeln zieht sich Haase eine Blutvergiftung zu;

die Amputation eines Beins hat seinen Zustand nicht bessern können. Sein Tod löst Entsetzen aus, nicht nur in seiner Partei. »Am Jahrestag der russischen Revolution stirbt Hugo Haase«, schreibt Käthe Kollwitz in ihr Tagebuch.[5] Wie schon im Januar nach Karl Liebknechts Tod eilt sie ins Leichenschauhaus, um den toten Politiker zu zeichnen.

In seiner Zelle im Gefängnis von Ansbach hat Erich Mühsam über Hugo Haase nachgedacht – bereits vor dessen Tod. Mühsam träumt noch immer von einer Revolution nach Art der Radikalen. Ein Zufallsereignis könne genügen, »um Deutschland vollends in Aufruhr zu jagen, da die ökonomische Lage hinlänglich vorbereitet ist«, notiert er. Das Attentat auf Haase könne vielleicht das auslösende Moment sein, hofft er. Als Mühsam von seinem Tod erfährt, notiert er: »ein anständiger Mensch, ein ehrlicher Kämpfer, eine liebenswürdige Persönlichkeit, ein kluger Politiker – aber ein hinter seiner Zeit zurückgebliebener Revolutionär«.[6] Nikolaus Andersen, der sich inzwischen in seinen Tagebucheinträgen mehr auf das Wetter in Kiel, seine Freizeit und die Arbeit in der Werft konzentriert, erwähnt den Tod zumindest.[7]

Am gleichen Tag ist Haases Tod auch ein Thema im Reichskabinett. Der USPD-Abgeordnete Wilhelm Dittmann hat Reichskanzler Gustav Bauer gebeten, für eine reibungslose Anreise der Trauergäste und vor allem eine ungestörte Beisetzung zu sorgen. Entgegenkommen ist notwendig, denn die Unabhängigen haben sich in einen Lohnstreik der Berliner Metallarbeiter eingemischt, ihre Zeitung *Freiheit* hat einen Aufruf zum Generalstreik veröffentlicht. Deshalb sind Parteibüros geschlossen und Mitglieder in Haft.[8]

Teilnehmern der Trauerfeier wie Kollwitz und Dittmann bleibt vor allem die Rede von Haases Sohn Ernst im Gedächtnis, der Medizin studiert. Kollwitz notiert am 12. November: »Nie hörte ich eine schönere Grabrede. So schlicht, so empfunden, so wahr.«[9] Vom Reichstagsgebäude, wo die Urne gezeigt wird, geht es quer durch Berlin zum Zentralfriedhof in Lichtenberg, begleitet von einer Demonstration Zehntausender Menschen. Haase wird zwischen den sozialdemokratischen Urgesteinen Wilhelm Liebknecht und Ignaz Auer beerdigt. Seinen Platz in Partei und Parlament nehmen alte Bekannte aus den Umbruchzeiten ein: USPD-Chef neben Artur Crispien wird der Räte-Anhänger Ernst Däumig, der Georg Ledebour aussticht, einen der Organisatoren des Berliner Januar-Aufstandes; Ko-Fraktionschef in der Nationalversammlung wird neben dem Leipziger Curt Geyer der Bremer Alfred Henke.

Für Dittmann, der mit Haase zum ersten Rat der Volksbeauftragten gehört hat, ist die Sache mit der Beisetzung nicht erledigt. Er bezweifelt in einem offenen Brief an das preußische Justizministerium, dass es sich um eine »unpolitisch motivierte« Tat gehandelt habe. Er will wissen, warum nicht untersucht werde, mit wem der Mörder Voß in den Tagen vor der Tat in Kontakt gestanden hat, warum Arbeitgeber und Arbeitskollegen nicht vernommen worden sind, woher der Attentäter seine Waffe gehabt hat. Der USPD-Politiker kritisiert auch, dass der Täter bereits vier Wochen nach der Tat in einem ärztlichen Gutachten für »geisteskrank« erklärt worden sei, wofür man sonst Monate brauche.[10] Auch Geyer zweifelt an der offiziellen Version und nennt den Täter »ein obskures Werkzeug der Rechten«. Tatsächlich hat das Attentat offenbar kein politisches Motiv; Voß hat angegeben, sich an Haase gerächt zu haben, der seine Klage gegen die Preußische Klassenlotterie verschleppt habe.[11]

Der Tod des moderaten Parteichefs fällt in eine schwierige Phase der USPD. Auf einem Parteitag in Leipzig, der Hochburg des linken Parteiflügels, versuchen Abgeordnete, die Doppelstrategie eines Nebeneinanders von Parlamentarismus und Rätesystem zu beenden und die Partei ausschließlich auf das Ziel einer Räteherrschaft festzulegen. Zudem wird der Anschluss an die Dritte Internationale betrieben, die einige Monate zuvor in Moskau begründet worden ist; ein Beitritt würde faktisch zum Aufgehen der USPD in der KPD führen. Beides kann knapp verhindert werden. Wilhelm Dittmann ist froh, dass zumindest für die nächste Zeit die Parteilinie »im Geiste Haases« gestaltet werden könne.[12]

Die Lage in Deutschland ist im November 1919 fragil und von Misstrauen geprägt. Das Reich hat in den vergangenen Monaten blutige Aufstände erlebt und ist von den Siegermächten erniedrigt worden. Die Versorgungslage bleibt weiter schlecht: »Mir stehen die Haare zu Berge über die Preise, die man jetzt für alles zahlen muss«, klagt Henriette Schneider in Ostpreußen. Als am 4. November die Sperrung des gesamten Personenverkehrs in Deutschland bekanntgegeben wird, fragt sich die 47-jährige Haushaltshilfe: »Ob sie am 9. den Spartakus-Putsch fürchten?«[13] Erich Mühsam denkt ähnlich, erkennt jedoch eine Chance: »Ich halte es aber für möglich, dass die Herrschaften sich in der eignen Falle fangen können. Die Eisenbahner werden viel leichter zum Generalstreik zu gewinnen sein, wenn der Betrieb ohnehin teilweise ruht, und dann wehe!«[14]

Die Sperrung des Verkehrs hat nichts mit der Sorge vor Unruhen zu tun, sondern mit der angespannten Lage. Im August 1919 hat die Regierung die Lieferung von »Reparationskohle« an Frankreich zugesichert, gerät aber in Verzug. Gründe gibt es viele: defekte Lokomotiven, Unstimmigkeiten über Zuständigkeiten, die Versorgung der eigenen Bevölkerung, zusätzliche Aufgaben wie den Abtransport der Kriegsgefangenen. Die Reichsregierung diskutiert, ob ein »Transportdiktator« helfen kann: General Wilhelm Groener zum Beispiel, der den Rückmarsch der deutschen Truppen von der Westfront und ihre Demobilisierung organisiert hat. Gegen den Posten und die Person des Generals regt sich jedoch Widerstand. Erstens sei es dafür zu spät, zweitens könne sich an Groener ein Generalstreik entzünden. Stattdessen wird der Personenverkehr für einige Zeit komplett eingestellt, mit Ausnahme des unbedingt notwendigen Berufsverkehrs.[15]

Am 9. November 1919 fasst sich Henriette Schneider kurz: »Und heute der große Tag, der Jahrestag der Revolution. Es sieht trauriger denn je bei uns aus.«[16] Zur Enttäuschung von Mühsam bleibt es reichsweit überwiegend ruhig. Nur vereinzelt gibt es nach Protesten Verhaftungen, von denen in München auch Mühsams junge Mitstreiterin Hilde Kramer betroffen ist – sie wird aus Bayern ausgewiesen. Unerwartet werden die Feierlichkeiten zum Jahrestag der Revolution in der Reichsregierung thematisiert. Denn Preußens SPD-Innenminister Wolfgang Heine hat bei einer Gedenkveranstaltung in Dessau ausgeteilt: Angesichts des Elends des Vaterlandes gebe es keinen Grund für einen Triumph. Die Nationalversammlung sei ein Diskutierklub, dessen Reden anzuhören »vielfach nicht die Mühe wert ist«. Wenn an der Reichsspitze weiter so regiert werde, falle das ganze Reich zusammen. Es sei einfach nicht möglich, das ganze Volk in dieser Weise zu vergewaltigen. Die Bundesstaaten sollen sich dagegen mit aller Kraft wehren, hat Heine gefordert. Sein Parteifreund Eduard David, Minister ohne Geschäftsbereich in der Reichsregierung, verlangt daraufhin eine »Klarstellung«, faktisch einen Widerruf. Dies sei unumgänglich.[17]

Die Reichsregierung und andere führende Politiker werden nicht nur von den eigenen Leuten und von linken Gegnern attackiert, sondern auch von rechts. Am 17. November 1919 wütet Georg Foertsch, der Chefredakteur der *Kreuzzeitung,* gegen diejenigen republikanischen Politiker, »denen die Umwälzung vom 9. November die Gelegenheit geboten hat, die Übertünchung ihrer schlechten Kinderstube und ihrer illoyalen Charakterveranlagung abzuwerfen«. Missbrauch staatlicher Gelder und politisches Schiebertum würden sich breitmachen, behauptet der überzeugte Monarchist.

Eine Regierung, die »Landesverräter oder Schieber unter sich duldet«, habe »keinen Anspruch mehr auf loyale Beurteilung«. Unwillkürlich greife man nach der Kleiderbürste, um den Rockärmel zu reinigen, wenn er einmal in unfreiwillige Berührung mit diesen Leuten gekommen sei. Abschließend ruft Foertsch die Losung aus: »Wir oder die anderen.« Die Reichsregierung fühlt sich zu Recht beleidigt. Auf Vorschlag des Justizministers wird Strafanzeige gegen den Chefredakteur erstattet.[18]

Die publizistische Attacke der *Kreuzzeitung* ist nur die Ouvertüre. Am folgenden Morgen ist die wichtigste Sitzung des Untersuchungsausschusses der Nationalversammlung im Reichstagsgebäude angesetzt. Als Zeuge soll Paul von Hindenburg vor der ersten öffentlichen Enquetekommission der deutschen Geschichte gehört werden. Man befürchtet Ausschreitungen, Zusammenstöße zwischen Anhängern des ehemaligen Chefs der Heeresleitung und seinen Gegnern. Schon vor Sonnenaufgang sind deshalb an allen Kreuzungen rund um den Tiergarten bewaffnete Trupps in Position gegangen. Drei Kilometer lang ist die Strecke, die Hindenburg von seinem Berliner Quartier, der Villa des deutschnationalen Politikers Karl Helfferich am Südrand des Parks, bis zum Parlament im Spreebogen zurücklegen muss. Als sich gegen 9.45 Uhr der Wagen des Feldmarschalls in Bewegung setzt, werden durch Postenketten alle Straßen abgesperrt; eine Reiterstaffel steht bereit, um Proteste zu zerstreuen. Doch nichts geschieht: Heftiges Schneetreiben hat nur wenige linke Demonstranten im Tiergarten erscheinen lassen. So kann die ebenfalls enttäuschend geringe Zahl national gesinnter Bewunderer der Fahrzeugkolonne ungehindert zujubeln. Gegen zehn Uhr steigen Hindenburg und Erich Ludendorff vor dem südlichen Portal des Reichstages aus ihrem Wagen. Huldvoll dankt der Feldmarschall für die Beifallskundgebungen durch Kopfnicken. Die Schaulustigen skandieren: »Hoch Hindenburg!« und »Nieder mit der Republik!«, einige auch: »Nieder mit dem Untersuchungsausschuss!«[19]

Im Sitzungssaal liegen auf dem Zeugentisch zwei Chrysanthemensträuße mit schwarz-weiß-roten Schleifen. Die deutschnationale Abgeordnete Käthe Schirmacher hat sie dorthin gelegt – als bewusste Provokation der Ausschussmitglieder, hinter deren Plätzen die schwarz-rot-goldene Flagge der Republik hängt. Die Zuschauerbänke sind, anders als bei den vorangegangenen Sitzungen, überfüllt; im Treppenhaus drängen sich Hindenburg-Anhänger, die ihren Helden mit Ovationen begrüßen. Die Verhältnisse sind klar, noch bevor der amtierende Vorsitzende der Kommission, der

Vor der wichtigsten Sitzung der ersten parlamentarischen Untersuchungs-
ausschusses der deutschen Geschichte am 18. November 1918: Ankunft Paul
von Hindenburg (Mitte) und Erich Ludendorff (rechts); links Karl Helfferich
(mit Melone), der ebenfalls vor dem Ausschuss aussagen muss.

liberale Abgeordnete Georg Gothein, den in Zivil gekleideten Zeugen begrüßt hat: Hindenburg gewährt den Parlamentariern eine Gunst, die förm-
liche Vorladung ignoriert er einfach. Uniform tragen die beiden Generäle
im Ruhestand nicht, weil »im Ausschuss Persönlichkeiten sitzen, vor denen
sie auch als Zeugen nicht in Uniform und mit den im Krieg erworbenen
Orden und Ehrenzeichen erscheinen wollen«.[20] Noch eine kalkulierte Zumutung.

Gothein erweist Hindenburg jede mögliche Ehre. Er lässt sogar zu, dass
sein Begleiter Ludendorff vor der Vereidigung des Zeugen eine Erklärung
abgibt, in der er die Vernehmung als eine den »Rechtsbegriffen aller Kultur-
länder widersprechende juristische Abnormität« kritisiert. Der Feldmarschall und er seien nur erschienen, weil das deutsche Volk »Ansprüche

darauf hat, völlig klar zu sehen, wie die Ereignisse sich in Wirklichkeit unverzerrt und ohne Parteihass und Parteivorurteil abgespielt haben«. Eine solche Anmaßung muss Gothein dann doch zurückweisen – als »private Willensmeinung des Zeugen« ohne Relevanz. Dann vereidigt er die beiden Zeugen und stellt Hindenburg die erste von sechs vorab mitgeteilten Fragen.[21]

Doch statt zu antworten, beginnt der Feldmarschall leiernd einen Text zu verlesen. Weder das deutsche Volk noch Kaiser Wilhelm II. hätten 1914 den Krieg gewollt, trägt er vor, schuldig seien allein Deutschlands Gegner. Mehrfach unterbricht Gothein und fordert den Zeugen auf, sich auf Fakten zu beschränken und jedes Werturteil zu vermeiden, doch ohne Erfolg: Hindenburg fährt einfach fort. Nach einigen Minuten kommt er zur Hauptsache: »Die Parteien haben den Widerstandswillen der Heimat erschüttert«, verkündet er. Die loyalen Truppen hätten unter der Einwirkung revolutionärer Kameraden schwer zu leiden gehabt. Das geht selbst dem amtierenden Vorsitzenden zu weit; per Glocke unterbricht er die Ausführungen Hindenburgs, muss ihm aber auf Verlangen zweier deutschnationaler Ausschussmitglieder erneut das Wort erteilen. Der Feldmarschall kommt zum Schlüsselsatz seiner Erklärung: »Hinzugekommen ist die heimliche planmäßige Zersetzung von Flotte und Heer und die revolutionäre Zermürbung der Front. So mussten unsere Operationen misslingen, es musste der Zusammenbruch kommen. Die Revolution bildete nur den Schlussstein.« Nach einer Kunstpause fügt Hindenburg hinzu: »Ein englischer General sagte mit Recht: ›Die deutsche Armee ist von hinten erdolcht worden.‹«[22]

Kaum hat Hindenburg geendet, wiederholt Gothein seine bereits einmal gestellte Frage. Doch er bekommt nur eine vage Antwort, denn Hindenburg hat seine Botschaft verkündet: Durch Verrat sei der Krieg verloren gegangen! Weder die politische noch die militärische Führung des Kaiserreichs trügen die Verantwortung, sondern die Politiker der demokratischen und linken Parteien, die am 9. November 1918 die Regierungsverantwortung übernommen hatten! Die Heimat sei der standhaften Armee in den Rücken gefallen! Kritisch hinterfragt werden diese Behauptungen in der Ausschusssitzung nicht. Längere fruchtlose Wortwechsel mit den beiden Zeugen und unter Mitgliedern des Ausschusses folgen. Ludendorff verweist dabei auf eine Bemerkung Walther Rathenaus aus dessen Buch *Der Kaiser* von Anfang 1919. Der Industrielle habe sinngemäß gesagt, an jenem Tag, an dem der Kaiser als Sieger mit seinen Paladinen auf weißen Rössern durch das Brandenburger Tor einziehen würde, hätte die Weltgeschichte ihren Sinn verloren. »Es waren also Strömungen im Volke vorhanden«, schließt Ludendorff, »die nicht die Ansicht der Obersten Heeresleitung vertraten, dass wir auf den Sieg kämpfen müssten, und diesen Strömungen mussten wir Rechnung tragen«.[23]

Dann vertagt sich die Kommission auf unbestimmte Zeit. Der Feldmarschall weigert sich nämlich, am selben Nachmittag noch einmal zu erscheinen; in den folgenden Wochen werde er gar nicht in Berlin sein, sondern in Hannover, seinem Altersruhesitz. Der Vorsitzende Gothein lässt es durchgehen. »Der Ausschuss ist Luft«, kommentiert die *Vossische Zeitung* die Sitzung treffend. »Über seine Köpfe hinweg und unbekümmert um seine Satzungen reden die Generale zum Volk, reden als Verteidiger eines politischen Systems, dessen unheilvolle Wirkungen gerade an diesem Ort enthüllt werden sollte.« Der Auftritt Hindenburgs und Ludendorffs sei ein »gelungener Stoß gegen die demokratischen Institutionen« gewesen, bilanziert der Leitartikel empört.[24]

Die Abfahrt der beiden Zeugen vom Reichstagsgebäude kurz nach 14 Uhr ähnelt ihrer Ankunft: Wieder gibt es Hochrufe und wieder gnädiges Winken als Antwort. Weil inzwischen aber das Schneetreiben aufgehört hat, erschallen nun auch Proteste. Einige Hundert linke Hindenburg-Gegner sind erschienen und skandieren »Massenmörder« oder: »Es lebe die Weltrevolution!«[25] Die Polizei schreitet ein, treibt die Demonstranten zum Brandenburger Tor zurück, von wo sie einen Zug über den Boulevard Unter den Linden beginnen.

Den Text, den Paul von Hindenburg im Ausschuss verliest, haben wesentlich Erich Ludendorff und Karl Helfferich formuliert.[26] Ihnen geht es darum, den in großen Teilen der deutschen Gesellschaft immer noch guten Ruf des Feldmarschalls zu nutzen, um ihre Sicht der Revolution möglichst prominent in die Öffentlichkeit zu lancieren. Diese Aufgabe hat Hindenburg gut erfüllt, denn sein Auftreten vermittelt gleichzeitig Seriosität und jede nur mögliche Verachtung für das Gremium, vor dem er spricht. Einer »wuchtigen Bildsäule gleichend« habe er dagesessen, notiert sich das liberale Ausschussmitglied Moritz Julius Bonn: »Grau im Gesicht und an Gestalt, hätte er das in Stein gehauene, menschgewordene Götzenbild irgendeines heidnischen Preußenstamms sein können.« Dem weltweit geachteten Nationalökonomen fällt allerdings auf, dass der einstige Oberbefehlshaber

Der Publizist, Zentrumsabgeordnete und Minister Matthias Erzberger, fotografiert von Willy Römer 1919.

wie »ein lebender Leichnam« wirke, »dessen Glieder sich noch bewegen, dessen Seele aber längst vertrocknet ist«.[27]

Zum gelungenen Auftritt zählt, dass kein Ausschussmitglied nachfragt, wer denn der »englische General« gewesen sei, dessen angeblichem Zeugnis zufolge die deutsche Armee »von hinten erdolcht worden« sei. Auch Moritz Julius Bonn hat nicht insistiert, obwohl sein Eindruck ist, dass Hindenburg dadurch in große Verlegenheit geraten wäre. Denn der Feldmarschall habe lediglich »eine Geschichte wiederholt, die man ihm beigebracht« und »die er auswendig gelernt« habe, hält er fest. Vermutlich steht auf dem Blatt, das Hindenburg verlesen hat, auch kein Name; wäre eine entsprechende Nachfrage gekommen, hätte der Zeuge sie entweder ignoriert oder ausweichend geantwortet.

Der durch und durch bürgerliche Theologe Ernst Troeltsch bringt die Wirkung Hindenburgs im Reichstagsgebäude auf den Punkt. Der Feldmarschall habe die Befragung durch den »ebenso peinlichen als unentbehrlichen Untersuchungsausschuss« genutzt, um »sozusagen an der empfindlichsten und schmerzhaftesten Stelle des deutschen Volkes gerade die Leidenschaften neu zu entzünden, die man bisher in dem allgemeinen Irrewerden an der früheren Führung erloschen oder gedämpft hatte glauben dürfen«, schreibt Troeltsch. Hindenburg und Ludendorff hätten »ihre Handgranaten vereint gegen Herrn Erzberger und die gottverfluchte Revolution geschleudert«. Der überzeugte Liberale ahnt, welche Folgen die sorgfältige Inszenierung des 18. November 1919 entfalten wird: »Die große historische Legende, auf der die ganze Reaktion beruht, dass eine siegreiche Armee meuchlings und rücklings von den vaterlandslosen Gesellen der Heimat erdolcht worden sei, ist damit zum Dogma, zur Fahne der Unzufriedenen geworden.«[28]

Die Legende verbreitet sich umgehend. In Braunschweig zum Beispiel finden Kirchensynoden statt, bei denen politische Themen zur Sprache kommen. »Viele Tausende haben ihrem obersten Kriegsherrn wie dem Vaterlande bis in den Tod die Treue gehalten«, verkündet Pfarrer Hermann Wandersleb, »als schon die rote Internationale von der Heimat aus dem kämpfenden Heere in den Rücken fiel«. Deutschland sei nicht von seinen Gegnern besiegt worden, sondern »von der Lauheit heimatlicher Kreise und den Männern der Revolution«.[29] Wandersleb ist kein Einzelfall; die Kirchenleitung nimmt diese wie viele ähnliche Äußerungen hin.

Vielleicht auch, weil es im November 1919 dringendere Probleme gibt. Die Auswirkungen des Umsturzes und die Mängel der noch jungen Demokratie sind allerorten zu spüren, bei den Gewinnern ebenso wie bei jenen, die sich als Verlierer fühlen. Das reicht bis in die Familien hinein, etwa bei den Scholems. Bis auf Sohn Werner, der sich für die USPD begeistert, sind die assimilierten Juden liberalkonservativ eingestellt. Reinhold Scholem schreibt seinem Bruder Gerhard, der seit Kurzem in München studiert, er hoffe, dass die deutsche Idee noch lebe und »nicht in dem Phrasenschwall der Kaffeehaussozialisten untergegangen ist«. Nach dem Ende der Räterepublik scheine ja gerade in München »der Glanzpunkt der Unabhängigen und ähnlichen Gelichtern vorbei zu sein«. Allerdings, so Reinhold, »haben uns ja die russischen und bayerischen Juden«, gemeint sind Landauer, Toller, Eisner und Leviné, »dort einen üblen Ruf gemacht.« Daher möchte er wissen: »Ist an der Universität Antisemitismus lebhaft?«[30]

Ganz anders geht es in einer Art Kommune zu, die auf dem Barkenhoff Heinrich Vogelers in Worpswede zusammenlebt. Seit Oktober wohnt hier Gabriele Kaetzler, die Bayern verlassen hat, mit ihren drei jüngsten Kindern. Außerdem haben einige Teilnehmer der Bremer Räterepublik Unterschlupf gefunden, die mit dem Verlauf der Revolution in Deutschland hadern, zum Beispiel der 24-jährige Friedrich Stucke. Er hat für Johann Knief illegale Druckaufträge erledigt und im September 1919 dessen Gefährtin Lotte Kornfeld geheiratet. Sie arbeitet in Worpswede an dem Buch *Johann Knief – Briefe aus dem Gefängnis*. Es soll ein Manifest für einen anderen Weg werden.[31]

Eine ungewöhnliche Erinnerung an die Zeit des Umsturzes erfährt Victor Klemperer: Ein Bekannter, derzeit arbeitsloser Bankangestellter, der sich mit allerlei Handel über Wasser hält, bittet ihn um Rat über den Wert einer kleinen Bibliothek. Sie ist ihm zum Kauf angeboten worden und stapelt sich in einer Schwabinger Dachwohnung. Klemperer, ganz Literaturwissenschaftler, schaut sich die Bücher an. Zu seiner Überraschung findet er in allen einen kleinen blauen Stempel mit dem Namen des Besitzers: Es ist der im Februar ermordete Kurt Eisner; Anbieterin ist dessen Witwe. Klemperers urteilt etwas abschätzig über die Sammlung: »Die typische Bibliothek eines gebildeten Mannes, Journalisten und armen Teufels. Reclam und Rezensionsexemplare. Viel literarische, wenig wissenschaftlich-sexuelle, ernst philosophische Interessen, ein bisschen Musikwissenschaft, ein bisschen Geschichte, ein klein wenig Politik und Sozialismus.«[32]

Um das Erbe der Revolution ringt derweil die Reichsregierung. Zum Kulminationspunkt wird der sogenannte Bilanzparagraph im Betriebsrätegesetz. Der soll den Arbeitnehmervertretern das Recht geben, die Bilanzen ihrer Firmen einzusehen und Arbeiter in die Aufsichtsräte von Aktiengesellschaften zu entsenden. Eine Errungenschaft der Kämpfe des Jahres um die Sozialisierung der Wirtschaft. Nachdem die DDP am 3. Oktober 1919 in die Regierung zurückgekehrt ist, geistert durch die Zeitungen, den Liberalen seien Konzessionen gemacht worden, was das Betriebsrätegesetz stocken lasse. »Krise in der Regierung?«, notiert Conrad Haußmann. Reichskanzler, SPD und Zentrum hätten erklärt zurückzutreten, »wenn wir gegen den Paragraphen stimmen«.[33] Tatsächlich droht Regierungschef Gustav Bauer mit der Demission; die Zentrumsminister springen ihm bei und versichern, mit den Sozialdemokraten zu stimmen. Zugleich wird die DDP aufgefordert, nachzugeben oder das Kabinett erneut zu verlassen. Friedrich Payer beurteilt die Lage am Abend des 24. November: »Die Sozialdemokratie kann nicht zurück. Das Zentrum wird nach meiner Ansicht die Sache nicht allein mit der Sozialdemokratie machen, sondern es kommt zur Regierungskrise, die unlöslich ist.« Am nächsten Tag jedoch entscheidet das Kabinett, das Gesetz vor Beginn der Weihnachtsferien durchzubringen – mit Zustimmung aller drei Regierungsparteien, allerdings in einer entschärften Version: Der Eigentümer soll vierteljährlich den Betriebsräten Bericht über die wirtschaftliche Lage des Unternehmens erstatten; die von den Arbeiterparteien geforderte Rechenschaftspflicht des Unternehmers über sein Privatvermögen entfällt. Die Vertretung des Betriebsrates im Aufsichtsrat bleibt einem späteren Gesetz vorbehalten.[34]

Zur gleichen Zeit reagiert Walther Rathenau auf die Vorwürfe von Erich Ludendorff. Der Industrielle weist den Ex-General in einem ausführlichen Artikel im *Berliner Tageblatt* zurecht. Die Äußerungen Ludendorffs vor dem Untersuchungsausschuss könnten so aufgefasst werden, »als hätte ich im Kriege zur Entmutigung des Volkes beigetragen, dem Siege entgegengearbeitet, Kriegssabotage betrieben«. Das treffe nicht zu. Ausführlich stellt Rathenau seine Bekanntschaft mit Ludendorff dar, erwähnt, dass er diesen lange gefördert habe, aber in der Frage des uneingeschränkten U-Boot-Krieges mit ihm über Kreuz geraten sei und sich abgewandt habe.[35] Die Replik wirkt anders als erwartet. Eine Bekannte Rathenaus schreibt: »Ihre Rechtfertigung gegen Ludendorff hat mich traurig gemacht.« Nun würden die pazifistischen und sozialistischen Kräfte, »mit denen Sie doch arbeiten wollen, weil sie die Kräfte der Zukunft sind«, vielleicht glauben, »Sie gehörten zu den Kriegsverlängern und -verstärkern, weil Sie das Gegenteil so beweiskräftig widerlegen«. Sie kritisiert zugleich, dass Rathenau den Krieg zu sehr wirtschaftlich betrachte, aber »zu wenig menschlich«. Das trifft Rathenau; er rechtfertigt sich in seiner Antwort am 26. November 1919. Die Auseinandersetzung sei ein »unfruchtbares Ding«. Aber das eigene Volk wehrlos zu machen, erscheine ihm als ein schweres Unglück, »auch wenn es scheinbar den Krieg beendet« – dem Vorwurf, derlei angestrebt zu haben, müsse er widersprechen. Daher habe er Ludendorff geantwortet.[36]

Gedanken über den Untersuchungsausschuss macht sich auch Heinrich Ströbel. Der Sozialist und zeitweilige Ko-Ministerpräsident Preußens kommentiert in der *Weltbühne*: »Es soll naive Gemüter gegeben haben, die sich von den Verhandlungen des Untersuchungsausschusses eine Bloßstellung des vorrevolutionären Systems und eine Schwächung der Reaktion versprochen haben. Und die nun konsterniert sind, dass die Vertreter des alten Systems täglich selbstbewusster auftreten.« Die Vorladung Hindenburgs und Ludendorffs habe sich zu einem »unerhörten Affront der republikanischen

Regierung« und zu einem Triumphzug dieser Vertreter des Militarismus gesteigert, deren Diktatur Deutschland »das grenzenlose Elend von heute zu verdanken hat«. Ein Gutes habe »die Farce vor dem Untersuchungsausschuss« jedoch: Das Aufflammen der nationalistischen Stimmung, der »offene Hohn«, mit dem die Militärs und alten Kräfte der demokratischen Regierung entgegengetreten sind, müsse den Letzten »aus seiner politischen Schlaftrunkenheit« aufgerüttelt haben.[37]

Ähnlich sieht Erich Mühsam den Untersuchungsausschuss: »Ich habe von dieser Komödie hier sehr wenig Notiz genommen. Gelohnt hätte es schon, denn was da im Reichstagsgebäude vor sich ging, war zwar alles andere als ein Aufklärungsprozess über die Kriegsschuldfragen, aber grade, dass es das nicht war, gab der Sache ihren Reiz.« Die Rollen in dem »seltsamen Kolleg« seien »aufs komischste vertauscht« gewesen. Die »Angeklagten« Bethmann-Hollweg, Helfferich, selbst Hindenburg und Ludendorff hätten die Beleidigten gespielt und dafür Applaus bekommen. »Die Herren schoben natürlich alles auf die Revolution. Ihr Sieg wäre ganz sicher gewesen, wenn nicht die Hetzer und Wühler des Hinterlands die Sache verdorben hätten.« Der Ausschuss hätte Mühsam zufolge ganz anders auftreten müssen. »Während unter den robusten Nationalisten die Wahrheit einfach parteiisch unterdrückt wurde, ging jetzt ein Herumgehen um den Brei an, bei dem die liberalen und sozialdemokratischen Schlappschwänze noch kläglicher dastanden.« Herausgekommen sei gar nichts als gleichgültiger Knatsch.[38]

Ein schwerer Irrtum, denn Ernst Troeltsch behält recht: Der »Dolchstoß« wird nach Hindenburgs Auftritt vor dem Untersuchungsausschuss zum zentralen Dogma der rechten, reaktionären und rechtsextremen Gegner der jungen Republik. Dazu trägt abermals Ludendorff bei, der das bereits etablierte Schlagwort bei einer Feier der Deutschnationalen wenige Tage nach seinem Auftritt im Reichstag ideologisch füllt. Der Schauplatz ist gut gewählt: die Garnisonkirche in Potsdam, Grablege der Preußenkönige Friedrich Wilhelm I. und Friedrich II. Erschienen sind neben der Prominenz der nun ehemaligen Residenzstadt auch zwei Preußenprinzen; das Publikum drängt sich in »fürchterlicher Enge« im Kirchenschiff. Zunächst legt Ludendorff einen Kranz in der Gruft ab, dann leitet der Männergesangsverein Potsdam die Feier musikalisch ein. Der deutschnationale Pfarrer Johann Rump gibt mit seiner Ansprache die Linie vor: »Den Kreisen, die den 9. November als den Tag der Freiheit feiern wollen, dämmert längst, dass

sie auf einen Irrweg geraten sind.« An diese Behauptung schließt der Geist-
liche seine eigene Formulierung des angeblichen »Dolchstoßes« an: »Wir
sind zusammengebrochen durch eigene Schuld, die Heere waren unbe-
siegt, wir haben ihre Kampfkraft durch jahrelange Maulwurfsarbeit unter-
höhlen lassen.«

Dann kommt Ludendorff zu Wort – der Höhepunkt der Veranstaltung:
»Der Feind allerorts hatte viel klarer erkannt als wir selbst, wo unsere Stärke,
wo unsere Schwäche lag«, deklamiert er. »Die Selbstsucht überwucherte al-
les Edle im Volk, und kein Gärtner war da, der das Unkraut mit Stumpf und
Stiel ausgerottet. Und die anderen ließen es wachsen, statt es zu zertreten.
Und daran, meine verehrten Anwesenden, trägt ein jeder von Ihnen mit die
Schuld.« Nun formuliert der Redner seine entscheidende Aussage: »Seien
wir uns bewusst, dass die Armee des Jahres 1914 die stolzeste, schönste,
glänzendste war, die je ins Felde zog, und dass wir dies Seiner Majestät dem
Kaiser verdanken, der so oft in diesem Gotteshaus weilte. Der Geist dieser
Armee erzog das ganze deutsche Volk in Mannszucht, Pflichttreue und
Vaterlandsliebe.« Diese Behauptung wendet Ludendorff mit einem geisti-
gen Purzelbaum gegen die aktuelle Politik: »Diese Armee war die demokratischste Schöpfung, die je erdacht werden kann. Hier gab es keine Un-
terschiede, es gab nur Führer und Geführte, die in festem gegenseitigem
Vertrauen zueinanderstanden.« Statt Protest gegen diese absurde Ver-
zeichnung der Realität kommt es zum Gegenteil, denn plötzlich erhebt sich
aus dem Publikum ein Mann in feldgrauer Uniform und ruft: »Wenn die
Stunde kommt, General Ludendorff, dann folgen wir Ihnen wieder!«[39]

Das Publikum in der Garnisonkirche reagiert mit Huldigungen, während die Reporter demokratisch gesinnter Blätter empört sind. Das *Berliner
Tageblatt* kritisiert die »nationalistische Kundgebung«, und der *Vorwärts*
kommentiert: »Die Rolle, die Herr Ludendorff in der deutschen Republik
zu spielen gedenkt, tritt immer deutlicher zu Tage. Ihm genügt es nicht,
das deutsche Volk einmal in den Abgrund gestürzt zu haben, er fühlt sich
dazu berufen, noch ein zweites Mal eine ähnlich ›segensreiche‹ Tätigkeit
zu entfalten. Monarchistische Demonstrationen, Revanche-Demonstratio-
nen – und Ludendorff an der Spitze. Zwei Millionen Tote sind ja auch noch
viel zu wenig!«[40] Doch mit solchen Argumenten sind die Ludendorff-Be-
wunderer nicht mehr zu erreichen. Sie glauben die Lüge vom »Dolchstoß«,
die für das kommende knappe Vierteljahrhundert allgegenwärtig in der
deutschen Politik sein wird.

Verrat

Zwei Radikale diskutieren das unerschöpfliche Thema:
Wann ist ein Aufstand eine Revolution und wann ein bloßer Putsch?

Alfred Döblin[1]

Wer verloren hat, kann sich damit abfinden – oder nachtreten. Ende Juli
1919 ist klar, dass die Revolution binnen eines Dreivierteljahrs zu einer demokratischen, rechtsstaatlichen Verfassung geführt hat. Staatsoberhaupt
und Regierungschef sind zwei Vertreter der bei Weitem wählerstärksten
Partei, der SPD; das Kabinett stützt sich trotz des zeitweiligen Ausschei-
dens der Liberalen auf eine solide Mehrheit von 253 der 420 Abgeordneten
des Parlaments. Leicht haben es sich die Sozialdemokraten nicht gemacht, aber schließlich haben doch Pragmatismus und die Bereitschaft
zu Kompromissen mit dem fortschrittlichen Bürgertum die Oberhand behalten. Enttäuscht davon sind jedoch all jene, für die eine »echte« Revolution zwangsläufig zum Sozialismus führen muss – koste es, was es wolle.

Zu ihnen gehört Emil Barth, im November und Dezember 1918 für die
USPD Mitglied im Rat der Volksbeauftragten. Während in Weimar die
Schlussberatungen über die Verfassung laufen, vollendet er seine Darstel-
lung mit dem Titel *Aus der Werkstatt der Revolution*. Den Anspruch des 158
Seiten schmalen Bandes formuliert sein Verleger, der USPD-Politiker
Adolph Hoffmann: »Die deutsche Revolution vom November 1918 ist in
erster Linie von dem Verfasser dieser Arbeit vorbereitet worden.« Barth
selbst gibt sich in seinem Vorwort bescheidener: »Von den verschiedenen
Parteien von links und rechts verfemt, ist es mir ein dringendes Bedürfnis,
das niederzuschreiben, was mir notwendig erscheint, um zu verhüten, dass
ich später in der Geschichte als Bluthund, als Streber oder als Esel behandelt werde.« Im eigentlichen Text jedoch erscheint der Autor als der wesentliche Kopf des gesamten Umsturzes, der seit Februar 1918 so konsequent wie zielbewusst am einzig legitimen Ziel gearbeitet habe. »Kleine

eng gesteckte Ziele« hätten ihn demnach nicht interessiert; seine Mitwirkung habe er vielmehr davon abhängig gemacht, dass jeder seiner Mitstreiter sein »ganzes Ich selbstlos« einsetzen werde »für eine ausgesprochen revolutionäre Bewegung, revolutionär in ihrem Ziele, ihrer Organisation und ihren Kampfmitteln«. Klar habe er formuliert, worauf es ankomme: »Das Ziel ist der proletarische Friede, d.h. der vom Proletariat erzwungene Friede, das ist Sozialismus, das ist die Diktatur des Proletariats.«[2] Diese Selbstdarstellung ist derartig überzogen, dass Barths zeitweiliger Gegenspieler Hermann Müller spottet: »Dass Barth die Revolution allein inszeniert hat, ist für ihn selbstverständlich.«[3]

So leicht freilich lässt sich Barths Buch, die erste Darstellung der Novemberrevolution von einem zwar nicht allein, aber doch unzweifelhaft führend Beteiligten kaum abtun. Er schildert die Ereignisse von November 1918 bis Februar 1919 durchgängig als andauernden Verrat von Friedrich Ebert und Philipp Scheidemann. Die Zusammenarbeit im Rat der Volksbeauftragten sei eine stetige Konfrontation gewesen. Die Uneinigkeit der USPD-Vertreter habe es der »Gegenseite«, also den drei Sozialdemokraten, ermöglicht, »skrupellos und konterrevolutionär« tätig zu werden. »Mit Routine und Geschick« hätten Ebert, Scheidemann und Otto Landsberg darauf gedrungen, das Zentrum und die Demokraten an der Regierung zu beteiligen – »mit allen möglichen und unmöglichen Argumenten«, wie Barth noch anmerkt. Zu seiner Selbstdarstellung passt, dass seine sozialistischen Parteifreunde Hugo Haase und Wilhelm Dittmann stets mit den SPD-Volksbeauftragten gestimmt hätten. Indem er wiederholt betont, dass das Stimmenverhältnis im Rat »fünf zu eins« betragen hätte, unterstützt er seine Selbstdarstellung als einziger aufrechter Kämpfer für die Revolution.[4]

Damit führt Barth die Diffamierung der Revolution und ihres ersten sichtbaren politischen Ergebnisses, der Übergangsregierung der Volksbeauftragten, fort, die Karl Liebknecht schon am 10. November 1918 begonnen und bis zu seiner Ermordung am 15. Januar 1919 ständig eskaliert hat. Ausgebaut hat diese vorsätzliche Umdeutung der realen Ereignisse Georg Ledebour, den Theodor Wolff ganz treffend Liebknechts »Associé« nennt und über den Käthe Kollwitz bemerkt: »Ich kann ihn nicht leiden. Ein Demagog ist er, ein Hetzer.«[5] In seinem Prozess im Mai und Juni 1919 hat Ledebour das Kunststück fertiggebracht, als Angeklagter die Ankläger auf die Anklagebank zu setzen; natürlich haben seine Anhänger ihn dafür gefeiert.

Am 5. Mai 1920, sieben Wochen nach dem gescheiterten Staatsstreich unter Führung des Reaktionärs Wolfgang Kapp und des Generals Walther von Lüttwitz, schlagen auf der SPD-Reichskonferenz Philipp Scheidemann und Gustav Noske zurück. Der ehemalige Reichsministerpräsident bemerkt spitz: »Ohne Januar-Putsch kein März-Putsch« und noch klarer: »Ohne Ledebour kein Lüttwitz.« Noske bringt es auf den Punkt: »Nur der Taktik der Berliner Unabhängigen und Kommunisten, der Radikalen in Bremen und München ist es zuzuschreiben, dass wir eine Truppe aufstellen und zur Waffenanwendung greifen mussten.«[6] Diejenigen, die am lautesten »Verrat« rufen und die Ergebnisse der Revolution kleinreden, sind in Wirklichkeit selbst die Verräter.

Damit sind die Fronten endgültig geklärt. Als Richard Müller, der ehemalige Kopf der Revolutionären Obleute, ankündigt, seine Sicht auf die Novemberrevolution in einem dreibändigen Werk darzulegen, spottet der *Vorwärts*: »Leichenmüller als Historiker«.[7] Verantwortlich für seinen unfreundlichen Spitznamen ist Müller selbst, hat er doch am 19. November 1918 auf einer Versammlung der Berliner Arbeiterräte verkündet: »Ich habe für die Revolution mein Leben aufs Spiel gesetzt, ich werde es wieder tun. Die Nationalversammlung ist der Weg zur Herrschaft der Bourgeoisie, ist der Weg zum Kampf; der Weg zur Nationalversammlung geht über meine Leiche.«[8] Natürlich halten ihm, nachdem die Nationalversammlung gewählt und den politischen Einfluss der Revolutionären Obleute marginalisiert hat, zahlreiche Sozialdemokraten genüsslich das gebrochene Versprechen vor.

So ist nicht überraschend, dass Richard Müllers auf drei Bände angelegter Rückblick auf die Ereignisse von 1918/19 klar gegen die SPD gerichtet ist. Der ehemalige Vorsitzende des Vollzugsrates bezichtigt gleich alle sechs Volksbeauftragten des Verrates, also auch Emil Barth. Sie hätten alles vergessen, was sie jahrzehntelang vertreten hatten. Müller konstatiert ein abgekartetes Spiel: »Durch falsche Telegramme, Berichte und Gerüchte« sei das Volk »in dauerndem Schrecken und Entsetzen« gehalten worden. Die »Lügen- und Schwindelmeldungen jener ersten Revolutionswochen« würden einen »dicken Band füllen«. Überraschenderweise vertritt Müller die Ansicht, die Gegner der Revolution hätten den Einmarsch der Ententetruppen in Deutschland »herbeigesehnt«, um der Herrschaft der Arbeiter- und Soldatenräte ein Ende zu bereiten.[9] Ausgerechnet die kompletten Gegner der Linksradikalen von gemäßigt sozialistisch bis hochreaktionär und monarchistisch sollen auf die Besetzung Deutschlands gesetzt haben?

Der Unlogik seiner Argumentation zum Trotz hält Müller fest an seinem Verratsvorwurf, der aber nur auf die Spitze der SPD und ihre führenden Unterstützer zielt, nicht auf die gutgläubigen Anhänger: »Den Herrn Ebert, Scheidemann, Landsberg, Wels und den sonstigen Nutznießern der Revolution können wir diesen guten Glauben nicht beimessen. Selbst wenn wir alles ausschalten, was diese Herren während des Krieges bis zum 9. November getan haben, zwingt uns ihr Verhalten, zwingen uns ihre Taten vom ersten Tage der Revolution bis zum Rätekongress, bis zu den blutigen Kämpfen um das Berliner Schloss – ungeachtet dessen, was nachher kam – die Überzeugung auf, dass sie bewusst und mit Überlegung die revolutionären Volkskräfte gebrochen und die gegenrevolutionären Kräfte der Bourgeoisie aufgerichtet haben.« Für die einfachen Parteianhänger zeigt Müller hingegen Verständnis, denn »der größte Teil dieser revolutionären Volkskräfte wurde gefesselt durch die demokratischen Illusionen der sozialdemokratischen Politik.« Die hätten sich bei der Alternative »Nationalversammlung oder Rätesystem« gezeigt.[10] Ähnlich wie zuvor Liebknecht, Ledebour, Barth und andere beansprucht auch Richard Müller das exklusive Recht, unter »Revolution« allein seine Ziele zu verstehen; alles andere sei »Gegenrevolution« und »Verrat«.

Natürlich ruft diese radikale Einseitigkeit Widerspruch hervor. Hermann Müller, inzwischen zum zweiten Mal für die SPD Reichskanzler, veröffentlicht anlässlich des zehnten Jahrestages seine Erinnerungen an den November 1918. Er erinnert an die Umgestaltung vom »preußisch-deutschen Militarismus« und »Obrigkeitsstaat« zu einer demokratischen Republik, gesteht aber zugleich zu: »Ich bin der letzte, der verkennt, wie viel noch zu tun ist, bis alle Einrichtungen der deutschen Republik von wahrhaft republikanischem Geist erfüllt sein werden, bis sich eine wahrhaft demokratische Tradition in Deutschland entwickelt haben wird. Aber wir wollen über den Mängeln der Republik von heute nicht vergessen, was vor dem Kriege war.« Daran schließt er eine schlichte rhetorische Frage an: »Verdient dieser Systemwechsel nicht den Namen einer Revolution?« Allerdings ist ihm zugleich bewusst: »Revolutionen arten selten in Vergnügen aus.«[11]

Wie um die tiefere Wahrheit dieses Satzes zu beweisen, lässt die KPD Anfang 1929 eine über 500 Seiten starke und großformatige *Illustrierte* wählte Reichspräsident.

Die nach den bisherigen Vorschriften dem Staaten-
ausschuß zustehende Befugnis zum Erlaß von Verordnungen geht auf die Reichsregierung über; sie bedarf
zum Erlaß der Verordnungen der Zustimmung des
Reichsrats nach Maßgabe dieser Verfassung.

Artikel 180.

Bis zum Zusammentritt des ersten Reichstags gilt
die Nationalversammlung als Reichstag. Bis zum Amts-
antritt des ersten Reichspräsidenten wird sein Amt von
dem auf Grund des Gesetzes über die vorläufige Reichsgewalt gewählten Reichspräsidenten geführt.

Artikel 181.

Das Deutsche Volk hat durch seine Nationalversammlung diese Verfassung beschlossen und verabschiedet. Sie
tritt mit dem Tage ihrer Verkündung in Kraft.

*11. August 1919: Die letzte Seite der Verfassung mit den Unterschriften
des Reichspräsidenten Ebert und der Reichsminister.*

Geschichte der deutschen Revolution erscheinen. Es ist gewissermaßen die parteiamtliche Darstellung, stellt den »Verrat« der SPD in den Mittelpunkt und »soll eine Waffe im Befreiungskampf der Arbeiterklasse sein«. Unfreiwillig komisch ist, dass der nicht genannte Herausgeber, vermutlich Willi Münzenberg, zur »Redaktion« auch längst tote Linksradikale zählt, darunter die ermordeten Karl Liebknecht und Rosa Luxemburg, den hingerichteten Eugen Leviné und sogar Lenin.[12] Das erste Drittel handelt länglich die Vorgeschichte der Novemberrevolution seit den Bauernkriegen des 16. Jahrhunderts ab, dann aber geht es zur Sache: »Die politische Weichenstellung, ob Revolution oder Gegenrevolution, ergab sich aus der Antwort auf die Frage: ›Für Sowjetrussland‹ oder ›für die Entente‹? [...] ›Für Russland‹ schloss in sich den Zwang, die Revolution zum Siege zu treiben. ›Für die Entente‹ bedeutete Meuchlung der Revolution.«[13] Die *Illustrierte Geschichte* zieht eine klare Konsequenz: »Eine große Gärung geht im Proletariat vor sich. Seine Spaltung und Zerrissenheit, so schmerzlich sie sind, sind doch unvermeidliche Begleiterscheinungen eines Prozesses, bei dem im Schmelztiegel der Revolution die Klasse des Proletariats die Reinheit und Härte und Elastizität erhält, die es zur Erfüllung seiner geschichtlichen Mission benötigt.«[14]

Erstaunlicherweise ist es diese eindeutig parteiische Deutung der Revolution 1918/19, die sich nach 1945 im allgemeinen Bewusstsein durchsetzt. Die junge Bundesrepublik knüpft bewusst wenig an die Anfang der 1930er-Jahre gescheiterte erste Demokratie in Deutschland an. Der Titel des Buches *Bonn ist nicht Weimar* des Schweizer Journalisten Fritz René Allemann wird ab 1956 zum geflügelten Wort, weil es die Abwendung des politischen Establishments von der Leistung des Umsturzes am Ende des Ersten Weltkrieges und in der Zeit bis zum Friedensschluss in eine knappe Formel fasst. So entsteht keine positive Erinnerung an die Revolution in der zweiten, zugleich ersten erfolgreichen Demokratie auf deutschem Boden. Das macht es hart linken Publizisten ab den 1960er-Jahren leicht, das politische Erbe von Friedrich Ebert, Philipp Scheidemann, Hermann Müller, Gustav Bauer und vielen anderen als »Verrat« zu diffamieren.

Lob der Revolution – Ein Nachwort

Dann holte man uns zum Militär / bloß so als Kanonenfutter /
In der Schule wurden die Bänke leer / zu Hause weinte die Mutter /
Dann gab es ein bisschen Revolution.

Erich Kästner[1]

Nichts ist so hartnäckig wie ein schlechter Ruf. Einmal etabliert, lässt er sich kaum mehr ändern; vor allem nicht, wenn sich niemand berufen fühlt, als Verteidiger aufzutreten. Auch ein Jahrhundert nach den Ereignissen leidet die Revolution 1918/19 genau daran. Sie gilt meist als misslungen, fehlgeschlagen oder verraten, als »Sturzgeburt«, bestenfalls als nicht geglückt, stecken geblieben oder unvollendet. Zu den Kronzeugen zählt Erich Kästner, der den Umsturz als »ein bisschen Revolution« verspottete. Der wortmächtige Sebastian Haffner, der wie kein anderer Publizist zwischen linksliberal und rechtskonservativ pendelte, prägte in einem Bestseller zu ihrem 50. Jahrestag die Formulierung: »Die deutsche Revolution von 1918 war eine sozialdemokratische Revolution, die von den sozialdemokratischen Führern niedergeschlagen wurde: Ein Vorgang, der in der Weltgeschichte kaum seinesgleichen hat.«[2]

Nicht ganz so zugespitzt, aber gerade deshalb allgemein anschlussfähig und oft zustimmend zitiert, urteilte 1993 der Berliner Zeithistoriker Reinhard Rürup: »Das Selbstverständnis der Weimarer Republik (und ihrer Träger) gründete sich nicht auf die Revolution, sondern auf deren Überwindung. Nicht nur die bürgerlich-demokratischen Kräfte, sondern auch die Sozialdemokraten distanzierten sich sehr rasch und eindeutig von der Revolution.«[3] Helga Grebing, wie Rürup langjähriges Mitglied der Historischen Kommission der SPD und daher jeder Antipathie gegenüber der deutschen Sozialdemokratie unverdächtig, schrieb über die Umwälzung 1918/19: »Sie war eine Revolution, die die Mehrheit der Deutschen ablehnte.«[4] Eine Fülle im Wesentlichen ganz ähnlicher Bewertungen ließe sich hinzufügen.

Wir glauben, dass Haffners Bewertung unzutreffend ist, und ebenso, dass die wissenschaftlichen Urteile vieler Historiker in die Irre führen. Denn in Wirklichkeit handelt es sich bei der Revolution von 1918/19 um den wohl am meisten unterschätzten Erfolg der jüngeren deutschen Geschichte. Natürlich ist sie nicht unblutig abgelaufen wie der friedliche Aufstand der Menschen in der DDR, der 1989/90 zum Sturz des SED-Regimes geführt hat. Aber gemessen an den Verhältnissen der Zeit ist erstaunlich, wie gewaltarm der Umsturz vor 100 Jahren die jahrhundertealte Herrschaft der deutschen Monarchen hinweggefegt hat.

Die Revolution hat Strukturen etabliert, die uns heute selbstverständlich erscheinen: eine Verfassung, die Grundrechte wie die Presse- und die Versammlungsfreiheit garantiert; das Prinzip der allgemeinen, freien, gleichen und geheimen Wahlen; die Anerkennung der Gewerkschaften als »berufene Vertretung der Arbeiterschaft«; kollektive Tarifverträge und soziale Absicherung. Neu geregelt worden ist auch das Verhältnis von Regierung und Parlament: Das Kabinett ist erstmals auf die Zustimmung der Abgeordneten angewiesen, die es indirekt auch absetzen können. Alles in allem hat jeder erwachsene Deutsche 1918/19 innerhalb weniger Monate ein vorher kaum vorstellbar hohes Maß an persönlichen Freiheits- und Mitspracherechten erhalten.

Natürlich haben viele, die vom bis dahin herrschenden System profitiert hatten, versucht, ihre Pfründe im neuen Staat zu sichern. Sie arrangieren sich ohne innere Überzeugung mit der neuen Zeit. Und selbstverständlich handeln die führenden Kräfte der Revolution mitunter inkonsequent, machen Fehler. Andererseits darf man nicht vergessen, dass selbst politisch Erfahrene das erste Mal eine Revolution erleben – die letzten annähernd vergleichbaren Ereignisse in Deutschland hatte es 70 Jahre zuvor gegeben, während des tatsächlich gescheiterten bürgerlichen Aufstandes 1848/49, und die Ausrufung der dritten französischen Republik 1870 liegt 1918/19 auch schon fast ein halbes Jahrhundert zurück.

Nun, nach dem bis dahin schlimmsten aller Kriege, werden sämtliche überkommenen Strukturen infrage gestellt. Gerade das ermöglicht vielen Menschen, selbst Verantwortung zu übernehmen und unter neuen Bedingungen politische Erfahrungen zu sammeln. Zum Beispiel in Räten aller Art, einer bis dahin unbekannten Form der direkten Selbstverwaltung, die in vielen Regionen Deutschlands gemeinsam mit den alten Amtsträgern oder an ihrer Stelle maßgeblich für Ruhe und Ordnung sorgte. Ähnlich agieren übrigens auch viele DDR-Bürger in den Monaten nach dem Fall der Berliner Mauer – in Bürgerkomitees und an Runden Tischen. Sowohl 1918/19 wie 1989/90 prägt, bei allen sonstigen Unterschieden, das Erleben, was Teilhabe an der Gesellschaft bedeutet, die Menschen unterschiedlicher Schichten und Milieus.

Man kann die Revolution 1918/19 also nicht als misslungen, stecken geblieben oder unvollendet bezeichnen. Im Gegenteil: Sie ist noch dazu in einer denkbar schwierigen politischen Situation, trotz insgesamt mehreren Tausend Opfern bei Straßenkämpfen, die Geburt der Demokratie in Deutschland. Dieser Sieg des Fortschritts verdient es, gewürdigt zu werden.

Wir wollen mit diesem Buch einen solchen Wechsel der Perspektive einleiten. Uns hat immer wieder verblüfft, wie gering bei vielen, die über den Umsturz urteilten, offenbar das Verständnis für die damaligen Zustände und Zwänge ist. Was ist Deutschland denn in jenem Herbst 1918 gewesen? Ein Land mit einem geschlagenen Heer aus abgekämpften, desillusionierten, vielfach verrohten Soldaten und Hunderttausenden Deserteuren, die ihre Rückkehr an die Front verweigern. Ein Land mit einer Zivilbevölkerung, die von Entbehrungen, Hunger und Spanischer Grippe geplagt wird, die im Herbst 1918 ihren Höhepunkt erreicht. Der Vertrauensverlust in den hergebrachten Staat, seine Institutionen und die herrschenden Eliten der Monarchie ist immens und irreparabel. Es herrscht das Gefühl, jetzt müsse sich um jeden Preis etwas ändern. Dieser Eindruck erfasst selbst Kreise, an deren Loyalität und deren Patriotismus bis dahin kein Zweifel bestanden hat. Eine günstige Zeit für Umbrüche also.

Andererseits gibt es weiterhin jene Aufgaben, die jede Regierung gleich welcher politischen Richtung immer zu bewältigen hat: Die Versorgung der Bevölkerung im nahenden Winter muss gewährleistet und dem Verlangen nach Sicherheit sowie nach einem endlich normalen Alltag Rechnung getragen werden. Millionen Soldaten sind zu demobilisieren und wieder in den Wirtschaftsprozess einzugliedern. Und dann sind da noch die Forderungen der Siegermächte. Alles Aufgaben, die Augenmaß und Pragmatismus verlangen, aber mit ideologisch aufgeladenen Fantastereien nicht zu bewältigen sind. Nicht auf der Tagesordnung steht hingegen ein fundamentaler Wechsel der gesellschaftlichen Ordnung. Er ist im Großteil der Bevölkerung nicht konsensfähig und würde die ohnehin völlig erschöpften Menschen überfordern.

Die Ereignisse von vor hundert Jahren sind, darin immerhin lag Haffner richtig, eine durch und durch sozialdemokratische Revolution gewesen. Weil Sozialdemokraten Verantwortung übernommen haben, obwohl es ihnen an Erfahrung bei der Führung eines Staates mangelt, wenn auch nicht an politischer Finesse. Weil Sozialdemokraten, viele bereits im reiferen Alter, ihre Skepsis überwinden, in »ein bankrottes Unternehmen« einzusteigen, wie SPD-Fraktionschef Philipp Scheidemann es ausdrückt.[5] Allen Bedenken zum Trotz tun sie es, zusammen mit Vertretern der von der SPD abgespaltenen Unabhängigen Sozialdemokratischen Partei (USPD). Damit rücken die Sozialdemokraten, bis dahin konsequent in der Opposition gehalten, ins Zentrum der Politik.

Der SPD ist seither oft zum Vorwurf gemacht worden, sie habe sich zu sehr auf den überkommenen Staatsapparat und die durch die Niederlage diskreditierten Eliten des Kaiserreiches gestützt. Doch diese Kritik verkennt, dass auch dort ein Umdenken eingesetzt hat. Bürgertum und Staatsapparat sind 1918/19 ebenso wenig eine homogene Masse wie die Arbeiterschaft. Der liberale Politiker und Staatsrechtler Hugo Preuß hatte bereits 1915 von der überfälligen »Umbildung vom Obrigkeitsstaat zum Volksstaat« gesprochen.[6] Voraussetzung dafür sei ein aktionsfähiger politischer Gemeinwillen des Volkes sowie seine Regierungsfähigkeit durch Selbstorganisation. Genau das entsteht durch die Revolution 1918/19.

Es wäre daher wünschenswert, wenn sich die heutige SPD der Leistung ihrer Mitglieder und Parteiführung von vor einem Jahrhundert stärker bewusst würde, statt dieses Erbe weitgehend zu verleugnen. Doch lieber schämt sich die Sozialdemokratie dafür, »der Demokratie einen Vorrang vor dem Ziel des Sozialismus« beigemessen zu haben, kritisiert zu Recht Alexander Gallus, einer der ganz wenigen heutigen Historiker, die den Umsturz am Ende des Ersten Weltkrieges angemessen würdigen.[7]

Der Grund für den schlechten Ruf der Ereignisse von 1918/19 ist natürlich das tragische Ende der Weimarer Republik. Doch die Katastrophe des »Dritten Reiches« ist keineswegs unausweichlich; im Gegenteil. Noch in ihrer Neujahrsausgabe 1933 kommentiert die liberale *Frankfurter Zeitung* erleichtert: »Der gewaltige nationalsozialistische Angriff auf den demokratischen Staat ist abgeschlagen.«[8] Ein Irrtum, wie nur 29 Tage später deutlich wird. Selbstverständlich haben manche Fehler führender Sozialdemokraten dazu beigetragen, dass Adolf Hitler am 30. Januar 1933 zum Reichskanzler ernannt wird; das relativiert aber nicht die Leistung der Partei 14 Jahre zuvor, beim ungeheuer schwierigen Übergang vom Krieg zum Frieden und von der Monarchie zur Demokratie.

Extremisten beider politischer Flügel haben die Revolution 1918/19 praktisch von Beginn an unter propagandistisches Dauerfeuer genommen. Ihre Attacken haben die allgemeine Wahrnehmung der Ereignisse geprägt, denn viele Menschen glauben lieber radikal einfachen Schuldzuweisungen als komplizierten und differenzierten Erklärungen.

Das Deutungsmuster der extremen Rechten für die Revolution von 1918/19 lässt sich im Schimpfwort »Novemberverbrecher« zusammenfassen. Es taucht, einschließlich zahlreicher Varianten wie »Novemberrepublikaner« oder »Novemberlumpen«, oft auch unpersönlich als »Novemberstaat« und »Novemberrepublik«, während der gesamten 1920er-Jahre in fast allen Ansprachen Hitlers und in den meisten anderer NSDAP-Redner auf. Für die Mehrzahl der einfachen Mitglieder der Hitler-Partei ist die Novemberrevolution das dominierende Feindbild neben dem allgegenwärtigen Judenhass.[9] Der Duden listet das Wort »Novemberverbrecher« in der 12. Auflage von 1941 mit der Erläuterung »Anstifter der Revolte im November 1918«.[10] Mit dem Ende des »Dritten Reiches« 1945 ist diese Deutung allerdings erledigt; schon für die 13. Auflage des Dudens wird der Eintrag »Novemberverbrecher« 1947 wieder getilgt.

Hingegen wirkt bis heute die linke Verdammung der Revolution 1918/19 fort. Sie lässt sich in einer Formel zusammenfassen, die auch im 21. Jahrhundert noch gelegentlich im politischen Meinungskampf der Bundesrepublik auftaucht: »Wer hat uns verraten? Sozialdemokraten!«[11] Damit ist gemeint, die pragmatische Mehrheit der SPD habe am Ende des Ersten Weltkrieges bewusst die Chance ausgelassen, dem politischen Umsturz von der autokratischen Monarchie zur demokratischen Republik eine soziale Revolution folgen zu lassen, die den Weg in ein sozialistisches Deutschland hätte bahnen sollen. Dann wäre, so die weitere Behauptung, auch der Zivilisationsbruch des Nationalsozialismus Deutschland, Europa und der Welt erspart geblieben.

Wie wenig der extremen Linken das bereits in den ersten Tagen Erreichte etwas gilt, zeigt Karl Liebknechts selbstherrlicher Auftritt am 10. November 1918 bei der Vollversammlung der Berliner Arbeiter- und Soldatenräte im Zirkus Busch. Gerade einmal einen Tag ist die Republik ausgerufen, da verkündet der Spartakus-Anführer, die »Gegenrevolution« sei »auf dem Marsche«, ja »bereits in Aktion«.[12] Eine haltlose Behauptung, die trotzdem von den Gegnern des eingeschlagenen Kurses hin zu einer parlamentarischen Demokratie begierig aufgenommen wird – lässt sich doch damit jede Maßnahme, die nicht den eigenen Vorstellungen entspricht, diskreditieren. So wird aus Liebknechts Behauptung ein Stigma.

Die Diffamierung der Revolution 1918/19 durch beide politischen Extreme hat ihre Würdigung extrem erschwert. Dieses Buch versucht, den Schutt eines Jahrhunderts politischer Attacken beiseitezuräumen, um einen angemessenen Blick auf die Akteure der Revolution und ihre Handlungsspielräume zu ermöglichen. Wir tun das, indem wir Zeitgenossen zu Wort kommen lassen, sowohl handelnde Personen auf allen Ebenen wie bloße Zuschauer der Ereignisse. Damit wollen wir einem Defizit abhelfen, das Volker Ullrich, der langjährige Geschichtsredakteur der Hamburger Wochenzeitung *Die Zeit*, völlig zu Recht moniert hat: »Die Historiker haben solchen zeitgenössischen Berichten aus der Umbruchzeit bislang zu wenig Aufmerksamkeit geschenkt. Sie aufzugreifen und zu analysieren hieße, wichtige Korrekturen am überlieferten Bild der Revolution vorzunehmen.«[13]

Daher beruht dieses Buch auf Protokollen, Briefen, Tagebüchern und Zeitungsartikeln aus den entscheidenden Monaten von Ende September 1918 bis Ende November 1919 sowie auf Memoiren und anderen rückblickenden Berichten, die Augenzeugen später verfassten. Nur aus dieser unmittelbaren Perspektive lässt sich erkennen, welche Probleme die führenden Köpfe gesehen und warum sie gehandelt haben, wie sie es taten. Ob die seinerzeit als drohend wahrgenommenen Gefahren tatsächlich realistisch gewesen sind, ist demgegenüber sekundär – Beobachtungen *ex post* können naturgemäß keinen Einfluss auf die Ereignisse haben.

Um einen repräsentativen Blick auf die Revolution von 1918/19 zu gewinnen, beschränken wir uns dabei nicht auf die Orte, die bisher meistens im Mittelpunkt standen: die Reichshauptstadt Berlin und München, wo die bekannteste Räterepublik knapp vier Wochen lang herrschte. Natürlich bezieht dieses Buch auch Kiel ein, denn von dort aus nahm der Umsturz seinen Ausgang. Zusätzlich schauen wir nach Bremen und Braunschweig, nach Leipzig und ins Ruhrgebiet. Wer allerdings nur die Großstädte und die dort naturgemäß starke Arbeiterbewegung im Blick hat, wird niemals die gesellschaftliche Realität in der Umbruchzeit ganz erfassen können. Deshalb nehmen wir auch die Provinz mit auf, stellvertretend Baden und Württemberg sowie Ostpreußen.

Die beiden Autoren dieses Bandes haben jeder für sich schon eine Reihe von Büchern vorgelegt und auch gemeinsam mehrere Arbeiten über die deutsche Geschichte im 20. Jahrhundert veröffentlicht; unter anderem über die Auswirkungen von Gerüchten und Fehlinformationen – neudeutsch »Fake News« – auf politische und gesellschaftliche Entwicklungen, über deren nachträgliche Verfälschung in Legenden oder über die Friedliche Revolution in der DDR 1989/90. Dazu passt die vorliegende Studie über die Ereignisse 1918/19: Wir rekonstruieren, gestützt ganz überwiegend auf Zeugnisse von Zeitgenossen, die tatsächlichen Abläufe und dekonstruieren so die nachträglichen, fast immer in die eine oder andere Richtung politisch gefärbten Interpretationen. Gleichzeitig greifen wir aber auch die Fortwirkung des Streits um die Revolution auf, denn auch ein Jahrhundert später ist die Demokratie keineswegs selbstverständlich, sondern ständig gefährdet – mal weniger, mal mehr. Populismus und der Glaube an schlichte Heilsversprechungen, die beide gegenwärtig besonders stark sind, bereiten uns große Sorgen. Gerade angesichts dessen kann man die Bedeutung der demokratischen Revolution von 1918/19 kaum überschätzen. Sie verdient statt Verachtung Lob.

Berlin, 1. Mai 2018

Lars-Broder Keil   *Sven Felix Kellerhoff*

Die Weimarer Republik 1919–1933

••••• Grenzen des Deutschen Reiches 1914
— — Grenzen des Deutschen Reiches 1920
''''''' Ostgrenze der entmilitarisierten Zone

DÄNEMARK

Kopenha

SCHLESWIG
10.2.1920

Flensburg

Schleswig-
Holstein

Kiel

Rostoc

Lübeck

NORDSEE

Hamburg

Schwerin

NIEDERLANDE

Oldenburg

Bremen

Amsterdam

Osnabrück

Hannover

Braunschweig

Magde

Elbe

Münster

Essen

Dortmund

DEUTSCHES REIC

Düsseldorf

Kassel

Lei

BELGIEN

Köln

Rhein

Weimar

EUPEN-
MALMEDY
24.7.1920

Rhein-
provinz

Wetzlar

LUXEMBURG

Mosel

Wiesbaden

Frankfurt

Coburg

Luxemburg

Mainz

Saargebiet

Würzburg

Pfalz

Saarbrücken

Mannheim

Nürnbe

Paris

Elsass-
Lothringen

Karlsruhe

Regens

Seine

Stuttgart

Donau

Straßburg

Augsburg

FRANKREICH

Baden

Münche

0   50   100   150 km

Basel

Konstanz

SCHWEIZ

HWEDEN

OSTSEE

LITAUEN

Memel

Memel

Tilsit

Königsberg

FREIE STADT
DANZIG

Ostpreußen

Marienwerder

Allenstein

ALLENSTEIN
MARIENWERDER
11.7.1920

Stettin

Westpreußen

e u ß e n

Posen

Berlin

Weichsel

Warschau

am

Oder

Posen

Cottbus

POLEN

resden

Breslau

Kielce

OBERSCHLESIEN
20.3.1921

Prag

Krakau

TSCHECHOSLOWAKEI

Brünn

Gebietsverluste nach dem
Ersten Weltkrieg

Abstimmungsgebiete

Völkerbundmandate

Von Alliierten besetzte Gebiete

Französische Besetzung des
Ruhrgebiets 1923–25

Donau

Linz

Wien

alzburg

ÖSTERREICH

Dank

Jubiläen erzeugen immer Aufmerksamkeit – und führen im besten Fall zu neuen Sachbüchern. Natürlich muss eine Neubewertung der deutschen Revolution 1918/19 im Herbst 2018 erscheinen, nicht ein Jahr zuvor und nicht ein Jahr später. Daher präsentieren wir jetzt unser Werk. Einige haben einen so wichtigen Anteil daran, dass wir ihnen hier ausdrücklich danken wollen: unserem Agenten Ernst Piper für die wie immer kompetente Betreuung und Beratung, Holger Kuntze für sein Interesse und für das große Verständnis, als es dann doch hakte, Daniel Zimmermann und dem gesamten Team der Wissenschaftlichen Buchgesellschaft für das Vertrauen und gute Diskussionen sowie Dr. Kersten Knipp für seine konstruktive Kooperation und Genauigkeit. Ohne sie und viele andere, deren Namen wir hier nicht alle aufführen können, gäbe es das »Lob der Revolution« nicht.

Anmerkungen

Waffenstillstand

1 Remarque: *Im Westen nichts Neues,* S. 323.
2 *Der Große Krieg,* Heft 103, S. 9704; vgl. *Vossische Zeitung, Berliner Bör-senzeitung* u. *Berliner Volkszeitung* v. 29. September 1918.
3 Ludendorff: *Meine Kriegserinnerungen,* S. 582.
4 Hindenburg: *Aus meinem Leben,* S. 392.
5 Hürter (Hrsg.): *Paul von Hintze,* S. 664–667; vgl. Ludendorff: *Meine Kriegserinnerungen,* S. 584f., sowie Hindenburg: *Aus meinem Leben,* S. 394, u. Hertling: *Ein Jahr in der Reichskanzlei,* S. 181f., sowie Söse-mann (Hrsg.): *Wolff-Tagebücher,* Bd. 2, S. 923f., u. Darlegung Hintzes v. 14. August 1922. In: Das Werk des *Untersuchungsausschusses,* 4. Reihe, Bd. 2, S. 400f.
6 Hürter (Hrsg.): *Paul von Hintze,* S. 641f.
7 Zit. n. Franz: *Das Problem,* S. 204f.
8 *Der Große Krieg,* Heft 103, S. 9719f.
9 Vgl. Hürter (Hrsg.): *Paul von Hintze,* S. 642, Anm. 3.
10 *Vossische Zeitung* u. *Berliner Tageblatt* v. 30. September 1918.
11 Ludendorff (Hrsg.): *Urkunden der OHL,* S. 525.
12 Thaer: *Generalstabsdienst,* S. 234f.
13 Niemann: *Kaiser und Revolution,* S. 87.
14 Hill (Hrsg.): *Die Weizsäcker-Papiere,* S. 288.
15 Wette (Hrsg.): *Aus den Geburtsstunden,* S. 30f.
16 Payer: *Von Bethmann-Hollweg bis Ebert,* S. 88.
17 Hofmiller: *Revolutionstagebuch,* S. 11.
18 Materna / Schreckenbach / Holtz (Hrsg.): *Dokumente,* S. 287.
19 Kamzelak / Ott (Hrsg.): *Kessler-Tagebuch,* Bd. 7, S. 512.
20 Generalkommando Karlsruhe zit. n. Schmidgall: *Revolution in Baden,* S. 87.

21 Nürnberger Gewerkschafter zit. n. Ay: *Volksstimmung*, S. 376.

22 Hofmiller: *Revolutionstagebuch*, S. 21.

23 Materna / Schreckenbach / Holtz (Hrsg.): *Dokumente*, S. 289f.

24 Riezler: *Tagebücher*, S. 480.

25 Hauptmann: *Tagebücher*, S. 235.

26 Zit. n. Glatzer: *Das Wilhelminische Berlin*, S. 409.

27 Kollwitz: *Tagebücher*, S. 373f.

28 Remarque: *Das unbekannte Werk*, S. 258.

29 Generalkommando Karlsruhe zit. n. Schmidgall: *Revolution in Baden*, S. 8.

30 Schneider: *Tagebuch* v. 15. September sowie v. 16. Oktober 1918.

31 Knief: *Briefe aus dem Gefängnis*, S. 68–70.

32 Haase: *Sein Leben und Wirken*, S. 164f.

33 Buber (Hrsg.): *Landauer-Briefe*, Bd. 2, S. 274.

34 Zit. n. Schmidgall: *Revolution in Baden*, S. 97.

35 Scheidemann: *Der Zusammenbruch*, S. 174.

36 David: *Kriegstagebuch*, S. 285.

37 Ebert zit. n. Scheidemann: *Der Zusammenbruch*, S. 176; vgl. Müller-Franken: *November-Revolution*, S. 10f., u. David: *Kriegstagebuch*, S. 285–287.

38 Payer: *Von Bethmann-Hollweg bis Ebert*, S. 92.

39 Wette (Hrsg.): *Aus den Geburtsstunden*, S. 31 u. 33.

40 Payer: *Von Bethmann-Hollweg bis Ebert*, S. 93.

41 Wette (Hrsg.): *Aus den Geburtsstunden*, S. 31.

42 *Der Große Krieg*, Heft 103, S. 9747f.

43 *Stenographische Berichte*, Bd. 314, S. 6153A-B.

44 *Kriegs-Echo. Wochenchronik*, Nr. 219 vom 18. Oktober 1918, S. 1706.

45 Zit. n. Franz: *Das Problem*, S. 232.

46 Zit. n. Walther (Hrsg.): *Endzeit Europa*, S. 325.

47 Buber (Hrsg.): *Landauer-Briefe*, Bd. 2, S. 274.

48 Hill (Hrsg.): *Die Weizsäcker-Papiere*, S. 295f.

49 *Amtliche Urkunden zur Vorgeschichte des Waffenstillstandes*, S. 79.

50 Marhefka (Hrsg.): *Der Waffenstillstand*, Bd. 1, S. 12.

51 Hofmiller: *Revolutionstagebuch*, S. 23.

52 Marhefka (Hrsg.): *Der Waffenstillstand*, Bd. 1, S. 13.

53 *Berliner Tageblatt* v. 16. Oktober 1918.

54 *Amtliche Urkunden zur Vorgeschichte des Waffenstillstandes*, S. 118.

55 Wette (Hrsg.): *Aus den Geburtsstunden*, S. 34f.

56 Hill (Hrsg.): *Die Weizsäcker-Papiere*, S. 298.

57 *Kreuzzeitung* v. 16. Oktober 1918.

58 Kollwitz: *Tagebücher*, S. 376.

59 *Vossische Zeitung* v. 7. Oktober 1918.

60 Rathenau: *Briefe 1914–1922*, Bd. 2, S. 66f.

61 *Vorwärts* v. 22. Oktober 1918.

62 Dehmel: *Ausgewählte Briefe,* S. 437f.

63 Zit. n. Bab: *Richard Dehmel*, S. 385 u. S. 387.

64 *Vorwärts* v. 28. Oktober 1918.

65 Telegramm v. 18. Oktober 1918, zit. n. Kuhl: *Die Rolle*, S. 10, Anm. 12.

66 Haase: *Sein Leben und Wirken*, S. 169f.

67 Zit. n. Luban: *Neue Forschungsergebnisse*, S. 73.

68 Knief: *Briefe aus dem Gefängnis*, S. 88f.

69 Zit. n. Luban: *Neue Forschungsergebnisse*, S. 71.

70 Zit. n. Vatlin: *Im zweiten Oktober*, S. 190f. u. S. 195.

71 Zit. n. Vatlin: *Im zweiten Oktober*, S. 183.

72 Zit. n. Luban: *Neue Forschungsergebnisse*, S. 75.

73 Zit. n. Vatlin: *Im zweiten Oktober*, S. 195f.

74 Materna / Schreckenbach / Holtz (Hrsg.): *Dokumente*, S. 292.

75 Zit. n. Luban: *Neue Forschungsergebnisse*, S. 76.

76 Vgl. Hoffrogge: *Richard Müller*, S. 40.

77 Müller: *Eine Geschichte der Novemberrevolution*, S. 137.

78 Brecht: *Aus nächster Nähe*, S. 179f.

79 Vgl. Hoffrogge: *Richard Müller*, S. 67.

80 Zit. n. Grau: *Eisner*, S. 346.

81 Hofmiller: *Revolutionstagebuch*, S. 23.

82 Zit. n. *Washington Post* v. 5. Juli 1918.

83 Sösemann (Hrsg.): *Wolff-Tagebücher*, S. 637; vgl. Machtan: *Endzeit-kanzler*, S. 425–440.

84 Vgl. Payer: *Von Bethmann-Hollweg bis Ebert*, S. 152.

85 *Stenographische Berichte des Reichstages*, S. 6185C.

86 Andersen: *Tagebuch*, S. 87.

87 Zit. n. Müller-Franken: *Die November-Revolution*, S. 16f.

88 Oestering: *Der Umsturz 1918 in Baden*, S. 44.

89 *Stenographische Berichte des Reichstages*, S. 6158A.

90 Vgl. Conze: *Von deutschem Adel*, S. 76.

91 Bernstorff: *Erinnerungen und Briefe*, S. 176.

92 *Stenographische Berichte des Reichstages*, S. 6161A–B.

93 *RGBl* 1918, S. 1274.

94 *Stenographische Berichte des Reichstages*, S. 6297D.

95 *Stenographische Berichte des Reichstages*, S. 6177B–C.

96 Shedletzky (Hrsg.): *Betty Scholem – Gershom Scholem*, S. 20f., u. zit. n. Zadoff: *Der rote Hiob*, S. 103.

97 Marhefka (Hrsg.): *Der Waffenstillstand*, Bd. 1, S. 17.

98 Ludendorff (Hrsg.): *Urkunden der OHL*, S. 577f.

99 Hill (Hrsg.): *Die Weizsäcker-Papiere*, S. 307.

100 Bericht des Konteradmirals Magnus von Levetzow, zit. n. Niemann: *Revolution von oben*, S. 411f. Vgl. Payer: *Von Bethmann-Hollweg bis Ebert*, S. 141–145, sowie Ludendorff: *Meine Kriegserinnerungen*, S. 615f., u. Hindenburg: *Aus meinem Leben*, S. 396f.

101 Payer: *Von Bethmann-Hollweg bis Ebert*, S. 142.

102 Niemann: *Kaiser und Revolution*, S. 112f.

103 Hill (Hrsg.): *Die Weizsäcker-Papiere*, S. 309.

104 Niemann: *Kaiser und Revolution*, S. 112f.

105 Hiller von Gaertringen (Hrsg.): *Groener – Lebenserinnerungen*, S. 441.

106 Bericht des Konteradmirals Magnus von Levetzow, zit. n. Niemann: *Revolution von oben*, S. 411; vgl. Payer: *Von Bethmann-Hollweg bis Ebert*, S. 145.

107 Zit. n. Groß: *Eine Frage der Ehre?*, S. 104.

108 Vgl. Fabian: *Revolutionserinnerungen*, S. 22f., u. Müller: *Eine Geschichte der Novemberrevolution*, S. 142, Anm. 4.

Umsturz

1 Welk: *Im Morgennebel*, S. 371.

2 Dittmann: *Die Marine-Justizmorde von 1917*, S. 95 u. S. 97f.; Deist: *Die Politik*, S. 360f.; *Spiegel* 45/1968, S. 106–130.

3 Haußmann: *Schlaglichter*, S. 262f.

4 Andersen: *Tagebuch*, S. 89f.

5 Zit. n. Habeck / Paluch / Trende: *1918. Revolution in Kiel*, S. 19.

6 Zit. n. Dähnhardt: *Revolution in Kiel*, S. 61; vgl. Habeck / Paluch / Trende: *1918. Revolution in Kiel*, S. 20f.

7 Noske: *Von Kiel bis Kapp*, S. 7.

8 Zit. n. Hoffmann / Siebig: *Ernst Busch*, S. 26.

9 Völcker: *Tagebuch* v. 4. November 1918.

10 Hoffrogge: *Richard Müller*, S. 64–69.

11 Haußmann, *Schlaglichter*, S. 263f.

12 Scheidemann: *Memoiren eines Sozialdemokraten*, Bd. 2, S. 211.

13 Vgl. Habeck / Paluch / Trende: *1918. Revolution in Kiel*, S. 28f.

14 Zit. n. Habeck / Paluch / Trende: *1918. Revolution in Kiel*, S. 37; vgl. Wette: *Noske und die Revolution in Kiel*, S. 28.

15 Noske: *Von Kiel bis Kapp*, S. 14.

16 Haase: *Sein Leben und Wirken*, S. 171.

17 Walther (Hrsg.): *Endzeit Europa*, S. 333.

18 Zit. n. Reisinger: *Revolution in Leipzig,* S. 163.

19 *Schleswig-Holsteinische Zeitung* v. 4. u. v. 5. November 1918 zit. n. Habeck / Paluch / Trende: *1918. Revolution in Kiel*, S. 44f.

20 Vgl. Kuhl: *Streitgespräch mit Lothar Popp*, S. 11, u. Noske: *Von Kiel bis Kapp*, S. 15f.

21 Andersen: *Tagebuch*, S. 94.

22 Oestering: *Der Umsturz 1918 in Baden*, S. 88f.

23 Zit. n. Habeck / Paluch / Trende: *1918. Revolution in Kiel*, S. 57; vgl. Wewer (Hrsg.): *Demokratie in Schleswig-Holstein*, S. 186.

24 Ringelnatz: *Als Mariner im Krieg*, S. 366.

25 Zit. n. Ullrich: *Die Revolution von 1918/19*, S. 30.

26 *Hamburger Echo* v. 7. November 1918.

27 Sternsdorf-Hauck: *Brotmarken und rote Fahnen*, S. 73.

28 Kamzelak / Ott (Hrsg.): *Kessler-Tagebuch*, Bd. 6, S. 619.

29 Noske: *Von Kiel bis Kapp*, S. 26.

30 Müller-Franken: *November-Revolution*, S. 37.

31 *Frankfurter Zeitung* v. 5. November 1918.

32 Payer: *Von Bethmann-Hollweg bis Ebert*, S. 412.

33 Bernstorff: *Erinnerungen und Briefe*, S. 178.

34 Max von Baden: *Erinnerungen und Dokumente*, S. 566f., u. *Vorwärts* v. 7. November 1918.

35 Flugblatt v. 8. November 1918 (Archiv der Verf.); vgl. Müller: *Eine Geschichte der Novemberrevolution*, S. 233.

36 Haußmann: *Schlaglichter*, S. 266; vgl. Franz: *Das Problem*, S. 241.

37 Oestering: *Der Umsturz 1918 in Baden*, S. 37.

38 Kamzelak / Ott (Hrsg.): *Kessler-Tagebuch*, Bd. 6, S. 615.

39 Sternsdorf-Hauck: *Brotmarken und rote Fahnen*, S. 76.

40 *Leipziger Volkszeitung* u. *Leipziger Tageblatt* v. 9. November 1918 zit. n. Reisinger: *Revolution in Leipzig*, S. 166.

41 Cohausz: *Novemberrevolution in Paderborn*, S. 392f.

42 Wette (Hrsg.): *Aus den Geburtsstunden*, S. 36.

43 Zit. n. Oestering: *Der Umsturz 1918 in Baden*, S. 50; vgl. Schmidgall: *Revolution in Baden*, S. 97–99.

44 Oestering: *Der Umsturz 1918 in Baden*, S. 50f.

45 Vgl. Gohlke: *Revolution in Magdeburg*, S. 55.

46 Vgl. Kamzelak / Ott (Hrsg.): *Kessler-Tagebuch*, Bd. 6, S. 621f.

47 Zit. n. Ullrich: *Die Revolution von 1918/19*, S. 33.

48 Knief: *Briefe aus dem Gefängnis*, S. 94 u. 96.

49 Vgl. Hoffrogge: *Richard Müller*, S. 70.

50 Haußmann: *Schlaglichter*, S. 267.

51 Wolff: *Der Marsch durch zwei Jahrzehnte*, S. 192f.

52 Vgl. Wette (Hrsg.): *Aus den Geburtsstunden*, S. 38.

53 Vgl. Krieger: *Das Berliner Schloss in den Revolutionstagen*, S. 3f.

54 Kamzelak / Ott (Hrsg.): *Kessler-Tagebuch*, Bd. 6, S. 622f.

55 *Berliner Volks-Zeitung* v. 9. November 1918.

56 *Berliner Tageblatt* v. 9. November 1918.

57 *Correspondenzblatt* v. 9. November 1918.

58 Vgl. Max von Baden: *Erinnerungen und Dokumente*, S. 599.

59 Scheidemann: *Memoiren eines Sozialdemokraten*, Bd. 2, S. 312. Der exakte Wortlaut von Scheidemanns kurzer Erklärung ist umstritten. Vgl. *Zeit* v. 4. April 2018.

60 *Vossische Zeitung* v. 9. November 1918. Dies ist die Version, die noch am selben Nachmittag in Berlin bekannt wurde. Sie stimmt weitgehend überein mit der Variante, die Ernst Friedegg stenografiert hatte. Vgl. Jessen-Klingenberg: *Die Ausrufung der Republik*, S. 653–654.

61 *Vossische Zeitung* v. 10. November 1918.

62 Payer: *Von Bethmann-Hollweg bis Ebert*, S. 164f.

63 Barth: *Aus der Werkstatt*, S. 59.

64 Bernstein: *Die deutsche Revolution*, S. 65.

65 Flugblatt v. 9. November 1918 (Archiv der Verf.); vgl. *Berliner Tageblatt* v. 10. November 1918.

66 *Welt-Echo* v. 22. November 1918, S. 1780, u. *Berliner Tageblatt* v. 10. November 1918.

67 Goldstein: *Berliner Jahre*, S. 109.

68 Krieger: *Das Berliner Schloss in den Revolutionstagen*, S. 9.

69 Shedletzky (Hrsg.): *Betty Scholem – Gershom Scholem*, S. 22f.

70 Engel: *Johann Knief – ein unvollendetes Leben*, S. 365.

71 David: *Kriegstagebuch*, S. 292.

72 *Berliner Tageblatt* v. 10. November 1918.

73 Kamzelak / Ott (Hrsg.): *Kessler-Tagebuch*, Bd. 6, S. 628.

74 Haußmann: *Schlaglichter*, S. 272.

75 Bernstein: *Die deutsche Revolution*, S. 77, u. *Vorwärts* v. 11. November 1918; vgl. Huber: *Verfassungsgeschichte*, Bd. 5, S. 711f.

76 Payer: *Von Bethmann-Hollweg bis Ebert*, S. 171.

77 *Rote Fahne* v. 10. November 1918.

78 Bernstein: *Die deutsche Revolution*, S. 74f.

79 *Rote Fahne* v. 10. November 1918.

80 *Rote Fahne* v. 10. November 1918.

81 Engel / Holtz / Materna (Hrsg.): *Groß-Berliner Arbeiter- und Soldaten-räte*, Bd. 1, S. 17–23; vgl. *Welt-Echo* v. 22. November 1918, S. 1780.

82 Wette (Hrsg.): *Aus den Geburtsstunden*, S. 44–46.

83 Sternsdorf-Hauck: *Brotmarken und rote Fahnen*, S. 74f.

84 Zit. n. Poidevin / Bariéty: *Frankreich und Deutschland*, S. 298.

85 *Berliner Börsen-Zeitung* v. 12. November 1918.

86 Zit. n. Grau: *Eisner*, S. 388.

87 Schneider: *Tagebuch* v. 12. November 1918.

88 Shedletzky (Hrsg.): *Betty Scholem – Gershom Scholem*, S. 23.

89 *Vorwärts* v. 14. November 1918.

90 Steiger: *Kooperation*, S. 109–112.

91 Mann: *Tagebücher*, S. 67.

92 Hofmiller: *Revolutionstagebuch*, S. 44.

93 Zit. n. Ullrich: *Die Revolution von 1918/19*, S. 39.

94 Vgl. Ritter / Miller (Hrsg.): *Die deutsche Revolution*, S. 101f.

95 *Vorwärts* v. 14. November 1918.

96 *Deutsche Allgemeine Zeitung* v. 12. November 1918.

97 Oestering: *Der Umsturz 1918 in Baden*, S. 39.

98 Rathenau: *Briefe 1914–1922*, Bd. 2, S. 2022.

99 *Berliner Tageblatt* v. 14. November 1918.

100 *Berliner Börsen-Zeitung* v. 15. November 1918.

101 *Vorwärts* v. 13. November 1918.

102 Buber (Hrsg.): *Landauer-Briefe*, Bd. 2, S. 302.

103 Vgl. Rackwitz: *Kriegszeiten*, S. 262.

104 Zit. n. Ullrich: *Die Revolution von 1918/19*, S. 41.

105 Vgl. *Berliner Tageblatt* v. 16. November 1918.

106 Dorrmann (Hrsg.): *Heuss-Briefe*, S. 111f.

107 Shedletzky (Hrsg.): *Betty Scholem – Gershom Scholem*, S. 24f.

108 Cohausz: *Novemberrevolution in Paderborn*, S. 403.

109 Oestering: *Der Umsturz 1918 in Baden*, S. 216.

110 Vgl. Engel: *Draufgängertum*, S. 203, u. Kuckuk: *Im Schatten der Revolution*, S. 58f.

111 Zit. n. Engel: *Draufgängertum*, S. 203.

112 Vgl. Engel: *Johann Knief – ein unvollendetes Leben*, S. 376 u. S. 378f.

113 Vgl. Kuckuk (Hrsg.): *Die Revolution 1918/1919 in Bremen*, S. 65.

114 Biegel: *Minna Faßhau*er, S. 31; www.stolpersteine-fuer-braunschweig. de/minna-fasshauer/.

115 Zit. n. Reisinger: *Revolution in Leipzig*, S. 170; vgl. Bernstein: *Die deutsche Revolution*, S. 97.

116 *Leipziger Tageblatt* v. 18. November 1918.

117 Gohlke: *Revolution in Magdeburg*, S. 55–64.

118 Noske: *Von Kiel bis Kapp*, S. 28.

119 Sternsdorf-Hauck: *Brotmarken und rote Fahnen*, S. 79 u. S. 83.

120 Klemperer: *Tagebücher*, S. 6f.

121 Wette (Hrsg.): *Aus den Geburtsstunden*, S. 49.

122 Shedletzky (Hrsg.): *Betty Scholem – Gershom Scholem*, S. 26.

123 *Münchner Neueste Nachrichten*, zit. n. *Welt-Echo* v. 6. Dezember 1918, S. 1811.

124 Buber (Hrsg.): *Landauer-Briefe*, Bd. 2, S. 295.

125 Zit. n. Nicholls: *Die höhere Beamtenschaft*, S. 198.

126 Bernstein: *Die deutsche Revolution*, S. 104f.

127 Vgl. *Welt-Echo* v. 6. Dezember 1918, S. 1813, u. Müller-Franken: *November-Revolution*, S. 153f.

128 Zit. n. Anz / Stark (Hrsg.): *Expressionismus*, S. 341.

129 Kuhl: *Streitgespräch mit Lothar Popp*, S. 12.

130 Zit. n. Kolb: *Arbeiterräte*, S. 171.

131 Haase: *Sein Leben und Wirken*, S. 173.

132 Niemöller: *Vom U-Boot zur Kanzel*, S. 141.

133 Zit. n. Bessel: *Die Heimkehr der Soldaten*, S. 229.

134   Vgl. Bessel: *Die Heimkehr der Soldaten*, S. 231.

135   Schneider: *Tagebuch* v. 22. November 1918.

136   Vgl. Müller: *Eine Geschichte der Novemberrevolution*, S. 392–395.

137   Bernstein: *Die deutsche Revolution*, S. 110.

138   *Berliner Tageblatt* v. 7. Dezember 1918.

139   *Vorwärts* v. 7. Dezember 1918.

140   *Rote Fahne* v. 7. Dezember 1918.

141   *Vorwärts* v. 11. Dezember 1918.

142   Hofmiller: *Revolutionstagebuch*, S. 98.

143   Zit. n. Schmolze (Hrsg.): *Revolution und Räterepublik in München*, S. 191f., u. Höller (Hrsg.): *Das Wintermärchen*, S. 108.

144   *Rote Fahne* v. 10. Dezember 1918.

145   *Rote Fahne* v. 14. Dezember 1918.

146   Bernstein: *Die deutsche Revolution*, S. 148.

147   Vgl. Luxemburg: *Werke*, Bd. 4, S. 440–449.

148   *Berliner Tageblatt* v. 16. Dezember 1918.

149   Vgl. *Vorwärts* v. 16. Dezember 1918 u. Roß: *Politische Partizipation*, S. 135, Anm. 44.

150   *Rote Fahne* v. 17. Dezember 1918.

151   Bernstein: *Die deutsche Revolution*, S. 124.

152   Vgl. *Allgemeiner Kongress, Stenographische Berichte*, Sp. 106–114.

153   *Allgemeiner Kongress, Stenographische Berichte*, Sp. 219f.

154   *Allgemeiner Kongress, Stenographische Berichte*, Sp. 269–273.

155   *Allgemeiner Kongress, Stenographische Berichte*, Sp. 282.

156   *Vorwärts* v. 22. Dezember 1918.

157   Müller-Franken: *November-Revolution*, S. 117.

158   Sösemann (Hrsg.): *Wolff-Tagebücher*, Bd. 2, S. 667.

159   Wette (Hrsg.): *Aus den Geburtsstunden*, S. 62.

160   Kamzelak / Ott (Hrsg.): *Kessler-Tagebuch*, Bd. 6, S. 619.

161   Buber (Hrsg.): *Landauer-Briefe*, Bd. 2, S. 336.

162   Krieger: *Das Berliner Schloss in den Revolutionstagen*, S. 30.

163   *Buber (Hrsg.): Landauer-Briefe, Bd. 2,* S. 342.

164   Andersen: *Tagebuch*, S. 116.

165   Krieger: *Das Berliner Schloss in den Revolutionstagen*, S. 32.

Aufstand

1 Kisch: *Mein Leben für die Zeitung*, S. 256.

2 Wette (Hrsg.): *Aus den Geburtsstunden*, S. 63.

3 Vgl. *Allgemeiner Kongress, Stenographische Berichte*, Sp. 180f., Sp. 252 u. Sp. 298f.

4 Flugblatt *Der Rote Vorwärts* v. 25. Dezember 1918 (Archiv der Verf.).

5 Wette (Hrsg.): *Aus den Geburtsstunden*, S. 64f.

6 Noske: *Von Kiel bis Kapp*, S. 64.

7 Hürten / Meyer (Hrsg.): *Adjutant*, S. 121; vgl. Noske: *Von Kiel bis Kapp*, S. 63 u. Wette: *Noske und die Revolution in Kiel*, S. 284f.

8 Kamzelak / Ott (Hrsg.): *Kessler-Tagebuch*, Bd. 6, S. 710.

9 Zit. n. Zadoff: *Der rote Hiob*, S. 119f.

10 Zit. n. Rother: *Sozialdemokratie in Braunschweig*, S. 32.

11 Zit. n. Dorst / Neubauer (Hrsg.): *Münchner Räterepublik*, S. 33.

12 Zit. n. Breves / Müller (Hrsg.): *Bremen in der deutschen Revolution*, S. 217–221.

13 Vgl. Köhler: *Adenauer*, S. 100–102.

14 Vgl. Barth: *Aus der Werkstatt*, S. 115f.

15 *Die Freiheit* v. 29. Dezember 1918.

16 Vgl. Oehme: *Damals in der Reichskanzlei*, S. 234.

17 Zit. n. Matthias: *Zwischen Räten und Geheimräten*, S. 74.

18 Bernstein: *Die deutsche Revolution*, S. 180.

19 *Berliner Tageblatt* v. 30. Dezember 1918.

20 *Vorwärts* u. *Berliner Tageblatt* v. 30. Dezember 1918.

21 Oehme: *Damals in der Reichskanzlei*, S. 234.

22 Zit. n. Bernstein, *Die deutsche Revolution*, S. 183.

23 Vgl. Engel: *Johann Knief – ein unvollendetes Leben*, S. 401.

24 *Rote Fahne* v. 23. Dezember 1918.

25 Weber (Hrsg.): *Die Gründung der KPD*, S. 88–96.

26 *Berliner Tageblatt* v. 31. Dezember 1918.

27 Weber (Hrsg.): *Die Gründung der KPD*, S. 107f.

28 *Berliner Tageblatt* v. 31. Dezember 1918; leicht abweichend bei Weber (Hrsg.): *Die Gründung der KPD*, S. 101–104.

29 Weber (Hrsg.): *Die Gründung der KPD*, S. 171–200; vgl. *Berliner Tageblatt* v. 1. Januar 1919.

30 Weber (Hrsg.): *Die Gründung der KPD*, S. 222; vgl. *Berliner Tageblatt* v. 1. Januar 1919.

31 Barth: *Aus der Werkstatt*, S. 128f.

32 Wette (Hrsg.) *Aus den Geburtsstunden*, S. 70.

33 Kollwitz: *Tagebücher*, S. 393.

34 Völcker: *Tagebuch* v. 31. Dezember 1918.

35 Zit. n. *Weltbühne*, 15. Jahrgang, 2. Januar 1919, S. 18f.

36 *Berliner Tageblatt* v. 1. Januar 1919.

37 Vgl. Sommer: *Die Bremer Räterepublik*, S. 8f.

38 Zit. n. Rother: *Sozialdemokratie in Braunschweig*, S. 42 u. S. 54.

39 Zit. n. Gohlke: *Revolution in Magdeburg*, S. 88–90.

40 Eisner: *Die neue Zeit, Zweite Folge*, S. 29.

41 *Gesetz- und Verordnungsblatt für den Volksstaat Bayern* 1919, S. 1ff.

42 *Vorwärts* v. 1. Januar 1919.

43 Vgl. *Vossische Zeitung, Berliner Tageblatt* u. *Vorwärts* v. 5. Januar 1919.

44 Eichhorn: *Meine Tätigkeit*, S. 30f. u. S. 68f.

45 Zit. n. *Ledebour-Prozess*, S. 466.

46 Oehme: *Damals in der Reichskanzlei*, S. 284.

47 Dorrmann (Hrsg.): *Heuss-Briefe*, S. 120f.

48 Rathenau: *Briefe 1914–1922*, S. 2074.

49 Klemperer: *Tagebücher*, S. 45.

50 Albertin (Hrsg.): *Linksliberalismus in der Weimarer Republik*, S. 9–11.

51 Vgl. *Rote Fahne* v. 5. Januar 1919.

52 *Rote Fahne* v. 6. Januar 1919.

53 *Vorwärts* v. 6. Januar 1919.

54 Flugblatt »Die Redakteure des *Vorwärts* erklären« (Archiv d. Verf.).

55 *Berliner Börsen-Zeitung* v. 6. Januar 1919.

56 Vgl. *Ledebour-Prozess,* S. 333.

57 Weber (Hrsg.): *Die Gründung der KPD*, S. 301.

58 Müller: *Eine Geschichte der Novemberrevolution*, S. 137.

59 *Rote Fahne* v. 7. Januar 1919; vgl. Luxemburg: *Werke*, Bd. 4, S. 518.

60 »Aufruf« des Revolutionsausschusses v. 6. Januar 1919 (Archiv der Verf.).

61 Bernstein: *Die deutsche Revolution*, S. 193.

62 Flugblatt v. 6. Januar 1919 (Archiv der Verf.).

63 Kamzelak / Ott (Hrsg.): *Kessler-Tagebuch*, Bd. 7, S. 79.

64 Wilhelm Pieck: »Zur Parteigeschichte der KPD 1918–1920«, S. 114 (Archiv der Verf.).

65 Noske: *Von Kiel bis Kapp*, S. 68.

66 Brecht: *Aus nächster Nähe*, S. 231f.

67 Wette (Hrsg.): *Aus den Geburtsstunden*, S. 74f.

68 Shedletzky (Hrsg.): *Betty Scholem – Gershom Scholem*, S. 30.

69 Bernstein: *Die deutsche Revolution*, S. 202.

70 Klemperer: *Tagebücher*, S. 47.

71 Andersen: *Tagebuch*, S. 118f.

72 Zit. n. Wette: *Gustav Noske*, S. 72.

73 Vgl. Schmidgall: *Revolution in Baden*, S. 128.

74 Schmidgall: *Revolution in Baden*, S. 131 u. S. 208.

75 Zit. n. Schmidgall: *Revolution in Baden*, S. 134.

76 Wette (Hrsg.): *Aus den Geburtsstunden*, S. 77.

77 *Vorwärts* v. 9. Januar 1919.

78 Kollwitz: *Tagebücher*, S. 397.

79 *Rote Fahne* v. 9. Januar 1919; vgl. Luxemburg: *Werke*, Bd. 4, S. 526.

80 Kollwitz: *Tagebücher*, S. 398.

81 *Freiheit* u. *Rote Fahne* v. 10. Januar 1919.

82 Sternsdorf-Hauck: *Brotmarken und rote Fahnen*, S. 94.

83 Günther (Hrsg.): *Rebellin in München*, S. 54.

84 Graf: *Wir sind Gefangene*, S. 435.

85 Buber (Hrsg.): *Landauer-Briefe*, Bd. 2, S. 359.

86 Buber (Hrsg.): *Landauer-Briefe*, Bd. 2, S. 354f.

87 Müller: *Eine Geschichte der Novemberrevolution*, S. 739.

88 *Rote Fahne* v. 12. Januar 1919.

89 *Vossische Zeitung* v. 13. Januar 1919.

90 Shedletzky (Hrsg.): *Betty Scholem – Gershom Scholem*, S. 32.

91 Durch die Nachwahlen in der französisch besetzten Pfalz am 2. Februar 1919 verändert sich die Zusammensetzung des Landtages noch geringfügig, nicht aber grundsätzlich.

92 Sternsdorf-Hauck: *Brotmarken und rote Fahnen*, S. 93.

93 Sternsdorf-Hauck: *Brotmarken und rote Fahnen*, S. 95.

94 Andersen: *Tagebuch*, S. 120f.

95 Zit. n. Wette: *Gustav Noske*, S. 312 f.; vgl. Müller: *Eine Geschichte der Novemberrevolution*, S. 392 u. 595.

96 *Rote Fahne* v. 15. Januar 1919.

97 Kollwitz: *Tagebücher*, S. 396.

98 Vgl. Andersen: *Tagebuch*, S. 118.

99 Vgl. Gohlke: *Revolution in Magdeburg*, S. 87.
100 Vgl. Aulke: *Räume der Revolution*, S. 350.
101 Zit. n. Weber: *Gescheiterte Sozialpartnerschaft*, S. 213.
102 Zit. n. Anz / Stark (Hrsg.): *Expressionismus*, S. 341f.
103 Zit. n. Gietinger: *Eine Leiche*, S. 29.
104 Ob die Darstellung von Waldemar Pabst, Pieck sei im Gegenzug für umfassenden Verrat freigelassen worden, zutraf, muss offen bleiben. Vgl. *Spiegel* v. 18. April 1962 u. v. 5. Januar 1970.
105 Vgl. *Vossische Zeitung* v. 16. Januar 1919.
106 Vgl. Gietinger: *Eine Leiche*, S. 36. Vermutlich hatte Pabst den Doppelmord angeordnet. Jedenfalls äußerte er sich 1962, lange nach Verjährung jedes möglichen Vorwurfes, in diesem Sinne. Allerdings diente dieses Bekenntnis dem Zweck, Noske und Ebert zu diskreditieren. Vgl. *Spiegel* v. 18. April 1962.
107 Vgl. *Berliner Tageblatt* u. *Vossische Zeitung* v. 16. Januar 1919.
108 Noske: *Von Kiel bis Kapp*, S. 75f.
109 Kollwitz: *Tagebücher*, S. 400.
110 *Vorwärts* v. 17. Januar 1919 u. Scheidemann: *Der Zusammenbruch*, S. 238.
111 Kamzelak / Ott (Hrsg.): *Kessler-Tagebuch*, Bd. 7, S. 97.
112 Klemperer: *Tagebücher*, S. 51.
113 Vgl. Gohlke: *Revolution in Magdeburg*, S. 93f.
114 Zit. n. Wollenberg: *Rosa Luxemburg und die Bremer Linke*, S. 10.
115 Barth: *Aus der Werkstatt*, S. 132.
116 Kuhl: *Streitgespräch mit Lothar Popp*, S. 19.
117 Müller-Franken: *November-Revolution*, S. 247.

Verfassung

1 *Vorwärts* v. 17. Januar 1919.
2 Die Angaben über die Zahl der Wahlberechtigten schwanken zwischen 34,2 und 36,8 Millionen. Das hängt davon ab, ob die Wahlberechtigten in Teilen der französischen Besatzungszone in den linksrheinischen Gebieten Deutschlands mitgezählt werden, die erst am 2. Februar 1919 abstimmen dürfen.
3 Mataré: *Statistik der Wahlen*, S. 346f. m. Anm. 1.

4 Kamzelak / Ott (Hrsg.): *Kessler-Tagebuch*, Bd. 7, S. 105.

5 Hofmiller: *Revolutionstagebuch*, S. 139.

6 Klemperer: *Tagebücher*, S. 53 u. S. 57.

7 Kollwitz: *Tagebücher,* S. 400.

8 Wette (Hrsg.): *Aus den Geburtsstunden*, S. 82.

9 Schneider: *Tagebuch* v. 19. Januar 1919.

10 Vgl. Dittmann: *Erinnerungen*, Bd. 2, *S.* 648f.

11 Dorrmann (Hrsg.): *Heuss-Briefe*, S. 122.

12 Bernstein: *Die deutsche Revolution*, S. 266–268.

13 Rathenau: *Briefe 1914–1922*, Bd. 2, S. 2090.

14 *Vorwärts* v. 16. Januar 1919.

15 *Berliner Tageblatt* v. 21. Januar 1919.

16 Matthias / Miller (Hrsg.): *Regierung der Volksbeauftragten*, Bd. 2, S. 223f.

17 Noske: *Von Kiel bis Kapp*, S. 86.

18 Matthias / Miller (Hrsg.): *Regierung der Volksbeauftragten*, Bd. 2, S. 287f.

19 Wette (Hrsg.): *Aus den Geburtsstunden*, S. 85.

20 Andersen: *Tagebücher*, S. 126.

21 Zit. n. Noske: *Von Kiel bis Kapp*, S. 80–82.

22 Vgl. Engel: *Johann Knief – ein unvollendetes Leben*, S. 414, u. Weinert (Hrsg.): *Heinrich Vogeler*, S. 225 u. S. 232.

23 Wette (Hrsg.): *Aus den Geburtsstunden*, S. 86.

24 Zit. n. Rother: *Sozialdemokratie in Braunschweig*, S. 58.

25 Zit. n. Schmolze (Hrsg.): *Revolution und Räterepublik in München*, S. 201.

26 Zit. n. Bramke / Reisinger: *Leipzig in der Revolution*, S. 174f.

27 Haußmann: *Schlaglichter*, S. 275f.

28 Haase: *Sein Leben und Wirken*, S. 175.

29 Maercker: *Vom Kaiserheer*, S. 90.

30 Telegramm des Soldatenrates des XI. u. XV. Armeekorps v. 30. Januar 1919, zit. n. Maercker: *Vom Kaiserheer*, S. 89.

31 *RGBl I* 1919, S. 125.

32 Matthias / Miller (Hrsg.): *Regierung der Volksbeauftragten*, Bd. 2, S. 359.

33 Maercker: *Vom Kaiserheer*, S. 91f.

34 Vgl. Schultheiß / Roßberg (Hrsg.): *Weimar und die Republik*, S. 29.

35 Maercker: *Vom Kaiserheer*, S. 91f.

36 Noske: *Von Kiel bis Kapp*, S. 86.

37 Dittmann: *Erinnerungen*, Bd. 2, S. 648.

38 *Deutsche Nationalversammlung*, Bd. 1, S. 3–5.

39 *Deutsche Nationalversammlung*, Bd. 1, S. 9.

40 Vgl. *Vossische Zeitung* v. 7. Februar 1919.

41 Kollwitz: *Tagebücher*, S. 406.

42 *Vorwärts* u. *Rote Fahne* v. 7. Februar 1919.

43 Kamzelak / Ott (Hrsg.): *Kessler-Tagebuch*, Bd. 7, S. 124.

44 Brief Maguerite Petersen v. 7. Februar 1919, zit. n. Mühlhausen: *Friedrich Ebert*, S. 165.

45 *Berliner Tageblatt* v. 7. Februar 1919.

46 Sösemann (Hrsg.): *Wolff-Tagebücher*, Bd. 2, S. 681.

47 Arns (Hrsg.): *Erich Koch-Wesers Aufzeichnungen*, S. 106.

48 Wette (Hrsg.): *Aus den Geburtsstunden*, S. 85.

49 Dittmann: *Erinnerungen*, S. 649, u. *Deutsche Nationalversammlung*, Bd. 1, S. 24–26.

50 Haußmann: *Schlaglichter*, S. 276.

51 Zit. n. Mühlhausen: *Friedrich Ebert*, S. 172f.

52 *Vorwärts* v. 5. Februar 1919.

53 Haase: *Sein Leben und Wirken*, S. 175.

54 Schmolze: *Revolution und Räterepublik in München*, S. 209.

55 Jellinek: *Allgemeines Staatsrecht*, S. 331.

56 Matthias / Miller (Hrsg.): *Regierung der Volksbeauftragten*, Bd. 2, S. 324.

57 Zit. n. Matthias / Miller (Hrsg.): *Regierung der Volksbeauftragten*, Bd. 2, S. 325, Anm. 10.

58 Buber (Hrsg.): *Landauer-Briefe*, Bd. 2, S. 367.

59 Buber (Hrsg.): *Landauer-Briefe*, Bd. 2, S. 369f.

60 *Deutsche Nationalversammlung*, Bd. 1, S. 36 81.

61 *RGBl I* 1919, S. 169–171.

62 *Deutsche Nationalversammlung*, Bd. 1, S. 91.

63 Zit. n. Mühlhausen: *Friedrich Ebert*, S. 181.

64 Oehme: *Die Weimarer Nationalversammlung*, S. 127.

65 *Deutsche Nationalversammlung*, Bd. 1, S. 92f.

66 Sösemann (Hrsg.): *Wolff-Tagebücher*, Bd. 2, S. 688.

67 Mann: *Tagebücher*, S. 149.

68 Andersen: *Tagebuch*, S. 130.

69 Arns (Hrsg.): *Erich Koch-Wesers Aufzeichnungen*, S. 107.

70 Zit. n. Mühlhausen: *Friedrich Ebert*, S. 183.

71 Schmolze (Hrsg.): *Revolution und Räterepublik in München*, S. 220f.

72 Vgl. Herz / Halfbrodt: *Fotografie und Revolution*, S. 107–114.

73 Schmolze: *Revolution und Räterepublik in München*, S. 225.

74 Schmolze: *Revolution und Räterepublik in München*, S. 226.

75 Matthias / Miller (Hrsg.): *Regierung der Volksbeauftragten*, Bd. 2, S. 247.

76 Vgl. die verschiedenen Verfassungsentwürfe. In: Preuß: *Das Verfassungswerk*, S. 535–547 u. S. 549–613, sowie Anschütz: *Die Verfassung*, S. 505–520.

77 Zit. n. Williams: *Adenauer*, S. 125f.

78 Zit. n. Stalmann: *Bernhard Falk*, S. 175 u. 177.

79 Zit. n. Hitzer: *Anton Graf Arco*, S. 70–72.

80 Zit. n. Klemperer: *Man möchte immer weinen*, S. 214.

81 Hofmiller: *Revolutionstagebuch*, S. 156.

82 Mann: *Tagebücher*, S. 154.

83 Andersen: *Tagebuch*, S. 133.

84 Buber (Hrsg.): *Landauer-Briefe*, Bd. 2, S. 384f.

85 Klemperer: *Tagebücher*, S. 53 u. S. 74.

86 Klemperer: *Man möchte immer weinen*, S. 85f.

87 *Deutsche Nationalversammlung*, Bd. 2, S. 676–699.

88 *Deutsche Nationalversammlung*, Bd. 2, S. 947–963.

89 *Deutsche Nationalversammlung*, Bd. 2, S. 991–1007.

Bürgerkrieg

1 Godin: *Unser Bruder Kain*, S. 234.

2 Zit. n. Zadoff: *Der rote Hiob*, S. 121 u. S. 126.

3 Vgl. Gohlke: *Revolution in Magdeburg*, S. 122.

4 Zit. n. Bramke / Reisinger: *Leipzig in der Revolution*, S. 108f.

5 Vgl. Bramke / Reisinger: *Leipzig in der Revolution*, S. 111.

6 Buber (Hrsg.): *Landauer-Briefe*, Bd. 2, S. 392 und 397.

7 *Vorwärts* v. 28. Februar 1919; vgl. Miller: *Bürde der Macht*, S. 265.

8 Dittmann: *Erinnerungen*, Bd. 2, S. 657.

9 Vgl. Miller: *Bürde der Macht*, S. 259.

10 Sösemann (Hrsg.): *Wolff-Tagebücher*, Bd. 2, S. 695.

11 Vgl. Kollwitz: *Tagebücher*, S. 409.

12 Plakat »Die Sozialisierung marschiert! Aus der Erklärung der Reichsregierung« (Archiv der Verf.).

13 *Akten der Reichskanzlei. Kabinett Scheidemann*, S. 131–136.

14 *Vorwärts* v. 5. März 1919.

15 Haase: *Sein Leben und Wirken*, S. 236.

16 Dittmann: *Erinnerungen*, Bd. 2, S. 666.

17 Dittmann: *Erinnerungen*, Bd. 2, S. 659.

18 Kamzelak / Ott (Hrsg.): *Kessler-Tagebuch*, Bd. 7, S. 165.

19 Andersen: *Tagebuch*, S. 135.

20 Zit. n. Miller: *Bürde der Macht*, S. 270.

21 Schneider: *Tagebuch* v. 4. März 1919.

22 Zit. n. Miller: *Bürde der Macht*, S. 270.

23 Vgl. Reisinger: *Revolution in Leipzig*, S. 176.

24 *Berliner Tageblatt* v. 9. März 1919, auch: zit. n. Aulke: *Räume der Revolution*, S. 397.

25 *Vorwärts* v. 10. März 1919.

26 Andersen: *Tagebuch*, S. 136.

27 Schneider: *Tagebuch* v. 11. März 1919.

28 Zit. n. Müller: *Eine Geschichte der Novemberrevolution*, S. 684; vgl. Wette: *Noske und die Revolution in Kiel*, S. 423f.

29 Vgl. Aulke: *Räume der Revolution*, S. 397.

30 *Berliner Tageblatt* v. 10. März 1919.

31 *Vossische Zeitung* v. 13. März 1919.

32 *Vorwärts* v. 13. März 1919.

33 *Deutsche Nationalversammlung*, Bd. 3, S. 1814–1822.

34 *Berliner Börsen-Zeitung* u. *Berliner Tageblatt* v. 13. März 1919; vgl. Miller: *Bürde der Macht*, S. 264.

35 Vgl. Kollwitz: *Tagebücher*, S. 412.

36 Kamzelak / Ott (Hrsg.): *Kessler-Tagebuch*, Bd. 7, S. 185.

37 Vgl. Gohlke: *Revolution in Magdeburg*, S. 250.

38 Mühsam: *In meiner Posaune*, Bd. 1, S. 315.

39 Vgl. Buber (Hrsg.): *Landauer-Briefe*, Bd. 2, S. 407.

40 Vgl. Rathenau: *Briefe 1914–1922*, Bd. 2, S. 2176f.

41 Vgl. Buber (Hrsg.): *Landauer-Briefe*, Bd. 2, S. 409.

42 *Akten der Reichskanzlei. Kabinett Scheidemann*, S. 118f.

43 Remarque: *Das unbekannte Werk*, S. 36f.

44 *Volksfreund* v. 24. März 1919, vgl. Rother: *Sozialdemokratie in Braunschweig*, S. 67; *Berliner Tageblatt* vom 13. März 1919.

45 Zit. n. Machtan: *Endzeitkanzler*, S. 475.

46 Vgl. Schmidgall: *Revolution in Baden*, S. 140f.

47 *Vorwärts* v. 7. April 1919 u. *Berliner Volks-Zeitung* v. 7. April 1919.

48 Zit. n. Miller: *Bürde der Macht*, S. 253.

49 Buber (Hrsg.): *Landauer-Briefe*, Bd. 2, S. 412.

50 *Berliner Volks-Zeitung* v. 7. April 1919.

51 Klemperer: *Tagebücher*, S. 100.

52 Klemperer: *Man möchte immer weinen*, S. 109.

53 Vgl. Andersen: *Tagebuch*, S. 142.

54 Vgl. *Akten der Reichskanzlei. Kabinett Scheidemann*, S. 143 u. S. 156.

55 Zit. n. Gohlke: *Revolution in Magdeburg*, S. 157.

56 Vgl. Bein: *Braunschweig zwischen rechts und links*, S. 19.

57 Zit. n. Rother: *Sozialdemokratie in Braunschweig*, S. 70, u. Bein: *Braunschweig zwischen rechts und links*, S. 16f.

58 Vgl. Engel: *Johann Knief – ein unvollendetes Leben*, S. 416.

59 Vgl. Andersen: *Tagebuch*, S. 145, u. Bramke / Reisinger: *Leipzig in der Revolution*, S. 135.

60 Zit. n. Aulke, *Räume der Revolution*, S. 136.

61 Zit. n. Schmidgall: *Revolution in Bade*n, S. 269.

62 Zit. n. Rother: *Sozialdemokratie in Braunschweig*, S. 71.

63 Rathenau: *Briefe 1914–1922*, Bd. 2, S. 2150 u. S. 2152.

64 Rathenau: *Briefe 1914–1922*, Bd. 2, S. 2155.

65 Zit. n. Albertin (Hrsg.): *Linksliberalismus in der Weimarer Republik*, S. 48–51.

66 Zit. n. Bermann: *Österreicher – Demokrat – Weltbürger*, S. 127f.

67 Vgl. Toller: *Eine Jugend in Deutschland*, S. 124; vgl. Karl: *Die Münchner Räterepublik*, S. 184.

68 Toller: *Eine Jugend in Deutschland*, S. 121; vgl. Karl: *Die Münchner Räterepublik*, S. 195.

69 Buber (Hrsg.): *Landauer-Brie*fe, Bd. 2, S. 417.

70 Vgl. Toller: *Eine Jugend in Deutschland*, S. 131.

71 Klemperer: *Tagebücher*, S. 107.

72 Buber (Hrsg.): *Landauer-Briefe*, Bd. 2, S. 420; vgl. Linse: *Gustav Landauer*, S. 248f.

73 Klemperer: *Man möchte immer weinen*, S. 120.

74 Aufruf Hoffmann v. 16. April 1919 (Archiv der Verf.).

75 Klemperer: *Man möchte immer weinen*, S. 127.

76 Vgl. Noske: *Von Kiel bis Kapp*, S. 136.

77 Vgl. Mühsam: *In meiner Posaune*, S. 320f.

78 *Mühsam-Tagebuch* v. 30. April 1919.

79 Klabund: »*Ich würde sterben*«, S. 102f.

80 Zit. n. Wegner: *Klabund und Carola Neher*, S. 78.

81 Vgl. *Der Geiselmord in München*, S. 28–46, u. *Bayernland* 30 (1919), S. 318f.

82 Hofmiller: *Revolutionstagebuch*, S. 211; vgl. Schmolze: *Revolution und Räterepublik in München*, S. 362.

83 Andersen: *Tagebuch*, S. 146f.

84 Aufstellung der Toten v. 2. Juni 1919 (Archiv der Verf.).

85 *Mühsam-Tagebuch* v. 5. Mai 1919.

86 Zit. n. Benz (Hrsg.): *Politik in Bayern 1919–1933*, S. 36.

87 Haußmann: *Schlaglichter*, S. 277f.

88 *Akten der Reichskanzlei. Kabinett Scheidemann*, S. 142 m. Anm. 4.

89 Haase: *Sein Leben und Wirken*, S. 176.

Frieden

1 *Weltbühne* v. 15. Mai 1919, S. 563.

2 Schiff: *So war es in Versailles*, S. 28.

3 Wilson: *Tagebücher des Feldmarschalls*, S. 360.

4 *Der Große Krieg*, Heft 110, S. 10369.

5 Brockdorff-Rantzau: *Dokumente*, S. 116f.

6 Zit. n. MacMillian: *Die Friedensmacher*, S. 607f. In der 1930 erschienenen deutschen Ausgabe von Wilsons Tagebüchern heißt es, Brockdorff-Rantzau habe eine »etwas bissige Rede« gehalten. Vgl. Wilson: *Tagebücher des Feldmarschalls*, S. 360f.

7 *Der Große Krieg*, Heft 110, S. 10370, u. Nowak: *Versailles*, S. 271.

8 *Vorwärts, Münchner Neueste Nachrichten* u. *Berliner Tageblatt* v. 8. Mai 1919.

9 Kollwitz: *Tagebücher*, S. 420.

10 Mann: *Tagebücher*, S. 231.

11 *Deutsche Nationalversammlung*, Bd. 4, S. 2651 u. S. 2693.

12 *RGBl.* 1919 I, S. 985.

13 Haußmann: *Schlaglichter*, S. 279f. u. S. 285.

14 Vgl. Kamzelak / Ott (Hrsg.): *Kessler-Tagebücher*, Bd. 7, S. 243.

15 *Akten der Reichskanzlei, Kabinett Scheidemann*, S. 303–305.

16 *Vorwärts, Berliner Tageblatt* u. *Frankfurter Zeitung* v. 9. Mai 1919.

17 *Akten der Reichskanzlei, Kabinett Scheidemann*, S. 308.

18 Vgl. Miller: *Bürde der Macht*, S, 279f.

19 Sösemann (Hrsg.): *Wolff-Tagebücher*, Bd. 2, S. 710.

20 Scheidemann: *Memoiren eines Sozialdemokraten*, Bd. 2, S. 365f.

21 *Deutsche Nationalversammlung*, Bd. 4, S. 2647f.

22 Sösemann (Hrsg.): *Wolff-Tagebücher*, Bd. 2, S. 711.

23 Lansing: *Die Versailler Friedensverhandlungen*, S. 245.

24 Andersen: *Tagebuch*, S. 151.

25 Haase: *Sein Leben und Wirken*, S. 244.

26 Andersen: *Tagebuch*, S. 151.

27 Klemperer: *Tagebücher*, S. 116.

28 Albertin (Hrsg.): *Linksliberalismus in der Weimarer Republik*, S. 71; zit. n. Stalmann: *Bernhard Falk*, S. 178.

29 Albertin (Hrsg.): *Linksliberalismus in der Weimarer Republik*, S. 66.

30 Haase: *Sein Leben und Wirken*, S. 177.

31 Vgl. Reisinger: *Revolution in Leipzig*, S. 179f.

32 *Vossische Zeitung* v. 19. Mai 1919; vgl. die zugunsten Ledebours redigierte Version in: *Ledebour-Prozess*, S. 13f.

33 *Vorwärts* v. 21. Mai 1919.

34 *Vorwärts* v. 27. Mai 1919.

35 *Berliner Volks-Zeitung* v. 27. Mai 1919.

36 *Der Große Krieg*, Heft 110, S. 10439f.

37 Sösemann (Hrsg.): *Wolff-Tagebücher*, Bd. 2, S. 723, u. *Berliner Tageblatt* v. 30. Mai 1919.

38 Wilson: *Tagebücher des Feldmarschalls*, S. 364.

39 Zit. n. MacMillian: *Die Friedensmacher*, S. 613.

40 Erzberger: *Erlebnisse*, S. 371f.

41 Shedletzky: *Betty Scholem – Gershom Scholem*, S. 49f.

42 Hannover-Drück / Hannover (Hrsg.): *Der Mord*, S. 116–121.

43 Sternsdorf-Hauck: *Brotmarken und rote Fahnen*, S. 103f.

44 Klabund: *»Ich würde sterben«*, S. 107.

45 Klabund: *»Ich würde sterben«*, S. 109.

46 Klemperer: *Tagebücher*, S. 124f.

47 Zit. n. Zadoff: *Der rote Hiob*, S. 131ff.

48 Mann: *Tagebücher*, S. 256.

49 Wilson: *Tagebücher des Feldmarschalls*, S. 365.

50 Zit. n. Williams: *Adenauer*, S. 130.

51 Zit. n. Stalmann: *Bernhard Falk*, S. 175.

52 Zit. n. Machtan: *Endzeitkanzler*, S. 489ff.

53 Zit. n. Dittmann: *Erinnerungen*, S. 667f.

54 Troeltsch: *Die Aufnahme der Friedensbedingungen*. In: *Kunstwart und Kulturwart*, Heft 17 (1. Juniheft 1919), S. 191; auch in: Troeltsch: *Spektator-Briefe*, S. 53f.

55 Wette (Hrsg.): *Aus den Geburtsstunden*, S. 104.

56 Zit. n. Frielingsdorf: *Auf den Spuren Konrad Adenauers*, S. 34f. u. 36f.

57 Wette (Hrsg.): *Aus den Geburtsstunden*, S. 92.

58 *Der Große Krieg*, Heft 110, S. 10474–10479.

59 Mann: *Tagebücher*, S. 266.

60 *Akten der Reichskanzlei, Kabinett Scheidemann*, S. 475f.

61 Kamzelak / Ott (Hrsg.): *Kessler-Tagebücher*, Bd. 7, S. 245.

62 Zit. n. *Akten der Reichskanzlei, Kabinett Scheidemann*, S. 476, Anm. 5.

63 Volkmann: *Revolution über Deutschland*, S. 280.

64 Haase: *Sein Leben und Wirken*, S. 179.

65 *Berliner Tageblatt* v. 19. Mai 1919.

66 *Akten der Reichskanzlei, Kabinett Scheidemann*, S. 501f.

67 Rathenau: *Briefe 1914–1922*, S. 2192 u. S. 2232f.

68 *Akten der Reichskanzlei, Kabinett Scheidemann*, S. 490f.

69 *Akten der Reichskanzlei, Kabinett Bauer*, S. 3f., Anm. 4.

70 Noske: *Von Kiel bis Kapp*, S. 152.

71 Vgl. *Deutsche Nationalversammlung*, Bd. 4, S. 2717–2778.

72 Zit. n. Pyta: *Hindenburg*, S. 396f.

73 *Der Große Krieg*, Heft 110, S. 10490f.

74 *Deutsche Nationalversammlung*, Bd. 5, S. 2785–2790.

75 *Ledebour-Prozess*, S. 689 u. S. 824f.

76 *Vorwärts* v. 24. Juni 1919.

77 Günther (Hrsg.): *Rebellin in München*, S. 73f., u. Sternsdorf-Hauck: *Brotmarken und rote Fahnen*, S. 105f.

78 Karl: *Die Münchener Räterepublik*, S. 203.

79 Haase: *Sein Leben und Wirken*, S. 254, u. Toller: *Eine Jugend in Deutschland*, S. 182f.

80 Zit. n. Karl: *Die Münchener Räterepublik*, S. 120.

81 Mühsam: *In meiner Posaune*, S. 328f.

82 Mühsam: *In meiner Posaune*, S. 335.
83 Neuhaus u.a. (Hrsg.): *Toller-Briefe*, Bd. 1, S. 58.
84 Zit. n. Rother: *Sozialdemokratie in Braunschweig*, S. 97.
85 Zit. n. Schmidgall: *Revolution in Baden*, S. 285.
86 Vgl. Schmidgall: *Revolution in Baden*, S. 227.
87 Wilson: *Tagebücher des Feldmarschalls*, S. 368.
88 Klemperer: *Tagebücher*, S. 141.
89 Andersen: *Tagebuch*, S. 163f.
90 Kollwitz: *Tagebücher*, S. 428f.
91 Haußmann: *Schlaglichter*, S. 291.
92 Schneider: *Tagebuch* v. 20. Juni u. v. 30. Juni 1919.
93 Dorrmann (Hrsg.): *Heuss-Briefe*, S. 127f.
94 Zit. n. Conze: *Von deutschem Adel*, S. 77f.
95 Troeltsch: *Spektator-Briefe*, S. 69.
96 Dehmel: *Ausgewählte Briefe*, S. 461f.
97 Wette (Hrsg.): *Aus den Geburtsstunden*, S. 115.
98 Haußmann: *Schlaglichter*, S. 286.
99 *Deutsche Nationalversammlung*, Bd. 7, S. 450.
100 Preuß: *Staat, Recht und Freiheit*, S. 421.
101 Wette (Hrsg.): *Aus den Geburtsstunden*, S. 121.
102 *Deutsche Nationalversammlung*, Bd. 7, S. 453.

Dolchstoß

1 *Weltbühne* v. 25. November 1920, S. 618.
2 Rathenau: *Briefe 1914–1922*, S. 2273, S. 2302 u. S. 2276.
3 Rathenau: *Briefe 1914–1922*, S. 2290.
4 *Berliner Tageblatt* v. 8. Oktober 1919.
5 Kollwitz: *Tagebücher*, S. 443.
6 *Mühsam-Tagebuch* v. 5. November 1919.
7 Andersen: *Tagebuch*, S. 189.
8 *Akten der Reichskanzlei. Kabinett Bauer*, S. 349.
9 Kollwitz: *Tagebücher*, S. 444.
10 Dittmann: *Erinnerungen*, Bd. 2, S. 684.
11 Benz / Graml (Hrsg.): *Die revolutionäre Geschichte*, S. 143 m. Anm. 41.
12 Dittmann: *Erinnerungen*, Bd. 2, S. 692.

13 Schneider: *Tagebuch* v. 4. November 1919.

14 *Mühsam-Tagebuch* v. 5. November 1919.

15 *Akten der Reichskanzlei. Kabinett Bauer*, S. 298 u. S. 342.

16 Schneider: *Tagebuch* v. 9. November 1919.

17 *Berliner Börsen-Zeitung* v. 10. November 1919; *Akten der Reichskanzlei. Kabinett Bauer*, S. 363f.

18 *Akten der Reichskanzlei. Kabinett Bauer*, S. 388.

19 *Vossische Zeitung* v. 18. November 1919; vgl. *Berliner Tageblatt* u. *Deutsche Allgemeine Zeitung* v. 18. November 1919 sowie *Vorwärts* u. *Berliner Volkszeitung* v. 19. November 1919.

20 *Kreuzzeitung* v. 18. November 1919; vgl. *Vorwärts* v. 19. November 1919.

21 *Stenographischer Bericht über die öffentlichen Verhandlungen des Untersuchungsausschusses*, S. 726; vgl. *Vossische Zeitung* v. 18. November 1919.

22 *Stenographischer Bericht über die öffentlichen Verhandlungen des Untersuchungsausschusses*, S. 728 u. S. 731; vgl. *Berliner Tageblatt* u. *Deutsche Allgemeine Zeitung* v. 18. November 1919.

23 *Berliner Tageblatt* v. 19. November 1919.

24 *Vossische Zeitung* v. 19. November 1919.

25 *Berliner Tageblatt* v. 19. November 1919.

26 Vgl. Ludendorff: *Meine Kriegserinnerungen*, S. 75; abweichend Pyta: *Hindenburg*, S. 407 u. S. 970.

27 Bonn: *So macht man Geschichte*, S. 239f.

28 *Kunstwart* 33 (1920), Bd. 2, S. 82.

29 Kuessner / Ohnezeit / Otte (Hrsg.): *Von der Monarchie zur Demokratie*, S. 179.

30 Shedletzky (Hrsg.): *Betty Scholem – Gershom Scholem*, S. 38.

31 Kuckuk: *Im Schatten der Revolution*, S. 68f.

32 Klemperer: *Tagebücher*, S. 193; Klemperer: *Man möchte immer weinen*, S. 100f.

33 Haußmann: *Schlaglichter*, S. 297.

34 *Akten der Reichskanzlei. Kabinett Bauer*, S. 422f.

35 *Berliner Tageblatt* v. 23. November 1919.

36 Rathenau: *Briefe 1914–1922*, S. 2307 u. S. 2311.

37 *Weltbühne* v. 27. November 1919, S. 649f. u. S. 653.

38 *Mühsam-Tagebuch* v. 28. November 1919.

39 *Berliner Tageblatt, Potsdamer Tageszeitung* u. *Tägliche Rundschau* v. 25. November 1919.

40 *Berliner Tageblatt* v. 25. November 1919 u. *Vorwärts* v. 26. November 1919.

Verrat

1 Döblin: *Verratenes Volk*, S. 464.
2 Barth: *Aus der Werkstatt*, S. 4 u. S. 25.
3 Müller-Franken: *November-Revolution*, S. 80.
4 Barth: *Aus der Werkstatt*, S. 64–67.
5 Sösemann (Hrsg.): *Wolff-Tagebücher*, Bd. 2, S. 821, u. Kollwitz: *Tagebücher*, S. 377.
6 *Vorwärts* v. 5. Mai 1920.
7 Zit. n. Müller: *Eine Geschichte der Novemberrevolution*, S. 11; der Artikel ist in der digitalisierten Fassung des *Vorwärts* nicht auffindbar.
8 Engel / Holtz / Materna (Hrsg.): *Groß-Berliner Arbeiter- und Soldatenräte*, Bd. 1, S. 154.
9 Müller: *Eine Geschichte der Novemberrevolution*, S. 339.
10 Müller: *Eine Geschichte der Novemberrevolution*, S. 444.
11 Müller-Franken: *November-Revolution*, S. 7 u. S. 104.
12 *Illustrierte Geschichte*, S. 1.
13 *Illustrierte Geschichte*, S. 225.
14 *Illustrierte Geschichte*, S. 513.

Lob der Revolution – Ein Nachwort

1 Kästner: *Zeitgenossen*, S. 9f.
2 Haffner: *Die deutsche Revolution 1918/19*, S. 10.
3 Rürup: *Die Revolution von 1918/19*, S. 27.
4 Grebing (Hrsg.): *Die deutsche Revolution 1918/19*, S. 8.
5 Scheidemann: *Der Zusammenbruch*, S. 176.
6 Preuß: *Politik und Gesellschaft im Kaiserreich*, S. 504.
7 Gallus (Hrsg.): *Die vergessene Revolution*, S. 31.
8 *Frankfurter Zeitung* v. 1. Januar 1933.
9 Vgl. Kellerhoff: *Die NSDAP*, S. 132–136.
10 *Der Große Duden*, 12. Auflage, S. 402.

11 Vgl. z.B. *Tageszeitung* v. 15. Mai 2010 u. *Freitag* v. 14. September 2014.

12 Engel / Holtz / Materna (Hrsg.): *Groß-Berliner Arbeiter- und Soldaten-räte*, Bd. 1, S. 17.

13 Ullrich: *Die Revolution von 1918/19*, S. 43.

Quellen- und Literaturverzeichnis

Quellen

Akten der Reichskanzlei. Das Kabinett Scheidemann (1919). Bearb. von Hagen Schulze. Boppard am Rhein 1971.

Akten der Reichskanzlei. Das Kabinett Bauer (1919–1920). Bearb. von Anton Golecki. Boppard am Rhein 1980.

Albertin, Lothar (Hrsg.): *Linksliberalismus in der Weimarer Republik. Die Führungsgremien der Deutschen Demokratischen Partei und der Deutschen Staatspartei 1918–1933.* Düsseldorf 1980.

Allemann, Fritz René: *Bonn ist nicht Weimar.* Köln 1956.

Allgemeiner Kongress der Arbeiter- und Soldatenräte Deutschlands. Vom 16. bis 21. Dezember 1918 im Abgeordnetenhaus zu Berlin. Stenographische Berichte. Berlin o. J. [1919].

Amtliche Urkunden zur Vorgeschichte des Waffenstillstandes 1918. Auf Grund der Akten der Reichskanzlei, des Auswärtigen Amtes und des Reichsarchivs. Neuausgabe Berlin 1927.

An Alle! Das proletarische Finanz- und Wirtschafts-Programm des Volksbeauftragten der bayerischen Räterepublik Silvio Gesell. Berlin 1919.

Andersen, Nikolaus: *Tagebuch 1917–1919.* Hrsg. von Klaus Kuhl. o. O. [Kiel 2014] (http://www.kurkuhl.de/docs/tagebuch_werft-konstrukteur_1917–1919.pdf).

Anschütz, Gerhard: *Die Verfassung des Deutschen Reiches v. 11. August 1919.* 14. Aufl. Berlin 1933.

Anz, Thomas / Stark, Michael (Hrsg.): *Expressionismus. Manifeste und Dokumente zur deutschen Literatur 1910–1920.* Stuttgart 1982.

Arns, Günter (Hrsg.): *Erich Koch-Wesers Aufzeichnungen v. 13. Februar 1919.* In: VZG 17 (1969), S. 96–115.

Die Attentate im Bayerischen Landtag. Der Prozess gegen Alois Lindner und Genossen vor dem Volksgericht München. München 1919.

Baden, Prinz Max von: *Erinnerungen und Dokumente* / Neuausgabe Stuttgart 1968.

Barth, Emil: *Aus der Werkstatt der Revolution*. Berlin 1919.

Baumgart, Winfried u.a. (Hrsg.): *Von Brest-Litovsk zur Deutschen November-revolution. Aus den Tagebüchern, Briefen und Aufzeichnungen von Alfons Paquet, Wilhelm Groener und Albert Hopman*, März bis November 1918. Göttingen 1971.

Benz, Wolfgang (Hrsg.): *Politik in Bayern 1919–1933. Berichte des württembergischen Gesandten Carl Moser von Filseck*. Stuttgart 1971.

Ders. / Graml, Hermann (Hrsg.): *Die revolutionäre Geschichte des linken Flügels der USPD. Erinnerungen von Curt Geyer*. Stuttgart 1976.

Bermann, Richard A. alias Arnold Höllriegel: *Österreicher – Demokrat – Weltbürger. Eine Ausstellung des Deutschen Exilarchivs 1933–1945*. Die Deutsche Bibliothek Frankfurt am Main. München / New Providence / London / Paris 1995.

Bernstein, Eduard: *Die deutsche Revolution von 1918/19. Geschichte der Entstehung und ersten Arbeitsperiode der deutschen Republik*. Neuausgabe Bonn 1998.

Bernstorff, Johann Heinrich von: *Erinnerungen und Briefe*. Zürich 1936.

Bonn: Moritz Julius: *So macht man Geschichte. Bilanz eines Lebens*. München 1953.

Braun, Adolf (Hrsg.): *Sturmvögel der Revolution! Aktenstücke zur Vorgeschichte der Revolution*. Berlin 1919.

Brecht, Arnold: *Aus nächster Nähe. Lebenserinnerungen 1884–1927*. Stuttgart 1966.

Bredenbeck, Julius: *Der Kieler Matrosenaufstand November 1918*. o. O. [Kiel] 2005 (http://www.kurkuhl.de/docs/bredenbeck.pdf).

Breves, Wilhelm / Müller, Paul (Hrsg.): *Bremen in der deutschen Revolution vom November 1918 bis zum März 1919*. Bremen 1919.

Brockdorff-Rantzau, Ulrich von: *Dokumente*. Berlin 1920.

Brüning, Heinrich: *Memoiren. 1918–1934*. Stuttgart 1970.

Buber, Martin (Hrsg.): *Gustav Landauer. Sein Lebensgang in Briefen*. Unter Mitwirkung von Ina Britschgi-Schimmer. 2 Bde. Frankfurt/Main 1929.

Conze, Werner / Matthias, Erich / Winter, Georg: *Quellen zur Geschichte des Parlamentarismus und der politischen Parteien. Erste Reihe: Von der konstitutionellen Monarchie zur parlamentarischen Republik. Bd. 1/II. Der Interfraktionelle Ausschuss 1917/18*. Düsseldorf 1959.

David, Eduard: *Das Kriegstagebuch des Reichstagsabgeordneten Eduard David 1914–1918.* Hrsg. v. Susanne Miller. Düsseldorf 1966.

Dehmel, Richard: *Ausgewählte Briefe aus den Jahren 1902 bis 1920.* Berlin 1923.

Die Deutsche Nationalversammlung im Jahr 1919/20 in ihrer Arbeit für den Aufbau des neuen deutschen Volksstaates. Hrsg. von Eduard Heinfron. 9 Bde. Berlin o. J. [1919–1920].

Dittmann, Wilhelm: *Die Marine-Justizmorde von 1917 und die Admirals-Rebellion von 1918.* Berlin 1926.

Ders.: *Erinnerungen.* 3 Bde. Frankfurt/Main/New York 1995.

Döblin, Alfred: *Verratenes Volk.* In: Ders.: *Gesammelte Werke.* Hrsg. v. Christina Althen. Bd. 13.2. Frankfurt/M. 2013.

Dorrmann, Michael (Hrsg.): *Theodor Heuss. Bürger der Weimarer Republik. Briefe 1918–1933.* München 2008.

Dorst, Tankred/Neubauer, Helmut (Hrsg.): *Münchner Räterepublik. Zeugnisse und Kommentar.* Frankfurt/Main 1966.

Drahn, Ernst/Friedegg, Ernst: *Deutscher Revolutions-Almanach für das Jahr 1919.* Hamburg/Berlin 1919.

Durieux, Tilla: *Meine ersten neunzig Jahre. Erinnerungen.* München/Berlin 1971.

Eichhorn, Emil: *Über die Januar-Ereignisse. Meine Tätigkeit im Berliner Polizeipräsidium und mein Anteil an den Januar-Ereignissen.* Berlin 1919.

Eisner, Kurt: *Die neue Zeit.* München/Zürich 1919.

Ders.: *Die neue Zeit. Zweite Folge.* München/Zürich 1919.

Engel, Gerhard/Holtz, Bärbel/Materna, Ingo (Hrsg.): *Groß-Berliner Arbeiter- und Soldatenräte in der Revolution 1918/19. Dokumente der Vollversammlungen und des Vollzugsrates.* 3 Bde. Berlin 1993–2002.

Erzberger, Matthias: *Erlebnisse im Weltkrieg.* Stuttgart/Berlin 1920.

Eschenburg, Theodor: *Also hören Sie mal zu. Geschichte und Geschichten 1904–1933.* Berlin 1995.

Fabian, Fritz: *Revolutionserinnerungen. Marinezahlmeister a.D. Kiel, im Oktober 1919.* o. O. [Kiel] 2016. (http://www.kurkuhl.de/docs/fabian-sms-kronprinz.pdf).

Fechenbach, Felix: *Der Revolutionär Kurt Eisner. Aus persönlichen Erleben.* Berlin 1929.

Der Geiselmord in München. Ausführliche Darstellung der Schreckenstage im Luitpold-Gymnasium nach amtlichen Quellen. München 1919.

Gerstl, Max: *Die Münchener Räte-Republik*. München 1919.

Glatzer Ruth: *Das Wilhelminische Berlin. Panorama einer Metropole 1890–1918*. Berlin 1997.

Godin, Marie-Amelie von: *Unser Bruder Kain. Ein Roman aus der Münchener Räterepublik*. Berlin 1919.

Goldstein, Max: *Berliner Jahre. Erinnerungen 1880-1933*. München 1977.

Graf, Oskar Maria: *Wir sind Gefangene: Ein Bekenntnis*. Neuausgabe München 1988.

Der Große Krieg. Eine Chronik von Tag zu Tag. Urkunden, Depeschen und Berichte der Frankfurter Zeitung. 112 Hefte. Frankfurt/Main 1914-1918.

Günther, Egon (Hrsg.): *Rebellin in München, Moskau und Berlin. Hilde Kramer – autobiografisches Fragment 1900-1924*. Berlin 2011.

Haase, Hugo: *Sein Leben und Wirken. Mit einer Auswahl von Briefen, Reden und Aufsätzen*. Hrsg. von Ernst Haase. Berlin 1929.

Hannover-Drück, Elisabeth / Hannover, Heinrich (Hrsg.): *Der Mord an Rosa Luxemburg und Karl Liebknecht. Dokumentation eines politischen Verbrechens*. Frankfurt/Main 1967.

Hauptmann, Gerhart: *Tagebücher 1914–1918*. Hrsg. v. Peter Sprengel. Berlin 1997.

Haußmann, Conrad: *Schlaglichter*. Frankfurt/Main 1924.

Hecht, Ben: *Revolution im Wasserglas. Geschichte aus Deutschland 1919*. Berlin 2006.

Heinrich, Ernst (Hrsg.): *Klabund. Briefe an einen Freund*. Köln / Berlin 1963.

Hertling, Karl von: *Ein Jahr in der Reichskanzlei. Erinnerungen an die Kanzlerschaft meines Vaters*. Freiburg 1919.

Hill, Leonidas E. (Hrsg.): *Die Weizsäcker-Papiere 1900-1932*. Berlin 1996.

Hiller von Gaertringen, Friedrich Freiherr (Hrsg.): *Wilhelm Groener – Lebenserinnerungen. Jugend, Generalstab, Weltkrieg*. Göttingen 1957.

Hindenburg, Paul von: *Aus meinem Leben*. Leipzig 1920.

Hirschfeld, Gerhard / Krumeich, Gerd / Renz, Irina (Hrsg.): *1918. Die Deutschen zwischen Weltkrieg und Revolution*. Berlin 2018.

Hitler, Adolf: *Mein Kampf*. Volksausgabe 479.-483. Auflage. München 1939.

Hofmiller, Josef: *Revolutionstagebuch 1918/19. Aus den Tagen der Münchner Revolution*. Leipzig 1938.

Holdack, Nele (Hrsg.): *Es muss einer den Frieden beginnen. Jahrhundertautoren gegen den Krieg*. Berlin 2014.

Höller, Ralf (Hrsg.): *Das Wintermärchen. Schriftsteller erzählen die bayerische Revolution und die Münchner Räterepublik 1918/1919.* Berlin 2017.

Hürten, Heinz (Hrsg.): *Zwischen Revolution und Kapp-Putsch. Militär und Innenpolitik 1918–1920.* Düsseldorf 1977.

Ders. / Meyer, Georg (Hrsg.): *Adjutant im preußischen Kriegsministerium Juni 1918 bis Oktober 1919. Aufzeichnungen des Hauptmanns Gustav Böhm.* Stuttgart 1977.

Hürter, Johannes (Hrsg.): *Paul von Hintze. Marineoffizier, Diplomat, Staatssekretär. Dokumente einer Karriere zwischen Militär und Politik 1903–1918.* München 1998.

Illustrierte Geschichte der deutschen Revolution. Berlin 1929.

Institut für Marxismus-Leninismus beim ZK der SED: *Vorwärts und nicht vergessen. Erlebnisberichte aktiver Teilnehmer der Novemberrevolution 1918/1919.* Berlin (Ost) 1960.

Jellinek, Georg: *Allgemeines Staatsrecht.* 2. Aufl. Berlin 1905.

Kampffmeyer, Paul: *Geschichte der modernen Gesellschaftsklassen in Deutschland. Ein politisch-wirtschaftliches und sozialkulturelles Bild deutscher Entwicklung.* 3. Auflage. Berlin 1921.

Kamzelak, Robert S. / Ott, Ulrich (Hrsg.): *Harry Graf Kessler. Das Tagebuch 1880–1937.* 8 Bde. Stuttgart 2004–2010.

Kästner, Erich: *Zeitgenossen, haufenweise. Gedichte.* München 1998.

Kisch, Egon Erwin: *Mein Leben für die Zeitung 1906–1925.* Berlin (Ost) / Weimar 1983.

Klabund (i.e. Henschke, Alfred): *»Ich würde sterben, hätt ich nicht das Wort«.* Berlin 2010.

Klemperer, Victor: *Curriculum Vitae. Erinnerungen 1881–1918.* 2 Bde. Berlin 1996.

Ders.: *Leben sammeln, nicht fragen wozu und warum. Tagebücher 1918–1924.* Berlin 1996.

Ders.: *Man möchte immer weinen und lachen in einem. Revolutionstagebuch 1919.* Berlin 2015.

Knief, Johann: *Briefe aus dem Gefängnis.* Berlin 1920.

Knüffen, Hermann: *Von Kiel bis Leningrad. Erinnerungen eines revolutionären Matrosen 1917–1930.* Berlin 2008.

Kollwitz, Käthe: *Die Tagebücher 1908–1943.* München 1999.

Krieger, Bogdan: *Das Berliner Schloss in den Revolutionstagen 1918.* Berlin 1922.

Kuhl, Klaus: *Lothar Popp. Führer des Kieler Matrosenaufstandes 1918 im Streitgespräch mit einem 68er.* Hamburg 1978.

Lansing, Robert: *Die Versailler Friedensverhandlungen. Persönliche Erinnerungen.* Berlin 1921.

Der Ledebour-Prozess: Gesamtdarstellung des Prozesses gegen Ledebour wegen Aufruhr etc. vor dem Geschworenengericht Berlin-Mitte. Berlin 1919.

Lewinsohn, Ludwig: *Die Revolution an der Westfront.* Berlin-Charlottenburg 1919.

Linse, Ulrich: *Gustav Landauer und die Revolutionszeit 1918/19. Die politischen Reden, Schriften, Erlasse und Briefe Landauers aus der November-Revolution 1918/1919.* Berlin 1974.

Ludendorff, Erich: *Meine Kriegserinnerungen 1914–1918.* Berlin 1919.

Luxemburg, Rosa: *Gesammelte Werke.* Bd. 4. Berlin (Ost) 1979.

Ders. (Hrsg.): *Urkunden der OHL 1916–1918.* 2. Aufl. Berlin 1920.

Maercker, Georg Ludwig Rudolf: *Vom Kaiserheer zur Reichswehr.* Leipzig 1921.

Mann, Thomas: *Tagebücher 1918–1921.* Neuausgabe Frankfurt/Main 2003.

Marhefka, Edmund (Hrsg.): *Der Waffenstillstand 1918/19. Das Dokumentenmaterial der Waffenstillstandsverhandlungen von Compiègne, Spa, Trier und Brüssel.* 3 Bde. Berlin 1928.

Marx, Erich: *Grundlagen und Bausteine der Revolution. Studien zwischen Krieg und Frieden.* Berlin 1919.

Marx, Heinrich: *Handbuch der Revolution in Deutschland 1918–1919.* Berlin 1919.

Mataré, Franz: *Statistik der Wahlen zur verfassungsgebenden deutschen Nationalversammlung vom 19. Januar 1919.* In: Jahrbücher für Nationalökonomie und Statistik 113 (1919), S. 346–358.

Materna, Ingo / Schreckenbach, Hans-Joachim / Holtz, Bärbel (Hrsg.): *Dokumente aus geheimen Archiven 1914–1918.* Bd. 4: *Berichte des Berliner Polizeipräsidenten zur Stimmung und Lage der Bevölkerung in Berlin.* Weimar 1987.

Matthias, Erich / Miller, Susanne (Hrsg.): *Die Regierung der Volksbeauftragten 1918/19.* 2 Bde. Düsseldorf 1969.

Ders. / Pikart, Eberhard (Hrsg.): *Die Reichstagsfraktion der deutschen Sozialdemokratie 1898–1918.* Düsseldorf 1966.

Meinecke, Friedrich: *Straßburg, Freiburg, Berlin 1901–1919.* Stuttgart 1949.

Mühsam, Ernst: *In meiner Posaune muss ein Sandkorn sein. Briefe 1900–1934.* 2 Bde. Vaduz 1984.

Ders.: *Tagebücher 1910–1924*. Hrsg. von Chris Hirte und Conrad Piens. o. O., o. J. (http://www.muehsam-tagebuch.de).

Ders.: *Von Eisner bis Leviné. Die Entstehung der bayerischen Räterepublik*. Berlin-Britz 1929.

Müller, Karl Alexander von: *Mars und Venus. Erinnerungen 1914–1919*. Stuttgart 1954.

Müller, Richard: *Eine Geschichte der Novemberrevolution. Vom Kaiserreich zur Republik. Die Novemberrevolution. Der Bürgerkrieg in Deutschland*. Neuausgabe Berlin 2011.

Müller-Franken, Hermann: *Die November-Revolution. Erinnerungen*. Berlin 1928.

Neuhaus, Stefan u.a. (Hrsg.): *Ernst Toller. Briefe 1915–1939*. 2 Bde. Göttingen 2018.

Neumann, Paul (Hrsg.): *Hamburg unter der Regierung des Arbeiter- und Soldatenrats. Tätigkeitsbericht erstattet im Auftrage der Exekutive des Arbeiterrats Groß-Hamburgs*. Hamburg 1919.

Nicolson, Harold: *Peacemaking 1919*. Neuausgabe London 1964.

Niemann, Alfred: *Kaiser und Revolution*. Berlin 1922.

Ders.: *Revolution von oben, Umsturz von unten. Entwicklung und Verlauf der Staatsumwälzung in Deutschland 1914–1918*. Berlin 1927.

Niemöller, Martin: *Vom U-Boot zur Kanzel*. Berlin 1934.

Noske, Gustav: *Erlebtes aus Aufstieg und Niedergang einer Demokratie*. Offenbach 1947.

Ders.: *Von Kiel bis Kapp. Zur Geschichte der deutschen Revolution*. Berlin 1920.

Nowak, Karl Friedrich: *Versailles*. Berlin 1927.

Oehme, Walter: *Damals in der Reichskanzlei. Erinnerungen aus den Jahren 1918/19*. Berlin (Ost) 1958.

Oestering, Wilhelm Engelbert: *Der Umsturz 1918 in Baden*. Konstanz 1920.

Payer, Friedrich von: *Von Bethmann-Hollweg bis Ebert*. Frankfurt/Main 1923.

Pranckh, Hans Freiherr von (Hrsg.): *Der Prozess gegen den Grafen Anton Arco-Valley, der den bayerischen Ministerpräsidenten Kurt Eisner erschossen hat*. München 1920.

Preuß, Hugo: *Politik und Gesellschaft im Kaiserreich*. Hrsg. von Lothar Albertin u. Christoph Müller. Tübingen 2007.

Ders.: *Staat, Recht und Freiheit. Aus vierzig Jahren deutscher Politik und Geschichte*. Neuausgabe Hildesheim 2006.

Ders.: *Das Verfassungswerk von Weimar.* Hrsg. von Detlef Lehnert, Christoph Müller u. Dian Schefold. Tübingen 2015.

Purlitz, Friedrich (Hrsg.): *Die Deutsche Revolution. Deutscher Geschichtskalender.* Leipzig 1919.

Ders.: *Der Friede von Versailles. Deutscher Geschichtskalender.* Leipzig 1919.

Quarck, Max: *Von der Friedensresolution bis zur Revolution. Ein Jahr Revolutionsarbeit im Reichstag.* Frankfurt/Main 1918.

Rathenau, Walter: *Briefe 1914–1922.* Hrsg. von Hans Dieter Heiliger u. Alexander Jaser. Düsseldorf 2006.

Ders.: *Kritik der dreifachen Revolution.* Berlin 1919.

Remarque, Erich Maria: *Im Westen nichts Neues.* Neuausgabe Köln 2013.

Ders.: *Das unbekannte Werk, Briefe und Tagebücher.* Köln 1998.

Riezler, Kurt: *Tagebücher, Aufsätze, Dokumente.* Hrsg. v. Karl Dietrich Erdmann. Göttingen 1972.

Ringelnatz, Joachim: *Als Mariner im Krieg.* Berlin 1928.

Ritter, Gerhard R. / Miller, Susanne (Hrsg.): *Die deutsche Revolution 1918/19. Dokumente.* Neuausgabe Frankfurt/Main 1983.

Rosenberg, Arthur: *Entstehung und Geschichte der Weimarer Republik.* Neuausgabe Frankfurt/Main 1961.

Scheidemann, Philipp: *Memoiren eines Sozialdemokraten.* 2 Bde. Neuausgabe Hamburg 2010.

Ders.: *Der Zusammenbruch.* Berlin 1921.

Schiff, Victor: *So war es in Versailles.* Berlin 1929.

Schmitt, Franz August: *Die Neue Zeit in Bayern.* München 1919.

Ders.: *Die Zeit der zweiten Revolution in Bayern.* München 1919.

Schmolze, Gerhard (Hrsg.): *Revolution und Räterepublik in München 1918/19 in Augenzeugenberichten.* München 1978.

Schneider, Henriette: *Ein ostpreußisches Tagebuch. Tagebuchaufzeichnungen 1913–1947 der Henriette Schneider.* Hrsg. von Bernhard Pietrass. o. O., o. J. (http://www.ostpreussen-tagebuch.de).

Shedletzky, Itta (Hrsg.): *Betty Scholem – Gershom Scholem. Mutter und Sohn im Briefwechsel 1917–1946.* München 1989.

Sösemann, Bernd (Hrsg.): *Theodor Wolff. Tagebücher 1914 bis 1919. Der Erste Weltkrieg und die Entstehung der Weimarer Republik.* 2 Bde. Boppard 1984.

Stenographische Berichte über die öffentlichen Verhandlungen des 15. Untersuchungsausschusses der Verfassunggebenden Nationalversammlung. Berlin 1920.

Stenographische Berichte. Verhandlungen des Reichstages. Bd. 314. Berlin 1919.

Sternsdorf-Hauck, Christiane: *Brotmarken und rote Fahnen. Frauen in der bayrischen Revolution und Räterepublik 1918/19.* Frankfurt/Main 1989.

Teutonicus [i.e. Schroff, Hermann]: *Braunschweig unter der Herrschaft der roten Fahne. Meinungen, Stimmungen und Tatsachen.* Braunschweig 1919.

Thaer, Albrecht von: *Generalstabsdienst an der Front und in der OHL. Aus Briefen und Tagebuchaufzeichnungen.* Hrsg. v. Siegfried A. Kaehler. Göttingen 1958.

Toller, Ernst: *Eine Jugend in Deutschland.* Leipzig 1970.

Troeltsch, Ernst: *Die Fehlgeburt einer Republik. Spektator in Berlin 1918 bis 1922.* Frankfurt/Main 1994.

Völcker, Gertrud: *Tagebuch (Auszüge).* o. O. [Kiel] 1975. (http://www.kurkuhl.de/docs/interview_voelcker.pdf).

Volkmann, Erich Otto: *Revolution über Deutschland.* Oldenburg 1930.

Walther, Peter (Hrsg.): *Endzeit Europa. Ein kollektives Tagebuch deutschsprachiger Schriftsteller, Künstler und Gelehrter im Ersten Weltkrieg.* Göttingen 2008.

Weber, Hermann (Hrsg.): *Die Gründung der KPD.* Neuausgabe 1993.

Weinert, Erich (Hrsg.): *Heinrich Vogeler. Erinnerungen.* Neuausgabe Berlin (Ost) 1962.

Welk, Ehm: *Im Morgennebel.* Berlin (Ost) 1953.

Das Werk des Untersuchungsausschusses der Verfassunggebenden Deutschen Nationalversammlung und des Deutschen Reichstags 1919–1930. Verhandlungen, Gutachten, Urkunden. Hrsg. v. Walter Schücking u.a. 23 Bde. in vier Reihen. Berlin 1919–1930.

Wette, Wolfram (Hrsg.): *Aus den Geburtsstunden der Weimarer Republik. Das Tagebuch des Obersten Ernst van den Bergh.* Düsseldorf 1991.

Wilson, Henry: *Die Tagebücher des Feldmarschalls.* Stuttgart / Berlin / Leipzig 1930.

Wolff, Theodor: *Der Marsch durch zwei Jahrzehnte.* Amsterdam 1936.

Die Zerstörung des Wirtschaftslebens Münchens durch die Kommunistenwirtschaft 8. bis 30. April 1919. Auszug aus dem Protokoll der Sitzung der Handelskammer München vom 9. Mai 1919. München 1919.

Literatur

Albertin, Lothar: *Liberalismus und Demokratie am Anfang der Weimarer Republik. Eine vergleichende Analyse der Deutschen Demokratischen Partei und der Deutschen Volkspartei.* Düsseldorf 1972.

Albertin, Lothar / Linke, Werner: *Politische Parteien auf dem Weg zur parlamentarischen Demokratie in Deutschland. Entwicklungslinien bis zur Gegenwart.* Düsseldorf 1981.

Appel, Michael: *Die letzte Nacht der Monarchie. Wie Revolution und Räterepublik in München Adolf Hitler hervorbrachten.* München 2018.

Aulke, Julian: *Räume der Revolution. Kulturelle Verräumlichung in Politisierungsprozessen während der Revolution 1918-1920.* Stuttgart 2015.

Ay, Karl-Ludwig: *Die Entstehung einer Revolution. Die Volksstimmung in Bayern während des Ersten Weltkrieges.* Berlin 1968.

Bab, Julius: *Richard Dehmel. Die Geschichte eines Lebens-Werkes.* Leipzig 1926.

Bein, Reinhard: *Braunschweig zwischen rechts und links. Der Freistaat 1918 bis 1930. Materialien zur Landesgeschichte.* Braunschweig 1991.

Bermann, Richard A.: *Österreicher - Demokrat - Weltbürger. Eine Ausstellung des Deutschen Exilarchivs 1933-1945.* Frankfurt/Main usw. 1995.

Bessel, Richard: *Die Heimkehr der Soldaten. Das Bild der Frontsoldaten in der Öffentlichkeit der Weimarer Republik.* In: Hirschfeld, Gerhard / Krumeich, Gerd (Hrsg.): *Keiner fühlt sich hier mehr als Mensch ... Erlebnis und Wirkung des Ersten Weltkriegs.* Essen 1993, S. 221-240.

Bieber, Hans-Joachim: *Bürgertum in der Revolution. Bürgerräte und Bürgerstreiks in Deutschland 1918-1920.* Hamburg 1992.

Biegel, Gerd: *Minna Faßhauer (1875-1949). Biographische Dokumentation zu einem aktuellen Diskurs.* Braunschweig 2013.

Blasius, Dirk: *Revolution und Revolutionsalltag 1918/19 in Deutschland.* In: Aus Politik und Zeitgeschichte 45/1978, S. 25-36.

Bock, Hans Manfred: *Syndikalismus und Linkskommunismus von 1918-1923. Zur Geschichte und Soziologie der Freien Arbeiter-Union Deutschlands (Syndikalisten), der Allgemeinen Arbeiter-Union Deutschlands und der Kommunistischen Arbeiter-Partei Deutschlands.* Phil. Diss. Marburg 1967.

Bollmeyer, Heiko: *Der steinige Weg zur Demokratie. Die Weimarer Nationalversammlung zwischen Kaiserreich und Republik.* Frankfurt/Main 2007.

Bramke, Werner / Reisinger, Silvio: *Leipzig in der Revolution von 1918/1919.* Leipzig 2009.

Brissaud, André: *Canaris. Eine Biographie.* Frankfurt/Main 1988.

Büttner, Ursula: *Weimar. Die überforderte Republik 1918-1933. Leistung und Versagen in Staat, Gesellschaft, Wirtschaft und Kultur.* Stuttgart 2008.

Cohausz, Johann Adolf: *Die Novemberrevolution 1918/19 in Paderborn und das katholische Rätedenken.* In: Westfälische Zeitschrift 126/127. 1976/77, S. 387–438.

Conze, Eckart: *Von deutschem Adel. Die Grafen von Bernstorff im 20. Jahrhundert.* Stuttgart / München 2000.

Dähnhardt, Dirk: *Revolution in Kiel. Der Übergang vom Kaiserreich zur Weimarer Republik 1918/19.* 2. Auflage. Kiel / Hamburg 1978.

Deist, Wilhelm: *Die Politik der Seekriegsleitung und die Rebellion der Flotte Ende Oktober 1918.* In: VZG 14 (1966), S. 341–368.

Elben, Wolfgang: *Das Problem der Kontinuität in der deutschen Revolution. Die Politik der Staatssekretäre und der militärischen Führung vom November 1918 bis Februar 1919.* Düsseldorf 1965.

Engel, Gerhard: *Draufgängertum zwischen Diktatur und Demokratie: Johann Knief in der revolutionären Hochburg Bremen.* In: Ulla Plener (Hrsg.): *Die Novemberrevolution 1918/1919 in Deutschland. Beiträge zum 90. Jahrestag der Revolution.* Berlin 2008, S. 200–210.

Ders.: *Johann Knief – ein unvollendetes Leben.* Berlin 2011.

Entscheidungen des Bundesverfassungsgerichts, Bd. 2,1. Karlsruhe 1953.

Fischer, Rolf (Hrsg.): *Revolution und Revolutionsforschung. Beiträge aus dem Kieler Initiativkreis 1918/19.* Kiel 2011.

Franz, Helmut: *Das Problem der konstitutionellen Parlamentarisierung bei Conrad Haußmann und Friedrich von Payer.* Göppingen 1977.

Friedrich, Thomas u.a.: *Fotografie und Revolution. Berlin 1918/19.* Berlin 1989.

Frielingsdorf, Volker: *Auf den Spuren Konrad Adenauers durch Köln. Konrad Adenauers Wirken als Oberbürgermeister von Köln (1917-1933 und 1945). Gedenkschrift der Stadt Köln zum 125. Geburtstag ihres Ehrenbürgers am 5. Januar 2001.* Basel 2000.

Gallus, Alexander (Hrsg.): *Die vergessene Revolution 1918/19.* Göttingen 2010.

Garbrecht, Günter: *Die Bremer Räterepublik von 1918/1919.* Bremen o. J. (archive.is/85xf).

Gietinger, Klaus: *Der Konterrevolutionär. Waldemar Pabst – eine deutsche Karriere.* Hamburg 2008.

Ders.: *Eine Leiche im Landwehrkanal. Die Ermordung der Rosa L.* Berlin 1995.

Gohlke, Martin: *Die Räte in der Revolution 1918/19 in Magdeburg.* Phil. Diss. Oldenburg 1999.

Grau, Bernhard: *Kurt Eisner 1867–1919. Eine Biographie.* München 2001.

Grebing, Helga (Hrsg.): *Die deutsche Revolution 1918/19. Eine Analyse.* Berlin 2008.

Groß, Gerhard P.: *Eine Frage der Ehre? Die Marineführung und der letzte Flottenvorstoß 1918.* In: Duppler, Jörg / Groß, Gerhard P. (Hrsg.): *Kriegsende 1918. Ereignis, Wirkung, Nachwirkung.* München 1999, S. 349–366.

Gruppe Arbeiterpolitik (Hrsg.): *Die Bremer Linksradikalen. Aus der Geschichte der Bremer Arbeiterbewegung bis 1920.* 2. erweiterte Auflage. o. O. [Bremen] 1979.

Gumbel, Emil Julius: *Vier Jahre politischer Mord.* Berlin 1922.

Gusy, Christoph: *Die Weimarer Reichsverfassung.* Tübingen 1997.

Habeck, Robert / Paluch, Andrea / Trende, Frank: *1918. Revolution in Kiel.* Heide 2008.

Haffner, Sebastian: *Die deutsche Revolution von 1918/19. Wie war es wirklich? Ein Beitrag zur deutschen Geschichte.* Neuausgabe 1979.

Ders.: *Die verratene Revolution. Deutschland 1918/19.* Bern / München / Wien 1969.

Herz, Rudolf / Halfbrodt, Dirk: *Fotografie und Revolution. München 1918/19.* Berlin 1988.

Hiller von Gaertingen, Friedrich Freiherr von: *»Dolchstoß«-Diskussion und »Dolchstoßlegende« im Wandel von vier Jahrzehnten.* In: Besson, Waldemar (Hrsg.): *Geschichte und Gegenwartsbewusstsein in historischen Betrachtungen und Untersuchungen. Festschrift für Hans Rothfels.* Göttingen 1963, S. 122–160.

Hitzer, Friedrich: *Anton Graf Arco. Das Attentat auf Kurt Eisner und die Schüsse im Landtag.* München 1988.

Hoffmann, Ludwig / Siebig, Karl: *Ernst Busch. Eine Biographie in Texten, Bildern und Dokumenten.* Berlin (Ost) 1989.

Hoffrogge, Ralf: *Richard Müller: Der Mann hinter der Novemberrevolution.* Berlin 2008.

Holzer, Anton (Hrsg.): *Krieg nach dem Krieg. Revolution und Umbruch 1918/19.* Darmstadt 2017.

Huber, Ernst Rudolf: *Deutsche Verfassungsgeschichte seit 1789.* Stuttgart / Berlin / Köln 1981.

Jesse, Eckhard / Köhler, Henning: *Die deutsche Revolution 1918/189 im Wan-*

del der historischen Forschung. In: Aus Politik und Zeitgeschichte 45/1978, S. 3–23.

Jessen-Klingenberg, Manfred: *Die Ausrufung der Republik durch Philipp Scheidemann am 9. November 1918.* In: Geschichte in Wissenschaft und Unterricht 19 (1968), S. 649–656.

Jones, Mark: *Am Anfang war Gewalt. Die deutsche Revolution 1918/19 und der Beginn der Weimarer Republik.* Berlin 2017.

Kaller, Gerhard: *Die Revolution des Jahres 1918 in Baden und die Tätigkeit des Arbeiter- und Soldatenrats in Karlsruhe.* In: Zeitschrift für die Geschichte des Oberrheins 114 (1966), S. 301–350.

Käppner, Joachim: *1918. Aufstand für die Freiheit. Die Revolution der Besonnenen.* München 2017.

Karl, Michaela: *Die Münchner Räterepublik. Porträts einer Revolution.* Düsseldorf 2008.

Keil, Lars-Broder / Kellerhoff, Sven Felix: *Deutsche Legenden. Vom »Dolchstoß« und anderen Mythen der Geschichte.* Berlin 2003.

Dies.: *Gerüchte machen Geschichte. Folgenreiche Falschmeldungen im 20. Jahrhundert.* Berlin 2006.

Kellerhoff, Sven Felix: *Heimatfront. Der Untergang der heilen Welt – Deutschland im Ersten Weltkrieg.* Berlin 2014.

Ders.: *Die NSDAP. Eine Partei und ihre Mitglieder.* Stuttgart 2017.

Kluge, Ulrich: *Die deutsche Revolution 1918/19. Staat, Politik und Gesellschaft zwischen Weltkrieg und Kapp-Putsch.* Frankfurt/Main 1985.

Ders.: *Soldatenräte und Revolution. Studien zur Militärpolitik in Deutschland 1918/19.* Göttingen 1975.

Knipp, Kersten: *Im Taumel. 1918 – Ein europäisches Schicksalsjahr.* Darmstadt 2018.

Kock, Jürgen / Stock, Günter: *Hugo Preuß. Vordenker der Pluralismustheorie. Vorträge und Diskussion zum 150. Geburtstag des »Vaters der Weimarer Reichsverfassung«.* Berlin 2011.

Köhler, Henning: *Adenauer. Eine politische Biografie.* Berlin 1994.

Kolb, Eberhard: *Die Arbeiterräte in der deutschen Innenpolitik 1918-1919.* Düsseldorf 1962.

Kuckuk, Karin: *Im Schatten der Revolution. Lotte Kornfeld – Biographie einer Vergessenen (1896-1974).* Bremen 2009.

Kuckuk, Peter (Hrsg.): *Die Revolution 1918/1919 in Bremen. Aufsätze und Dokumente.* Bremen 2010.

Kuessner, Dietrich / Ohnezeit, Maik / Otte, Wulf (Hrsg.): *Von der Monarchie zur Demokratie. Anmerkungen zur Novemberrevolution 1918/19 in Braunschweig und im Reich.* Wendeburg 2008.

Kuhl, Klaus: *Die Rolle der deutschen Seeoffiziere während der Ereignisse im Oktober/November 1918.* o. O. [Kiel] 2014. (http://www.kurkuhl.de/docs/flottenbefehl-und-seeoffiziere.pdf).

Large, David Clay: *Hitlers München. Aufstieg und Fall der Hauptstadt der Bewegung.* München 1998.

Lohalm, Uwe: *Völkischer Radikalismus. Die Geschichte des Deutschvölkischen Schutz- und Trutzbundes 1919-1923.* Hamburg 1970.

Lösche, Peter: *Der Bolschewismus im Urteil der deutschen Sozialdemokratie 1903-1920.* Berlin 1967.

Luban, Ottokar: *Neue Forschungsergebnisse über die Spartakuskonferenz im Oktober 1918.* In: Plener, Ulla (Hrsg.): *Die Novemberrevolution 1918/19 in Deutschland. Für bürgerliche und sozialistische Demokratie. Allgemeine, regionale und biographische Aspekte. Beiträge zum 90. Jahrestag der Revolution.* Berlin 2008, S. 68-78.

Lüpke, Lennat / Kruppa, Nadine: *Von der politischen Revolution zur sozialen Protestbewegung: Die Revolution im Ruhrgebiet 1918-1920.* In: Plener, Ulla (Hrsg.): *Die Novemberrevolution 1918/19 in Deutschland. Für bürgerliche und sozialistische Demokratie. Allgemeine, regionale und biographische Aspekte. Beiträge zum 90. Jahrestag der Revolution.* Berlin 2008, S. 104-130.

Machtan, Lothar: *Der Endzeitkanzler: Prinz Max von Baden und der Untergang des Kaiserreichs.* Darmstadt 2018.

Ders.: *Kaisersturz. Deutschland im Herbst 1918.* Darmstadt 2018.

Ders.: *Liberaler deutscher Ersatz-Kaiser? Zu den politischen Möglichkeiten des Prinzen und Reichskanzlers Max von Baden im Herbst 1918.* In: Jahrbuch zur Liberalismus-Forschung. 28 (2016).

MacMillan, Margaret: *Die Friedensmacher. Wie der Versailler Vertrag die Welt veränderte.* Berlin 2015.

März, Peter: *Nach der Urkatastrophe. Deutschland, Europa und der Erste Weltkrieg.* Köln / Weimar / Wien 2014.

Matthias, Erich: *Zwischen Räten und Geheimräten. Die deutsche Revolutionsregierung 1918/19.* Düsseldorf 1970.

Miller, Susanne: *Die Bürde der Macht. Die deutsche Sozialdemokratie 1918-1920.* Düsseldorf 1978.

Mommsen, Hans: *Aufstieg und Untergang der Republik von Weimar. 1918–1933.* Neuausgabe Berlin 1998.

Mühlhausen, Walter: *Friedrich Ebert 1871–1925. Reichspräsident der Weimarer Republik.* Bonn 2006.

Müller, Hartmut (Hrsg.): *Bremer Arbeiterbewegung 1918 bis 1945 – »Trotz alledem«.* Berlin 1983.

Müller, Tim B.: *Nach dem Ersten Weltkrieg. Lebensversuche moderner Demokratien.* Hamburg 2014.

Nebelin, Manfred: *Ludendorff. Diktator im Ersten Weltkrieg.* München 2010.

Nicholls, Anthony J.: *Die höhere Beamtenschaft in der Weimarer Republik. Betrachtungen zu Problemen ihrer Haltung und ihrer Fortbildung.* Albertin, Lothar / Link, Werner (Hrsg.): *Politische Parteien auf dem Weg zur parlamentarischen Demokratie in Deutschland. Entwicklungslinien bis zur Gegenwart.* Düsseldorf 1981, S. 195–207.

Niess, Wolfgang: *Die Revolution von 1918/19. Der wahre Beginn unserer Demokratie.* Berlin usw. 2017.

Ders.: *Die Revolution von 1918/19 in der deutschen Geschichtsschreibung. Deutungen von der Weimarer Republik bis ins 21. Jahrhundert.* Berlin / Boston 2013.

Platthaus, Andreas: *Der Krieg nach dem Krieg. Deutschland zwischen Revolution und Versailles.* Berlin 2018.

Plöckinger, Othmar: *Unter Soldaten und Agitatoren. Hitlers prägende Jahre im deutschen Militär 1918–1920.* Paderborn usw. 2013.

Poidevin, Raymond / Bariéty, Jacques: *Frankreich und Deutschland. Die Geschichte ihrer Beziehungen 1815–1975.* München 1982.

Pyta, Wolfram: *Hindenburg. Herrschaft zwischen Hohenzollern und Hitler.* München 2007.

Ders.: *Die Kunst des rechtzeitigen Thronverzichts. Neue Einsichten zur Überlebenschance der parlamentarischen Monarchie in Deutschland im Herbst 1918.* In: Merziger, Patrick u.a. (Hrsg.): *Geschichte, Öffentlichkeit, Kommunikation. Festschrift für Bernd Sösemann zum 65. Geburtstag.* Stuttgart 2010, S. 363–382.

Rabenstein-Kiermaier: *Conrad Haußmann (1857–1922). Leben und Werk eines schwäbischen Liberalen.* Frankfurt/Main usw. 1993.

Rackwitz, Martin: *Kriegszeiten in Kiel – Alltag und Politik an der Heimatfront 1914–1918.* Kiel 2013.

Reisinger, Silvio: *Die Revolution 1918/19 in Leipzig.* In: Plener, Ulla (Hrsg.):

*Die Novemberrevolution 1918/19 in Deutschland. Für bürgerliche und sozia-
listische Demokratie. Allgemeine, regionale und biographische Aspekte. Beiträge zum 90. Jahrestag der Revolution.* Berlin 2008, S. 163–180.

Rohloff, Ernst-August: *Braunschweig und der Staat von Weimar. Politik, Wirtschaft und Gesellschaft 1918–1933.* Braunschweig 1964.

Rosenberg, Arthur: *Entstehung und Geschichte der Weimarer Republik.* Neuausgabe Frankfurt/Main 1961.

Roß, Sabine: *Politische Partizipation und nationaler Räteparlamentarismus.
Determinanten des politischen Handelns der Delegierten zu den Reichsräte-
kongressen 1918/19. Eine Kollektivbiographie.* Köln 1999.

Rother, Bernd: *90 Jahre Novemberrevolution – Eine sozialistische Revolution in
Braunschweig?* Vortrag am 9. November 2008.

Ders.: *Die Sozialdemokratie im Land Braunschweig 1918 bis 1933.* Bonn 1990.

Ruge, Wolfgang: *Matthias Erzberger. Eine politische Biographi*e. Berlin (Ost)
1976.

Rürup, Reinhard: *Die Revolution von 1918/19 in der deutschen Geschichte.
Vortrag vor dem Gesprächskreis Geschichte der Friedrich-Ebert-Stiftung in
Bonn am 4. November 1993.* Bonn 1993.

Scharrer, Manfred: *»Freiheit ist immer ...« Die Legende von Rosa und Karl.*
Berlin (Ost), 2002.

Schmidgall, Markus: *Die Revolution 1918/19 in Baden.* Karlsruhe 2011.

Schmidt, Ernst-Heinrich: *Heimatheer und Revolution 1918. Die militärischen
Gewalten im Heimatgebiet zwischen Oktoberreform und Novemberrevolution.* Stuttgart 1981.

Schubert, Anja: *Die Universität Leipzig und die deutsche Revolution 1918/19.*
In: *Sachsens Landesuniversität in Monarchie, Republik und Diktatur.
Beiträge zur Geschichte der Universität vom Kaiserreich bis zur Auflösung
des Landes Sachsen 1952,* hrsg. v. Ulrich von Hehl. Leipzig 2005. S. 171–
192.

Schultheiß, Michael/Roßberg, Julia (Hrsg.): *Weimar und die Republik. Ge-
burtsstunde eines demokratischen Deutschlands.* Weimar 2009.

Schulz, Gerhard: *Revolutionen und Friedensschlüsse 1917–1920.* Neuausgabe
München 1980.

Sommer, Karl-Ludwig: *Die Bremer Räterepublik, ihre gewaltsame Liquidierung und die Wiederherstellung »geordneter Verhältnisse« in der Freien
Hansestadt Bremen.* In: Niedersächsisches Jahrbuch für Landesgeschichte 77 (2005), S. 1–30.

Stalmann, Volker: *Bernhard Falk (1867–1944). Liberaler, Jude und deutscher Patriot*. In: Jahrbuch zur Liberalismus-Forschung 24 (2012), S. 161–192.

Steiger, Karsten: *Kooperation, Konfrontation, Untergang. Das Weimarer Tarif- und Schlichtungswesen während der Weltwirtschaftskrise und seine Vorbedingungen*. Stuttgart 1998.

Tornau, Joachim F.: *Gegenrevolution von unten. Bürgerliche Sammlungsbewegungen in Braunschweig, Hannover und Göttingen 1918-1920*. Bielefeld 2001.

Ullrich, Volker: *Die Revolution von 1918/19*. München 2009.

Vatlin, Alexander: *Im zweiten Oktober. Lenin, die Niederlage des Deutschen Reiches und die außenpolitische Strategiewende der Bolschewiki*. In: Jahrbuch für Historische Kommunismusforschung 2007, S. 180–200.

Weber, Petra: *Gescheiterte Sozialpartnerschaft - Gefährdete Republik? Industrielle Beziehungen, Arbeitskämpfe und der Sozialstaat. Deutschland und Frankreich im Vergleich*. München 2010.

Wegner, Matthias: *Klabund und Carola Neher*. Berlin 1998,

Weidemann, Volker: *Träumer. Als die Dichter die Macht übernahmen*. Köln 2017.

Wette, Wolfram: *Gustav Noske. Eine politische Biographie*. Düsseldorf 1995.

Ders.: *Gustav Noske und die Revolution in Kiel 1918*. Heide 2010.

Wewer, Göttrik (Hrsg.): *Demokratie in Schleswig-Holstein. Historische Aspekte und aktuelle Fragen*. Opladen 1998.

Williams, Charles: *Adenauer. Der Staatsmann, der das demokratische Deutschland formte*. Bergisch Gladbach 2001.

Winkler, Heinrich August. *Weimar 1918-1933. Die Geschichte der ersten deutschen Demokratie*. München 1993.

Wollenberg, Jörg: *Rosa Luxemburg und die Bremer Linke. Ihre Stellung zur russischen Revolution*. Vortrag auf der Tagung der Internationalen Rosa-Luxemburg-Gesellschaft am 6. Oktober 2011 in Moskau. o. O. 2011.

Zadoff, Mirjam: *Der rote Hiob. Das Leben des Werner Scholem*. München 2014.